U0548740

巨灾保险基金研究

Catastrophe Insurance Funds

谢世清 ◎ 著

中国财经出版传媒集团
经济科学出版社
Economic Science Press

图书在版编目（CIP）数据

巨灾保险基金研究/谢世清著． —北京：经济科学出版社，2019.4
ISBN 978 - 7 - 5218 - 0535 - 2

Ⅰ.①巨… Ⅱ.①谢… Ⅲ.①灾害保险 - 研究 Ⅳ.①F840.64

中国版本图书馆 CIP 数据核字（2019）第 088051 号

责任编辑：刘 莎
责任校对：郑淑艳
责任印制：邱 天

巨灾保险基金研究
谢世清 著

经济科学出版社出版、发行 新华书店经销
社址：北京市海淀区阜成路甲 28 号 邮编：100142
总编部电话：010 - 88191217 发行部电话：010 - 88191522
网址：www.esp.com.cn
电子邮件：esp@esp.com.cn
天猫网店：经济科学出版社旗舰店
网址：http://jjkxcbs.tmall.com
北京季蜂印刷有限公司印装
710×1000 16 开 20.25 印张 420000 字
2019 年 4 月第 1 版 2019 年 4 月第 1 次印刷
ISBN 978 - 7 - 5218 - 0535 - 2 定价：58.00 元
（图书出现印装问题，本社负责调换。电话：010 - 88191510）
（版权所有 侵权必究 打击盗版 举报热线：010 - 88191661
QQ：2242791300 营销中心电话：010 - 88191537
电子邮箱：dbts@esp.com.cn）

前言

近年来，全球范围内自然灾害频发，从印尼海啸、卡特里娜飓风、四川汶川大地震、冰岛火山爆发到新西兰克莱斯特彻奇的6.3级地震、云南省盈江的5.8级地震、日本9.0级大地震以及四川九寨沟7.0级地震。面对巨灾，很多西方发达国家的巨灾保险制度都发挥了重要的作用。欧美发达国家的保险公司对巨灾的平均赔付比例达到30%~40%的水平。其中，巨灾保险基金是这些巨灾保险制度的核心，能为当地保险公司提供不可或缺的巨灾再保险支持。可以说，没有巨灾保险基金的依托，这些巨灾保险制度将难以发挥其正常的赔付功能。

我国是世界上公认的自然灾害发生频率最高的国家之一，但相应的巨灾保险制度却严重缺位。一方面，这导致商业保险对巨灾风险的覆盖面过于狭窄，补偿额度过小。我国巨灾保险的发展仍处于起步阶段，专门针对自然灾害的保险险种不多。除了四川、云南大理州地震险，浙江宁波和广东深圳台风险试点之外，地震、台风、洪水等自然灾害一般不予承保。此外，我国巨灾保险赔付比例也远远低于发达国家的平均水平。在2008年南方地区冰雪灾害中，保险赔付仅占2.3%，而四川汶川大地震的赔付比例也仅为0.2%。

另一方面，巨灾保险制度的缺位也给公共财政带来了沉重的压力。财政支持、巨灾保险和社会救助是健全的巨灾风险管理体系中不可缺少的三个部分，而巨灾保险制度更是体系的核心所在。面对巨灾，中国目前仍然惯于运用行政手段进行灾害管理和救助，政府承担了沉重的灾害补偿负担，增加了财政预算失衡的风险。巨灾不仅使得短期赈灾支出急剧增加，对灾民和生产部门的补助大幅上升，也使得税收基数减少，从而导致财政收入的下降。这两方面因素均使得公共财政的压力日益增加。

巨灾保险基金研究

巨灾保险具有"三高三低"的特征,即高风险、高损失、高赔付、低保额、低保费、低保障。由于不能给直接经营它的保险公司带来可观的利润,巨灾保险一般被保险公司视为畏途。然而,政府支持下的巨灾保险基金却能够吸纳来自保险市场和资本市场的资金,巧妙发挥政府和市场的力量,平衡各参与方的权利、责任和风险。国际经验表明,要建立有效的巨灾保险制度,就必须建立巨灾保险基金。因此,本书旨在通过研究国际巨灾保险基金的运行机制与经验教训,以构建适合我国国情的巨灾保险基金。

加强对巨灾保险基金的研究,实现对巨灾风险的有效管理,不仅可以发挥我国保险业在应对巨灾风险中的作用,还有利于缓解政府的财政压力,对促进我国经济与社会和谐发展具有重要意义。具体来说,本书具有以下四点现实意义:(1)构建一个多层次的巨灾风险分担机制;(2)促进我国巨灾保险制度的建立与其市场的发展,以便与世界先进巨灾保险制度与市场接轨;(3)增强我国政府抵御巨灾冲击的能力,减轻政府的公共财政负担;(4)促进保险市场和资本市场的结合,增加投资机会,稳定投资收益。

除导论和附录外,本书共分为四大部分。第一篇(第二章至第五章)是"政府主导模式",分析了新西兰地震委员会、墨西哥自然灾害基金、美国国家洪水保险计划和佛罗里达飓风巨灾基金;第二篇(第六章至第八章)是"完全市场化模式",阐述了美国加州地震局、英国洪水保险制度和德国巨灾保险制度;第三篇(第九章至第十一章)是"政府与市场合作模式",探讨了日本地震再保险公司、土耳其巨灾保险共同体、加勒比巨灾风险保险基金;第四篇(第十二章和第十三章)是"展望中国巨灾保险基金",讨论了巨灾保险基金的比较研究以及构建适合我国的巨灾保险基金。

本书的出版得到了北京大学有关师生的大力支持。博士研究生王睿和本科生修忆、边向阳、向南和苏炫昊做了很好的研究助理工作。此外,在本书的写作过程中,有关专家给出了诸多宝贵建议。最后,经济科学出版社高效细致的编辑工作确保了本书的顺利出版。在此一并致谢!由于水平有限,书中难免会有不妥之处,但文责自负,并恳请广大读者批评指正。

谢世清

2018 年 12 月于北京大学蔚秀园

目 录

第一章 导论 ... 1
  一、文献综述 ... 1
  二、政府干预巨灾保险市场的三种理论 ... 4
  三、政府角色定位的三种模式 ... 8
  四、政府与市场合作模式——中国政府的选择 ... 18
  五、结语 ... 21

第一篇 政府主导模式

第二章 新西兰地震委员会（EQC） ... 25
  一、文献综述 ... 26
  二、EQC 概述 ... 27
  三、EQC 的运行机制 ... 31
  四、EQC 的运行状况 ... 35
  五、2010~2011 年坎特伯雷系列地震 ... 38
  六、结语 ... 41

第三章 墨西哥自然灾害基金（FONDEN） ... 43
  一、FONDEN 概述 ... 44
  二、FONDEN 的运行机制 ... 48
  三、FONDEN 的运行状况 ... 55
  四、结语 ... 60

第四章 美国国家洪水保险计划（NFIP） ... 62
  一、文献综述 ... 63
  二、NFIP 概述 ... 64
  三、NFIP 的运作机制 ... 68

四、NFIP 的运行状况 ……………………………………… 75
　　五、NFIP 问题与应对 ……………………………………… 79
　　六、结语 …………………………………………………… 83

第五章　佛罗里达飓风巨灾基金（FHCF） ………………… 85
　　一、FHCF 概述 …………………………………………… 86
　　二、FHCF 的运作机制 …………………………………… 89
　　三、FHCF 的运行状况 …………………………………… 92
　　四、巨灾债券的发行 ……………………………………… 97
　　五、总净可能最大损失与费率追加 …………………… 100
　　六、结语 …………………………………………………… 106

第二篇　完全市场化模式

第六章　美国加州地震局（CEA） ………………………… 111
　　一、CEA 概述 …………………………………………… 112
　　二、CEA 的运行机制 …………………………………… 116
　　三、CEA 的赔付能力结构 ……………………………… 119
　　四、CEA 的运行状况 …………………………………… 124
　　五、结语 …………………………………………………… 129

第七章　英国洪水保险制度 ………………………………… 131
　　一、文献综述 ……………………………………………… 132
　　二、英国洪水保险制度概述 …………………………… 134
　　三、英国洪水保险制度的运行机制 …………………… 139
　　四、英国洪水保险制度的运行情况 …………………… 145
　　五、结语 …………………………………………………… 150

第八章　德国巨灾保险制度 ………………………………… 152
　　一、德国巨灾保险制度概述 …………………………… 153
　　二、德国巨灾保险市场的运行机制 …………………… 157
　　三、德国巨灾保险市场的运行情况 …………………… 160

四、德国慕尼黑再保险案例分析 …………………………………… 162
　　五、结语 ……………………………………………………………… 169

第三篇　政府与市场合作模式

第九章　日本地震再保险公司（JER） …………………………………… 173
　　一、文献综述 ………………………………………………………… 173
　　二、JER 概述 ………………………………………………………… 174
　　三、JER 的运行机制 ………………………………………………… 177
　　四、JER 的运行情况 ………………………………………………… 182
　　五、案例分析：2011 年东日本大地震 …………………………… 188
　　六、结语 ……………………………………………………………… 192

第十章　土耳其巨灾保险共同体（TCIP） ……………………………… 194
　　一、文献综述 ………………………………………………………… 194
　　二、TCIP 概述 ……………………………………………………… 195
　　三、TCIP 的运作机制 ……………………………………………… 201
　　四、TCIP 的运行状况 ……………………………………………… 205
　　五、TCIP 的问题与应对 …………………………………………… 210
　　六、结语 ……………………………………………………………… 213

第十一章　加勒比巨灾风险保险基金（CCRIF） ……………………… 215
　　一、CCRIF 概述 …………………………………………………… 216
　　二、CCRIF 的运行机制 …………………………………………… 221
　　三、CCRIF 风险转移安排 ………………………………………… 224
　　四、CCRIF 的运行状况 …………………………………………… 227
　　五、结语 ……………………………………………………………… 232

第四篇　展望中国巨灾保险基金

第十二章　巨灾保险基金的比较研究 …………………………………… 237
　　一、为公共财政减压模式比较 ……………………………………… 238

二、地震类巨灾保险基金项目 ………………………………… 243
　　三、洪水类巨灾保险基金项目 ………………………………… 247
　　四、台风类巨灾保险基金项目 ………………………………… 252
　　五、结语 ……………………………………………………… 256

第十三章　构建适合我国的巨灾保险基金 …………………… 259
　　一、构建巨灾保险基金的必要性 ……………………………… 260
　　二、巨灾保险基金的融资模式 ………………………………… 262
　　三、巨灾保险基金的管理与运作模式 ………………………… 265
　　四、巨灾保险基金的损失分担 ………………………………… 268
　　五、我国巨灾保险基金试点 …………………………………… 272
　　六、结语 ……………………………………………………… 282

附录一　中国台湾住宅地震保险基金（TREIF） …………… 284

附录二　外国人名翻译对照表 ………………………………… 303

参考文献 ………………………………………………………… 306

第一章

导　论

中国是世界上自然灾害最为严重的国家之一，地震、洪涝等自然灾害频频发生。近年来，灾害所造成的损失呈明显上升趋势。但由于我国巨灾保险制度的缺位，保险覆盖面较窄和保障水平不足的问题不断凸显。根据国际经验，巨灾保险赔款一般可达到损失的 30% 以上，而国内这一比例尚不足 1%。以 5·12 汶川大地震为例，其造成的直接经济损失达 8 451 亿元，而保险只赔付了 20 多亿元，占比约为 0.2%。因此，建立巨灾保险基金，有效管理巨灾风险，减轻政府财政负担，是我国的当务之急。

为尽快建立起适合我国国情的巨灾保险基金，确定政府在巨灾保险体系中的角色定位是至关重要的。本书旨在借鉴国际经验，探讨我国政府正确的角色定位。国际上，关于政府如何干预巨灾保险市场的理论包括自由市场理论、公共利益理论和市场增进理论。三种理论对应衍生出三种政府角色定位的不同模式，即完全市场化模式、政府主导模式和政府与市场合作模式（即公私伙伴合作模式）。在这三种模式中，政府分别承担着监管、主导和协作的职责。比较而言，政府与市场合作模式更加适合我国现阶段国情。

本章对巨灾保险基金相关文献进行综述，介绍了政府干预巨灾市场的三种理论，分析了政府角色定位的三种模式与中国政府的理性选择。第一部分分别对国外与国内巨灾保险基金现有文献进行总结与评述；第二部分梳理了政府干预巨灾保险市场的三种理论，为政府角色定位的差异化提供了理论支撑；第三部分基于理论和巨灾保险基金实践经验，阐述了政府角色定位的三种模式，并对每种模式的特征与优缺点展开分析；第四部分基于我国国情，分析为何公私伙伴合作模式是中国政府的理性选择。

一、文献综述

随着近年来巨灾的频繁发生，学术界对于巨灾风险管理的研究逐渐成为热点。面对巨灾风险,建立巨灾保险基金项目是美国、英国和日本等发达国家的选择之一。国内外学者对巨灾保险基金进行了广泛的研究。其中,部分研究着眼于巨灾保险制度中政府与市场应分别扮演什么样的角色;部分研究对国际上具有代表性的巨灾保险基金项目进行全面的直接分析;部分研究则注重巨灾保险基金项目的对比分析;部分研究关注于我国巨灾保险基金项目的建立和规模测算。国内外对于巨灾保险的现有研究主要体现在以下五个方面:

(一) 关于巨灾保险制度中政府角色的定位与作用机制

刘冬姣(2008)、杨宝华(2008)、张庆洪和葛良骥(2008)、张庆洪、葛良骥和凌春海(2008)、卓志和段胜(2010)、黄小敏(2011)、王琪(2012)、卓志和王化楠(2012)、郭瑾(2015)、卓志和段胜(2016)均指出了由于市场失灵的存在,政府在巨灾风险管理中要充分发挥作用。一方面,政府应保持对巨灾市场的适度干预,其适当角色为巨灾保险市场的协作者,避免过度承担巨灾损失。另一方面,政府应为巨灾风险管理建立良好的制度环境,在顶层设计层面发挥政府的职能作用。

(二) 关于巨灾保险基金项目的直接研究

国际上对于巨灾保险基金项目的研究体现为对基金项目的直接研究。Roth(1998)、King(2009)、Michel-Kerjan(2010)、Brooks(2011)、Johnston(2012)等学者分别对美国加州地震局(CEA)、加勒比巨灾风险保险基金(CCRIF)、新西兰地震委员会(EQC)和美国国家洪水保险计划(NFIP)等具有代表性的巨灾保险基金项目进行了较为全面的直接研究。相关研究主要关注于巨灾保险基金项目的成立背景、发展状况、运行机制、运行效果与面临挑战等方面。

国外相关研究也对具有代表性的基金项目展开案例研究,深入剖析巨灾风险管理相关议题。Jaffee 和 Russell(2000)对美国 CEA 展开案例分析,通过政府对私人地震保险市场失灵问题的反映,深入分析巨灾保险市场中各经济参与主体的行为表现。Michel-Kerjan 等(2011)以墨西哥巨灾保险基金与世界银行共同开发的 MultiCat 巨灾保险证券计划为案例,给出保险连接证券一般化的建议。Kousky 和 Kunreuther(2014)从 NFIP 可负担性的视角出发,展开案例研究,提出相关保险项目设计与政策建议。

国内学者对国际上代表性的巨灾保险基金项目也开展了相关研究。谢世清

(2010a, 2010b, 2011)分别剖析加勒比巨灾风险保险基金(CCRIF)、佛罗里达飓风巨灾基金(FHCF)和加州地震局(CEA)的运作机制与运作状况。林弋(2011)对日本地震巨灾保险制度进行研究。朱浩然(2011)研究土耳其巨灾保险共同体(TCIP),分析其运营模式。李小静、李俊奇(2012)研究美国国家洪水保险计划(NFIP)的保险模式与保险效果。以上研究均在深入剖析巨灾保险基金运行模式及机制的基础上,探索对我国建立巨灾保险基金的启示。

(三) 关于巨灾保险基金项目的比较研究

国外部分学者以巨灾保险基金项目不同的运行模式为视角展开比较研究。Hofman 和 Brukoff(2006)从政府的角度出发提出政府角色定位的三种模式:限制政府灾害责任模式(土耳其巨灾保险共同体)、提供灾害应急救济模式(墨西哥自然灾害基金)和提供政府预算支持模式(加勒比巨灾风险保险基金)。Paudel(2012)关注于代表性的洪水保险体系,将完全市场化模式(英国、德国)与政府主导模式(西班牙、瑞士)下的洪水保险体系从基本特征、融资状况与防灾减灾手段三方面进行比较。

国外部分学者从巨灾保险基金项目承保的灾害类别角度出发进行比较。Paudel(2012)针对公私伙伴合作模式下的巨灾保险体系展开比较研究,对洪水保险基金与地震保险基金,分别从基本特征、融资状况与防灾减灾三个角度进行分析。Nguyen(2012)进行了较为全面的分类比较研究。其中,洪水类包括美国 CPIC、FHCF、NFIP、法国 CATNAT 和英国洪水保险;地震类包括日本 JER、中国台湾 TREIF、土耳其 TCIP 和美国 CEA。Nguyen(2012)基于不同类别的基金特点,分析巨灾风险的可保性要求与政府在巨灾保险中的参与程度。

国内学者对于国际上巨灾保险项目也展开了广泛的比较研究。陈华和赵俊燕(2008)、曾立新(2008)、郑伟(2008)、周俊华(2008)、高海霞和王学冉(2012)、曲鹏飞(2014)、曾文革和包李梅(2014)、伍国春(2015)对国际上代表性的巨灾保险基金进行梳理与分析,包括美国联邦洪水计划(NFIP)、加勒比巨灾风险保险基金(CCRIF)、墨西哥自然灾害基金(FONDEN)、土耳其巨灾保险共同体(TCIP)、佛罗里达飓风巨灾基金(FHCF)等。现有研究通过对国际巨灾保险基金的比较研究,借鉴国际经验以建立适合中国的巨灾保险基金。

（四）对我国巨灾保险基金进行规模测算

田玲、姚鹏（2013）与田玲、吴亚玲、沈祥成（2016）运用中国地震损失数据，分别利用 VaR 与 CVaR 方法针对地震单一巨灾基金规模进行测算，并通过实证结果表明使用 VaR 方法测算的地震巨灾保险基金的规模小于 CvaR 方法测算的规模。朱张婷（2016）对全国范围内的联合巨灾基金（包括所有已在我国发生的巨灾风险）的规模进行测算，制定资金缴纳标准。田玲、彭菁翌、王正文（2016）通过理论推导比较联合巨灾保险基金规模与分别建立巨灾保险基金规模之和，并通过实证研究得出一定承保比例下巨灾风险基金的具体规模。

（五）提出建立我国巨灾保险基金的构想

牟德胜（2008）、卓志和王琪（2008）、米云飞和尹成远（2010）提出我国要构建巨灾保险基金。首先，现有研究基于我国巨灾救助体系与保险市场发展现状，指出我国构建巨灾保险基金的必要性及可行性；其次，对构建我国巨灾保险基金的融资来源、组织结构与损失分担等进行理论探索；最后，部分研究提出政府主导模式与市场主导模式的巨灾保险基金均不适合我国实际情况，要发挥政府与市场的优势，即建立公私伙伴合作模式的巨灾保险基金，以建立适合我国的巨灾风险管理体系。

综上所述，近年来国内外学者对巨灾保险基金的关注程度逐步提高，但相关研究刚刚起步。关于国外已经成功运行的巨灾保险基金，国内外研究大多视角单一，缺乏对巨灾保险基金的系统性观察和分析。在比较研究方面，国内外的已有研究分析的角度较少，不能满足我国政策制定的需要。此外，学界尤其缺乏有关如何构建我国巨灾保险基金的深入研究。目前，建立巨灾保险制度已成为世界各国应对频发巨灾的主要趋势，而巨灾保险基金在其中占据核心地位。因此，借鉴国际经验，建立符合我国国情的巨灾保险基金在当前具有迫切性。

二、政府干预巨灾保险市场的三种理论

由于巨灾保险市场失灵，需要政府进行干预。市场失灵是由于信息不对称的存在，商业保险公司倾向于退出巨灾保险市场，从而导致巨灾保险有效供给

不足。其原因有三：（1）巨灾保险承保范围小，风险抵抗能力差，不符合"大数定律"的基本要求；（2）由于气候变化与经济发展，自然灾害发生的频率提高，造成的损失增大，导致商业保险公司面对的巨灾风险不断增加；（3）我国资本市场尚不成熟，融资渠道狭窄，风险转移手段单一，削弱了商业保险公司的承保能力。在国际范围内，关于政府干预巨灾保险市场的理论有以下三种：

（一）自由市场理论（Free Market Theory）

Stigler（1971）认为市场具有自动调节功能，市场可以通过价格机制实现最优效率的均衡，政府干预反而会导致无效率。政府的介入通常有利于利益集团，造成社会不公平，进而阻碍实现最优均衡点。政府监管的设计和运作是为实现产业利益的最大化，导致监管被生产者所利用，以满足其私人利益。Fair 和 Jaffee（1972）运用四种测算方法，指出市场在均衡状态下，风险可以自动转移达到供需平衡。因此，政府应该让市场自由发展，避免对巨灾保险市场的干预，市场通过完全竞争能够实现巨灾保险的供需平衡。

支持自由市场理论的一个主要论点为巨灾风险渐进可保理论。Malley（2003）认为巨灾风险并非不可估量，在一定的条件下是可保的，保险公司可以通过提升风险管理技术和创新风险转移制度设计来实现巨灾风险的分散。Priest（1996）认为，风险是渐进可保的，私人保险公司只要能够严格遵循保险经营的市场准则就能够有效地减少风险，政府干预只会打乱市场机制的正常运行。Malley（2003）与 Fair 和 Jaffee（1972）都提倡发展巨灾保险证券和巨灾期权，主张通过新型管理技术来达到风险的渐进可保条件。

支持自由市场理论的另一个主要论点为巨灾风险全球性风险分散理论。Cummins（2006）对美国和欧洲的洪水灾害展开相关性研究，发现二者之间不存在正相关关系。如果一个保险公司可以在承保的巨灾保险种类和地域范围内实现多样化，就可以满足大数定律的基本条件，使风险达到时间和空间的有效分散，增强自身的承保能力。在此基础上，Cummins（2006）提出巨灾风险的全球可保性理念（global insurability），即不同巨灾风险的发生不是必然相关的，通过承保全球范围内不同类别的风险可以实现风险转移。

在自由市场理论框架下，理想的巨灾保险模式应该是巨灾保险完全由保险公司通过商业化手段提供，而政府无须干预。政府应该放任市场通过价格机制来调整巨灾保险产品的供给和需求，市场可以通过自身调节达到最优的供需均衡状态。政府的介入与过度干预反而会带来弊端：一方面，会释放错误的信号，扰乱市场的定价机制，阻碍市场实现最优均衡；另一方面，会不可避免地带来利益寻租问题，使得资源产生错配和浪费。某些利益集团可能趁机进行财富的转移，从而获得额外的不当收益。

（二）公共利益理论（Public Interest Theory）

公共利益理论从巨灾保险的性质出发，提出政府干预是必然选择。Musgrave（1959）认为巨灾保险具有准公共品性质和正外部性的特征，市场难以根据风险成本对巨灾风险产品进行准确定价。巨灾保险在一定程度上可以被认为是一种公共风险，并不存在完备的充分竞争市场。从供给方来看，巨灾风险管理困难，巨灾保险模型复杂。一旦巨灾发生，赔付规模巨大，因此商业保险公司不愿参与巨灾保险市场，使得巨灾保险产品供给严重不足。从需求方来看，保险产品定价过高，加之投保得到的赔付具有正外部性，因此巨灾保险的需求也严重不足。

巨灾风险渐进可保理论在公共经济中失效。Alexander（2000）和Gollie（2005）认为巨灾风险与社会大多数利益主体和整体社会福利相关。当巨灾发生，其造成的损失会在社会多个利益主体与利益集团之间分担。此时，保险市场效率低下，偿付能力不足。为保障民生，实现社会公平和效率之间的平衡，政府必须要参与巨灾保险制度建设。由于巨灾风险渐进可保理论在公共经济中失效，政府要对巨灾保险市场失灵进行矫正。因此，政府对巨灾保险市场的干预是必然选择。

风险的跨区域分散理论难以实现。巨灾风险全球性风险分散理论认为巨灾风险可以通过跨地区的方式实现风险转移，支持市场自由竞争，反对政府干预巨灾市场。与此相反，Gollier（2002）认为由于巨灾风险的特殊性，保险公司在经营巨灾保险产品时会受到税收、现金盈余和会计准则等的影响，难以实现有效的风险跨地区转移。Gollier（2002）基于Lucas经济分析模型，研究表明针对巨灾风险转移，政府可充分发挥其强权优势，开展巨灾保险项目，利用政府的信用实现风险的跨期分散。

公共利益理论认为市场存在缺陷，政府出于对公共利益的保护需要介入巨灾保险市场。如果仅仅依靠市场，巨灾保险的供给和需求都会出现严重不足，难以达到分散巨灾风险的作用，巨灾保险市场出现失灵。因此，从维护公共利益的角度，政府应该对巨灾保险市场进行干预，通过强制或半强制的政策推进巨灾保险制度的建立。政府应该代替商业保险公司为居民提供巨灾保险。政府能够解决巨灾保险的市场失灵，有效配置资源，保障巨灾保险的供给和需求，实现巨灾风险的转移和分散,提高社会福利。

(三) 市场增进理论 (Market Enhanced Theory)

Lewis 和 Murdock (1996) 最早提出市场增进理论,认为政府干预可以更好地发挥市场的作用。市场增进理论与公共利益理论都认为巨灾保险存在市场失灵,会制约资源有效配置,导致商业保险公司在巨灾保险领域难以充分发挥其保障作用,政府有必要介入。但是该学说不赞同政府完全取代私人保险公司,认为政府应当利用其非市场优势,采取各种措施,协助商业保险公司,使其发挥市场优势。Linnerooth - Bayer 和 Amendola (2000) 认为巨灾风险管理要兼顾公平与效率,通过政府与市场的结合,创新避险工具进行多种方式的分担。

在政府与市场应该结合的论点基础上,部分学者研究了两者的具体合作模式。以 Kunreuther (2008) 为代表的学者提出在政府与市场之间建立公私伙伴协作关系 (Public Private Partnership, PPP),共同实现对巨灾风险的有效管理。公私伙伴协作关系特点在于各风险分担主体共同参与,承担有限责任。政府在公私伙伴协作关系中承担最后担保人的角色,商业保险公司承担参与者和实施者的角色。公私伙伴合作模式能够将政府与市场多个主体相结合,实现巨灾风险管理中效率与公平的平衡。

基于公私伙伴合作模式,部分学者在政府和市场的职责界定方面进行了研究。Crossi 和 Kunreuther (2002) 认为在公私伙伴合作模式中,政府与市场应当明确各自的职责。一方面,政府主要负责制定法律等顶层设计工作,鼓励商业保险公司参与巨灾管理,刺激巨灾保险市场发展;Bruggeman 等 (2012) 分析大量政府对巨灾保险市场的介入方式,指出目前政府主要通过补助与补贴性质的手段提高巨灾保险参与率。另一方面,商业保险公司负责巨灾保险费率厘定、产品销售、核保与理赔等具体工作,并开发新型风险管理工具提高参与水平。

市场增进理论在一定程度上介于自由市场理论和公共利益理论之间,认为政府和商业保险公司应该共同参与到巨灾保险市场中,各自承担彼此的职责。商业保险公司具有完善的经营模式、丰富的保险销售渠道和专业的风险管理技术,应在巨灾保险市场中承担主要责任。政府应该间接地干预巨灾保险市场,通过立法规范商业保险公司的行为,为商业保险公司提供政策上的支持,以及在必要的时候提供最后的保障。市场增进理论要求政府和商业保险公司相辅相成,发挥彼此的优势。

三、政府角色定位的三种模式

如表1-1所示,目前全球范围内大约有15个巨灾保险基金项目。基于运行模式特点,可将15个巨灾保险基金项目分为政府主导、完全市场化和政府与市场合作三种模式。其中,政府主导模式下代表性的巨灾保险基金包括美国的NFIP、FHCF、新西兰的EQC和墨西哥的FONDEN;完全市场化模式下代表性的巨灾风险管理体系包括美国的CEA、英国的洪水保险制度和德国的巨灾保险制度;政府与市场合作模式代表性的项目包括日本的JER、土耳其的TCIP、加勒比海的CCRIF等。

表1-1　　　　　　　　全球16个巨灾保险基金项目

项目名称	国家	承保灾害	项目名称	国家	承保灾害
美国国家洪水保险计划（NFIP）	美国	洪水	法国自然灾害保险制度（CATNAT）	法国	洪水、地震、泥石流、山体坍塌等
加州地震局（CEA）	美国	地震	日本地震再保险公司（JER）	日本	地震
英国洪水保险制度	英国	洪水	瑞士自然灾害保险共保体	瑞士	洪水、风暴、雹灾、雪崩、山石坠落和山体坍塌
佛罗里达飓风巨灾基金（FHCF）	美国	飓风	挪威自然灾害保险共保体	挪威	洪水、风暴、地震、雪崩、火山喷发和海潮
夏威夷飓风减灾基金（HHRF）	美国	飓风	德国巨灾保险制度	德国	地震、洪水、飓风
墨西哥自然灾害基金（FONDEN）	墨西哥	地震、洪水等灾害	土耳其巨灾保险共同体（TCIP）	土耳其	地震
加勒比巨灾风险保险基金（CCRIF）	加勒比海国家	飓风、地震、过度降水	地震委员会（EQC）	新西兰	地震、山崩、海啸、火山爆发、洪水等
财产保险赔偿公司	加拿大	地震、洪水等巨灾			

资料来源:作者绘制。

由于巨灾保险具有准公共品性质和正外部性效应,巨灾保险市场往往面临市场失灵的问题。巨灾风险又关乎公众利益,政府对其有无法推卸的责任,因此政府介入巨灾保险市场逐渐成为世界各国发展巨灾保险体系的主流。与上述政府介入巨灾保险市场的三种理论相对应，基于政府在巨灾保险基金项目中的不同角色定位，可分为完全市场化、政府主导，以及政府与市场合作三种模式。表1-2给出了三种不同模式下巨灾保险基金项目的主要特征。三种模式下，政府扮演不同的角色，承担不同的职责。

表1-2　　　　　　　　政府角色定位的三种模式

模式	理论	政府角色	政府职责	商业保险公司职责	保险特征	典型代表
完全市场化	自由市场理论	监管者	进行监管	完全提供保险保障	①费率高；②投保率低	德国、英国
政府主导	公共利益理论	主导者	提供保险保障	提供较低保障	①强制保险；②费率较低；③公共财政负担沉重	美国
政府与市场合作	市场增进理论	协作者	协助商业保险	主要提供保险保障	①商业公司提供保险；②政府提供政策支持	土耳其、日本

资料来源：根据杨宝华（2008）和刘冬姣（2008）进行整理。

（一）完全市场化模式（market-led model）

1. 模式特征

完全市场化模式主要由商业保险公司提供巨灾保险产品，实行完全商业化的运作模式，政府不对巨灾保险进行强制规定。在该模式下，商业保险公司自愿或依法承担巨灾风险，保险公司通过商业化的运作和管理，按照精算结果制定标准费率和免赔额。在风险分散方面，各商业保险公司自行通过再保险市场和资本市场转移风险，政府不提供再保险保障。政府主要充当市场监管者的角色，将重点放在为商业保险公司提供政策支持并创造一个良好的市场环境，而不直接参与巨灾保险市场的运行。

2. 典型代表

完全市场化模式的典型代表国家之一是德国。德国的保险市场和再保险市场历史悠久，发展完善，目前德国有647家商业保险公司。通过商业保险公司和再保险公司的积极合作，使得德国的巨灾保险市场发展已相当成熟。德国的保险公司通常都设有专业的巨灾保险部门,并向再保险公司分散 2/3 的巨灾风险。德国保险公司与再保险公司还通过资本市场实现了进一步的巨灾风险转移。表 1-3 比较了巨灾保险连接证券与传统再保险。巨灾风险通过保险公司、再保险公司和巨灾保险证券化不断进行风险的分散和转移。

表 1-3　　　　　　巨灾保险连接证券与传统再保险的比较

工具	性质			
	巨灾债券/互换	PCS 巨灾期权	或有资本	传统再保险
运行机制	补偿损失	补偿损失	提供融资,无赔偿	补偿损失
基差风险	存在于指数型合约	高	取决于触发机制	很小
信用风险	很小	很小	很小	取决于再保险公司
流动性	较低	较低	低	根据市场情况
标准化	依客户需要而定	标准化	依客户需要而定	依客户需要而定
交易成本	较高	低	较高	较高

资料来源:Swiss Re, 2001, Capital Market Innovation in Insurance Industry, *Sigma* No. 3.

完全市场化模式的另一个典型代表国家是英国。英国洪水保险制度也是完全市场化的保险模式,商业保险公司通过巨灾保险市场化,成为实际的洪水风险承担主体。2016 年 4 月 4 日,世界上第一个专门帮助人们获得洪水保险的项目 Flood Re(flood reinsurance)正式运行,其本质为非营利的再保险项目。英国完全市场化的洪水保险模式,一方面得益于其成熟的保险业,发达的专业技术和管理手段为市场化洪水保险的运行提供了保障;另一方面,英国市场经济高度发达,政府干预较少,倾向于通过市场机制分散洪水风险。

3. 模式优点

完全市场化模式的优点是:(1)商业保险公司有丰富的人力资源与管理经验,在费率厘定、保险销售、损失评估与理赔等方面市场化运作的优势突出,商业保险公司的同业竞争也倒逼不断推出更加精细化的保险产品,促进巨灾保险市场的不断完善;(2)这种保险机制具有高效率的特点,保险公司通过保险精算对保险产品定价,投保人根据自身情况决定购买与否,市场完全建立在自发形成的供给和需求上;(3)政府可以避免承担巨灾风险,减轻巨灾对财政的压力;(4)避免政府利益寻租行为的产生,保证市场的公平性。

4. 模式缺点

完全市场化模式的缺点是：（1）由于巨灾风险具有低频率和高损失的特点，因此巨灾风险定价模型较为复杂，且造成的损失难以预测；（2）由于商业保险公司以盈利为目的，通过精算厘定得到的费率较高，不利于提高保险覆盖率；（3）完全市场化模式下巨灾保险的覆盖性难以得到保证，未必能够达到减轻巨灾赔付和灾后重建的目的；（4）保险公司的赔付能力有限，难以为巨灾提供充足的保障；（5）由于市场失灵的问题，保险公司不会积极发展巨灾保险业务，甚至可能退出巨灾保险市场。

（二）政府主导模式 (government-led model)

1. 模式特征

政府主导模式是指政府作为主要保险人直接供给巨灾保险，往往采取强制性或半强制的巨灾保险，并由政府提供再保险支持。在该模式下，巨灾保险基金由国家筹集资金并进行统一的管理，包括确定保险范围、定价、承担最终风险。政府在巨灾保险市场上充当主导者，商业保险公司只负责保单销售和理赔服务。政府可以采用法律手段提高巨灾保险的强制性，或者以保费补贴等政策优惠措施鼓励或半强制居民投保。一般在同地区采取统一费率和单一险种的做法。此外，政府也负责提供巨灾保险的再保险保障。

2. 典型代表

该模式的典型代表国家是美国。表1-4给出美国政府主导下巨灾保险基金项目的主要特征。为强化巨灾风险管理，美国联邦政府和部分州政府先后设立了多个巨灾保险基金：1968年，联邦政府主导成立了国家洪水保险计划（NFIP）；1993年，佛罗里达州政府设立了佛罗里达飓风巨灾基金（FHCF）。美国的巨灾保险项目基本上都是由国家全力主导的非营利项目，采取强制手段要求居民购买巨灾保险，并通过免税政策、补贴等方式给予财政和政策上的支持，降低运营成本，充分发挥巨灾保险的风险管理职能。

由于商业保险公司不愿开展巨灾保险业务，美国政府通过主导设立巨灾保险基金，一定程度上缓解了巨灾保险的市场失灵，有效地促进了国内巨灾保险市场的建立和完善。美国政府出面筹建的巨灾保险基金项目主要有两个优点：（1）美国政府负责制定巨灾保险政策，对巨灾的损失赔偿能力提出强制要求，厘定巨灾保险产品费率，设计规范保单，开发多样化的巨灾保险产品；（2）美国目前的巨灾保险基金项目多采用强制参与或补贴费率的措施为居民与商业保险公司提供保险或再保险保障，减轻居民与商业保险公司的负担。

表 1-4　　　　　　　　　　美国巨灾保险基金项目

项目	政府角色	商业保险角色	保险特征
美国国家洪水保险计划（NFIP）	财政部直接对费率进行补贴	出售保单，负责理赔	按建筑物区域以及规格厘定保费，提供保费补贴
佛罗里达飓风巨灾基金（FHCF）	提供再保险赔付	成为会员，缴纳再保险保费	强制保险公司加入，损失达一定额度 FHCF 提供再保险

资料来源：根据曾立新（2007）和张庆洪（2008）进行整理。

然而美国这种做法也存在着如下弊端：（1）地方州政府巨灾保险项目往往迫于政治压力，所收取的保费往往在精算公平费率之下，难以平衡巨灾损失赔付，易造成项目入不敷出；（2）美国目前的巨灾保险基金项目均承保单一风险，且在区域分布上过于集中，不能满足民众多元化的保险要求；（3）美国政府单一力量支持下的巨灾保险项目承保能力有限，救助缺乏效率，且在具体的操作环节中，经常会出现骗保、重复赔偿和腐败的问题；（4）美国雄厚的经济实力虽能够支撑政府主导的巨灾保险基金，但极端巨灾损失仍会给政府财政带来较大负担。

3. 模式优点

政府主导模式的优点是：（1）政府运用行政力量进行资源的统一调配，可以通过立法强制居民购买巨灾保险产品，提高了巨灾保险的密度，扩大了巨灾保险的覆盖面积；（2）政府可以利用公共财政对巨灾保险的购买者进行一定额度的保费补贴，降低巨灾保险产品的价格，提高居民对巨灾保险的需求；（3）政府可以提供非货币的灾后重建工作，发动全国的救助力量抢救商业财产、安置受灾群众、恢复灾区建设、提供医疗支持等，这都是商业保险公司难以提供的。

4. 模式缺点

政府主导模式的缺点是：（1）政府在专业技术领域存在劣势。在风险定价方面，政府通常制定统一费率，不能够如实反映投保人的风险状况，极易导致"逆向选择"，从而出现赔付率越来越高难以为继的局面；（2）政府提供的保险产品无法为投保人提供全面的保障，通常只能覆盖单一风险，而投保人会面临多种巨灾威胁；（3）由于缺乏专业的营销团队，政府在市场拓展方面能力有限；（4）巨灾保险的损失巨大，会给政府造成巨大的财政压力；（5）政府提供巨灾风险保障会降低投保人的风险意识，导致投保人过于依赖政府救济。

（三）政府与市场合作模式（cooperative partnership model）

1. 政府与市场合作模式内容

政府与市场合作模式也称为公私伙伴合作模式，公私伙伴合作模式的主要内容包括风险意识、风险防范和风险转移三个方面。如表1-5所示，政府部门和私人部门在这三个领域中分别扮演关键角色，辅助角色和无关角色，从而充分发挥各自的比较优势，扬长避短，有效合作，共同应对巨灾风险的挑战。

表1-5　　　　　　　　公私伙伴合作模式内容

内容	政府部门	私人部门
1. 风险意识		
● 提升对风险和解决方案的意识	√	√
2. 风险防范		
● 加强公共资源	√	×
● 采取风险防范措施	√	×
● 降低脆弱性制定法规框架	√	×
3. 风险转移		
● 创建和改善有利于风险转移方案的环境	√	(√)
● 推进高效的市场和风险分配通路	√	×
● 开发能最有效满足需求的风险转移产品	×	√
● 管理和吸收风险	(√)	√
● 在起步阶段提供财务支持	√	(√)

资料来源：Mitchell、Mark 和 Reto Schnawliler（2008）。

(1) 风险意识。

在巨灾风险管理的公私伙伴合作模式中,政府和商业保险公司均可以采取措施,增强风险意识。目前我国居民总体风险意识较弱,保险观念较为淡薄。加之巨灾风险的发生概率低,常常被忽视。因此,政府必须加强风险意识的宣传力度,设计风险防范、风险转移和融资的可能解决方案。这些均有助于解决巨灾保险市场失灵所导致的巨灾保险需求不足的问题。另外,商业保险公司也要增强风险意识,在巨灾保险产品的保费核定,承保风险防范等方面加强管理。

(2) 风险防范。

政府部门在风险防范上起到决定性作用,而商业保险公司在这方面的作用有限。此外,政府部门周全的风险防范措施是商业保险公司愿意参与巨灾保险的重要前提。例如,仅当政府实施了防洪措施时,保险公司才会承保洪水风险;仅当公共消防队存在时,保险公司才会承保火灾风险。然而,商业保险也能够起到间接作用。例如,保险公司可以采用保费定价来激励提高建筑规范和防范措施,以此达到增强灾害防御和减轻损失的效果,以降低整个风险管理体系的脆弱性。

(3) 风险转移。

政府和商业保险公司在寻求巨灾风险转移方面均可有所作为,但其侧重点有所不同。具体而言,政府的关键作用体现在创建和改善有利于风险转移方案的环境,推进高效的市场和风险分配通路,在起步阶段提供必要的财务支持等方面。政府可为巨灾风险管理提供制度的保障,设计一个允许市场机制不受阻碍的运作框架。另外,私人部门在开发风险转移产品以及管理和吸收风险方面发挥较大作用,并可在创建和改善环境,起步阶段给予财务支持等方面起到一定辅助作用。

2. 模式特征

公私伙伴合作模式强调政府和商业保险公司的伙伴协作关系,政府和商业保险公司共同承担责任,建立起多方参与下的多层次损失分担机制。政府不负责提供巨灾保险,而是与商业保险公司建立起伙伴协作关系,为商业保险公司提供政策支持,推动巨灾保险市场的形成与发展。商业保险公司尽可能按市场化原则运作,是巨灾保险的主要保险人,负责制定费率和赔偿方案,与居民在完全自愿的基础上签订保险合同,并积极进行巨灾风险管理。政府则具体负责提供政策支持,建立国家巨灾保险基金,寻求国际组织支持。

3. 典型代表

公私伙伴合作模式的典型代表有日本的专项再保险类型、土耳其的巨灾共保体类型等。日本、土耳其地震灾害频繁发生，为应对地震巨灾风险，两地均建立了地震专项巨灾保险基金。两个基金均采用公私伙伴合作模式，其共同点在于：（1）巨灾造成的损失由政府和商业保险公司共同承担；（2）政府都是通过颁布法律、政策等来推动巨灾保险市场的发展；（3）商业保险公司都承担了营销、理赔等职责，并发挥了其专业技术特长和市场化运作的优势。

4. 模式类型

公私伙伴合作模式又可按多层次损失分担机制中政府所承担的责任和组织形式，进一步细分为以下两种类型：日本的专项再保险公司类型，土耳其的巨灾共保体类型。表1-6按模式类型、组织形态、政府职责、保险公司职责、保险性质和费率对上述两种类型进行了比较分析。日本实行专项再保险公司类型，政府承担损失随总损失程度的增加而增加；土耳其实行巨灾共保体类型，政府承担最后担保责任。

表1-6　　　　　　　公私伙伴合作模式下的两种类型

类型	专项再保险公司	巨灾共保体
地区	日本	土耳其
组织形态	日本地震再保险公司（JER）	土耳其巨灾保险共同体（TCIP）
政府职责	接受转分，损失越大，承担越多	参与再保险并提供最后担保
保险公司职责	出售保单和理赔； 接受分转风险	出售保单和理赔； 接受分转风险
保险性质	政策保险，部分强制	完全强制
费率	变动	固定

（1）日本专项再保险类型。

1966年，日本政府出台了《地震保险法》，日本地震再保险公司（JER）由此成立。其具体运行机制为：投保人向保险公司购买地震保险后，保险公司集中保费，向JER全额分保，JER再将承担的全部风险分为三部分：一部分自留，一部分转分保回原保险公司，剩余的分保给政府。损失大小分为三级，损失越大，政府承担越多，最高赔付总额为5万亿日元。如果单次损失赔款超过最高赔偿上限，则进行比例赔付，即按最高赔偿限额与总损失的比例对保单持有人进行赔偿。日本通过政策保险，部分强制的形式保障巨灾保险覆盖率。

日本的公私伙伴合作模式是以政府支持下的专项再保险公司为支撑点的模式。政府承担了超过JER承保能力的绝大部分风险，介入程度较深。其特征如下：①政府通过颁布法律来推动巨灾保险市场的发展；②尽管保险不是强制性的，但是政府通过税收优惠提高了地震巨灾保险的覆盖率；③保险公司在政府的支持下发挥了其在定价、营销和理赔等方面的专业优势；④政府承担了商业保险无法承担的最高层次的损失，从而发挥了"最后保险人"的作用，提供了稳固的最后保障。

（2）土耳其巨灾共保体类型。

土耳其是个地震灾害频繁的国家。以前土耳其的保险密度很低，并且巨灾风险主要由政府承担，因此公共财政在巨灾发生之时往往遭受巨大冲击。2000年9月，土耳其政府出台相关法令，以法律手段强制居民购买财产保险，并设立了土耳其巨灾保险共同体（TCIP）。政府还鼓励居民建造统一的房屋，并废除了政府承担灾后房屋重建的责任的法令。截至2004年底，约16%的城市居民住房投保了地震巨灾保险。在风险分散安排方面，土耳其的巨灾风险小部分由国内销售地震保险的商业保险公司自留，大部分分散至国际再保险市场。

土耳其的公私伙伴合作模式是建立巨灾共保体，限制政府对巨灾损失的直接经济责任。政府和保险公司密切合作，政府通过积极协助保险公司来发展巨灾保险市场。其主要特点有：①政府以法律手段保障了地震保险的强制性，提高了保险的市场渗透率；②政府不再承担灾后房屋重建的责任，提高居民的风险意识，促使居民主动购买巨灾保险；③政府鼓励居民以统一标准建造房屋，有利于统一费率，避免"逆向选择"；④免赔额的设定促使居民在灾前采取防灾手段；⑤推动成立巨灾保险基金以支持巨灾共保体（谢世清，2009）。

两种类型的共同点在于：①日本、土耳其采取的都是公私伙伴合作的模式，政府和市场建立起伙伴协作关系，政府和商业保险公司共同参与巨灾风险管理体系，风险共担。②政府都充分发挥了顶层设计职能，通过颁布相关法律法规来推动巨灾保险市场的发展和普及。③商业保险公司都承担了营销、核保与理赔等职责，发挥了其专业技术特长。④两种模式都存在一个核心机构

(JER、TCIP 和 TREIF）来协调政府和商业保险公司在巨灾风险中的责任分担范围。

两种类型的不同点在于：①两个地区采取的形式不完全相同，分别是专项再保险类型，巨灾共保体类型。②两种类型中政府介入的程度有所不同，按责任范围从大到小的顺序依次为日本、土耳其。③在促进巨灾保险推广上政府采取的手段不同。土耳其是通过立法强制居民购买巨灾保险，而日本则通过政策性保险强制保险公司提供巨灾保险，但居民可以选择购买。④两个地区所采取的费率不同。日本采取的是变动费率，而土耳其则采取固定费率。

5. 模式优点

公私伙伴合作模式的优点在于：政府和商业保险公司能通过伙伴协作关系分别发挥各自的比较优势。一方面，在保费厘定层面，商业保险公司具有专业技术和人力资源优势，通过精算模型制定保费。巨灾发生后，商业保险公司在损失评估与核保理赔方面经验丰富。相比于政府，商业保险公司的机制设计使得其在降低逆向选择和道德风险方面优势突出。另一方面，政府具有行政力量优势，能够通过法律保障，政策制定与财政支持等手段推动巨灾保险的实施和巨灾保险基金的建立，发挥协助者的作用。因此，公私伙伴合作模式可以将政府"看得见的手"的调节作用和商业保险"看不见的手"的作用相结合，更好地分散风险。

6. 模式缺点

公私伙伴合作模式的缺点在于制度设计面临较大挑战。政府的行为社会公益性较强，以维护和提高社会公共利益为目标。而商业保险公司作为盈利性法人，追求私人利益，具有很强的商业属性。在制度设计中，若过分侵占商业保险公司利益，则商业保险公司参与巨灾风险管理的积极性下降，使得巨灾保险产品供给萎缩；若过分侵占政府的公共利益，则会给公共财政带来巨大压力。因此，采取公私伙伴合作模式的缺点在于制度设计存在较大难度，即如何通过制度设计，实现政府公共利益与保险公司私人利益之间的平衡。

尽管世界各国政府选择不同的角色模式，但共同点都是基于本国国情的理性选择（见专栏1-1）。德国和英国政府选择市场主导模式是由于两国商业保险市场发达；美国政府利用其雄厚经济实力，主导筹建了 NFIP 和

FHCF；土耳其、日本缺乏德国和英国的发达商业保险市场和美国的强大经济实力，采取公私伙伴合作模式。无论是凭借商业保险市场还是政府的单一力量都无法建立起稳健的巨灾风险管理体系。当前国际范围内的通行做法是采取公私伙伴合作模式，即整合政府的政策制定和财政优势与商业保险公司市场运作的优势。

专栏 1-1　国际巨灾保险基金运作模式的比较

（1）基金筹集。首先，为保证保费收入，通常政府会将巨灾保险在全国或部分地区列为强制性保险；其次，巨灾保险基金的投资所得也是基金收入的一个重要组成；最后，财政支持也是巨灾保险基金资金来源的一个方面。

（2）管理机构。巨灾保险基金均有一个核心机构对基金进行管理。在核心管理机构之下，巨灾基金管理的主要参与者还包括原保险人、再保险人、账户管理人和托管人。

（3）基金投资。巨灾保险基金除了保值和增值要求外，还需要与相关的防灾、救灾等机构和部门合作，尽可能降低巨灾的危害和损失，增强社会抗击巨灾风险的能力，从而减少对巨灾保险基金的实际需求。

（4）基金损失分担。政府在巨灾保险基金损失分担中发挥的作用和参与程度不一样，如 NFIP、FHCF 和 TCIP 其政府参与程度高，而英国洪水保险制度其政府的参与程度相对比较低。

资料来源：高海霞、王学冉：《国际巨灾保险基金运作模式的选择与比较》，载于《财经科学》2012 年第 11 期。

四、政府与市场合作模式——中国政府的选择

（一）完全市场化模式不适合中国

（1）需求不足。市场主导模式的巨灾保险制度建立的前提条件是保险需求充足，然而由于我国居民保险意识淡薄，对巨灾保险的有效需求长期不足。2008 年的 5·12 汶川大地震中，很多家庭和企业都遭受了严重的财产损失，但由于投保率低，大量在商业财产保单保障范围以内的损失不能得到保险赔

偿。此外，我国政府目前对巨灾的管理以灾后财政应急救助为主，使得居民对政府依赖性较强，导致居民不主动购买商业保险，也不主动在灾前采取防灾减灾措施。缺乏充足的巨灾保险市场需求使得完全市场化模式下的巨灾保险基金将面临融资困境，难以支撑日后的巨灾损失赔偿。

（2）供给不足。完全市场化模式要求有效供给充足，而市场失灵使得有效供给不足：①我国商业保险市场实力薄弱，其资金实力、专业技术和管理经验都不足以应对巨灾风险，尚不具备承担全部或大部分巨灾损失的能力，且单靠商业保险公司的力量难以支撑起巨灾保险基金的管理与运作；②由于巨灾风险的发生频率和造成的损失不断提高，导致商业保险公司更难对巨灾风险的损失进行准确的评估；③由于我国采用综合险的投保方式，若投保人投保综合险，保费增加幅度较小，但是保险公司要承担巨灾责任。

（3）保险市场与资本市场发展尚不成熟。完全市场化模式下的巨灾保险制度要求有发展充分完善的保险市场、再保险市场与资本市场提供支持：①成熟的保险市场专业技术优势突出，能够开发设计符合市场需求的巨灾保险产品，满足居民保险需求，保障一定规模的保费收入；②成熟的保险市场可以积极利用资本市场进行巨灾风险的转移与分散，通过巨灾保险证券化等方式应对巨灾风险，参与损失分担，拓宽巨灾保险基金的融资渠道。我国保险市场与资本市场起步晚，发展尚不成熟，难以为市场主导模式的运行提供保障。

（二）政府主导模式也不适合中国

（1）政府财政实力有限。政府主导模式依赖于公共财政的大力支持，巨灾所导致的巨额损失给公共财政带来沉重的压力。以美国为例，其雄厚的经济实力为政府主导模式下的巨灾保险基金项目提供资金支持。当前我国应对巨灾以政府财政支持为主，融资渠道单一。2008年初发生的南方低温雨雪冰冻灾害几乎耗尽了当年财政救灾预算，随后发生的5·12汶川大地震更是造成了8541亿元的直接经济损失，甚至动用了总理特别基金。受年度财政收入和财政救灾预算限制，政府主导的巨灾保险制度在我国缺乏足够的经济实力支持。

（2）政府财政救济存在局限。①只有巨灾发生后，政府财政才会进行灾后救助支持，不确定性较强。财政救助拨款受限于当时政府所能调配的资金额度。若灾害发生时政府预算紧张，则财政拨款数额可能不足以进行赈灾，增加了不确定性；②政府财政救济缺乏效率。灾害发生后，即使政府财政拨款充足,但除短期救援物资能及时到达灾区,灾后重建拨款经过层层审批通常会延迟到达灾区;③赈灾款不能确保效用最大化。财政救灾款的不确定性较强,各灾区倾向于争取尽量多的财政拨款,而不是将已有的救灾拨款最大化,降低了财政拨款的使用效率。

(3) 对经济和社会的负面影响。①政府主导模式往往会对经济社会造成不利影响。政府承担大量巨灾风险,可能会给公共财政背上沉重的包袱,甚至可能出现资金挪用和滥用的现象,阻碍了资源的最优配置;②政府主导模式下公众会持续保持对政府财政的依赖,不利于培育居民和企业的风险意识,甚至出现道德风险;③由于巨灾之下难以增加税收,一般通过举债的方式来赈灾。但是,借债不能减少经济负担,反而因为灾后资金成本的提高增加了债务负担。

(三) 政府与市场合作模式——中国政府的理性选择

(1) 政府发挥其协作者作用。政府以协作者身份参与巨灾风险管理具有主要优势:①减少居民对财政的依赖,鼓励居民将风险管理手段从事后接受财政救助向事前防御转变;②政府能够以行政力量推动建立巨灾保险基金,其财政支持是巨灾保险基金稳固的资金来源之一,并承担适度的损失分担,充分发挥政府的比较优势;③政府发挥协助者的作用,由商业保险公司主导巨灾保险市场,有利于其发挥"社会减压器"的作用;④政府给予商业保险公司必要的政策支持,但不直接提供巨灾保险,可以提高巨灾保险的水平和质量。

(2) 保险市场发挥其主导作用。商业保险公司专业优势突出:①保险市场能够集合原保险公司、再保险公司与资本市场投资者等多方主体参与我国巨灾风险管理,拓宽融资渠道,丰富巨灾风险转移方式,提高承保能力;②在产品开发与定价方面,保险公司发挥其人才与经验优势,制定合理的精算费率,并可通过费率优惠激励公众主动进行风险防范;③巨灾发生后,商业保险公司有丰富的经验与人力资源,及时完成损失评估与核保理赔;④在应对逆向选择和道德风险方面,保险公司也比政府更有优势与经验。

一方面,由于我国保险业发展尚不成熟,其资金和技术存在着较大局限性,难以应对巨灾风险,我国无法建立起与德国和英国类似的完全市场化运作的巨灾风险管理体系。另一方面,由于我国经济实力有限,政府的财政支持无力应对巨灾造成的大量损失,反而会给公共财政带来沉重的负担,我国也无法建立与美国 NFIP 和 FHCF 类似的政府主导的巨灾保险基金。因此,基于我国国情,现阶段的理性选择是建立与土耳其 TCIP 和日本 JER 类似的政府与市场合作模式的巨灾保险制度。具体来说,第十四章对我国巨灾保险基金的具体构建方式进行了详细的介绍。

五、结　　语

随着全球灾害的多发和损失增加,国内外对巨灾保险展开了深入的研究。巨灾风险的特殊性要求政府的介入,政府干预巨灾市场的理论主要有自由市场理论、公共利益理论和市场增进理论。与之相对应,当前,国际巨灾保险基金项目运作模式有完全市场化模式、政府主导模式和政府与市场合作模式三种。完全市场化模式以发达的保险市场为支撑,市场化运作。政府主导模式得益于雄厚的国家实力,政府发挥主导作用。公私伙伴合作模式能够发挥两者的比较优势。基于中国国情,建立公私伙伴合作模式的巨灾保险基金是我国政府的理性选择。

首先,在政府介入巨灾保险市场方面,目前国际上有三种理论对此进行分析。自由市场理论认为市场能够通过自身调节实现均衡,政府干预反而会造成效率损失。因此,政府无需干预巨灾保险市场,巨灾保险应完全由保险公司通过商业化手段提供。公共利益理论认为巨灾保险具有准公共品的性质,政府出于对公共利益的保护,必须干预巨灾保险市场,取代私人保险公司,成为巨灾保险的直接提供者。市场增进理论介于以上两种理论之间,认为政府和市场应该共同参与到巨灾保险市场,形成公私伙伴合作的模式。

其次,基于以上理论和实践,目前国际巨灾保险基金项目按政府角色可分为三种模式:完全市场化模式、政府主导模式与政府与市场合作模式。完全市场化模式下巨灾保险完全商业化运作,以德国和英国为典型代表。该模式能发挥商业保险优势,但存在退出风险等弊端。政府主导模式下政府直接提供巨灾保险,以美国为典型代表。该模式能发挥政府行政力量优势,但易出现"逆向选择"等问题。政府与市场合作模式强调建立政府与市场的伙伴合作关系,以日本和土耳其为典型代表。该模式可发挥市场与政府的比较优势,逐渐成为国际主流选择。

最后,基于我国国情,建立政府与市场合作的巨灾保险制度是我国政府的理性选择。由于我国保险与再保险市场发展尚不成熟,完全市场化模式的巨灾保险基金将会导致供给与需求不足,难以实现。我国政府财政实力有限,难以支撑起政府主导模式的巨灾保险基金。此外,财政救济存在缺陷,政府主导模式将会对经济和社会产生负面影响。政府与市场合作模式既能使政府发挥其协作者作用，为商业保险公司提供政策支持，又能使保险公司发挥主导作用，体现专业优势。因此，现阶段我国采取政府与市场合作模式进行巨灾风险管理是理性的选择。

第一篇
政府主导模式

第二章　新西兰地震委员会（EQC）

第三章　墨西哥自然灾害基金（FONDEN）

第四章　美国国家洪水保险计划（NFIP）

第五章　佛罗里达飓风巨灾基金（FHCF）

第二章

新西兰地震委员会（EQC）

新西兰位于太平洋西南部，是个地震灾害频发的岛屿国家。为应对地震灾害带来的损失，新西兰成立了地震委员会（Earthquake Commission，EQC）。EQC是一家由政府独资组建的、办理政策性自然灾害保险业务的机构。其被誉为全球运行最成功的灾害保险制度之一。新西兰政府通过与市场合作，发展了多渠道的风险分散体系。此外，通过制定统一的费率和将地震险附加于火灾保险之上，EQC提高了自然灾害保险的投保率。随着其自然灾害基金规模的增长，EQC的承保范围也从地震保险扩大到火山爆发等多种自然灾害。

EQC的成功运作对于新西兰的地震震后援助和重建工作起到了巨大的作用。自1994年更名重组以来，EQC持续为受到地震灾害的居民提供保险金赔偿，是同类地震保险基金的典范。尤其是在2010~2011年坎特伯雷系列地震中，EQC承担了巨大的赔偿责任。然而，由于机制设计的原因，EQC在该系列地震中也暴露出了一系列问题，巨大的赔偿负担使得EQC的自然灾害基金被耗尽，而EQC赔偿缓慢也使得时有民怨。EQC在2010~2011年坎特伯雷系列地震后进行了积极的改革，使得其运行机制不断完善。

本章分析了EQC的背景情况、组织架构、运行机制和运行状况，并总结分析了EQC的改革。其中，第一部分对现有研究EQC的文章进行了阐述和分析；第二部分介绍了新西兰的自然情况、EQC的成立背景、组织结构、职责目标和主要优势；第三部分论述了EQC的资金来源、保单设计、赔付安排、运作流程和科研教育；第四部分分析了EQC近年来的收入、支出状况，以及自然灾害基金的运行效果；第五部分介绍了EQC在2010~2011年坎特伯雷系列地震中暴露的问题，分析了EQC地震后的改革方案。

一、文献综述

目前,国内外关于新西兰 EQC 的研究文献可以分为以下四个方面:

首先,部分研究从 EQC 的政府角色和性质入手,分析了新西兰政府在 EQC 以及相应保险制度的设置上的特点。黄兴伟(2008)指出了 EQC 是由新西兰国家财政部全资组建的,在地震等巨灾风险爆发时发挥作用的政府机构,与保险公司和保险协会一同组成了新西兰的地震风险应对体系,负责法定保险损失的赔偿。此外,贾清显(2011)分析了 EQC 的历史沿革和政府机构的官方性质,阐述了 EQC 的法律规定的职责,介绍了自重组以来 EQC 的资金筹集方案以及新西兰政府给予 EQC 的优惠政策。

其次,部分研究介绍了 EQC 的保险费率和承保范围政策。廖圣芳、陈哲思(2008)简要说明了 EQC 的保险收入来源主要是依靠居民向保险公司购买房屋或屋内财产保险时强制征收的地震保险和火灾保险的保费,介绍了 EQC 所采用的机制是委托保险公司代为征收的方案。周学峰(2012)介绍了 EQC 承保的自然灾害保险的范围,指出除地震外,山体滑坡、火山爆发、地热喷发和海啸等也都在 EQC 的承保范围之内。此外,他还介绍了 EQC 针对住宅附近的土地和建筑物的保险政策。

再其次,部分文献重点介绍了 EQC 的资金来源、收入情况和风险分担层次机制。曹海菁(2007)介绍了 EQC 对准备金的管理,除了银行存款和购买政府债券之外,还将一定比例的资金投资于全球资本市场,指出了当时准备金绝大部分来自投资收益,而很小一部分来自保费收入这一事实。孟卧杰(2008)介绍了 EQC 的风险分担机制,指出除自行承担的风险外,EQC 还进行了风险转移。其再保险分为三个层级:混合承担、再保险承担和政府无限责任承担。

最后,相当一部分文献着眼于 EQC 与美国加利福尼亚、土耳其、日本等地的巨灾保险基金制度的横向政策比较。周志刚(2005)比较了 EQC、CEA、TCIP 和 TREIF 的项目来源、法律保障、风险转移政策和融资方式。何霖(2012)选择地理背景相似的新西兰和日本两国,比较分析了两国的巨灾保险制度,从立法方式、运作模式、保险范围、保险方式和风险管理五个方面得出了对我国巨灾保险制度设计的启示。McAneney 等(2016)对美国、法国、新西兰、西班牙和英国的政府资助的自然灾害保险基金进行了比较分析。

二、EQC 概述

(一) 自然情况

新西兰地处大洋洲,由两大岛屿和数个小岛组成。包括安蒂波德斯群岛、奥克兰群岛、邦蒂群岛、坎贝尔岛、查塔姆群岛和克马德克群岛在内的国土面积为268 680平方千米。新西兰的南岛是面积最大的岛屿,面积约为151 215平方千米,居住了约1/4 的新西兰人口。北岛是新西兰第二大岛,面积为113 729平方千米。虽然,北岛面积不及南岛,但新西兰76%的人口都居住在北岛上。北岛山峰比南岛少,且大多为火山。新西兰最大城市奥克兰、首都惠灵顿都位于北岛上。

新西兰横跨了两个板块,太平洋板块和印度—澳洲板块。这两个板块互相碰撞,产生了北岛的陶波火山带。频繁的地下运动虽然为新西兰带来了充足的地热能源,但是也产生了许多地震活动。太平洋板块和印度—澳洲板块的相互碰撞导致新西兰地震频发。新西兰每年平均发生3 000次地震。但是,多数地震震级不超过里氏3级,能够被人类感知的地震到约有100至150起。此外,地震有时也会引发海啸。新西兰的部分地区还可能发生火山爆发、干旱、洪水、地形雨等其他自然灾害。

(二) 历史背景

在欧洲人尚未发现新西兰时,很少有对于新西兰地震的记载,且地震多为小型地震。1460年发生的新西兰大地震属于较大规模的一次地震。早期登陆新西兰的探险者记录了发生在马尔堡峡湾、菲奥德兰和北部地区的地震。1815年,菲奥德兰地区遭受了一系列大地震,欧洲的捕鲸队和石油开采队在日记中记录了这次大地震。新西兰最早被正式记载的地震是在1843年的旺加努伊大地震和1848年的惠灵顿殖民地大地震。1855年,在怀拉拉帕湖和惠灵顿等地发生的地震为里氏8.1~8.2级,造成了数十人遇难,是较早有震级记录的大地震。

20世纪上半叶,新西兰发生了多起有重大人员伤亡的大地震,给灾民和政府带来了巨大的灾后重建压力。1929年6月17日,新西兰南岛的默奇森发生了里氏 7.8 级的地震，造成了 17 人遇难。1931 年 2 月 3 日，霍克湾发生里氏 7.8 级的地震。这次地震造成了 256 人遇难，400 余人住院，数千人受伤。迄今为止，此次大地震仍然是新西兰破坏最为严重的地震。1942 年 6 月 24 日，新西兰中部城市惠灵顿和怀拉拉帕地区发生里氏 7.2 级地震。8 月 1 日，该地区再次发生地震。两次地震的连续打击使惠灵顿和怀拉拉帕地区受损严重。

为了吸取 1942 年 6 月 24 日惠灵顿和怀拉拉帕地震的教训，新西兰政府陆续制订了有关地震保险的法律制度。1944 年制定《地震和战争损害法案》，是新西兰的第一部巨灾保险法律。1945 年，新西兰政府成立"地震和战争损害委员会"，主要负责因地震或战争而产生损害的补偿。法案制定时正处于第二次世界大战时期，新西兰政府在"二战"期间已经设立了"战争损害基金"（War Damage Fund），这一基金已经积累了 800 万美元。因此，法案直接将这一基金"升级"为"地震与战争损害基金"。在成立之初，地震与战争损害保险的费率为万分之五。

地震与战争损害委员会在新西兰之后的灾后重建过程中起到了巨大的作用。1968 年 5 月 24 日，新西兰伊南阿瓦地区发生了大地震。地震与战争损害委员会在地震后共受理了 11 491 起理赔申请。在这次地震中，委员会总共支付了超过一百万新西兰元的赔偿，平均每一起理赔花费 89 新西兰元。伊南阿瓦大地震给委员会带来了巨大的运营挑战。委员会不仅要处理超过一万件的理赔申请，还要应对六个月前气旋对住房造成的损失。新西兰的住房保险评估师一度处于极度紧缺的状态。

新西兰保险市场在《地震和战争损害法案》颁布之后发生了改变，地震和战争损害委员会也遇到了许多问题。这使得立法者不得不思考重新构建地震保险体系，主要原因包括：（1）作为委员会的担保方，政府承担了过大的理赔责任。而地震后政府本身就承担着基础设施建设和社会福利支付等责任；（2）部分商用不动产所有人对原来灾害保险一定的强制性表达了不满，委员会和商用地产主之间纠纷诉讼不时发生；（3）社会对政府在经济中的角色的认识发生了改变。越来越多的人相信市场在经济中的力量，认为政府不应过多插手灾害保险。

除了上述问题，《地震和战争损害法案》的诸多条款也面临过时的问题：（1）地震和战争损害委员会的保险赔偿是根据损失价值计算，然而业界已经普遍使用重置价值作为赔偿的依据；（2）地震和战争损害委员会在保险条文中保留了"比例分担"条款，如果投保人对财产的投保额低于完全真实价值，保险公司会按比例减少赔偿，作为惩罚；（3）《地震和战争损害法案》已经施行接近 50 年，其间的司法判例使得法律体系极为复杂，其条款难以理解。

1993年，新西兰议会通过了《地震委员会法案》，免去了地震与战争委员会机构办理战争保险的责任，并将其更名为"地震委员会"（Earthquake Commission，EQC），由国家财政部独资成立，受财政部管辖。EQC旨在为住宅物业所有者提供自然灾害保险，帮助受灾的新西兰人民重建家园。1998年的《地震保险委员会修正案》系列法律进一步确立了现行地震保险制度。该制度在将火灾保险合约上强制附加地震保险。其保险范围包括地震、地层滑动、火山爆发、海啸和地热活动等多项自然灾害造成的住宅、土地、屋内财产等多种标的损失。

（三）组织结构

EQC、财产保险公司和保险协会共同构成了新西兰的地震保险体系。三者的机构性质各不相同：（1）EQC是政府性质，作为新西兰自然灾害基金管理法人，由国家财政部独资成立；（2）保险公司是商业性质，负责财产保险的销售工作；（3）保险协会（Insurance Council of New Zealand）是社会性质，是新西兰各个保险公司的产业公会。这三方力量共同组成了新西兰的地震保险体系，体现了新西兰地震保险体系综合运用市场和政府力量，具有多层次性。其中，EQC是运行主体，负责自然灾害保险的总体运营。

EQC作为新西兰地震保险体系的中心，承担着法律规定的系列职责。《地震委员会法案》第5条规定了EQC的责任：（1）提供包括地震、地层滑动、火山爆发、海啸和地热活动等自然灾害损失的保险；（2）收集自然灾害保险的保费；（3）管理旗下"自然灾害基金"这一资产管理基金，以稳健为前提，同时获得一定收益，以实现保费的保值增值；（4）通过再保险途径将风险部分或全部转移；（5）在防灾减灾方面进行研究，并进行社会的防灾知识教育，降低灾害中的生命和财产损失。

1994年改组后的EQC组织结构简单清晰。如图2-1所示，EQC对财政大臣负责，由EQC主管大臣管理。根据1993年《地震委员会法案》，EQC的董事会由5至9人组成，均由政府委派，任期3年。其中，一人为董事长，一人为总经理。总经理与其领导的十人左右的"执行管理团队"负责日常的运营工作。EQC下设自然灾害基金，其前身是地震与战争损害基金。该基金负责对自然灾害索赔进行偿付。EQC同时还使用自然灾害基金中的资金进行投资，以便更好地应对未来的赔付责任。

此外，执行管理团队负责EQC的实际运营。EQC按照实际需要，为团队中的工作人员分配分管领域。如图2-2所示，执行管理团队设总经理1人、

巨灾保险基金研究

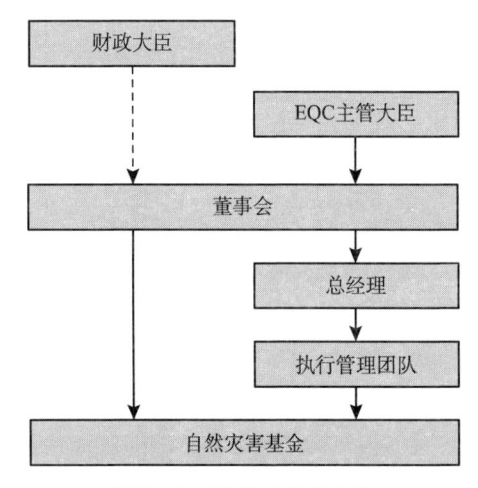

图 2-1　EQC 的组织结构

资料来源：Earthquake Commission，*EQC Annual Report*，2015.

顾客与理赔分管经理 1 人、策略与转型分管经理 1 人，治理分管经理 1 人，再保险、研究与教育分管经理 1 人，通信与公众教育分管经理 1 人，人事与能力分管经理 1 人，共享服务分管经理 1 人。截至 2016 年 6 月 30 日，EQC 共有员工 927 人，在惠灵顿、克莱斯特彻奇和汉密尔顿设有办公室。EQC 的员工大多数在客户服务、理赔申请处理、公共教育、政策制定或法律等方面经验丰富。

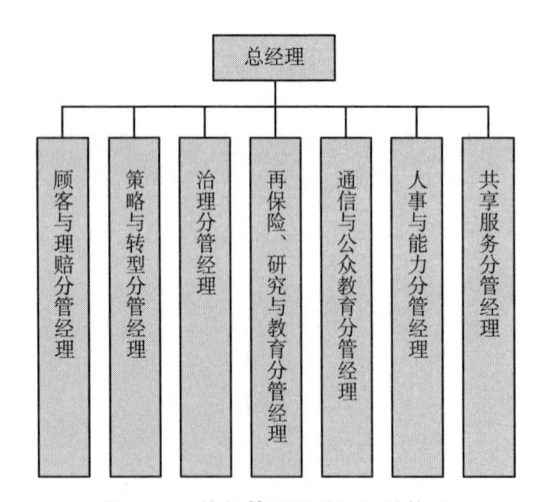

图 2-2　执行管理团队组织结构图

资料来源：Earthquake Commission，*EQC Annual Report*，2015.

EQC 下设自然灾害基金。根据 1993 年的《地震委员会法案》，原来隶属于地震与战争损害委员会的地震与战争损害基金更名为自然灾害基金。而同样隶属于地震与战争损害委员会的"灾害与滑坡基金"被并入自然灾害基金。1993年后，自然灾害基金不再受理战争损害，也不再处理商业自然灾害保险。受到2010~2011年坎特伯雷系列地震的影响，目前自然灾害基金面临耗尽的风险。根据《地震委员会法案》，新西兰政府是自然灾害基金的最后担保人。如果基金面临不能赔付的问题，则政府需要承担全部责任。

EQC的主要职责目标有以下三点：（1）高效的理赔管理和处理。EQC的使命是满足新西兰居民在灾害后的理赔申请，缓解灾害后的社会危机，在灾害过后提供及时准确的临时住宿、评估、损失量化、理赔申请处理等服务。（2）有效定价、分散风险。EQC负责对自然灾害基金的管理，对风险进行分散。长远来看，EQC的目标还有提高、保持偿付能力以应对自然灾害后的巨额索赔。（3）提高民众对新西兰自然灾害状况的认识。通过资助相关科研项目，提高对新西兰自然灾害的研究水平。此外，EQC还承担着对公众进行巨灾风险教育的职责。

（四）主要优势

EQC的主要优势有以下六个方面：（1）既合理地利用了市场手段，又有效地发挥了政府作用。政府居于主导地位，为自然灾害保险提供最后担保。（2）EQC将自然灾害保险强制附加于火灾保险，有助于投保率的提高。（3）新西兰政府给予EQC的自然灾害基金诸多投资上的优惠政策。（4）担保范围广。EQC对地震、地层滑动、火山爆发、海啸和地热活动造成的损失提供保险。（5）具有低廉统一的保费。当前自然灾害险保费率为万分之十五。（6）与保险机构合作，保费由保险公司代为征收后上缴至EQC。

三、EQC的运行机制

（一）资金来源

EQC的资金来源包括财政拨款、保费收入和投资收益。首先，EQC在1994年改制时，政府向其无偿拨付了15亿新西兰元作为启动资金。其次，EQC资金来源中的重要一部分为保费收入。居民在购买房屋或屋内财产火灾保险时会自动购买EQC自然灾害险（EQCover），保费由保险公司代收后上交给 EQC。最后，自然灾害基金投资收益也是 EQC 收入的重要组成部分。政府给予了 EQC 诸多优惠政策。2001 年前，自然灾害基金只能投资国内固定收益证券。此后，新西兰政府允许其最多将 35% 的资金投资用于海外投资，不受《皇冠实体法案》的约束。

（二）保单设计

EQC 的自然灾害险具有强制性。居民向保险公司购买房屋或房内财产火灾保险时，会被征收自然灾害保险费，保险公司代为征收后交给 EQC。保险标的包括居民自用住宅、房屋内的非商用的个人物品和房屋周围的土地，不包括大门、围栏、小径、车辆、珠宝、首饰、艺术品、室外游泳池和室外浴池。在地震与战争损害委员会时期，保费约为万分之五。EQC 成立后沿用此费率。每户每年最高征收保费 67.5 新西兰元，后上调为 69 新西兰元。2012 年，保险费率从万分之五上调至万分之十五，每单税后保费上限从 69 新西兰元上调至 207 新西兰元。

为了让投保人适当分摊损失，EQC 制定免赔额和最高赔偿限额。对于免赔额，房屋和屋内财产的免赔额为 200 新西兰元和应付理赔 1% 两者中的较大值，土地的免赔额为 500 新西兰元和应付理赔的 10% 两者中的较大值，且有最高免赔额为5 000新西兰元。免赔额在一定程度上防止了道德风险，减少了小额理赔造成的压力。对于最高赔偿限额：（1）单座房屋最高责任限额为 112 500新西兰元；（2）房内财产最高责任限额为22 500新西兰元；（3）土地赔偿不设责任上限。最高赔偿限额的设计降低了 EQC 被耗尽的风险。

保险公司承保居民住宅及屋内财产价值超过 EQC 最高责任限额部分的地震险，不需要向 EQC 上缴保费。保险公司自行决定各自的地震保险费率，没有统一的标准。在具体处理上，保险公司一般将全国各地按地震风险的程度不同划分成 315 个区域，聘请专业咨询评估机构评估。保险公司根据各区域地震灾害的历史记录，分析风险程度，并充分考虑建筑物的结构、强度、高度以及使用年限等因素，厘定不同的费率。这种政策能降低地震保费对民众的压力，也为民众提供了自主选择的机会。EQC 的最高责任限额相当于商业保险公司的免赔额。

此外，EQC 提供的自然灾害保险承保范围十分广泛。在地震与战争损害保险时期，地震与战争损害委员会承保地震和战争风险造成的损失。1994 年改组成立 EQC 后，EQC 取消了对于战争损害的保险，同时将"地震引发的火灾"扩大到"承保自然灾害引发的火灾"。随后，EQC 的承保范围进一步扩大。目前，EQC 为居民的财产提供对地震、自然滑坡、火山爆发、地热活动、海啸等自然灾害以及由自然灾害引发的火灾的保险。此外，对于土地，还额外提供风暴和洪水的保险。但是对于住宅和个人物品不提供风暴、洪水、塌陷或侵蚀的保险。

（三）赔付能力安排

如图 2-3 所示，EQC 的赔付安排分为四个层次：第一层，损失额在 15 亿新西兰元以下，由 EQC 承担全部支付；第二层，损失额在 15 亿新西兰元到 40 亿新西兰元之间，由再保险公司承担；第三层，损失额在 40 亿新西兰元以上，由 EQC 承担；第四层，当自然灾害基金耗尽仍不足以赔偿损失时，则由新西兰政府承担全部剩余责任。此外，由于 EQC 规定了房屋和屋内财产的赔付上限，因此每份保单超过上限的赔付由民营保险公司承担。当民营保险公司不足以支付时，可向政府申请救助。

第四层	新西兰政府为 EQC 提供担保
第三层	超额损失由 EQC 承担 40 亿新西兰元以上
第二层	由再保险公司支付 15 亿~40 亿新西兰元
第一层	再保险免赔额由 EQC 支付 0~15 亿新西兰元

图 2-3 EQC 的赔付能力安排

资料来源：Earthquake Commission, *EQC Annual Report*, 2015.

此外，EQC 还向国际再保险市场分散风险。和普通保险公司相类似，EQC 分散风险的主要手段是利用国际再保险市场分保。EQC 向慕尼黑再保险、瑞士再保险、通用再保险等 50 余家再保险公司分散风险。在巨灾发生后，EQC 要先承担底层赔付，再保险承担第二层的部分风险。将再保险放在赔付结构的第二层，是考虑了 EQC 的偿付能力和再保险的成本。这些再保人帮助新西兰政府降低地震累积风险，如实施严格建筑法规等，使得 EQC 以比较优惠的价格获得了充分的国际再保险。

由于 EQC 只能提供相当于新西兰住房价格 55% 的补偿，因此，保险公司依据保险合同的规定负责超出法定保险责任部分的损失赔偿。对于保额超过 100 万新西兰元的建筑，保险公司在承保前一般要进行资产评估。保险公司对免赔额的规定与 EQC 不同，地区不同，免赔额度大小也不尽相同。如果索赔金额在 EQC 最高责任限额之内，全部由 EQC 赔偿；若索赔金额超出 EQC 最高责任限额，限额内的部分由 EQC 赔偿，超出限额的部分由保险公司依据保险合同的约定进行赔偿。

（四）运作流程

对于一般自然灾害，在灾害发生后，保单持有人直接向 EQC 提出赔付申请。每一次自然灾害事件对应一个理赔申请。例如，对于 2010~2011 年坎特伯雷系列地震，若保单持有人在三次地震中均遭受损失，则提出三次理赔申请。EQC 承保标的包括土地、住房与屋内财产，每一项投保标的对应一个风险敞口。对于一个理赔申请，可涵盖三种风险敞口。EQC 在接到理赔申请后，对每一项风险敞口进行现场评估以确定由自然灾害造成的直接损失程度。对于不是由自然灾害造成的直接损失，EQC 将不予赔付。最终，EQC 根据损失评估确定赔付金额。

对于大型自然灾害，EQC 启动巨灾反应项目（catastrophe response programme）。巨灾反应项目可以在关键时刻派出 20 人的团队，以确保能处理 10 万起理赔事件。首先，巨灾发生后，该项目运作基金、后备工作人员和设备会立即启动，以确保 EQC 能够在很短的时间内调集人员和设备，到达灾害发生前线；其次，各有关单位会按照事先协议的有关内容提供灾情数据，提供人力资源和设备等必要协助，以迅速对巨灾做出反应，发挥各方面集体协作的优势，尽快解决灾后救援、查勘、定损、赔偿或重建等问题。

（五）科研与教育

EQC 在法律上有促进新西兰自然灾害的研究和教育的义务。在科研方面，EQC 对自然灾害的损害、防治和保险进行研究，通过灾前防治减小损失。有效的灾害风险管理前提是掌握新西兰自然灾害的全部影响因素，EQC 必须依靠不同领域、学科和机构的合作。EQC 科研教育的发展方向有：(1) 如专栏 2-1 所示，继续对新西兰自然灾害管理研究、技术进行资助；(2) 协同、组织政府各个部门和各个地方政府，建立完善度更高、合作度更好的自然灾害管理系统；(3) 建立跨学科、跨社会领域的新西兰自然灾害合作，促进自然灾害防治理论的应用。

在公共教育方面，EQC 肩负着向公众宣传保险政策和防灾减灾知识的责任。通过 EQC 的宣传教育，使居民对巨灾风险有较为清醒的认识，制定完善的应急措施，使国家在面临灾害时能够从容应对。在提高公众防灾减灾意识方面，EQC 在新西兰国家博物馆举行地震灾害展览，并在居民社区开展大量社会宣传活动。在宣传保险政策方面，EQC 和国防与紧急管理部合作推出了系列活动，在新西兰主要电视台或媒体上进行广告宣传，阐述地震对新西兰的威胁，介绍可以抗震的安全房屋标准等。

专栏 2-1　EQC 资助自然灾害科研项目

EQC 发展资助了多个科研项目，推动新西兰的灾害风险管理向专业化、现代化发展，具体包括：

(1) 土地优化项目。该项目由 EQC 主导，旨在寻找切实可行的方案解决土壤液化的问题。这个项目分为理论层次和实践层次。实践层次将理论层次研究出的方案应用到坎特伯雷地区的受灾房屋。

(2) 国家地质灾害监测系统（GeoNet）。GeoNet 包括监测地震、火山活动、大型滑坡和海啸的地球物理学装置网络、自动化电脑软件和工作人员，可以提供及时准确的自然灾害数据，提供预警和灾害信息。2014~2015 财年，EQC 为 GeoNet 投资约 1 000 万新西兰元。

(3) 为工程师、规划师和国家自然灾害信息管理开展的业界合作项目。新西兰地震工程社会（New Zealand Society for Earthquake Engineering，NZSEE）旨在提高地震工程学的理论与实践水平。EQC 从 20 世纪 90 年代就开始资助该组织。

(4) 双年科研大奖。EQC 每两年举办双年科研大奖，奖励优秀的、公开发表的自然灾害研究。

资料来源：Earthquake Commission, *EQC Annual Report*, 2015.

四、EQC 的运行状况

（一）收入情况

如图 2-4 所示，EQC 的主要收入由净保费收入和投资收益组成。如图 2-4 中深色部分所示，净保费收入是总保费收入减去外部再保险保费支出后的净额。由于保险费率在 2012 年提高了 3 倍，保费收入从 2013 财年（2012 年 7

月~2013年6月）开始大幅提升，占总收入的比重也超过了投资收益。如图2-4中浅色部分所示，在坎特伯雷地震前EQC主要依靠投资收益维持运营。2011年EQC的投资资产为49.0亿新西兰元，而2015年投资资产只有9.9亿新西兰元。EQC在地震后可供投资资产减少，投资收益也从而明显下降。

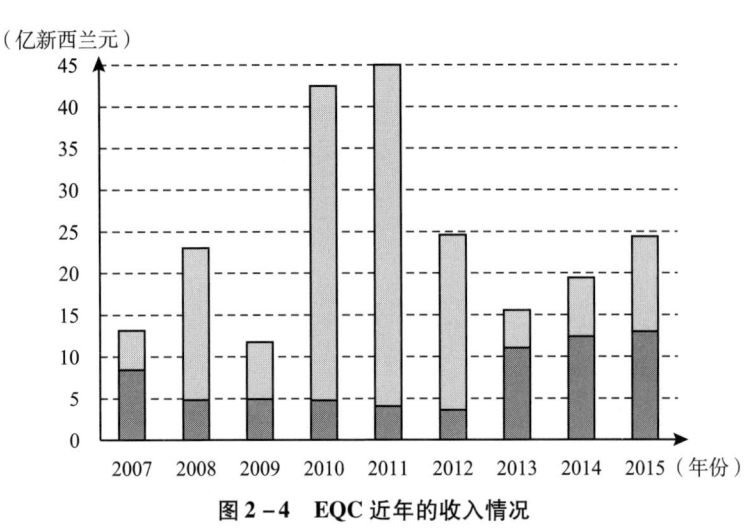

（亿新西兰元）

图2-4 EQC近年的收入情况

资料来源：Earthquake Commission，*EQC Annual Report*，2007-2015.

在2015年之前，EQC的主要财政来源为投资收益。其中，主要投资标的为新西兰政府债券等固定收益产品。投资收益全部纳入自然灾害基金。EQC为政府主导的非营利公益性组织，从20世纪90年代开始被列为免税机构，不再缴纳任何政府税。虽然EQC受政府管理，但是运营相对独立，是自负盈亏的。然而，政府可以对EQC收取分红，也对自然灾害基金进行担保。新西兰政府必须补足自然灾害基金的亏空，保证标准普尔的AAA评级。

（二）支出情况

EQC的支出主要有理赔和手续费用、政府费用、再保险保费和给保险公司的佣金。如图2-5所示，2011年后的赔付支出明显增大，原因是2010~2011年坎特伯雷系列地震造成了巨大损失。在2011年之前，EQC每年的赔付金额大约维持在1亿新西兰元以下。从2011年开始，EQC都在处理此次地震的理赔工作，赔付支出相对较高。其中，2012年的赔付金额达到28亿新西兰元，是近年来EQC赔付金额最多的一年。截至2016年6月底，EQC针对2010~2011年坎特伯雷系列地震的赔付总额已经达到了94亿新西兰元。

第二章　新西兰地震委员会（EQC）

如图2-6所示，EQC的运营支出主要包括科研支出和公共教育支出。一方面，EQC的科研主要包括防灾减灾方案研究和地震检测。"地面改进计划"协助居民减少因地震后土壤液化导致的房屋受损。GeoNet是检测新西兰地震、火山爆发、山体滑坡和海啸等自然灾害的监测系统；另一方面，公共教育支出包括两方面：（1）提高社会对地震等自然灾害的认识；（2）提高社会对EQC职责和地震保险重要性的认识。2008~2015财年EQC的运营支出总体呈上升趋势。2015年，科研支出占总支出92.4%，教育支出占总支出7.6%。

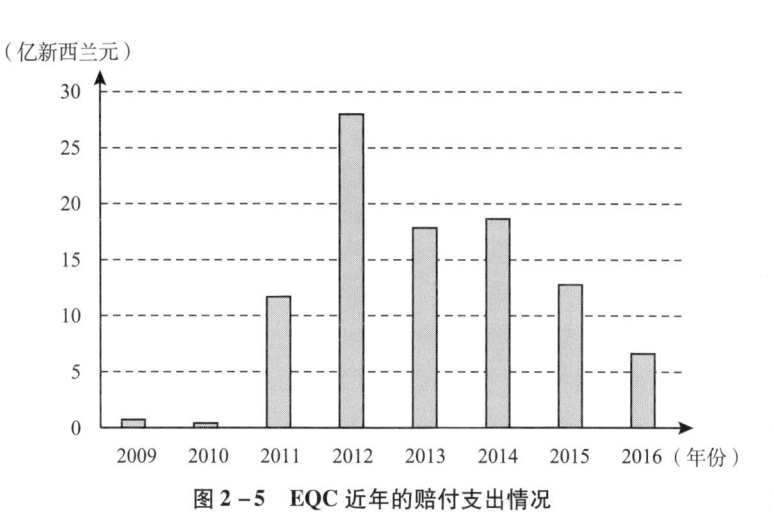

图2-5　EQC近年的赔付支出情况

资料来源：Earthquake Commission，*EQC Annual Report*，2009-2016.

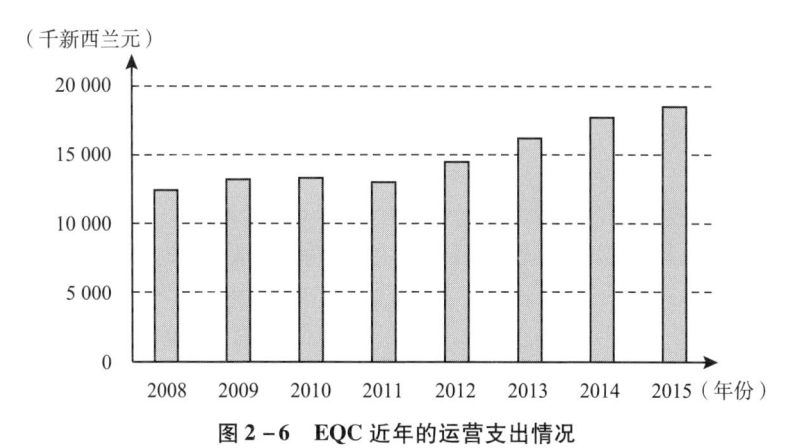

图2-6　EQC近年的运营支出情况

资料来源：Earthquake Commission，*EQC Annual Report*，2008-2015.

(三) 自然灾害基金运营

如图2-7所示,自然灾害基金是EQC下属的管理准备金投资的基金。EQC将保费收入一部分用于再保险,另一部分分配给自然灾害基金。自然灾害基金规模在坎特伯雷系列地震前基本稳定,在2010年6月末,基金的规模接近60亿新西兰元。2010年9月的坎特伯雷地震,EQC支付了底层赔付责任的15亿新西兰元,自然灾害基金余额还剩下44.33亿新西兰元。在2011年2月克莱斯特彻奇地震后,EQC的自然灾害基金余额下降至负数。EQC在整个坎特伯雷系列地震中损失在70亿新西兰元左右。

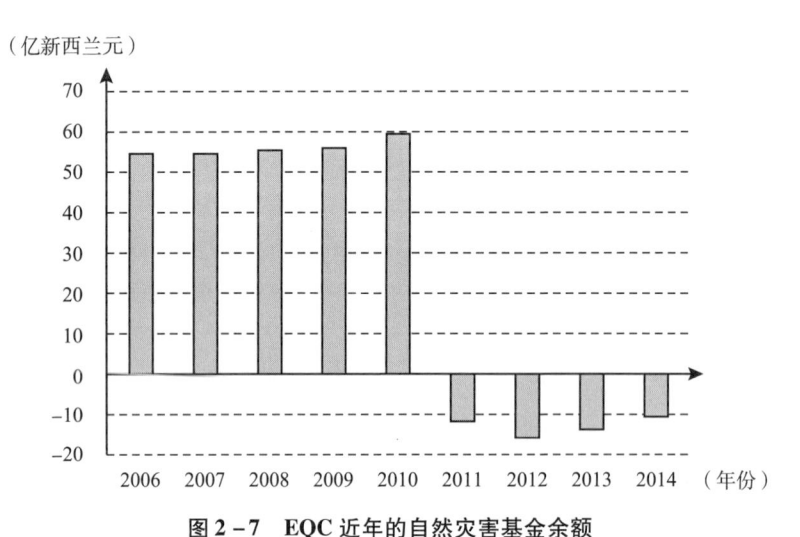

图2-7 EQC近年的自然灾害基金余额

资料来源:Earthquake Commission, *EQC Annual Report*, 2006-2014.

五、2010~2011年坎特伯雷系列地震

(一) 地震情况

2010年9月4日凌晨4时35分,新西兰南岛的坎特伯雷发生了里氏7.1级的大地震。震中位于克莱斯特彻奇西部40千米处。震源深度较浅,为10千米。首震持续了约40秒,南岛其他地区和位于北岛的首都惠灵顿有明显震感

且余震不断。这次主震导致了大面积的损害。在新西兰第二大城市克莱斯特彻奇,房屋损毁十分严重。这次主震造成两人遇难,约100人受伤。由于大部分建筑均已进行加固,且事发时大部分居民不在市区内,因此没有出现大面积伤亡。由于震中远离海岸,这次地震没有引发海啸。

2011年2月22日下午12时51分,新西兰南岛发生里氏震级6.3级的地震。震中位于克莱斯特彻奇东南部10千米的区域,震源深度为5千米。这次地震是2010年坎特伯雷地震的余震。虽然震级小于主震,但是造成的伤害远远超过主震。这次地震造成185人遇难,是新西兰历史上遇难人数第三大的自然灾害。克莱斯特彻奇市区和东部郊区受损严重。因为房屋多半在2010年的地震中已经受损,房屋更加脆弱。这次地震造成约150亿美元损失(King et al.,2014),在全球范围内与之相关的损失达到了2 300多亿美元。

2011年6月13日下午2时20分,在克莱斯特彻奇发生了里氏震级6.3级的地震。这次地震的震源深度为6千米。同样地,这次地震是2010年克莱斯特彻奇地震的余震。这次地震导致1人遇难,2人重伤,44人轻伤。地震导致了新西兰供电网络的瘫痪,超过五万户家庭电力中断。根据估算,这次余震使重建花费上升了60亿新西兰元。由于2011年2月22日和2011年6月13日发生的克莱斯特彻奇地震都是2010年9月4日发生的坎特伯雷地震的余震。因此,这三起地震被合称为2010~2011年坎特伯雷系列地震。

(二)赔付情况

地震发生后的五年内,EQC都在应对坎特伯雷系列地震造成的损失,处理赔付申请。截至2016年6月30日,EQC已经支付了坎特伯雷系列地震造成的94亿新西兰元的损失赔付,赔付资金来自自然灾害基金与再保险赔偿。EQC处理了460 000件住宅赔付申请,超过166 000个房屋受损,屋内财产损失赔付申请达到187 000件,土地损失赔付申请达到66 000件。在坎特伯雷地震后,EQC建立了坎特伯雷房屋修理项目(canterbury home repair programme,CHRP),为67 000个房屋提供了房屋修缮服务。

2010~2011年坎特伯雷系列地震对新西兰造成了不可估量的打击,对EQC的运营构成了巨大挑战。虽然EQC具有良好的制度设计,能够抵御一般性的地震。但是,由于坎特伯雷系列地震是八十年一遇的强烈地震,中小型损伤可以很快通过现金支付方式得以修补,但是大型的、涉及建筑框架的损毁则需要很长时间修补。因此,EQC的资金准备、应急机制和震后处理在大地震面前还是显得捉襟见肘。自然灾害基金面临耗尽的危险,理赔修缮工作进展缓慢导致民怨不断，民营保险公司相继宣布不能运营，这些都对 EQC 的运营造成了威胁。

该系列地震给新西兰商业保险业造成了较大的冲击。由于 EQC 设置了最高责任限额，超过责任限额的部分由居民向商业保险公司投保。因此，新西兰的多家商业保险公司承担了较多高层的损失赔付。大地震后，新西兰的第二大保险公司联合共同保险面临破产风险，向政府提交了救助申请，得到了约 5 亿新西兰元的救助。同样面对危机的西太平洋保险公司却没有得到政府救助，进入了破产清算。坎特伯雷系列地震造成的经济损失约为 350 亿新西兰元，保险业的损失约为 300 亿新西兰元，其中民营保险公司承担约 150 亿新西兰元。

（三）存在问题

在坎特伯雷系列地震中，EQC 暴露出以下三个方面问题：

（1）风险分散不足。新西兰国土面积小，风险集中。如果发生大地震，需要理赔的保单的比例很高。此外，EQC 还承担着如土地液化等次生灾害的赔偿。在坎特伯雷系列地震中，EQC 承担的限额不足，保险体系过度依赖民营保险机构。EQC 对房屋的赔偿上限是 112 500 新西兰元，高于这一上限的赔偿由商业保险机构承担。而商业保险机构难以承担如此大的灾害风险，在地震后许多保险公司向政府申请救助，新西兰政府成为风险的最后承担者。EQC 没有起到充分分散风险的作用，导致 EQC 在坎特伯雷地震后举步维艰。

（2）赔付估计不准确。在 2011 年 2 月 22 日克莱斯特彻奇地震后，EQC 预计赔付总额为 30.5 亿新西兰元。EQC 总经理公开宣布其基金足以支付地震赔付。然而，随后 EQC 对地震赔付估计经过了多次调整与修正。其中，2011 年 2 月 22 日克莱斯特彻奇地震赔付预估值上升了 21.7 亿新西兰元，2011 年 6 月 13 日的地震及余震赔付预估值为 14.2 亿新西兰元。最终 EQC 将坎特伯雷系列地震预估赔付额确定为 70.7 亿新西兰元。自然灾害基金预计在 2016 年被耗尽。对赔付估计的不准确加重了社会对 EQC 能力的怀疑。

（3）赔付缓慢。一方面，根据 EQC 的理赔机制，投保人应直接向 EQC 申请理赔，这对 EQC 运营造成很大压力。EQC 平时为降低运营支出，对人员进行精简。但在地震发生后，EQC 难以调拨足够人手应对理赔申请。另一方面，EQC 建立坎特伯雷房屋修理项目，对部分受损房屋赔偿方式由原来的现金赔付改为提供房屋修缮服务。但是由于工作量大，项目进展缓慢，不少家庭的房屋在数年后仍没有完全修好。地震发生五年后，理赔仍没有完成。赔偿进程的缓慢，引起了居民的不满。

(四）应对措施

为了应对自然灾害基金资金不足的危机，财政紧张的新西兰政府出台规定，自2012年2月起上调EQC的自然灾害保费。保险费率从万分之五上调至万分之十五，每单税后保费上限从69新西兰元上调至207新西兰元。保费调整之后，EQC每年预计征收的保费总额从0.86亿新西兰元上升至2.6亿新西兰元。这极大地缓解了EQC的运营危机，降低了EQC对投资收益的依赖程度，将EQC的资金缺口缩小至4.9亿新西兰元。按照新的保险费率，自然灾害基金可以在30年内恢复到地震前的规模。

除了上调保险费率外，EQC还对运作机制进行了修改。2015年，EQC为应对危机，与财政部发布了《自然灾害保险未来计划》，提出四点法律修订建议：（1）将自然灾害保险理赔申请的受理、确认和评估工作移交给民营保险机构；（2）将住房保险理赔上限上升至20万新西兰元，降低民营保险机构的损失；（3）将住宅保险200至1 000新西兰元不等免赔额修改为固定额2 000新西兰元，降低申请受理和评估压力；（4）EQC不再提供屋内财产的保险，但是扩大房屋保险的损失维修范围。

六、结　语

新西兰地震等自然灾害频发。为减轻巨灾造成的生命与财产损失，新西兰成立了地震委员会（EQC）。EQC是政府主导模式下的巨灾保险基金项目，由政府独资组建，办理自然灾害保险业务。EQC为新西兰居民提供强制性的自然灾害保险，保障了保险覆盖率。其通过完善的风险转移机制设计，制定了明确的损失赔付层次，有效地将地震风险进行分散。EQC对新西兰的自然灾害灾后援助和重建工作起到了巨大的作用。EQC在2010~2011年坎特伯雷系列地震中承担了巨大的损失赔付，随后进行了相应的改革以应对该系列大地震带来的危机。

EQC是在1994年转型成立的灾害保险中枢组织，其前身为地震与战争损害委员会。EQC、财产保险公司和保险协会共同构成了新西兰的地震保险体系。EQC是政府代表，由国家财政部独资成立，管理自然灾害基金，是地震保险的运作机构。EQC有着相对独立的运作机制，但董事会成员均为政府指派，有效地体现了其官方性质。EQC的职责包括高效、有效地定价和风险分散、提高社会对自然灾害的认识，具有发挥政府与市场的比较优势、投保率高、享受政策优惠、担保范围广、保费低廉等主要优势。

EQC 的运行机制设计合理。首先，EQC 的成立全部资金来自新西兰财政部在 1994 年注入的 15 亿新西兰元，此后资金来源主要为保费收入和下辖的自然灾害基金的投资收益；其次，EQC 保单设计合理，自然灾害险征收具有强制性，保障了保险覆盖率。其承保范围广泛，并制定免赔额和最高赔偿限额以适当分摊损失，超过 EQC 责任限额的部分由居民向保险公司自愿投保；最后，在赔付安排中，实现了"EQC、再保险公司、EQC、政府"四个层次的赔付结构，风险得到充分分散，当损失额超过一定额度时政府承担剩余责任。

从 1994 年转型成立开始到坎特伯雷系列地震以前，EQC 的运营情况比较稳定。这段时间内，EQC 曾经长时间依赖自有资金的投资收益维持运营。在坎特伯雷系列地震之后，EQC 上调了保险费率，保费收入在总收入中的占比才逐渐提升。在支出方面，除了坎特伯雷系列地震中赔付数额巨大之外，EQC 的赔付数额普遍较少。EQC 管理的自然灾害基金在坎特伯雷系列地震后入不敷出，濒临用尽的风险。总体来说，EQC 在坎特伯雷地震前运行状况良好，但是在地震之后遇到了危机。

2010~2011 年坎特伯雷系列地震给 EQC 运营造成了极大的挑战。这一系列地震给新西兰南部地区造成了毁灭性的打击，伤亡严重，建筑物大面积受损，多家民营保险公司破产。EQC 在地震发生后的五年内都在应对坎特伯雷系列地震造成的损失，共支付了 94 亿新西兰元的损失赔付，自然灾害基金耗尽。EQC 在地震中暴露出了风险分散不足、赔付估计不准确与赔付进展缓慢等问题。为应对危机，EQC 上调了保险费率，并提出委托商业保险机构受理理赔、提高责任限额、将免赔额改为固定值、缩小承保范围等方法。

第三章

墨西哥自然灾害基金（FONDEN）

墨西哥全称墨西哥合众国，位于北美洲，是一个发达的自由市场经济体。墨西哥北部与美国接壤，西邻太平洋，东邻墨西哥湾与加勒比海，优越的地理条件使得墨西哥拥有丰富的矿业和油气资源，也为其开放的经济政策提供了条件。但是，特殊的地理位置和地质结构也使得墨西哥频繁地受到地震与飓风等自然灾害侵扰。每年墨西哥政府都要投入约15亿美元用于灾后重建，而在2010年仅用于治理洪水灾害，政府花费就高达50亿美元。因此，巨灾发生的突然性与赈灾、重建费用的高昂性都要求墨西哥政府采取措施以防范巨灾风险。

1996年，墨西哥政府创建了自然灾害基金（fund for natural disasters, FONDEN），FONDEN作为墨西哥联邦预算账户的组成部分，为国民防护系统的资金筹集提供了强大助力。FONDEN能够在灾难发生后迅速为政府提供充足的资金，其不同的子账户分别从灾前预防和灾后重建等角度，将整个巨灾风险管理体系的重心从响应、恢复与重建转移到了前瞻性、预防性的措施上。在过去二十年间，FONDEN的存在为缓解政府财政压力，分散巨灾风险和保障国民财产安全做出了重要的贡献。

本章从概览的角度简要分析了FONDEN的概况、运行机制和运行状况。第一部分介绍了FONDEN的概况，主要就FONDEN的产生与发展过程，内外部组织结构，主要优势三个方面进行了阐述；第二部分对FONDEN的运行机制进行了介绍，分别从FONDEN的资金来源、运作流程、赔付能力安排、风险的量化与管理和法律保障五个方面进行了较为详尽的分析；第三部分考量FONDEN近年来的运行状况和未来发展方向，文章主要就FONDEN的运营情况、资金运用情况等方面进行了阐释。

一、FONDEN 概述

（一）产生与发展过程

近年来墨西哥巨灾发生频率有所上升，其中以地震和飓风的影响最为显著。墨西哥受到5大板块作用的影响，是世界上地震活动最为活跃的国家之一。每年墨西哥发生里氏4级以上的地震超过90起，其中11个州全境均容易受到强烈地震的影响，14个州部分区域易受到影响，这些地区的总面积超过了全国面积的一半。除地震外，飓风也是墨西哥巨灾风险的主要构成部分之一。1970~2010年间，以损失程度衡量，墨西哥发生的最大的3场巨灾为1985年大地震、2005年飓风威尔玛和2010年飓风艾利克斯。

墨西哥频繁发生的巨灾对社会和经济造成了严重的不利影响。在短期内，巨灾导致惨重的人员伤亡与财产损坏，并给公共财政带来沉重的负担。长期来看，巨灾的频繁发生会影响长期投资，抑制经济增长。2000~2010年间墨西哥发生的各类巨灾造成的累积损失超过251亿美元。因此，墨西哥政府积极推动各种举措应对自然灾害，建立了一套科学高效的巨灾风险管理体系。其发展分为2个主要阶段：1985~2004年，是FONDEN的产生阶段；2004年至今，是FONDEN的创新和发展阶段（Ishizawa et al.，2013）。

1985年，9·19墨西哥城大地震爆发。在面对突发的巨灾时，由于墨西哥城缺乏系统的巨灾风险管理体系，这场墨西哥历史上震级最强、损失最惨重的地震导致约6 000人死亡，带来的直接经济损失约计114亿美元。9·19墨西哥城大地震这惨痛的经历促使政府当局由此开始积极筹建巨灾风险管理体系。1986年，在大地震的一年之后，墨西哥政府成立了国民防护体系（national civil protection system，SINAPROC），后续为了给SINAPROC的活动筹资，墨西哥政府于1996年成立了自然灾害基金（FONDEN）。

作为一个跨机构的金融载体，FONDEN被纳入了墨西哥政府的联邦财政预算体系，成为了联邦政府事先向灾后响应和重建进行预算拨款的金融工具。随后，墨西哥政府为进一步加强对巨灾风险的事前监控和事后快速响应能力，对FONDEN进行了调整，使其内部结构得到了进一步完善。1999年，联邦FONDEN信托基金成立；2002年，自然灾害预防信托基金成立；2003年，为了加强巨灾预防，墨西哥政府当局又建立了自然灾害预防基金（fund for natural disasters prevention，FOPREDEN）。

2004 年后，FONDEN 实现了进一步创新，从事前预算工具逐步发展成为墨西哥灾前风险管理策略的核心。第一，以 FONDEN 为中心的灾前风险管理系统得到了进一步完善。由于灾难的发生与损失具有极大的不确定性，为了更好地进行管理，墨西哥政府将新型风险转移工具与 FONDEN 相结合，建立了巨灾风险筹资与保险（disaster risk financing and insurance，DRFI）系统。第二，FONDEN 在灾难信息管理上也取得了创新，FONDEN 建立了预测可能灾难风险的模型 R – FONDEN，从而为 DRFI 的布局提供了更多参考。

（二）组织结构

经过近 20 年的演进，FONDEN 的内部结构和外部管理都趋于完善。从内部组织结构来看，如图 3 – 1 所示，FONDEN 具有内部的职能细分，主要分为 FOPREDEN 预防项目和 FONDEN 重建项目。FONDEN 的核心工作是灾前融资，FONDEN 重建作为 FONDEN 的基础账户，通过联邦预算分配获得稳定资金；而 FOPREDEN 预防是 FONDEN 的关联基金，通过墨西哥地方和联邦政府的融资计划获得资金，两者及其他关联基金共同为预防巨灾提供资金和信息。后文第三部分 FONDEN 的运行机制中，将对其展开进一步详细描述。

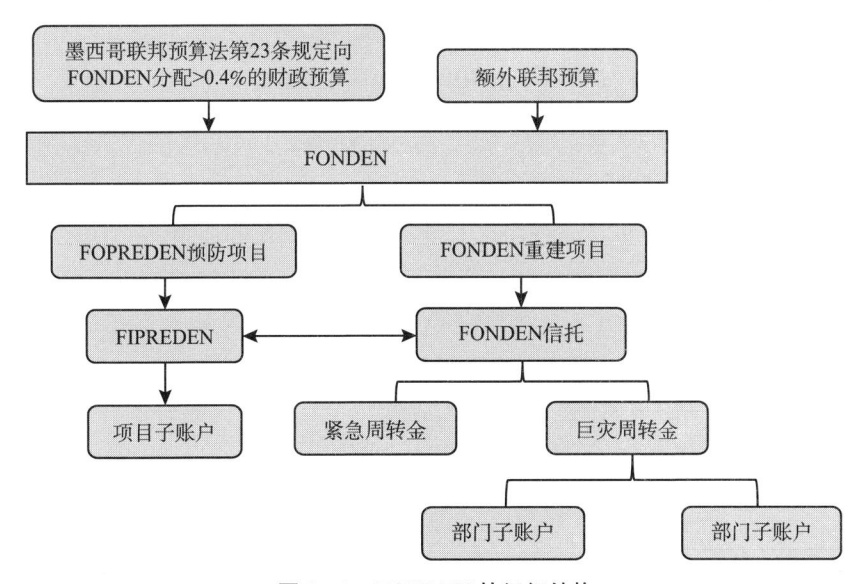

图 3 – 1　FONDEN 的组织结构

资料来源：Disaster Risk Financing and Insurance Program. FONDEN：Mexico's National Disaster Fund. 2013.

巨灾保险基金研究

从外部管理来看，墨西哥联邦政府进行灾难管理的两大部门为内政部（Secretaría de Gobernación，SEGOB）和财政部（Secretaría de Hacienda y Crédito Público，SHCP），二者的关系如图 3-2 所示。SHCP 主要负责对传统转移支付（Traditional Transfer）和创新风险转移（Alternative Transfer）进行审核和管理，主要在巨灾风险预防方面发挥作用。而 SEGOB 对 FONDEN 和 FOPREDEN 进行协调，在灾前预防和灾后响应上进行统一指挥。SHCP 和 SEGOB 分工明确，互相合作，加强了墨西哥巨灾风险管理能力。

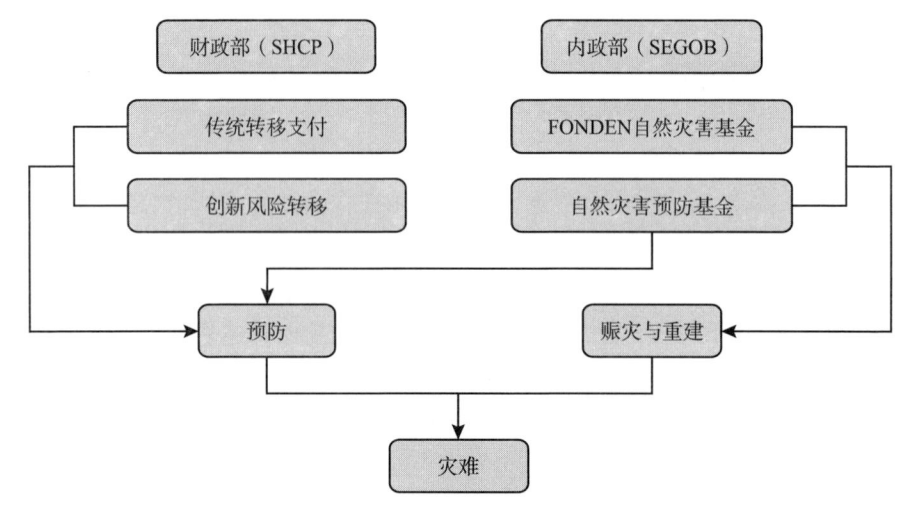

```
财政部（SHCP）          内政部（SEGOB）
     │                        │
传统转移支付              FONDEN自然灾害基金
     │                        │
创新风险转移              自然灾害预防基金
     │                        │
     ↓                        ↓
    预防                   赈灾与重建
     │                        │
     └──────────┬─────────────┘
                ↓
              灾难
```

图 3-2　FONDEN 的外部管理结构

资料来源：Government of Mexico. Mexico Disaster Risk Management in Mexico: from response to risk transfer; Disaster Risk Financing and Insurance Program. FONDEN: Mexico's National Disaster Fund. 2013.

首先，考虑 SEGOB 对 FONDEN 体系的外部管理。SEGOB 通过国民防护总协调委员会对 FONDEN 总指挥部进行管辖，因此，FONDEN 是 SEGOB 的二级管辖机构。同时，FONDEN 的关联基金账户 FOPREDEN 也在 SEGOB 的管辖内。因此，SEGOB 除了通过 FONDEN 和 FOPREDEN 进行包括赈灾和重建的灾后响应活动，其在灾前风险预防方面也通过 FOPREDEN 起到协调调度的作用。总体而言，SEGOB 通过在宏观上调控 SINAPROC，进而对 FONDEN 和 FOPREDEN 的资金进行调度和管理。

其次，考虑 SHCP 对 FONDEN 体系的外部管理。一方面，由于 FONDEN 被纳入了联邦的财政预算当中，并且根据墨西哥相关法律，联邦政府每年需强制性拨款给 FONDEN 体系，故 SHCP 也要从资金运用上对 FONDEN 进行外部管理；另一方面，由于 SHCP 负责设计巨灾风险的转移支付机制，SHCP 对灾难风险的评估、潜在损失的衡量具有权威性。另外，在墨西哥，SHCP 也是保险市场的监管机构，能够获得相关保险信息的第一手资料。SHCP 这两方面的信息为 FONDEN 工作的开展提供了很大的帮助。

（三）主要优势

FONDEN 系统具有以下四点优势：

第一，经过多年发展，FONDEN 系统运用的不再是简单的"灾难——响应"方法，而是包括灾难准备、预防性投资和灾后重建资金筹集的综合方法。在未设立 FONDEN 系统时，面对突发的巨灾，传统的事后处理方法存在两方面问题：一方面，需求的大量资金无法立刻筹集，这直接影响到赈灾和救助的效率，从而间接扩大了灾难造成的人员伤亡和财产损失；另一方面，灾后调度存在时滞，无法迅速有效分配资源。而 FONDEN 系统的灾难准备和统一调度机制有助于解决这两方面问题，帮助政府能够对灾难进行快速应答，降低损失。

第二，FONDEN 系统具有预算独立性。FONDEN 系统所使用的资金依靠财政的事先拨款，不影响原计划的政府支出。在原先的"灾难——响应"模式下，一旦出现巨灾，政府支出将大幅度增加，从而影响政府的预算情况，乃至出现大规模预算赤字。这会影响政府原有的预算计划和财政政策，从而干扰政府的宏观调度，带来沉重的财政负担。此外，这还会造成一系列反应，如影响人们对未来经济的预期等。而 FONDEN 系统的设立采用预先拨款的形式，有效规避了这一影响，从而帮助政府更平稳地实施赈灾政策。

第三，FONDEN 系统采取了风险自留和风险转移的完善金融措施。风险自留是指 FONDEN 系统以储备金的形式，定期从政府的财政预算中留存规定的部分用于覆盖灾难损失。风险转移是指政府通过支付保费将潜在的灾难损失转移到金融市场或保险市场。这种创新的风险分配机制具有明显的优点：一方面，通过风险自留确保有规律性收入积累用于赈灾支出；另一方面，通过风险转移降低了巨灾发生时政府承担的赈灾和重建费用。因此，风险自留与风险转移相结合，既能有效处理频发性灾难，又能在有巨额损失的时期增加筹资。

第四，FONDEN 系统运用了先进的量化方法对巨灾风险进行管理，从而提高了抵御自然灾害的能力。FONDEN 通过与墨西哥国立自治大学合作，建立了模拟和估计灾害损失的风险模型（R–FONDEN）。FONDEN 也构建了 SICCA-VA 等网络工具，能够控制基金流向，自动报告灾害情况，并对巨灾进行确认和响应。通过运用先进的巨灾风险管理和量化模型，FONDEN 系统可以更有针对性地安排筹资计划和资金分配计划,有效提高了资金的运用质量和灾害的响应效率,从而能够更有效地控制巨灾风险。

二、FONDEN 的运行机制

(一) 资金来源

FONDEN 的资金来自墨西哥联邦政府的预算拨款。依照《墨西哥联邦预算法》第 27 条第 23 款,墨西哥联邦政府每年需向 FONDEN 及其关联基金账户 FOPREDEN 和农业保险基金 (CADENA) 分配不少于当年联邦财政预算总额(包括上一会计年度未实现的信托资产)的 0.4% 的拨款,约计每年 8 亿美元。联邦预算法第 19 条还规定了关于附加的联邦预算来源的条款。此外,在 2010 年面对特大洪水灾害后,FONDEN 的资金出现严重短缺,因此联邦政府对 FONDEN 的拨款还存在上调的可能性。

如图 3-1 所示,FONDEN 最基础的预算和财政账户是 FONDEN 重建项目和旗下的 FONDEN 信托。FONDEN 信托下有一系列的子账户,包括紧急周转金和巨灾周转金,用于应对突发巨灾的短期灾后重建工作的资金需求。同时,墨西哥政府还建立了较 FONDEN 重建规模稍小的相关财政账户,FOPREDEN 预防项目 (natural disaster prevention fund) 和其信托账户 FIPREDEN。FOPREDEN 预防项目侧重于灾前风险管理的资金需求。因此,FONDEN 重建项目与 FOPREDEN 预防项目共同构成了较为完善的"灾前预防——灾后响应"格局。

FONDEN 的灾后融资账户主要包括 FONDEN 重建项目、FONDEN 信托和周转基金三个部分。这其中,FONDEN 重建项目是为恢复和重建无保险或保险不足的公共资产资源而设立的预算账户。作为 FONDEN 体系最核心的账户,FONDEN 重建在灾后响应上具有极其重要的作用。具体而言,FONDEN 重建的资金主要用于三个方面:第一,在自然灾害发生后向受灾人群提供紧急援助;第二,灾后重建和公共基础设施重建(包括恢复特定地区遭到巨灾损害的自然环境);第三,低收入人群住房的重建。

FONDEN 信托是由墨西哥国家市政工程与公用事业银行 (National Bank of Public Works and Services, BANOBRAS) 管理的财政账户,负责利用 FONDEN 重建项目来筹集资金。一旦政府财政资金被批准使用于某一灾后重建项目,这些资金就将被 FONDEN 信托的一个子账户所持有,作为灾后重建资金。同时,

FONDEN 信托还通过其受托代理人（公用事业银行）行使购买保险或其他风险转移工具的决策职能。FONDEN 信托下还设有周转金账户，其资金用于应对突发巨灾的紧急灾后救援工作，主要是救援物资支出。

同时，FONDEN 的灾前预防账户包括 FOPREDEN 和 FIPREDEN 两个部分。FOPREDEN 是用于支持事前主动风险管理活动资金开销的预算账户，其资金主要用于三个方面：（1）识别和评估巨灾风险，发现和曝光漏洞；（2）事前降低灾害风险，支持各类减灾活动；（3）提高当地社区的灾害防护能力。FIPREDEN 在 FOPREDEN 预防项目中的作用与 FONDEN 信托在 FONDEN 重建项目中的作用类似，也是由墨西哥国家市政工程与公用事业银行管理的，负责利用 FOPREDEN 预防项目资金的财政账户。

（二）运作流程

在灾难发生后，有关政府部门会立刻通知内政部，若通过审核，后者将宣布灾难紧急状态。FONDEN 会为 100% 联邦资产的重建和 50% 地方资产的重建筹集资金。随后，FOPREDEN、紧急周转金、FONDEN 信托等实体将依次介入。为了在兼顾可计量性和透明性的前提下及时对不同种类和程度的灾难进行处理，FONDEN 的运作流程经过细致的安排。如图 3-3 所示，其运作流程主要分为四个步骤：（1）灾害的发生与宣布；（2）破坏程度评估与资源请求；（3）资源的分配和灾后活动的执行；（4）灾后活动报告（Hofliger and Mahul, 2012）。

第一阶段为灾害的发生与宣布。墨西哥关于群众防护的法律明确规定，在没有确认和宣布灾害发生的情况下，联邦机构及其下属部门以及州实体的任何关于灾害的筹资活动都是不合法的。当地方的财政能力不足以支持赈灾和重建活动时，州政府或联邦机构及其下属机构即可向内政部递交灾难宣布申请。内政部接到申请后，将立即指派有关技术部门根据 FONDEN 的相关规定检测灾难的严重情况（但不进行具体的破坏程度评估），并反馈给内政部。随后内政部会根据具体检测情况决定是否宣布灾难。

第二阶段为破坏程度评估与资源请求。在内政部宣布灾难发生后的 24 小时内，FONDEN 要求联邦和地方政府需建立针对该灾难的破坏程度评估委员会。该委员会的构成单位既包括联邦，也包括地方的相关部门。首先，委员会会设立一定数目的下属委员会分别负责不同的受破坏项目；其次，这些下属委员会需在 10 日（视情况可延长至 20 日）内完成相应方面的测量任务并确认重

第一阶段：灾害的发生与宣布

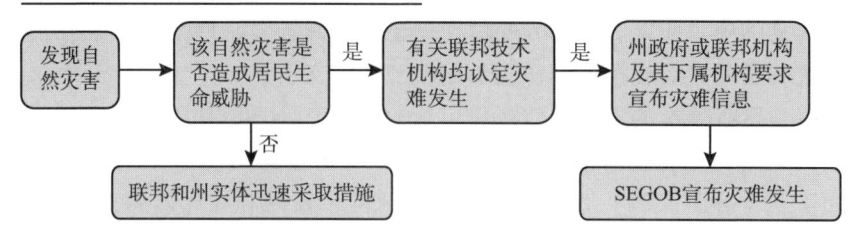

```
发现自然灾害 → 该自然灾害是否造成居民生命威胁 —是→ 有关联邦技术机构均认定灾难发生 —是→ 州政府或联邦机构及其下属机构要求宣布灾难信息 → SEGOB宣布灾难发生
                      ↓否
                联邦和州实体迅速采取措施
```

第二阶段：破坏程度评估与资源请求

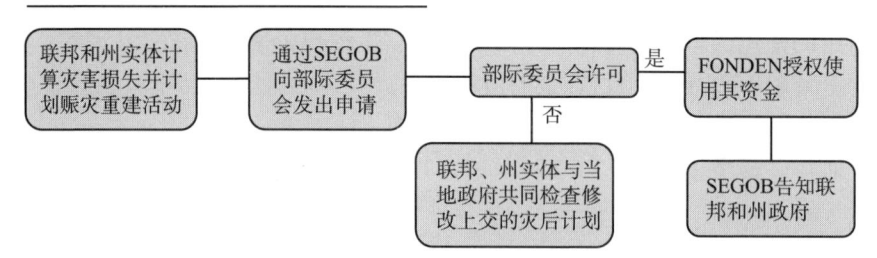

```
联邦和州实体计算灾害损失并计划赈灾重建活动 → 通过SEGOB向部际委员会发出申请 → 部际委员会许可 —是→ FONDEN授权使用其资金 → SEGOB告知联邦和州政府
                                                    ↓否
                                          联邦、州实体与当地政府共同检查修改上交的灾后计划
```

第三阶段：资源的分配与灾后活动的执行

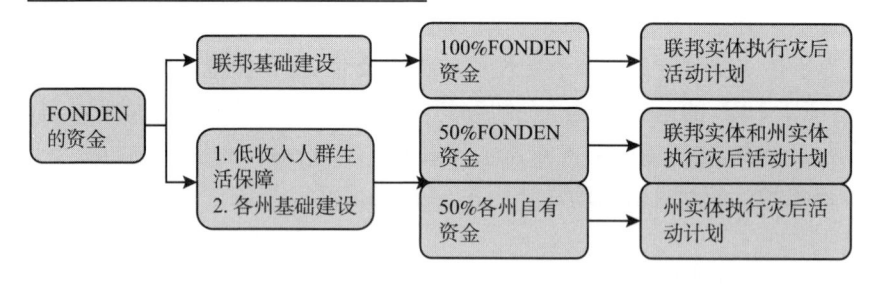

```
FONDEN的资金 ┬→ 联邦基础建设 → 100%FONDEN资金 → 联邦实体执行灾后活动计划
             └→ 1.低收入人群生活保障  ┬→ 50%FONDEN资金 → 联邦实体和州实体执行灾后活动计划
                2.各州基础建设        └→ 50%各州自有资金 → 州实体执行灾后活动计划
```

第四阶段：灾后活动报告

```
联邦和州实体 → 报告灾后活动计划执行情况和资金支出情况 → 在内政部（SEGOB）网站上公示FONDEN的灾后活动计划执行情况和资金支出情况
```

图 3-3　FONDEN 运作流程图

资料来源：Hofliger and Mahul. FONDEN – Mexico's Natural Disaster Fund – A Review. May 2012.

建所需资源情况；最后，联邦和州政府即可通过内政部向部际委员会（包括 FONDEN 和财政部）递交申请。经过协商，部际委员会通过后，联邦和州政府即可获得资金。

第三阶段为资源的分配和灾后活动的执行。根据赈灾和重建项目的属性不同，FONDEN 资金的分配状况不同。联邦基础建设的重建项目可以 100% 使用 FONDEN 的资金，而不需要以其他方式筹资，获得资金后由联邦政府相关机构进行重建工作。对于各州的灾后低收入人群生活保障支出和基础建设支出，则以 FONDEN 和州政府对半进行承担的方式进行。对于 FONDEN 出资的部分，由联邦政府和各州政府的相关机构组织重建工作，而对于州政府出资的部分，由州政府相关机构组织重建工作。

第四阶段为灾后活动报告。由于 FONDEN 掌管着大量资金，高透明度的操作和管理方式对于减少腐败，提高资金运用效率等方面具有十分重要的作用。因此，在灾难发生后，FONDEN 的资金分配情况必须及时公示以防止错用和滥用。具体而言，在第三个阶段完成后，联邦和州实体需要向内政部报告其赈灾和重建的具体计划以及资金使用情况。FONDEN 需结合其资金分配状况与联邦和州实体的报告进行总结，并在内政部的官方网站上进行报告和公示，以保障运作流程的高度透明化。

（三）赔付能力安排

FONDEN 的赔付能力安排包括风险自留和风险转移两个部分，按照一定偿付顺序建立了层次鲜明的偿付体系。如图 3-4 所示，FONDEN 赔付能力安排包括四个层次，赔付顺序按照巨灾发生的频率递减，严重程度递增的顺序先后进行。第一层为 FONDEN 风险自留；第二层为 FONDEN 以保险的形式进行的第一层次风险转移；第三层为 FONDEN 通过发行巨灾债券，以再保险的形式进行的第二层次风险转移；第四层为政府剩余风险，即超过 FONDEN 体系偿付范围，无法得到补偿的部分。

损失级别	紧急资金援助	重建资金援助
PML=99%	政府剩余风险（超过14.9亿美元）	
	巨灾债券（约2.9亿美元）	政府剩余风险
PML=98%	附加的财政预算支持（2亿美元）	巨灾再保险（约4亿美元）
PML=95%	FONDEN风险自留（约8亿美元）	

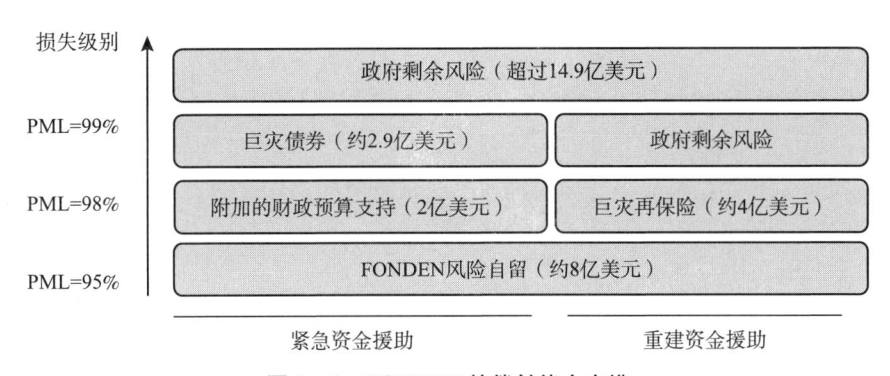

图 3-4　FONDEN 的偿付能力安排

资料来源：Government of Mexico. Mexico Disaster Risk Management in Mexico：from response to risk transfer；Disaster Risk Financing and Insurance Program. FONDEN：Mexico's National Disaster Fund. 2013.

第一部分为 FONDEN 的风险自留部分。由 FONDEN 的年度预算分配以及额外预算分配的资金覆盖的自留风险。该部分是法律规定的 FONDEN 的稳健收入，用于承担发生频率最高的灾害的赈灾和重建费用。在巨灾发生时，也首先支取该部分。就具体规模而言，FONDEN 承担了约 8 亿美元的自留风险，附加的财政预算支持可以达到每年 2 亿美元。另外，FONDEN 对于政府部门的潜在负债通过损失检测和估值进行了一套系统性的评估。FONDEN 系统开发了 R–FONDEN 数据库，更有效地管理风险暴露。

第二部分是 FONDEN 的第一层风险转移部分。通过支付保费将灾难风险转移给巨灾再保险市场承担。在巨灾造成巨额损失的特定年份下，当 FONDEN 的自有资金无法支持赈灾与重建的费用时，该部分巨灾再保险就会发挥作用。就具体规模而言，巨灾再保险的第一层包含了约 10 亿美元灾难损失的个人保险，进一步损失由上限为 4 亿美元的再保险覆盖。另外，FONDEN 要想实现巨灾风险在再保险市场上的有效分散，并将保费支出控制在合理的范围内，就必须对巨灾风险进行良好的量化管理，而 R–FONDEN 为此提供了有效的技术支持。

第三部分是墨西哥政府发行的巨灾债券，以作为巨灾再保险的补充，从而形成了 FONDEN 的第二层风险转移部分。2006 年，墨西哥联邦政府发行了第一个巨灾债券 CatMex 2006，基于"参数触发"机制将部分地震风险转移到了国际金融市场。此外，如专栏 3–1 所示，2009 年 CatMex 2006 到期时，墨西哥与世界银行"MultiCat"方案合作，将飓风风险也纳入了覆盖范围。同时，若地震条件满足，巨灾债券可以提供上限为 1.4 亿美元的紧急援助，同时能承担约 2.9 亿美元的风险，引入分层债券后巨灾债券的赔付额可达 3.15 亿美元。

墨西哥政府采取发行巨灾债券的方式进行巨灾风险灾前融资，具有显著优势。从巨灾债券发行具体操作而言，巨灾债券实际上是债券发行人，即墨西哥政府，与特殊目的实体（special purpose vehicle，SPV）签订的一个再保险合约。由于巨灾债券实际上是由 SPV 发行，而不是由墨西哥政府财政部门发行，因此该债券不会影响实际发行人，即墨西哥政府的信用评级，同时也不被认为是墨西哥政府的负债。因此，通过这一轮转换，墨西哥政府可以以更小的成本为巨灾风险筹资，提高承保能力。

第四部分是超出 FONDEN 总赔付能力的部分。该部分的巨灾损失无法从现有的分担机制中获得任何补偿，属于超出 FONDEN 巨灾风险覆盖范围的风险。目前，在前三部分的赔付安排下，FONDEN 能够覆盖约 14.9 亿美元的损失赔偿。FONDEN 的总赔付能力能够应对一般年份下的灾害损失补偿。但是，例如 1999 年、2005 年、2007 年与 2010 年这样的大灾年份则耗尽了 FONDEN 的总赔付资源。FONDEN 应通过增加财政拨款与丰富风险转移工具等方式进一步提高总赔付能力,以应对更大损失的自然灾害。

> **专栏 3-1　墨西哥自然灾害风险防范**
>
> FONDEN 使用多种工具支持各州实体应对自然灾害,包括风险自留和风险转移两种方式。2006 年,FONDEN 发行了 1.6 亿美元的巨灾债券 Cat-Mex 2006,将墨西哥的地震风险转移到国际资本市场。这是全球主权国家发行的第一个参数型巨灾债券。CatMex 2006 于 2009 年到期后,墨西哥决定扩大其覆盖范围与险种。
>
> 2009 年 10 月,墨西哥通过世界银行新建立的"多巨灾债券发行方案"(MultiCat)发行了一个覆盖多险种的巨灾债券 MultiCat Mexico 2009,规模为 2.9 亿美元(如下表保险条款)。MultiCat 便于参与方为多种严重灾害以及多个国家和地区购买保险。保险可针对的灾害事件类型为地震、洪灾、飓风和其他风暴。
>
> **MultiCat Mexico 2009 保险条款**
>
> | 险种 | A 类:地震 | B 类:A 区太平洋飓风 | C 类:B 区太平洋飓风 | D 类:西太平洋飓风 |
> |---|---|---|---|---|
> | 规模 | 1.4 亿美元 | 5 000 万美元 | 5 000 万美元 | 5 000 万美元 |
> | 触发条件 | 7.9;8.0 级 | 944 中心压力 | 944 中心压力 | 920 中心压力 |
> | 标普评级 | B | B | B | BB - |
>
> 资料来源:Abousleiman, Issam: Insuring Against Natural Disaster Risk in Mexico, Treasury, World Bank, June 2011.

(四)巨灾风险量化和管理

在技术上而言,巨灾风险管理最困难的阶段是风险的量化。由于历史上大型灾难发生的频率很低,因此,很难用传统的量化模型对巨灾风险进行分析。由于 FONDEN 系统在巨灾发生后进行偿付安排时,是用支付保费和发行巨灾债券等风险转移工具来对其偿付能力进行保证。因此,若墨西哥政府不能对巨灾风险进行系统性分析,这些转移工具很可能会加重政府的财政负担。基于此,FONDEN 系统建立了一套相对完善的风险量化和管理机制,且只有多层级多机构相互配合才能保证该机制的顺利运行。

第一步是收集基础数据。由于各地具体资产数据和历史巨灾发生的数据十分庞杂,FONDEN 要获得高质量的基础数据,就必须有公路桥梁管理、水利管理、医院、学校等公共资产管理部门的配合。通过这些机构搜集的数据主要包括四个方面：（1）地形、拥有资产情况等地区数据；（2）各种资产的结构类型和使用年限数据；（3）各类资产的重建或者替换所需的费用数据；（4）具体地区在面对巨灾时的历史损失数据。这些数据为研究不同机构资产损失的可能性提供了初步信息。

第二步是建立风险管理模型，FONDEN 进行风险管理的过程主要分为以下三个阶段。第一阶段是满足技术和人才要求。对此，墨西哥联邦政府集合了全国研究自然灾害问题的专家学者以及各类结构工程师来共同研究开发这一模型。这其中，墨西哥国立自治大学的工程研究院主动担任了巨灾风险模型的核心构建工作。由于该机构对墨西哥的自然灾害状况、资产受损失可能性等情况进行了长达四十余年的研究，并曾建立过多个巨灾概率模型，因此，该机构在巨灾风险研究方面具有很高的权威性。

第二阶段是收集充分的有关自然现象的信息并对其进行处理来帮助完成模型的构建过程。具体的数据收集工作在第一步已经完成，而对灾害进行官方分类和分级的工作则是由墨西哥国立自治大学、国民防护体系、全国防灾中心（the National Disaster Prevention Center，CENAPRED），和墨西哥国家气象局（the National Meteorological Service，SMN）共同完成。此外，这些机构在建立与地震和热带气旋有关的模型时还提供了相关的重要数据或基础模型，为模型的构建提供了信息和技术支持。

第三阶段是建立计算机量化模型来分析灾害风险。FONDEN 建立的巨灾风险分析模型的核心工具是 R – FONDEN。通过多年开发与完善，R – FONDEN 不断发展，现已具备强大的风险模拟和预测功能。具体而言，R – FONDEN 能对墨西哥全境的任一地区，针对某种特定的灾害，或者一系列灾害进行风险评估，同时模拟并计算出资产损失和人员伤亡情况。另外，对于一个给定的资产组合，R – FONDEN 可以给出如"平均年度损失"等资产损失信息，以便于墨西哥政府设计相应的巨灾风险转移支付机制，提高其风险承担能力。

（五）法律保障

墨西哥是联邦共和制国家，不同于我国在灾后响应方面能够由中央快速统一调度各省支援，其联邦共和制赋予了各州一定的相对独立性，导致墨西哥要控制巨灾风险，就必须拥有一个健全、完善的法律体系。自 1985 年墨西哥城大地震以来，墨西哥政府当局就开始积极建立控制巨灾风险的法律系统，并不断完善相关法律条款。尤其是在过去 20 年间，墨西哥在联邦、各州和地方三个层面的巨灾风险法律建设上都卓有成效，进一步加强了控制巨灾风险的能力（united nations development programme，2014）。

墨西哥控制巨灾风险法律体系的基础与核心是一般国民保护法（General Civil Protection Law，LGPC）。该法于 2000 年 5 月 12 日颁布，主要用于协调上述三个层面的政府部门和国民防护体系等相关机构的工作，针对国民防护和控制巨灾风险列明了纲领性条款。2006 年 4 月，两院对 LGPC 进行了修改，发行了国家民事保护制度组织与运行手册，对国民防护体系的协调运作机制进行了补充。在 2012 年 6 月，该法律再次更新，增添了许多新的规定，进一步加强有关部门控制巨灾风险的意识，增强其义务观念。

除上述核心法律外，墨西哥还颁布了许多相关法律或规定。具体包括气候变化法（General Climate Change Law，LGCC）、国际发展合作法（International Development Cooperation Law，LCID）、儿童保护法（General Law on the Provision of Services for Child Care）、整体发展及相关法律（LGPSACDI）、陆空军建制法（Organic Law of the Army and Air Force）等，为儿童保护、短期避难场所提供、灾后救援等方面提供了法律保障。其中，LCID 还促成了墨西哥国际开发合作署的成立。

三、FONDEN 的运行状况

（一）运营情况

自 1996 年成立以来，FONDEN 总体运营稳定，为墨西哥预防巨灾风险，加快灾后响应，减少巨灾损失做出了巨大的贡献。FONDEN 设立目的是为国民防护体系提供资金支持，从最初设立以来，它就为巨灾来临时减缓墨西哥政府的财政负担发挥了重要的作用。同时，FONDEN 先进的资金运用管理办法也大大提高了用于预防、重建和赈灾资金的透明度和使用效率。随后，FONDEN 进行了一系列的系统完善和创新，不断提高其运作的科学程度和效率水平。但是，随着灾害发生频率的提高，FONDEN 还需在政府投入等方面进一步发展。

第一，频繁发生的巨灾给墨西哥的公共预算带来了沉重的负担，而 FONDEN 体系的设立极大地缓解了这一情况。1999～2011 年，墨西哥政府花在灾后重建上的费用达到了年均 14.6 亿美元，其中 77% 与地方资产的重建有关。在这十几年间，联邦政府和州政府分别在重建事务上年均花费9.39亿美元和5.21亿美元，联邦政府占比64%。2006年以来，FOPREDEN自然灾害预防项目开始为风险较小的减灾活动提供融资支持，其年度预算分配约为2 500万美元，在一定程度上缓解了政府财政负担。

第二，FONDEN的资金运用情况具有高度的透明性，通过多机构合作衡量风险和多方协商决定资源分配情况，FONDEN资源的利用效率大幅提高。FONDEN拥有规范的运作流程，灾害的确认与测量，灾后响应活动和资金分配计划由资金提供者（即联邦政府相关部门）和资金需求者（即各州相关机构）共同参与，从而双方不同的目标函数可以相互制衡，最终使得资金分配与灾害情况相适宜。此外，FONDEN资源的利用情况要在内政部官方网站上公示，使得公众监督力度得以加强。

第三，FONDEN在成立后经历了长期的创新和发展阶段，其结构愈加完善。在筹资方面，1996年FONDEN成立；2004年FONDEN信托成立，用于支付风险转移工具的保费并收取在灾难发生时获得的偿付；2006年，第一支巨灾债券CatMex 2006开始发行；2012年针对FONDEN损失的损失补偿性保险出现。经过数十年发展，FONDEN的融资系统层次更加分明，承担巨灾风险的能力更强。在技术方面，FONDEN逐渐建立了以R-FONDEN为核心的先进的量化风险管理模型，增加了对巨灾风险的预测和管理。

第四，墨西哥灾害发生情况呈上升趋势，联邦政府仍需增加对FONDEN的投入。在1970~2010年这40年间，墨西哥的灾害发生情况总体呈波动中上升态势，这也与世界范围内的普遍情况相一致。事实上，在巨灾频繁的年份，FONDEN的赔付规模会远远超过它8亿美元的预算。如2010年发生的墨西哥重大洪水灾害造成的损失高达数十亿美元，FONDEN经过风险自留和风险转移后仍有大规模损失未被覆盖。因此，墨西哥政府对FONDEN的投入仍需增加，FONDEN还需要实现进一步完善。

（二）资金情况

1. 资金运用情况

由于巨灾带来的损失具有极大的易变性，不同灾害造成的损失和不同资产的重建费用会有很大的差异。通常而言，FONDEN资金主要用于支付灾后的公路重建、水利基础设施建设、低收入人群保障、教育费用和灾后疾病防疫和健康保护等方面的费用,其中仅灾后公路建设一项就占到 FONDEN 重建总支出的一半以上。而就具体灾害而言,FONDEN 的资金主要用于治理洪水、风暴、地震、干旱、滑坡等。其中洪水和飓风因发生频繁,两项灾害赈灾费用共占 FONDEN 总支出的 92.5%。

联邦政府会承担全部联邦资产的重建费用和 50% 地方资产的重建费用,地方政府则承担剩下 50% 的地方资产重建费用。图 3-5 显示了 1999~2011 年用于地方资产重建和联邦资产重建的资金分配情况。近年来,地方资产重建和联邦资产重建的资金支出呈现上升趋势,反映了墨西哥灾害发生的频率上升,造成的损失愈发严重。就波动性来看,地方资产重建和联邦资产重建的资金分配同步波动,且波动幅度较大,大灾年份重建支出显著增加。相比较而言,每年约有 77% 的资金被用于地方资产重建。

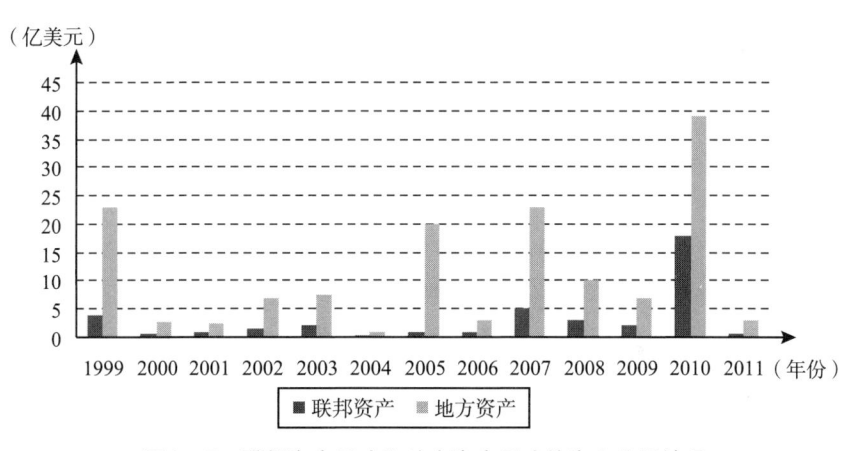

图 3-5 联邦资产重建和地方资产重建的资金分担情况

资料来源:Hofliger and Mahul. FONDEN – Mexico's Natural Disaster Fund – A Review. May 2012.

图 3-6 显示了 1999~2011 年联邦政府和地方政府在灾后重建上的资金分配情况。联邦政府与地方政府的资金支出同样呈现较大的同步波动性,但由于政府资金支出除重建费用外,还包括每年灾前预防费用支出。因此,其波动幅度小于重建费用。总体而言,在这 12 年间联邦政府平均每年花费 9.39 亿美元,地方政府平均每年花费 5.21 亿美元,联邦政府支出占总支出的 64%。在大灾年份,联邦政府与地方政府资金支出显著增加,且联邦政府资金支出远高于地方政府。在其他年份,联邦政府与地方政府资金分担状况基本持平。

巨灾保险基金研究

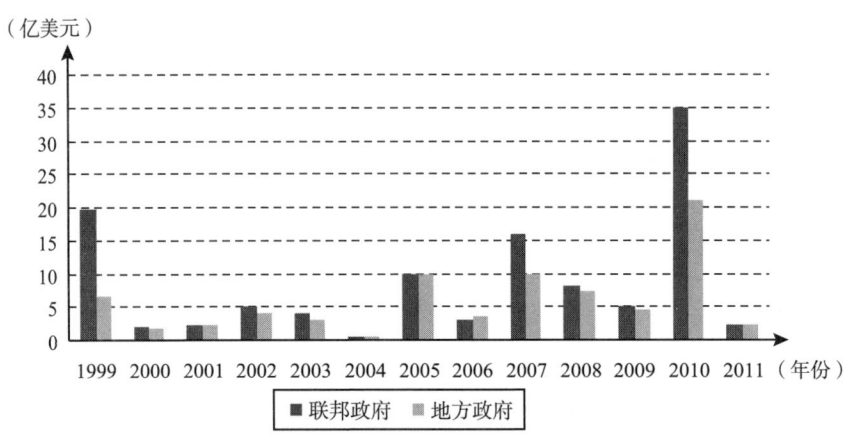

（亿美元）

图 3-6　联邦政府和地方政府的资金分担情况

资料来源：Hofliger and Mahul. FONDEN – Mexico's Natural Disaster Fund – A Review. May 2012.

图3-7显示了1999~2011年墨西哥发生灾害的总重建费用和FONDEN承担的重建费用情况。平均而言，FONDEN每年有9.39亿美元用于灾后重建（包括联邦资产和地方资产）。FONDEN承担了大部分的灾后重建费用，并且即使在发生特大灾害时，FONDEN仍能通过风险自留和风险转移两个途径筹得大量重建资金。例如，1999年、2005年、2007年、2010年这四年，重建费用均超过了20亿美元，其中FONDEN承担的费用平均约占65%。由此可见，FONDEN对墨西哥政府应对巨灾的确有所助益。

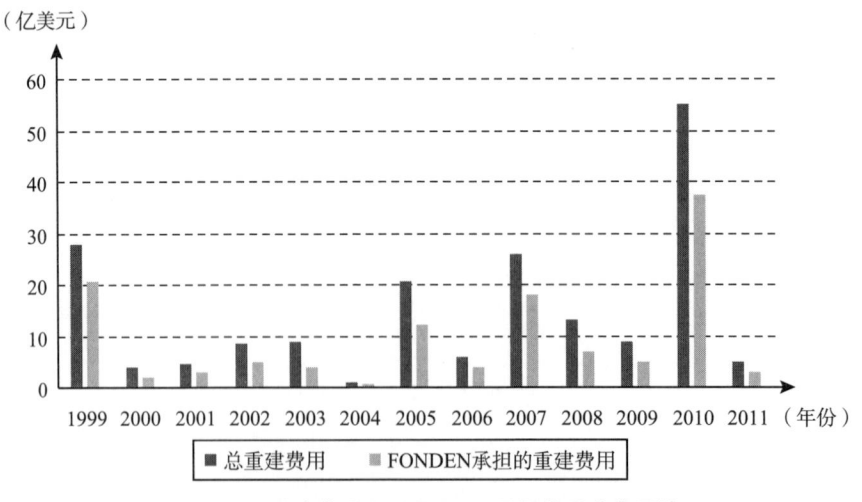

（亿美元）

图 3-7　总重建费用和 FONDEN 承担的重建费用情况

资料来源：Hofliger and Mahul. FONDEN – Mexico's Natural Disaster Fund – A Review. May 2012.

2. 资金拥有情况

如图 3-8 所示，近年来 FONDEN 获得分配的资金总体呈现下降趋势。在 1999~2011 年间，每年联邦预算会向 FONDEN 分配超过 5 亿美元的财政拨款。但是，在随后的年份中这一数额迅速减少。FONDEN 信托基金的储备仍然逐年增加，并在 2009 达到了 8.57 亿美元。然而，2010 年重大的洪水损失严重消耗了这些资金，也促成了 2011 年联邦对于 FONDEN 极高的预算分配，达到了历史最高值 8.33 亿美元。灾害损失的高可变性意味着过去 14 年中有 5 年 FONDEN 的资金支出超过了获得的资金。

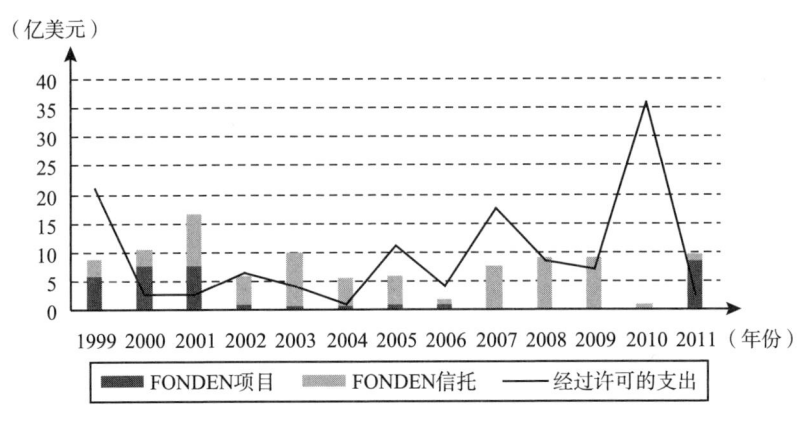

图 3-8　FONDEN 资金去向

资料来源：Hofliger and Mahul. FONDEN – Mexico's Natural Disaster Fund – A Review. May 2012.

（三）未来发展方向

第一，通过立法将灾害风险管理纳入墨西哥国家发展的政策中。墨西哥国家发展计划明确规定要将控制巨灾风险从灾后响应向灾前预防发展，并促使国民防护体系向综合风险控制方向发展。在此基础上，墨西哥将灾害风险管理纳入国家发展政策中。一方面，该项措施有助于灾害风险的测量和评估工作不会因联邦财政预算计划周期而受到影响，从而能够帮助更好地管理和规避灾害风险，并减少灾后损失；另一方面，FONDEN 的发展和创新能够得到多方面的支持，有助于 FONDEN 的自我完善。

第二，强化灾害预防的金融工具，以便平衡灾后响应重建与灾前预防之间的资源分配。FONDEN 现有的灾害预防的金融工具包括风险自留和风险转移两部分。在一般情况下，FONDEN 已有的金融工具已经足够覆盖重建费用。但一旦巨灾发生，例如 2011 年，FONDEN 面对特大的洪水灾害时仍陷入了捉襟见肘的局面。因此，灾害预防的金融工具仍需进行进一步强化。一方面，联邦政府拨款的 FONDEN 风险自留部分可以进一步提高规模；另一方面，FONDEN 风险转移部分可以进一步使用更多的风险转移工具。

第三，为了强化对灾难风险的理解和识别，需要进一步发展分析工具从而更好地预测灾前风险。FONDEN 目前已有的灾难风险管理工具主要以 R - FONDEN 为主，但该系统仍存在风险敞口没有覆盖，FONDEN 仍需要进一步开发和设计灾难风险管理工具，使得灾难风险管理更加系统和全面，从而有助于墨西哥政府真正地从灾后响应变为灾前预防和控制。这需要 FONDEN 加强与科研机构和高校的合作，共同开发风险管理工具；同时，也要增强在该方面的人员和资金投入，完善灾难风险管理系统。

第四，以现存的风险自留和风险转移工具为基础，进一步发展地方的综合性灾害风险融资和保险体系，增强各州政府抵御自然灾害的财务稳健性。在对各州基础建设的重建工作中，除 FONDEN 的资金支持外，州政府也需要承担 50% 的重建费用。因此，除了完善 FONDEN 的灾难风险管理能力和灾后筹资能力外，加强各州政府面对巨灾的财务管理能力也非常重要。对此，各州政府可以引入 FONDEN 的风险自留和风险转移模式，同时可以对风险转移工具在税率上给予一定优惠，从而降低发行成本。

四、结　语

墨西哥是一个自然灾害频繁的发展中国家，巨灾给国家经济带来了沉重的负担。为应对巨灾对公共财政的压力，墨西哥改变了传统的灾后政府财政直接救济的赈灾方式，于 1996 年建立起 FONDEN。FONDEN 是政府主导模式下的巨灾保险基金，由墨西哥政府推动建立，财政拨款支持运作。它的建立不仅使得墨西哥政府能够在灾害发生之时有充足的资金进行灾后救济，而且灾前预防项目使得为灾后重建提前筹备资源成为可能。FONDEN 的顺利运营为财力有限的发展中国家开展巨灾风险管理工作提供了参考。

首先，FONDEN 产生于 1985 年带来巨额损失的墨西哥城大地震。它作为墨西哥联邦预算账户的组成部分，是政府性质的基金项目。FONDEN 经过两个阶段的发展不断得到完善，是墨西哥政府从灾后响应向灾前预防转移的重要工具。FONDEN 具有明晰的组织结构，内部针对灾前筹资和预防进行有序组织，外部在内政部和财政部的管理下运作。作为墨西哥巨灾风险管理体系的核心，FONDEN 为墨西哥的灾前预防工作做出了重要贡献，具有灾难前后综合管理、预算独立、金融措施完善和风险管理先进四项优势。

其次，FONDEN 的运行机制合理透明，并不断进行创新。在资金来源方面，作为政府性质的基金项目，FONDEN 主要资金来自墨西哥联邦政府的预算拨款，且由法律强制进行。FONDEN 的运作流程主要分为灾害的发生与宣布，破坏程度评估与资源请求，资源的分配和灾后活动的执行，以及灾后活动报告四个步骤。FONDEN 的赔付安排主要分为风险自留和风险转移两方面，多层次的赔付体系实现了巨灾风险的分散，增强了 FONDEN 的风险应对能力。FONDEN 还研发了完善的风险量化和管理体系，对巨灾风险进行科学分析。

最后，FONDEN 总体运行稳定，但仍存在进步空间。就运行情况来看，FONDEN 在成立以来的 20 年间缓解了墨西哥政府公共预算的负担，资源运用效率提高，结构愈加完善。但就墨西哥灾害形势而言，仍需要政府增加投入。在资金状况方面，FONDEN 的资金有效运用于灾前预防和灾后重建，但其拥有的资金在巨灾年份会出现短缺，仍需要政府追加投入。在未来，FONDEN 将致力于通过立法将灾害风险管理纳入国家发展政策，强化灾害预防工具，增强灾难风险识别，并提高各州政府面对巨灾的财务稳健性。

第四章

美国国家洪水保险计划（NFIP）

作为一种常见的自然灾害，洪水对美国一直构成严重的威胁，救灾支出给美国财政带来沉重压力。美国本土多平原，河流水量充沛，海岸线漫长，多河流洪水、冰雪融水、飓风风暴潮造成的洪灾。美国洪水灾害造成的损失自20世纪上半叶以来呈现显著上升态势。损失数额从1934年的1 900万美元增加到2000年的超过13亿美元。为了更好降低损失、抵御洪水、缓解财政压力，美国国家洪水保险计划（national flood insurance program，NFIP）在1968年应运而生，成功地填补了洪水巨灾保险的空白。

巨灾具有发生概率低、损失大、难以预估的特点，在私人部门占据市场主体的美国，巨灾保险很难由私营保险公司完全承担。自1929年以来，洪灾带来的损失呈上升趋势，但美国私人洪水保险市场一直处于空白状态。在这一背景下，美国国会通过立法、建立相应机构等手段，整合联邦政府、各州、商业保险公司、证券市场，建立了联邦支持、专业高效的救灾理赔体系，在成立至今的大部分年份中实现了收支平衡。同时，NFIP还充分利用了美国社区和专业服务人员的力量，保障了公共建筑的安全，提高了理赔的效率。

本章分析了NFIP的相关研究文献、概况、运作机制、运行状况和问题与应对措施。第一部分对文献进行了综述；第二部分阐述了NFIP的产生背景、组织结构和主要优势；第三部分从资金来源与支出、费率确定、偿付规则、风险分散等角度分析NFIP的运作机制；第四部分介绍了NFIP实际的收入规模、偿付状况、财务赤字情况，以及模型估测的运行效果；第五部分在风险信息、财务可持续性、内部管理、覆盖面以及道德风险方面总结了NFIP面临的问题与应对措施。

第四章　美国国家洪水保险计划（NFIP）

一、文献综述

目前国内外关于美国国家洪水保险计划的研究主要分为以下四类：

第一，对NFIP历史背景与改革的研究。关于NFIP的历史背景，Anderson（1974）和程晓陶（1998）介绍了NFIP创立之初的困境与改革，解释了其如何通过制度设计实现扭亏为盈。关于NFIP的改革，任自力（2012）阐述了美国洪水保险法律制度多年来的变革过程，其对利益关系的不断平衡和对中国洪水保险法律制度建立的借鉴意义。吴洪和华金秋（2012）分析了NFIP组织模式、保单设计、风险管理的特点和对我国的启示。Petrolia等（2016）介绍了NFIP为提高居民参与率、减轻灾害损失而采用的措施，如社区评分计划等。

第二，对NFIP运行现状与影响的研究。关于NFIP的运行现状，Michel-Kerjan等（2011）发现NFIP保单寿命平均在2~4年，且相比经历过小型洪灾的人，经历过大型洪灾的人更倾向于短期内放弃保单。Landry和Li（2012）、Sadiq和Noonan（2015）提出社区是否参与防灾工作激励项目的影响因素多种多样，包括水文特征到社会经济状况等。关于NFIP产生的影响，Bin等（2011）认为NFIP制度对再分配没有显著影响；Brody等（2009）、Highfield和Brody（2013）使用面板数据实证研究防灾工作激励项目对理赔金额的影响。

第三，对NFIP的模拟分析。除了实证研究，还有一些学者通过构建模型进行分析。付湘等（2005）、张旭升和刘冬姣（2012）通过分析保险参与各方利益诉求，构建模型来研究NFIP的经营稳定性与可持续性。Sarmiento和Miller（2006）使用FEMA构建的HAZUS模型分析特别风险区域的建筑每年的平均洪灾损失，并对NFIP减少洪水损失、减轻纳税人负担的效果进行了成本效益分析。Kousky和Kunreuther（2014）模拟保费补助券的运营方式，估算损益，得出应用其取代直接保费折扣的意见。

第四，关于NFIP的弊端与挑战。关于近年来NFIP运行中的弊端，Michel等（2010）、Holladay和Schwartz（2010）、Thomas和Leichenko（2011）、GAO（2010）提出NFIP在费率设定、销售推广、内部管理方面均有有待改善之处。GAO（2014）指出FEMA在战略和人力资本的规划、对派出人员的日常控制、部门合作和整体协调机制上有所欠缺。Kousky和Kunreuther（2014）、Wriggins（2015）、GAO（2016）检验了减少保费补贴对业主经济负担的影响，提出保费补贴扭曲市场激励，加重NFIP财务问题。

二、NFIP 概述

（一）成立背景

洪水是20世纪美国最严重的自然灾害，历史上造成了巨大的生命与财产损失。美国国土总面积的7%（约3 885万公顷）受到洪水威胁，90%的自然灾害与洪水有关。洪水灾害发生概率高，难以预测，单次灾害损失程度大。1965年贝特西飓风对佛罗里达造成当时15亿美元，相当于2010年的100亿美元的损失。洪水带来的经济损失长期来看不断攀升，20世纪末的洪水损失为世纪初的四倍。随着气候变暖，在美国极端降水事件发生的频率和幅度会进一步提升，海平面上升和风暴事件多发也会导致洪水威胁加剧，损失增加。

鉴于洪水灾害损失赔付数额巨大且灾害发生高度不确定，私人洪水保险保费高昂，美国公众一直不愿意或无法支付。洪水财产保险也因此常常被私人保险公司排除在外。自20世纪50年代起，美国国会通过了包括1950年赈灾法案在内的一系列法案，联邦政府在灾害援助中的角色越来越突出，其中抗洪救灾给政府财政带来了沉重的负担。为了解决洪灾保险巨大的风险和有限的收益之间的矛盾，美国的做法是由联邦政府牵头，建立美国国家洪水保险计划（national flood insurance program，NFIP）。

美国国会于1956年出台《联邦洪水保险法》，规定在全国推广洪水保险，但由于立法准备不充分，该法出台9个月后废止。1968年国会通过了《国家洪水保险法案》（National Flood Insurance Act），NFIP自此成立。与1956年的法案不同，该法案确立了洪泛区内土地利用和管理的总原则，创设了洪泛区土地利用的适当政策，规定仅向愿意实施洪泛区发展规划的社区提供联邦洪水保险。其立法目标是最终用保险代替洪灾救助。这一计划从创立起就伴随着一系列试错和调整，不断有新法规出台。

1973年和1994年，美国国会两次通过法案加强洪水保险的强制力度，将洪水保险和政府救助以及住房贷款捆绑在了一起。1972艾格尼斯飓风暴露了大部分风险区的房屋并没有购买洪水保险的事实。在此背景下，美国国会于1973年通过《洪灾防御法》，规定了所有受洪水威胁的社区均须参加国家洪水保险计划，否则无权享受相关的联邦灾后救助。但该法案贯彻执行中反对声音强烈，暴露出了一些问题。1994 年，国会通过《国家洪水保险改革法》，强化贷款机构保证其贷款对象按规定购买洪水保险的法律责任。

2004~2014 年，美国国会通过了多个旨在增强 NFIP 财务稳定性的法案。2004 年，国会通过了《国家洪水保险改革法》，向遭受重复性损失者提供资助，帮助其实施防灾建设，在长期减轻赔付支出。2007 年，NFIP 在卡特里娜飓风之后难以为继，美国众议院通过了《洪水保险改革和现代化法案》，提高了保险费率和 NFIP 从国库的借款上限，改善了激励措施。2012 年，国会通过洪水保险改革法，减少保费补贴、建立准备金资金池、更新费率。2014 年又通过了为 2012 年法案提供缓冲的《房主洪水保险可负担性法案》。

（二）组织结构

如图 4-1 所示，NFIP 由联邦政府牵头成立。美国联邦紧急事务管理署（Federal Emergency Management Agency，FEMA）下属的联邦保险管理局（Federal Insurance Administration，FIA）管理 NFIP 的勘测和研究，负责提出洪水保险费率水平、识别地区的洪水风险程度、建立高危地区的建筑物标准。同时，联邦政府建立全国洪水保险基金，汇集居民保费和财政部贷款与拨款，以供灾害理赔。FIA 负责这一保险资金池的管理与使用。国会同时以法律条款规定了财政部的义务，即为洪水保险提供贷款和拨款。

除了联邦政府立法和管理之外，社区，即州及其下属的区域和行政单位、印第安部落，是洪水保险的参与单位和具体管理的主要实行者。州政府授权并帮助地方社区管理洪泛区的建筑物，建立符合 FIA 要求的洪水威胁地区建筑规范。FIA 拟定《洪泛区管理条例》，具体内容包括对建筑地基高度、建筑材料、维护保养等方面的要求，由州政府授权进行监督，以各参与社区为单位具体执行。NFIP 还将社区对条例的执行作为居民参加洪水保险的先决条件。

最后，直接销售保险、提供理赔服务的大部分为私营保险公司，小部分为与 FEMA 合作的销售商 NFIP Direct。私营保险公司自 20 世纪 70 年代以来不再运营资金池，只从保单销售收入中提取部分佣金。自 1983 年起，NFIP 建立自行承保（Write Your Own）项目，形成了其和私营保险公司合作关系的基本框架。私营保险公司以自己的名义承保、支付保费，偿付支出仍由 NFIP 承担。NFIP 与私营公司合作是为了利用其营销网络和资源，从而扩大保险政策的地理范围和影响力，提高对投保者的服务水平。

图 4-1　NFIP 的组织结构

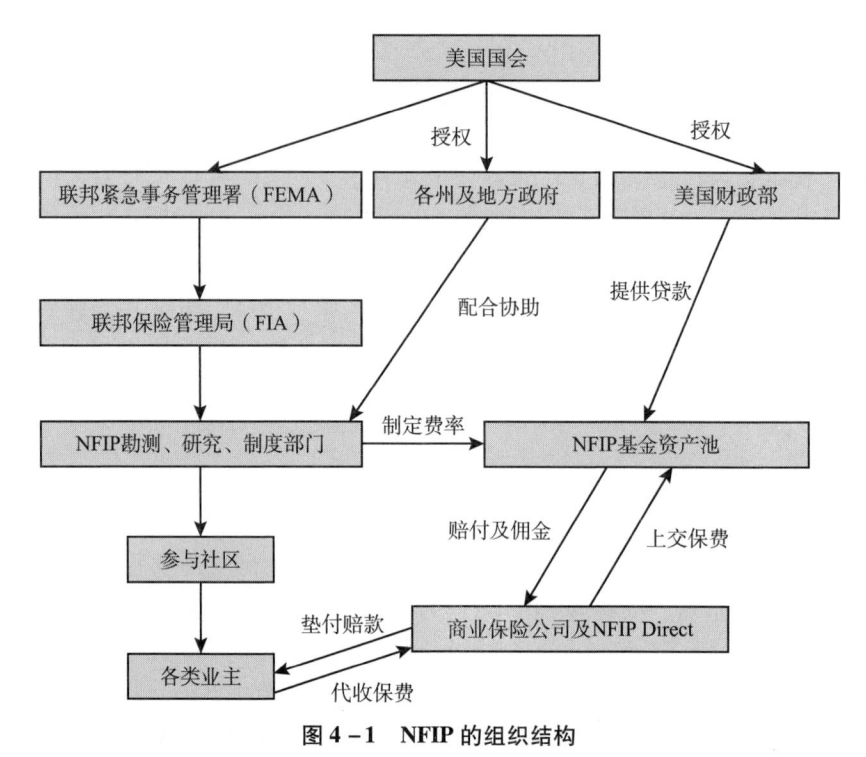

资料来源：NFIP Program Description，FEMA，2002.

（三）主要优势

1. 执行半强制的投保制度

洪水保险若单靠居民自愿参与，很难达到合意的普及程度，因此 NFIP 目前实行半强制的投保制度。NFIP 在设立的第一年实行自愿参与制度，然而，遭受洪水威胁的 2 万个社区中仅有 4 个参加。1973 年《洪灾防御法》要求居民在获得联邦政府住房抵押贷款或得到政府救助前，必须购买洪水保险。1991 年出台住房贷款保障计划（mortgage portfolio protection progrm，MP-PP），规定对未按要求购买洪水保险的借款者，将从其托管账户中强制扣除高于正常水平的保费。自从 1994 年起，部分特定的政府救助要求受救助者购买洪水保险。

2. 坚持市场化原则

在20世纪的大多数年份，NFIP收取的保费可以对偿付实现盈余，说明保险费率的确定基本符合市场化的原则。在20世纪收支平衡的情况下，政府的救灾责任很大一部分转移到了能够自给自足的公共保险机构，有效减轻了灾后救助支出的财政负担，达到了NFIP最初设立的目的。进入21世纪以来，虽然随着气候变化和大型灾害的增多，NFIP无法继续保持收支平衡，积累了较多联邦贷款，但仍坚持减轻财政负担的原则，通过保费调整、减少补贴、向私营部门转移风险等手段争取改善收支失衡的状况。

3. 洪水保险以社区为单位推广

NFIP规定民众以社区为单位参与保险，充分发挥社区在推广洪水保险、进行防灾建设方面的能动性。只有社区参与了NFIP，达到了所处地区洪灾风险所对应的防灾建设标准，其居民才能为住宅购买洪水保险。尤其对于特别洪水风险区域的社区，其参与NFIP也是居民获得任何与洪水相关的救助的前提条件，如洪灾援助贷款、施工与采购拨款等（GAO，2014）。这避免了公用设施被排除在防洪计划之外。FEMA也通过社区评分计划（community rating system，CRS），以保费折扣鼓励社区加强自身整体防灾能力，减轻保险赔付压力。

4. 规定投保居民防灾建设的标准

在当地风险得到厘定之后新建的房屋，参与NFIP的必要前提是其建造遵守FEMA颁布的洪泛区管理条例，FEMA也会专门拨款资助部分建筑进行符合要求的翻新。事实证明，符合NFIP标准的建筑相比同类不符合标准的建筑，在洪灾中的财产损失要少73%。截至2017年3月，已有22 000个社区同意落实洪泛区管理条例，每年平均能够减少约19亿美元的洪灾损失（FEMA，2017）。防灾建设标准的实施，在一定程度上能缓解逆向选择和道德风险问题，从长远角度使NFIP的经营更稳定。

5. 洪水保险基本覆盖全国从而分散风险

NFIP以美国整体为覆盖对象，不断通过鼓励性或强制性的措施推动覆盖范围的扩大，有效平滑了各年的偿付压力。截至 2017 年 3 月，有 22 235 个社区参与了 NFIP，分布于 50 个州和 6 个领地（FEMA，2017），而洪水灾害的发生在时间和空间上有较大差别，NFIP 覆盖范围广的特点有助于其分散风险。在市场营销方面，参与 WYO 的私营公司获得的佣金也与保单销售额直接挂钩。在宣传方面，FIA 分别于 1995 年和 1998 年发起了"覆盖美国"运动（Cover America），通过电视、网络和广告等宣传洪水保险，加强对民众的风险教育。

6. 专业化的理赔团队保证偿付高效完成

在具备专业理赔团队的基础上 FEMA 进一步采取措施提升服务质量，更加迅速地应对洪灾损失。在 2016 年马修飓风和路易斯安那州洪水的理赔中，FEMA 采用了新的理赔服务流程：对理赔金额在 1 万美元以内的保单先行赔付，后续再完成其他工作；加强与当地保险协会和私营保险公司的合作，更好满足投保者的需求；向现场派驻工作人员；通过公告、网页、说明书，加强与保险公司及投保人的沟通。FEMA 在灾害发生的 30 天内提前支出了 3 亿美元的赔付。截至 2016 年底，FEMA 在这次灾害发生的半年内完成了 92% 的赔付。

三、NFIP 的运作机制

NFIP 采取政府主导和市场参与结合的运作机制。首先，NFIP 资金一般来自投保居民，支出用于偿付、勘测研究及保险的运营管理，费率以商业精算为基础，加以补贴调整；其次，偿付对象包括建筑及其中财产，偿付过程由私营公司主导；再其次，同大多数巨灾保险计划类似，NFIP 采取包括国家财政、再保险在内的多层风险分散制度；此外，NFIP 在保险理赔之外，还承担勘探研究、制定和推行洪泛区管理条例等多项职能；最后，在 NFIP 的运作中社区发挥了重要作用，是推广保险和实施洪泛区管理条例过程中的重要一环。

（一）资金来源与支出

如图 4-2 所示，美国洪水保险基金的资金主要有三个来源：（1）投保居民上交的保费，这也是最稳定和最大份额的收入来源。在保险费率方面，NFIP 以地区的基准风险水平为基础，比一般的国家主导巨灾保险表现出了更强的市场属性，而非公益属性。（2）保单附加费用。除去进入资金池的保费，每年FIA 还会针对每张保单收取 25~50 美元的管理费用、相当于保费 15% 的准备金费用，还有根据经济可负担性法案收取的差异费用。（3）资金池告紧时来自美国财政部最高 35 亿美元的贷款。

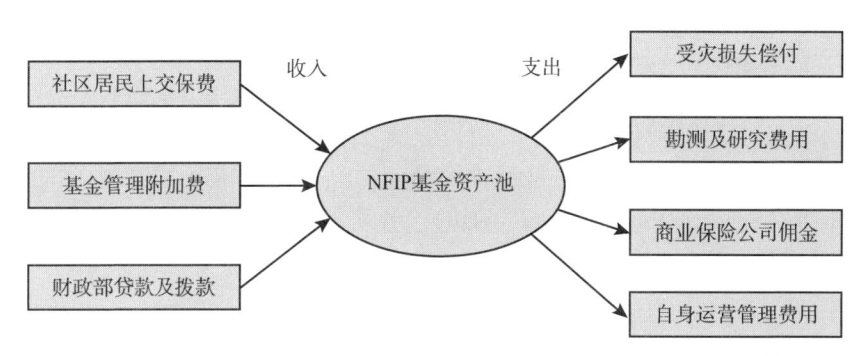

图 4-2　NFIP 的资金来源与支出结构

资料来源：NFIP Program Description，FEMA，2002.

NFIP 的资金支出主要有四个方向：（1）受灾损失偿付，这是最主要的资金支出，不确定性很高，在发生大灾的年份支出金额可能远远超过收入；（2）勘测及研究费用，这部分资金用于确定不同地区的保费数额，以及履行其他 FEMA 承担的保险理赔以外的职能，如洪水风险评估模型等；（3）商业保险公司佣金，既包括支付给达成合作关系的商业保险公司的销售、理赔、解决纠纷等的报酬，也包括激励其推广洪水保险的奖金；（4）自身运营管理费用。

（二）基本费率确定

在地区的洪水风险厘定之后建造的社区和建筑，适用的是完全商业化的精算方法确定下的全额保费。在保费厘定方面，NFIP 将自己作为一个以盈利为目的的商业保险机构进行决策。这是因为 FIA 认为，这些参与洪水保险的房屋理应已按照洪泛区管理条例进行了加固和维护，且业主完全了解自身的风险。因此，保险费率应该由市场来调节，让居民承担风险带来的成本，并按规定实施减灾工作，而不应该由政府一味地补贴，导致社会效率降低。这也是 NFIP 要和过去以政府灾后援助为主的模式有所区分的地方。

NFIP 计划下超过 70% 的投保房屋适用的是市场化的精算费率。该费率通过水文地理学模型确定，差别主要体现在建筑各自的防洪水平和地理条件下的受灾损失概率上。按照相关条例完成防洪工作的建筑适用的费率相对较低，因为预期其在洪水中的损失相对较小;没能完成防洪工作的建筑则因为有更大风险而需要支付更高的保费。保费确定的基础是 FEMA 制订并不断更新的洪水保险费率地图 (Flood Insurance Rate Maps, FIRM)。下文"其他职能"部分将对此有进一步说明。

另外,NFIP 对一些历史上收到偿付格外多的建筑做单独特殊处理。若房产满足以下两个条件之一就会被定义为遭受了"严重的重复性损失":(1) 自加入 NFIP 以来收到过四次及以上,且每笔多于 5 000 美元的偿付;(2) 收到两次及以上对建筑本身的偿付,且偿付金额之和超过了该房产现有的价值。遭受严重的重复性损失的房产会从原来的私营保险公司被转至 NFIP 内部的专门管理机构 (Special Direct Facility, SDF)。该机构会密切关注这类房产,以获得更多的保险承销信息、核实损失、评估风险。

(三) 费率补贴

为鼓励居民参与洪水保险,1968 年的《国家洪水保险法案》授权 NFIP 对一些特定建筑的业主提供保险费率补贴。在当地洪水保险费率标准确定之前,即在当地洪水保险费率地图绘制之前建造,且处于高风险地区的房屋,可用含有一定补贴成分的津贴费率。费率地图更新后被判定有更高风险的房屋,则被允许在一定期限内沿用原来的费率标准(称为"祖父条款"),作为业主信息不对称的补偿。对于还没有保险费率地图的社区,因为没有可供精算的风险数据,在一定限制条件下 FIA 为其提供单一费率的应急保险计划。

现实中费率补贴的应用范围较大。截至 2015 年,约有 20% 的保单收取的是低于市场化费率的补贴费率。虽然有补贴,但由于受补贴的房屋往往位于高风险地区,防灾能力差,基本费率要高出很多,因此多数受补贴费率实际仍高于其他低风险房屋的全额费率。以 2011 年 10 月为例,在洪水费率地图绘制之前建造的房屋在补贴后仍面临平均每年 1 224 美元的保费,而地图绘制之后建造的房屋的全额保费每年仅为 492 美元,显著低于受补贴居民适用的水平 (GAO, 2014)。

实行费率补贴的理由在于,正常情况下用于补贴的财政支出将小于居民因为不愿支付保费而选择不参与保险造成的灾后援助支出。然而,补贴比率过高,这项制度实际仍加重了 NFIP 在灾害严重年份的财务负担。初期,上述费率政策整体而言可以应对灾害补偿的需求,但 2005 年卡特里娜飓风以及接下来的灾害使 NFIP 的赔付金额飙升。从 2006 年起 NFIP 背上了高额负债,每年保持在 160 亿~200 亿美元。美国国会下属的独立监督机构也指出,财务不可持续的问题在很大程度上是过分补贴造成的。

在这样的形势下,为改善财务状况,维持长期运营,2012 年美国国会通过了洪水保险改革法(Biggert - Waters Flood Insurance Reform Act),伴随一系列经济可负担性评估,对保险补贴费率提出了改革。该法提出,停止向老房子中二手、商用、重复严重受灾、毁坏程度超过房子价值 50% 的提供补贴费率,提高其费率水平(幅度约为 25%);不再提供新的补贴;废除祖父条款;设定免赔额,实际损失低于 10 万美元时免赔额为 1 000 美元,实际损失大于 10 万美元时老房子为 2 000 美元,新房子为 1 250 美元(姜付仁等,2014)。

然而,改革落实过程中,出现了告知不及时、费率增长超出预期、房屋所有者无法负担从而可能造成投保者减少等问题,于是在 2014 年美国国会又通过了房主洪水保险可负担性法案(The Homeowner Flood Insurance Affordability Act, HFIAA)。该法案限制费率增长幅度及速度,强调费率确定的准确性,重启一部分祖父条款,考虑低收入家庭、非营利组织、教会等房主的特殊情况和应对措施。政府还主持了其他一些增强投保者对保费负担能力的项目,试图寻求 NFIP 财务可持续、尊重市场规律和确保公众参与度之间的平衡。

(四) 偿付规则

作为一项以社区为参与单位的保险计划,NFIP 不仅保障社区内私人住宅建筑本身及内部财物,还赔付小型企业的固定资产、地方公共设施、地方行政设施的洪灾损失。标准保险包括住宅保险、一般房产保险和集合公寓保险。对于住宅建筑,每一张保单的赔付金额为其重置成本,一般不超过 25 万美元;对于小型企业和公共设施,赔付金额一般不超过 50 万美元;对于风险费率地图不可用,使用应急保险计划的地区,以上三种建筑的最大偿付金额分别下降至 3.5 万美元、1 万美元和 10 万美元。

标准洪水保险还包括以下五种特殊保险产品:(1)优先风险保单,主要适用于处于中低洪水风险区域内的建筑;(2)新近制定费率的保单,主要适用于所在地刚刚被判定为特别洪水风险区域的建筑;(3)住房贷款保障计划,是通过住房贷款施加的强制性保险;(4)预定建筑保单,能覆盖 2 到 10 个在同一地点、所处环境类似、为同一业主所有的建筑,每个建筑分配到一定量的保险;(5)集体洪水保险,在总统级灾难宣告的情形下,申请灾害援助的人可以以较低的保费获得三年最低限度的保障。

当受灾损失超过建筑市场价 50%,或在过去十年内遭受两次及以上损失,每次维修的费用超过建筑市场价的 25% 时,NFIP 还额外赔付防灾建设费用(Increased Cost of Compliance，ICC），帮助业主达到社区洪泛区管理的标准。处于特别风险区域的建筑最多可获得 3 万美元的额外赔付。受灾后，业主通过申请能获得一部分资金，完成防灾建设。当地工作人员检查合格后，就可以获得全额赔付款。若最终没有完成防灾建设，最初赔付的款项需退还给保险公司。

NFIP 绝大多数保单由商业保险公司以自己的名义进行销售和赔付。出现争议时投保者也应先找保险公司解决，但实际上这些保险公司只是起到联邦保险管理局与投保人间中介的作用。洪水保险的费率确定、灾后损失评估、实际的偿付支出均由 FIA 负责，商业保险公司无需自担任何风险，而只需先行垫付赔偿金，相当于联邦政府为其提供了 100% 的再保险；同时私营公司需上交所有保费，但可以领取佣金和推广成果奖金。佣金金额为每年保费前 2 000 美元的 15% 加上 2 000 美元以上部分的 5%。

（五）风险分散

在一般灾害年份，保险资金池可以实现收入大于支出，从而自负盈亏。然而，一旦某一年巨灾频发，保费收入不足以偿付当年的受灾损失，就需要对这部分风险进行进一步的转移和分散。由于 FIA 的政府机构属性，美国洪水基金不同于私营保险公司，原本没有准备金储备。2016 年之前也一直没有采取在国际再保险市场上进行风险转移的方式，没有在资本市场上寻求融资来充足其资本金。NFIP 在过去的多数情况下会求助于政府支持，包括财政部的有息贷款和紧急拨款。

如表 4-1 所示，美国法律规定，FIA 每年可以获得美国财政部最多 15 亿美元的有息贷款，这一数字在 2008 年被提高到 35 亿美元。这笔贷款需要利用未来的保费盈余偿还。财政部的贷款制度既降低了 FIA 自担的风险，又可以防止频繁的、无偿的财政拨款损害纳税人的利益。此外，若出现更为极端的灾害集中年份，财政部的贷款不足以维持偿付的流动性，FIA 还可以向财政部申请紧急拨款，以防止洪水保险基金出现信用危机，保证当年保险基金和灾民都能够渡过难关。

表 4-1　　　　　　　　　　NFIP 的风险转移结构

巨灾年份	政府救灾：财政部紧急拨款
大灾年份	私营部门再保险； 财政部贷款：不超过 35 亿美元
一般年份	自留风险：NFIP 资金池保费收入

资料来源：NFIP Program Description，FEMA，2002。

近年来，由于几次特大灾害赔付金额过大，NFIP 无法偿付联邦借款的利息。为了进一步分散风险，在 2012 年洪水保险改革法及 2014 年房主洪水保险可负担性法案的授权下，FEMA 开始在私人再保险领域和资本市场寻求再保险计划。2016 年 9 月，FEMA 购买了小规模再保险，作为大规模实施的演练。2017 年 1 月 3 日，FEMA 宣布其 2017 年 1 月 1 日至 2018 年 1 月 1 日的较大规模再保险已经落定，同时计划在 2018 年这一期再保险结束后总结经验教训，继续实施风险转移，提高私人领域对洪水风险管理的参与程度。

（六）NFIP 其他职能

1. 洪水灾害研究与风险费率地图

除了为洪水风险区的建筑提供保险服务，NFIP 还有进行洪水灾害相关研究，勘测和绘制全国社区风险费率地图的职能。NFIP 进行洪水保险研究，调查各个河流、湖泊、海岸的洪水风险数据，形成 FIS 报告。NFIP，如专栏 4-1 所示，负责绘制洪水地图，按照洪水的频率和烈度，将全美按照地形和流域共划分十个洪水风险等级，将估测的每年洪水发生概率大于 1% 的地区划入"特别洪水风险区域"，该区域的居民在法律规定下需要为其住房购买洪水保险。

专栏 4-1 洪水保险费率地图（FIRM）

洪水保险费率地图（Flood Insurance Rate Map，FIRM）用于厘定保险费率、向居民传达风险和洪泛区管理条例的信息，由美国陆军工程部队负责具体的勘测和评估任务。FIRM 适用于已经正式加入 NFIP 的社区，是 FEMA 用于厘定保险费率的常规地图。

地图的更新分为以下三个步骤：（1）申请人或投保人向 FEMA 申请地图修订函（LOMA），要求 FEMA 重新判定业主所拥有的房屋是否处于特别洪水风险区域之内；（2）FEMA 官方发布地图修正函（LOMR），改变正在使用的保险费率地图的区域划分、洪泛区和泄洪通道边界等；（3）在 LOMR 之后，FEMA 官方往往会出版新版本的地图，反映所作出的改动。

资料来源：Flood Insurance Manual, Effective April 1, 2017: Section 17 - Flood Maps.

在洪水保险费率地图之外，FEMA 还在地图服务中心官方网站上提供一系列与洪水风险相关的产品。例如，运用 GIS 技术构建模型，估计地震、洪水、飓风带来的潜在损失的 HAZUS。民众可以从网站下载 HAZUS，直观认识到模型中地理、人口等要素的设定与灾害损失估计的关系，清晰了解到防灾工作效果的影响因素。又如记录了历次洪水风险地图修订的档案，民众可以随时查看历史上和最新的洪水地图变化及其缘由（地图修订更新至最近两周），了解与自己居住的地区相关的洪水风险情况。

2. 洪泛区管理条例

为了降低洪水保险计划自身的风险，也为了从根本上缓解洪水对于居民财产的侵害，FIA 联合各州政府，在洪水高危地区推行其制定的洪泛区管理条例。在 1968 年的《国家洪水保险法案》下，执行洪泛区管理条例也是社区加入 NFIP、其居民购买洪水保险的前提条件。管理条例包括将建筑结构提升至洪水位以上、实施防水工作、禁止在泄洪道建筑房屋等保护措施。条例对各种不同结构、不同用途的建筑物及其内部设施有详尽的规定，明确其是否适用洪水保险。

社区如果没有遵循并执行洪泛区管理条例的要求，则将进入一年的查看期。察看期内业主需要为每份保险计划多支付约 50 美金。若问题得到解决、社区达到要求，则察看期结束，费率恢复正常水平；若社区在一年的时限内没有修正不合规定之处，其新旧洪水保险计划都将被暂停，直到社区重新进行申请。未加入洪水保险计划，但根据洪水风险边界图或洪水保险费率地图，部分区域存在洪水危险的社区，在 FEMA 向其提供地图后一年内，可以选择加入 NFIP。

3. 洪水防灾援助项目

除了洪灾造成的直接损失，NFIP 还通过 1968 年设立的洪水防灾援助项目（flood mitigation assistance program）拨款扶持能在长期中减少受灾风险的建设工程，以减少未来的理赔额。参与了 NFIP 的个人户主可以通过当地社区提出拨款申请，由当地社区提交给州级政府，州级政府审查建设工程是否合规，再提交给 FEMA。由于资金有限，防灾援助实行投标制，即 FEMA 需要决定哪些项目最紧迫、能最有效地利用拨款，将其按申请的路径一层层下发至申请人。

（七）地区政府及社区的角色

NFIP各项规则的落实需要地方政府和社区的合作。在州的层面，每个州设立一个NFIP的协调机构，主要负责确保每个社区具备执行NFIP规定的法律权力，确立州级标准，对当地政府提供技术和专业支持，以及协调相关的各方机构。社区处于NFIP体系中关键的位置，是在本地确立、实施NFIP规则的主体，社区遵守相关规则也是其居民购买国家洪水保险的前提条件。社区有责任监控、管理、记录洪泛区建设，协助修订洪水保险地图，向当地居民传达相关信息。

在洪水保险地图更新上，社区承担一部分重要职能，既能密切跟踪当地情况变化，也减轻了NFIP的费用负担。NFIP本身由于预算限制，每年只能对一部分变化最大、数据最陈旧的社区进行勘察，而大部分的更新来自社区的主动汇报。参与保险的社区有责任将当地新的洪水危险告知NFIP，并提供技术支持数据。为促进在洪水风险更新方面NFIP和包括社区在内的外部机构的合作，政府还专门建立了技术合作伙伴项目（cooperating technical partners program, CTP），促进社区和地区政府的积极参与。

为了鼓励社区进行防灾建设，政府还自1990年起实行了社区评分计划（CRS）。社区只要已经正式加入常规洪水保险计划，就有资格参加CRS。每个社区最开始都在等级10，完成指定的某项防灾工作，并得到FEMA的核实后，就可以获得相应的信用分数，移动到更低的评级，取得更大的保费折扣。这些工作共有19项，包括公共信息、地图测绘与条例管理、减轻损失和洪灾防备四大类。实际折扣的程度依社区所在地区的洪水风险等级和CRS等级而定，最少为5%，最多为45%（FEMA，2017）。

截至2015年10月，CRS的参与率仅为所有有参与资格的社区的5%，但由于这些社区中购买洪水保险的住户更多，实际上高达67% NFIP保单所在的社区都加入了CRS项目（FEMA，2016）。截至2014年4月，参与CRS的社区平均获得了11.4%的保费折扣（CRS，2015）。这部分折扣平均而言被保费整体的提高抵消，且每个社区自身的情况有所不同。可见，CRS对于已经参与了NFIP的社区有较强吸引力，但其参与率受限于NFIP本身的推广程度。

四、NFIP的运行状况

从建立之初至今，NFIP的收支状况一直备受关注。自20世纪70年代末起，NFIP开始采取统一的资金池管理模式，商业保险公司只承担中介作用，而不参与风险的分散。NFIP独立汇集保单和保费收入，同时承担起全部洪水保险的偿付责任。经历一系列改革和调整，NFIP基金覆盖范围不断扩展，且在大多数年份实现了自收自支，减轻了政府财政的压力。这一部分将使用数据具体展现NFIP运行的状况，包括其收入规模、偿付状况、财政部贷款和参考模型估计NFIP的运行效果。

（一）收入规模

如图4-3所示，随着洪泛区管理条例的推广，越来越多的社区加入了美国国家洪水保险计划。每年的保单数量、保费收入也随之持续上升，其增长速度分别约为每年4%和9%。这表明NFIP在全美范围的推广是卓有成效的。近十年来，NFIP的保单数量呈现先快速上升之后缓慢下降的趋势。2005年卡特里娜飓风带来的巨大损失，使得洪泛区居民感受到了真切的威胁，从而争相购买保险。之后几年保险的超买，导致了2010年后总保单数量没有太多的上升空间，近期稍有回落。

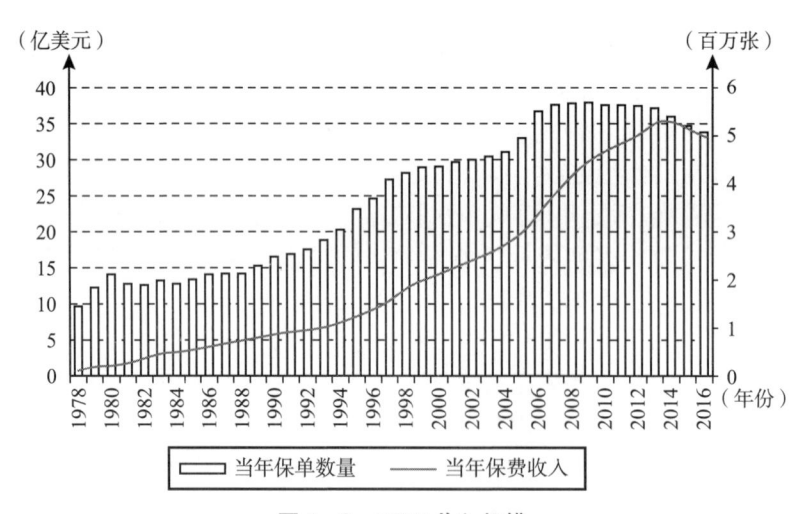

图4-3 NFIP收入规模

资料来源：https://www.fema.gov/statistics-calendar-year.

在保费总收入稳定上升的同时，NFIP每张保单所需支付的保费金额也在以5%左右的速度提高。这是建筑本身重置成本上升和洪水灾害发生频率上升的综合反映，也体现了FIA尊重市场调节，追求精算费率水平。受到2012年洪水保险改革法的影响，2014年NFIP收取了35.6亿美元的保费收入，平均每所住宅每年需要缴纳 667 美元的费用,这两项数字均为历史最高。2014 年房主洪水保险可负担性法案又重启了一些保费补贴,这导致了保费收入的增长速度有所减缓。

(二) 偿付状况

如图 4-4 所示,每年 NFIP 的支出项目中,占比最大、波动最剧烈的是赔付支出。就整体而言,每年实现赔偿的保单数量、赔付支出金额均呈上升趋势,年均增长率分别为 1% 和 6%。但赔付支出波动性很大,在 20 世纪赔付金额在 50 亿美元以内浮动,进入 21 世纪后赔付保单和金额都大幅增加,单个年份明显突出。赔付增多的主要原因包括国家洪水保险计划覆盖范围不断扩大,需理赔的损失增多。此外,随着气候变暖,一些地区降水量更加集中,风暴发生频繁,洪水灾害发生频率不断提升,也导致了赔付支出上行。

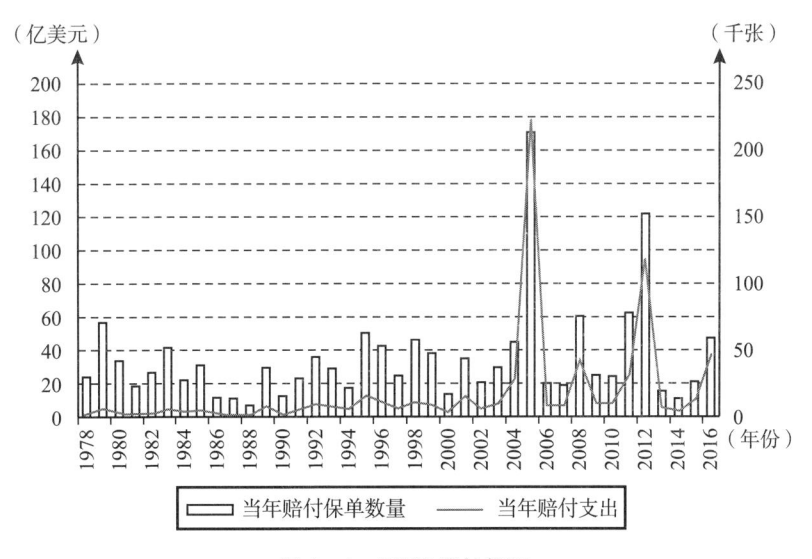

图 4-4 NFIP 偿付状况

资料来源:https://www.fema.gov/statistics-calendar-year.

与此同时,NFIP 单笔理赔赔付的金额也存在上升的趋势。其年均增长幅度在 5% 左右,与单张保单的年度保费上涨速度是一致的。这一趋势同样表明了保险定价随市场波动,并根据通货膨胀调整的原则。2014 年单笔理赔的平均支出约为 3 万美元,尚未达到应急计划覆盖地区住宅投保金额的上限。由此可见,NFIP 在大多数年份实现了保费收入对偿付支出的盈余。这说明这一保险制度在非特殊年份能够减轻政府救灾压力,发挥社会力量分散灾害风险。

成立以来 NFIP 有过三次赔付高峰。首先,2005 年,由于卡特里娜飓风的侵袭,NFIP 遭受了历史上最大规模的集中理赔,21 万余张保单、总计 170 余亿美元的损失得到了偿付。加上威尔玛和丽塔飓风,该年的赔付是 NFIP 成立以来任何一年的八倍以上;其次,2012 年,桑迪飓风袭击东海岸,造成了 14 万余张赔付保单和 84 亿美元的赔付金额,当年出现了近百亿美元的偿付高峰;最后,2016 年的小高峰则是因为马修飓风下路易斯安那等多州的多次洪灾(FEMA,2017)。

如图 4-5 所示,从 1978~2016 年共 39 年中,只有 13 个年份的赔付支出占收入比例超过 100%,保费收入入不敷出,在时间上占少数。但在有些巨灾年份,NFIP 的亏损额远高于一般年份的盈余额。2005 年的理赔支出是保费收入的 9 倍之多,2012 年的理赔支出是保费收入的 3 倍,这也导致 37 年中的 NFIP 总偿付超出总收入约 20 亿美元。赤字总额巨大,再考虑到保险销售佣金、勘测研究费用等支出,NFIP 实际上一直处于赤字运营状态,这也是美国政府和公共事业部门的一大通病。

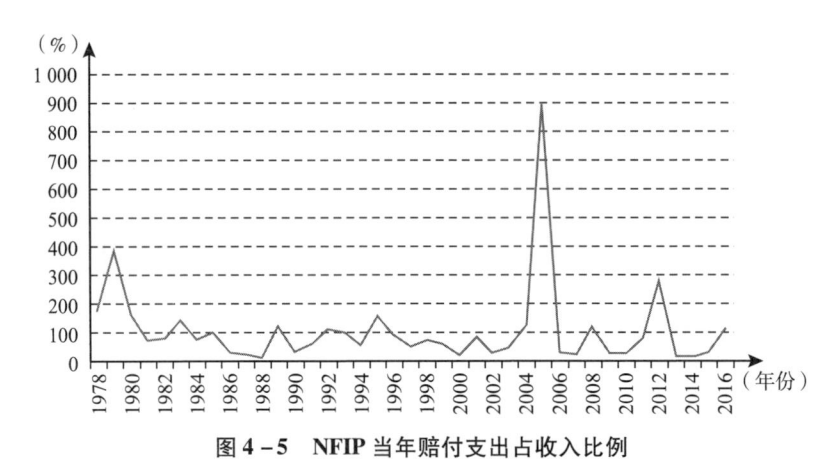

图 4-5 NFIP 当年赔付支出占收入比例

资料来源:https://www.fema.gov/statistics-calendar-year.

(三)财政部贷款

尽管采取了市场化的费率水平和严格的财政管制,但洪水灾害巨大的不确定性和破坏性,以及高额的行政管理费用,让 NFIP 难以独立于财政的帮助。近二十年来多次严重灾害大幅增加了 FEMA 对财政部的负债。为完成 2005 年的赔付,NFIP 向财政部贷款 175 亿美元,2012 年贷款 62.5 亿美元,2016 年贷款40亿美元，2017年1月又追加了16亿美元。截至2017年3月，NFIP基金共负有246亿美国财政部借款，每年单利息支出就需要4亿美元（FEMA，2017）。

国会允许NFIP最多向财政部贷款共304.25亿美元，目前该额度剩下74.25亿美元。由于NFIP有义务使用收取的保费支付利息并偿还贷款，财政部贷款本身目前没有对纳税人形成直接负担。然而近年来贷款额呈上升趋势，让人担心NFIP能否偿还利息和本金。2013年，在法律要求下，FEMA向国会提交了一份十年内偿还财政部贷款的计划书，但多方对于NFIP收入和支出的估计显示，即使是收入最多支出最少的可能情形下，贷款也需要13年还清。在可能性更高的情形下，偿还贷款需要20年以上（CRS，2016）。

（四）模型估计

根据FEMA官方提供的洪水保险产品，洪水损失模拟模型Hazards U. S. Multi – Hazar（HAZUS）的研究，在特别洪水风险区域平均覆盖50%的NFIP，则能每年减少联邦政府5.27亿美元由洪灾导致的支出，其中靠保险本身节省2.41亿美元，靠防灾工作节省2.86亿美元。尤其对于个人在普通保险和联邦政府援助下无法得到补偿的损失，节省更多。由此可见，美国洪水保险计划对个人损失的降低幅度较大，对洪灾公共支出的降低幅度较小（AIR，2006）。

此外，关于近期数额格外巨大的损失赔付，如果使用最新的私营部门巨灾模型估计，21世纪以来的三次赔付高峰：2005年、2012年、2016年，都没有超过NFIP预期损失的范围。2005年造成了163亿美元损失的卡特里娜飓风在一年中发生的概率为1%~2%，2012桑迪飓风的概率为4%~5%，2016年造成路易斯安那洪水的暴风概率为4%。FEMA预期，在2017年起的十年内会再次出现类似上述灾害的巨大灾害（FEMA，2017），到时又将对NFIP的财务状况发起挑战。

五、NFIP问题与应对

尽管经历了近50年的发展，目前NFIP仍然有许多值得完善的地方。2005年及以后的几次巨型灾害造成对财政部的大额欠款，最初减轻洪水损失和财务负担的目的没有达到，引起了纳税人的不满。事实上，根据美国国会下属机构政府审计署（Government Accountability Office，GAO）2017年公布的报告，NFIP由于财务和管理问题、部分改革措施实施不力，从2006年至今都在其"高风险名单"上。该名单列举的是政府审计署认为最可能出现欺诈、浪费、滥用、管理失误的问题，最迫切需要改革的机构。

2017年9月30日，NFIP被授予的大部分关键权力将到期，尤其是销售新的保单的权力，到时美国国会将根据NFIP的改革状况决定是否继续实施公共洪水保险。目前，无论从外界的批评还是从FEMA自身的行动来看，NFIP都有加深市场化程度的倾向。随着今年NFIP保险费率的提高，以及私营保险公司经验和数据的积累，让洪水保险回归私营部门的呼声也比以前更加强烈。美国国家洪水保险是否能够持续发挥自身作为公共机构的独特优势、及时解决管理上的各类问题，将是其能否继续存在的关键因素。

（一）很多地区的风险费率地图亟待更新

根据美国政府审计署2010年的报告，有些地区的地图自20世纪80年代起就没有更新过，忽略了一些新近的地区建设、土地侵蚀等变化。地图对厘定保费水平至关重要，但资金与技术的不足，以及其受到的政治压力使其无法及时更新、保持精确（Wriggins，2015）。在政治压力方面，如果某地区的风险水平提高，居民将需要支付更多保费，同时建筑的市场价格降低，使得当地产生较大阻力，影响更新的进程。如果费率没有达到本地最新的洪水风险水平，当灾害真实发生时就会出现保费收入不够理赔支出的局面。

气候变化也为洪水保险增加了不确定因素。研究表明，20世纪随着全球变暖，美国西部很多地区的洪水风险发生了变化。在新世纪，气候的变化使降水量分布、季节差异等和洪水灾害密切相关的因素有所改变，基于历史数据的洪灾预测可能变得更加不可靠。有研究模型显示，基于对21世纪气候变化的预测，在其研究的流域，洪水风险会有不同程度的增加（Raff et al.，2009）。为了让保险费率与最新风险一致，NFIP需着力解决技术和政治阻力的问题。

为了改善这一问题，FEMA在2012年洪水保险改革法案的指挥下，成立了地图绘制技术咨询委员会（Technical Mapping Advisory Council，TMAC）。委员会包括了联邦、州、地方、私营部门的代表以及FEMA自身指定的会员，其目标是使洪水地图更加精确、质量更高、更方便使用，同时更好地向公众传递信息，尤其是要应用最先进的气候学研究成果，精确反映最新气候变化给洪水灾害风险分布带来的影响。TMAC会议向公众公开，且民众有机会提出自己的建议。

（二）洪水保险资金池不能实现完全自给自足

尽管作为保险机构，其本意在于改变政府财政实行灾害援助的状态，NFIP 很大程度上仍依靠财政部贷款支撑，尤其是大灾年份。美国联邦财政一直是 NFIP 风险转移的承接者。在 2005 年的飓风之前，FEMA 尚能够偿还财政贷款，但受到 2005~2012 年多次大灾的影响，截至 2016 年 3 月，FEMA 共欠财政部 230 亿美元，距贷款上限仅余 74.25 亿美元。且贷款呈增长趋势，比 2012 年 11 月增长了 30 亿美元；FEMA 自 2010 年起仅仅有一次能够偿还本金，即 2014 年 12 月偿还的 10 亿美元（GAO，2017）。

造成以上问题的原因，主要是保险费率无法完整反映洪水风险：（1）洪水风险费率地图存在过时、不精确等问题；（2）补贴保费和祖父条款过于普遍；（3）提高保费的举措可能降低洪水保险的参与率，面临阻力；（4）随着全球变暖加剧，巨灾风险提升。在 20 世纪 NFIP 运行期间，基本没有出现与 2003 年卡特里娜飓风相当的特大灾害，因此资金基本可以做到自给自足。21 世纪的数次大型灾害改变了保险费率的适当估计，沿用原来的费率必然导致入不敷出。

除了保险费率过低，NFIP 原本没有准备金资金池和再保险，也是大灾年份财务状况不佳的重要原因。为此，在 2012 年的洪水保险改革法案的要求下，NFIP 开始设立准备金，其数额应为每年最大可能损失额的 1% 以上。准备金用于应对未来可能发生的各项支出。在准备金设立后最初的两年，FEMA 没有达到当时每年准备金积累的下限，即其预计准备金总额的 7.5%（9.75 亿美元）。2015 年 FEMA 开始对大多数保单收取更高的附加准备金费用，逐渐积累，取得一定成效。在 2016 年，有 13 亿理赔出自准备金账户。

一部分准备金还用来购买再保险。2017~2018 年的再保险计划中，FEMA 与 25 个全球最大的再保险公司组成的财团达成协议。再保险公司同意向 FEMA 提供事故型再保险，保费为 1.5 亿美元。再保险方补偿单个洪水灾害中 40 亿美元到 80 亿美元部分的 26%（作为参考，桑迪飓风造成 83 亿美元损失，卡特里娜飓风造成 163 亿美元损失），合计承接了 10.42 亿美元的风险。目前，再保险的费用尚未影响 NFIP 向居民收取的保费费率。这次计划将帮助 FEMA 分散风险，加强偿付能力，并为之后更长期的再保险计划奠定基石。

（三）管理不力的情况导致资金浪费

除了实际保费不合理，NFIP 还存在对 WYO 下的私营保险公司和其他承保商的管理不力的问题。首先是支付给私营保险公司的佣金过高。根据政府审计署的估计，2005~2007年的佣金超过了私营公司实际成本3.271亿美元，相当于佣金总额的16.5%，说明FEMA对私营公司的实际花费了解不够确切。对私营保险公司的奖励机制没能很好地和NFIP自身的目标相吻合，缺乏可靠的评估机制；对私营公司的财务监管，包括每半年的审计、对承销和理赔的检查等，也不是很到位（GAO，2010）。

作为解决方案，FEMA成立了专门的WYO监督团队。团队对WYO项目尤其是理赔诉讼的花费和法律程序实施监督，重点促进更多争议能更好地被解决。FEMA还从WYO规定中取消了对私营保险公司的财务补助条款。最后，FEMA精简了修订、更新WYO规则的流程，现在可以与合作方更加快速高效地就管理问题进行商榷（FEMA，2017）。FEMA对外界提出的意见的回应和改进，意在加强对WYO项目的监督、减少理赔诉讼支出、改善理赔诉讼中的服务质量、明确FEMA和私营保险公司各自的定位。

（四）全国覆盖不足

目前仍有许多洪水风险地区的社区没有加入NFIP，全国覆盖不足，密度不均。在2010年，超过2/3的NFIP保单来自以下五个临海的州：佛罗里达、德克萨斯、路易斯安那、加利福尼亚、新泽西。民众对洪水风险和自己拥有的保障范畴缺乏清晰的认识，尤其倾向于低估频率低、强度高的灾害的风险水平，往往不愿支付精算出的保费；洪水保险推行的政治阻力大，即便政府使用了各种形式的鼓励和强制措施，如补贴费率、住房贷款保障计划等，仍无法达到合意的参与率，平均每个保单在2~4年后就会被投保者放弃。

为了推广洪水保险，FEMA继续推行各项鼓励措施，主持相关研究。FEMA鼓励非特别风险区域的居民自愿购买低价的"优先风险保单"（preferred risk policy，PRP），以扩大NFIP覆盖范围，分散特别风险区域的高风险。为了避免补贴废除后参与率降低，2012年的改革法案要求FEMA与国家科学院合作，进行可负担性研究，调查投保者经济压力对参与率的影响。2014年的房主洪水保险可负担性法案也要求FEMA形成可负担性的解决框架，需要在2017年9月国会对NFIP更新授权时提交。

（五）道德风险和逆向选择问题

对旧住宅提供保费折扣，会促使屋主保留和修缮这些房屋而非搬到新的、更能抵抗灾害的房屋之中；保费根据被保障建筑的地理环境和防灾建设情况确定，但投保者可能在购买保险后疏于管理、违章建造，形成道德风险。此外，由于 NFIP 作为公共机构，不能拒绝高风险投保者的投保要求，近年来有所发展的私营洪水保险商可能抢占优质客户，因此 NFIP 更容易被动面对风险最大的一批客户。这些道德风险和逆向选择的问题也需要 NFIP 更完备的机制设计。

对于这两项问题，NFIP 一方面在 2012 年后开始逐步废止 FIRM 之前建造的住宅的保费折扣，并加强对社区防灾建设落实情况的监督，另一方面重点关注发生过洪灾损失的建筑。FEMA 和州政府合作，定期巡视社区，与当地官员对话，检查社区洪泛区管理情况和其对 NFIP 要求的了解程度，同时协助社区弥补不足。最后，由于基于地理环境和建筑本身的判断可能有差错，即使建筑在低洪水风险区域，如果曾遭遇过大洪水损失，其业主也会被要求购买标准保单而非针对低风险客户的优先风险保单。

六、结　　语

美国在洪水保险领域采取了政府主导、地方支持、企业配合、社区参与的模式。以联邦政府下属 FEMA 中 FIA 为洪水保险计划的发起人和管理者，制定费率标准、管理资金池都由其全权负责。州政府和下级行政单位负责帮助和授权 FIA 在各地推广洪泛区管理条例和洪水保险计划。商业保险公司利用其渠道帮助进行保险的销售和理赔。社区则作为保险计划的参与单元，负责各项防洪措施的具体执行、接受 FIA 和地方政府的监督指导、享受 NFIP 的偿付保障。

在美国洪水灾害严重且难以预测、私人洪水保险缺失的背景下，美国国家洪水保险计划（NFIP）在 1968 年由国会通过法案而建立。建立之后国会又多次通过法案，对 NFIP 实施了逐步的改革，将居民自愿参与改为半强制参与，增强对重复性损失房产的防灾建设的援助，减少保费补贴，提高费率，并研究经济可负担性机制以维持保险参与率。NFIP 有投保制度为半强制、规定投保居民防灾建设的标准、以社区为单位参与、地理覆盖面广、坚持市场化原则和偿付高效等优势，值得借鉴学习。

NFIP 的资金主要来自投保者的保费、保单附加费用和财政部贷款和拨款，用于偿付、勘测及研究费用、商业保险公司佣金，还有自身的运营管理费用。NFIP 保费多数依据实际风险水平确定，但有约 20% 在基本费率确定之前建造的房屋享受费率补贴。保单由合作的私营保险公司负责销售和理赔服务。一般情况下洪灾损失的偿付来自保费收入，超出的风险转移到财政部或再保险领域。FEMA进行洪水风险研究、绘制洪水风险地图、推行泛洪区管理条例等。居民以社区为单位参与NFIP进行防灾建设。

随着赔付金额快速增多，近年NFIP对财政部的负债不断增加，其财务平衡和偿还利息和本金的能力受到质疑。成立至今，NFIP的保单数量和每张保单的保费金额呈上升趋势；每年赔付支出占总支出比例最大，总体也呈上升趋势；赔偿的保单数量和单笔赔付的金额也都经历了上升。受几次巨灾的影响，目前为止赔付金额有2005年、2012年和2016年三次高峰。根据风险模型估计，NFIP能够显著减少国家洪水灾害损失，但短期内再次出现巨灾导致NFIP财务难以为继的可能性较大，显示了增强财务稳定性的迫切需要。

在21世纪，美国国会审计署、其他机构、公众以及各方学者对NFIP有许多批评，主要集中在以下几个领域：（1）受技术限制和政治阻力影响，很多地区的洪水风险费率地图亟待更新；（2）由于保费不能准确反映风险、缺乏准备金和再保险等机制，洪水保险资金池不能实现完全自给自足；（3）内部管理不力，导致资金浪费；（4）在全国范围内覆盖区域仍不足，保单的地区分布很不均匀；（5）NFIP面临道德风险和逆向选择问题，尤其后者。FEMA积极回应这些批评，采取了相应的解决措施。

第五章

佛罗里达飓风巨灾基金（FHCF）

佛罗里达州位于美国东南部的佛罗里达半岛上，东临大西洋，西临墨西哥湾，是著名的风景旅游胜地。但是，它同时也是飓风多发地带。美国历史上造成最严重损失的十大飓风中，有九个侵袭过佛州，可见飓风经常给该州造成的灾难性财产损失。1992年安德鲁飓风给该州造成的直接经济损失高达229亿美元。在保险业高度发达的美国，保险在巨灾后的赈灾和重建中通常扮演重要的角色。然而，在佛州这样飓风巨灾频发的地区，财产保险公司也无力独自承担巨额的保险赔付，纷纷打算撤离佛州，可能造成保险市场危机。

针对这一状况，佛州政府于1993年通过立法专门设立了佛罗里达飓风巨灾基金（Florida Hurricane Catastrophe Fund，FHCF），为在该州经营住房保险的保险公司提供再保险支持，为其提供稳定持续的赔付来源，以补偿部分飓风巨灾损失，提高财产保险的可获得性和可负担性。自成立以来，FHCF有效应对了2004年和2005年佛州飓风造成的巨额损失，避免了保险人偿付危机的发生。该基金的成功运作扩大了佛州再保险市场的承保能力，降低了住房财产保险费率，稳定了飓风保险市场。

本章从概览的角度分析了FHCF的概况、运行机制、运行状况、债券发行、总净可能最大损失和费率追加测度。第一部分阐述了FHCF的产生背景、组织结构、在佛州财产保险市场的地位与运营优势；第二部分从资金来源、赔付结构、赔付能力安排与保险赔付比率等角度分析FHCF的运行机制；第三部分通过运营状况、赔付情况和运行中存在问题多方面评价FHCF的运行情况；第四部分介绍了"事前"与"事后"债券的发行概况和在债券发行方面的优势与不足；第五部分对总净可能最大损失进行多方面的分析并对费率追加进行测度。

一、FHCF 概述

(一) 产生背景

FHCF 的产生要追溯到 1992 年。该年 8 月 24 日，安德鲁飓风袭击了佛罗里达半岛的南端，造成了巨大经济损失与人员伤亡，其中仅投保的财产损失就高达 180 亿美元（Musulin，1999）。安德鲁飓风给佛州保险业带来了前所未有的冲击。巨额的赔付导致众多规模较小的保险公司出现危机乃至破产，其他保险公司也被评级机构降低了等级，保单所有人难以迅速实现理赔。同时，这也给佛州保险担保协会（Florida Insurance Guarantee Association，FIGA）增添了沉重的负担（Walther，1996）。

一般来说，一场巨灾之后，保险监管部门往往会放松对保险公司的费率限制。然而，1992 年的安德鲁飓风之后，佛州政府并没有相应放松限制。因此，该州的保险公司不能按照自己的意愿提高财产保险的费率。与此同时，再保险公司却以安德鲁飓风为借口，大幅度提高了再保险费率。在此不利情况下，保险公司的生存空间被大大压缩了。安德鲁飓风之后，至少 39 家保险公司准备退出家庭财产保险市场或者大幅削减承保的范围和额度（Pacini and Marlett，2001），佛州的财产保险市场危机逐步加重。

为了应对财产保险市场危机，维护保险市场稳定，佛州立法机关在 1993 年 11 月 11 日签署法律成立 FHCF。这项基金本质上是一个政府性质的再保险项目，强制佛州所有住宅财产保险公司参与，FHCF 对于佛州境内出售的住房财产保险保单提供再保险。FHCF 成立宗旨是为该州财险公司提供一层价格低廉的非商业再保险，承担部分巨灾飓风损失，以提高原保险公司的承保能力，缓解巨灾财产再保险费率上涨的压力，稳定巨灾保险市场（PCIAA，2005）。FHCF 由政府主导建立，为私营部门这一主要风险承担者提供支持。

(二) 组织结构

FHCF 是由该州立法机关创立的一个由州政府控制的飓风再保险项目，其主管机构是佛州管理委员会（Florida State Board of Administration，SBA）。SBA 主要功能是对州政府的各实体机构提供各种投资服务，对包括州政府公务员退休基

第五章　佛罗里达飓风巨灾基金（FHCF）

金在内的 25 个投资基金进行投资管理，FHCF 是其管理的基金之一。SBA 的最高权力机构由三个受托管理人组成，三人委员会由佛州州长任主席，佛州司法部长任秘书，佛州财政部部长任财务主管，对 FHCF 进行直接的指导与管理。

如图 5-1 所示，FHCF 设有一名执行主任、几名高级官员和多名职员。此外，FHCF 还设有由九名委员组成的顾问委员会，包括三名消费者代表，一名保险公司代表，一名保险中介机构代表，一名再保险人代表和三名技术专家（气象专家、工程师和精算师），向 SBA 提供建议。FHCF 日常管理由执行主任负责，直接向 SBA 的主管报告。这使 FHCF 的运作能够独立于佛州保险监管部门和保险公司之外。FHCF 本身雇员较少，主要服务由专业服务机构提供，包括精算服务、风险和损失查验服务、财务审计服务等，FHCF 依法支付相应的费用。

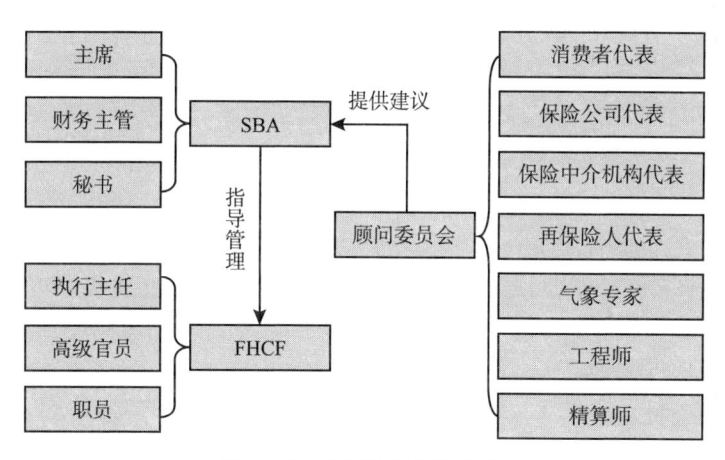

图 5-1　FHCF 组织结构图

资料来源：State Board of Administration of Florida（2015），*FHCF Fiscal Year* 2014~2015 *Annual Report.*

（三）在财产保险市场中的地位

图 5-2 描述了佛州财产保险市场结构，佛州财产保险市场由经营住宅与财产保险的原财险公司、佛州居民财产保险公社（Citizens Property Insurance Corporation，CPIC）、私营再保险公司、FHCF 以及佛州保险担保协会（Florida Insurance Guarantee Association，FIGA）五部分所组成（PCIRC，2006）。如专栏 5-1 所示，FHCF 在佛州财产保险市场中的地位相当于强制性的政府再保险项目，且与私营再保险公司一起共同对原财险公司和 CPIC 提供再保险服务，旨在提高承保能力，稳定保险市场。

巨灾保险基金研究

```
┌──────────────┐      ┌──────────────┐
│ 私营再保险公司 │      │佛州飓风巨灾基金│
│   （125家）   │      │    (FHCF)    │
└──────────────┘      └──────────────┘
                              ↑
                      10亿美元保费收入
                      （占总保费的13%）
┌──────────────┐                          ┌──────────────┐
│原财险公司（205家）和│ - - - - - - - - - → │佛州保险担保  │
│居民财产保险公社（CPIC）│                  │协会（FIGA）  │
└──────────────┘                          └──────────────┘
        ↑
   77.6亿美元保费收入
┌──────────────┐
│住宅保险保单持有人│       承保总价值1.77万亿美元
│（635万个被保风险）│
└──────────────┘
```

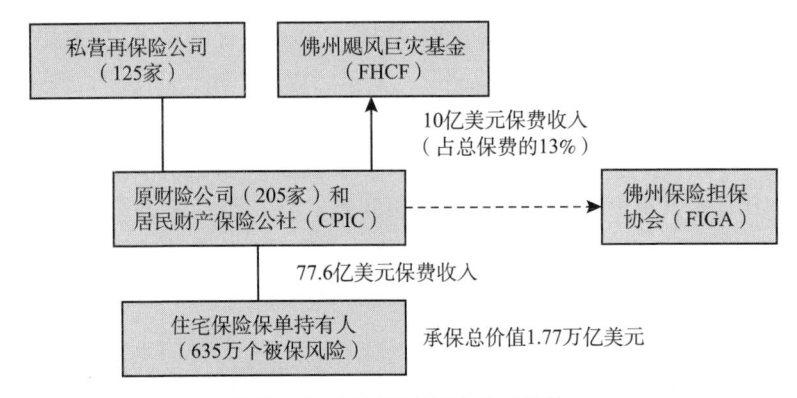

图 5-2　佛州财产保险市场结构

资料来源：Property & Casualty Insurance Reform Committee（PCIRC，2006）。

专栏 5-1　CPIC 与佛罗里达飓风巨灾基金（FHCF）的比较分析

佛州居民财产保险公社（CPIC）成立于 2002 年，由原佛州风暴承保协会（FWUA）和佛州居民财产和责任联合承保协会（FRCJUA）合并而成。合并后，CPIC 市场规模约占佛州财产保险市场的 1/3。CPIC 主要为那些在私营保险公司无法购买到巨灾保险的低收入居民直接提供巨灾保险。FWUA 由保险公司的代表管理。但是，佛州保险局有权实施监管，并对保险公司申报的费率进行否决。FRCJUA 会员公司要对协会的赤字进行分担，分担的份额基于各会员公司在该州居民财产保险市场的保费份额。

CPIC 与 FHCF 同为佛州财产保险市场上的重要组成部分，但两者间存在以下区别：（1）CPIC 是保险项目，直接向居民出售保单，而 FHCF 是再保险项目，不直接向居民提供保险业务，而是为商业保险公司提供政府性质的再保险支持；（2）CPIC 本身还依赖于 FHCF 为其提供再保险支持，而 FHCF 资金则来源于再保险保费的收取、投资收益与发行收入债券来承担巨灾损失；（3）FHCF 在运营与债券发行等多方面均享受免税待遇，而 CPIC 则不能享受联邦或州的免税待遇。

资料来源：谢世清：《佛罗里达飓风巨灾基金的运作与启示》，载于《中央财经大学学报》2010 年第 12 期。

（四）优势

与一般私营再保险公司相比，FHCF 具有诸多优势：

第一，FHCF 享受联邦政府与佛罗里达州政府的税收减免优惠待遇，其税收优惠涉及日常运营、投资收益与债券发行等多个方面，降低了 FHCF 的运行成本；第二，依据法律要求，佛州所有原财险公司都被强制要求参与 FHCF，因此参与 FHCF 的公司数量以及再保险保费收取有保障；第三，当巨灾发生，FHCF 现金余额不足以支付赔款时，州政府允许其发行收入债券，可成倍地提高偿付能力。其中，"事前"债券可增强资金流动性，"事后"债券可实现及时有效的损失赔付；第四，FHCF 所征收的再保险费率非常低廉，只相当于一般私营再保险价格的 1/4 到 1/3，这主要是由于：（1）FHCF 享受联邦和州政府的税收减免优惠政策；（2）运营成本较低，不到保费收入的 1%。相比之下，私营再保险公司运营成本一般占其保费收入的 10% 到 15%；（3）不需要支付再保险的中介费；（4）作为立法要求的强制财产保险公司参与的再保险项目，不需要支付市场营销费用；（5）作为政府非营利组织，FHCF 的保费不包含风险承担一般所要附加的利润部分（SBA，2010）。

二、FHCF 的运作机制

（一）资金来源

FHCF 的资金来源有三个渠道：（1）在佛州经营住房保险的财险公司所缴纳的再保险保费；（2）FHCF 资产所带来的投资收益；（3）发行收入债券所募集的资金。

第一个资金来源是在佛州全部财险公司所缴纳的再保险保费。费率定价是根据历年飓风经验数据模型来确定的，费率定价模型考虑到了多种因素。一方面，佛罗里达飓风预测方法委员会根据飓风损失预测模型，考察历年飓风的强度、飓风登陆的形式来预测飓风风险高低；另一方面，费率定价模型还包括了保险人的异质性因素，因此每个保险人所缴纳的保险费率也各不相同，主要取决于其所承保的住房财产的保险价值、标的地理位置、建筑物结构、自留与共保比例数量等因素。

第二个资金来源是 FHCF 在法律授权范围内的各种投资收益，且这些投资收益还享受联邦与州政府的免税待遇。FHCF 投资建议由 SBA 提供，主要投资于相对低风险、高流动性的固定期限证券，如美国国债。到期日小于一年的证券记为短期投资，超过一年的记为长期投资。此外，法律还规定 FHCF 每年必须从其投资收益中拿出不少于 1 000 万美元，但不高于投资收益的 35%，作为防灾减灾的公共捐款，给地方政府、州政府机构、公立与私立大学和非营利组织，加强对于飓风灾害的预防、研究和救助。

第三个资金来源是法律授予 FHCF 出现持有现金资产不足以支付保险赔付时，拥有发行收入债券来筹集资金的权利。发行债券所募集到的资金根据赔付期限、金额等的不同进行不同的投资，为将来 FHCF 给保险公司的赔付提供后备保障。FHCF 自 2006 年第一次发行债券至今，债券融资逐渐成为愈发重要的融资方式，为飓风灾害损失索赔的及时补偿提供了保障。目前，FHCF 债券发行状况进展良好，发债能力不断增强。

从融资方式的角度，以上三种资金来源表现为 FHCF 的两种基本融资方式，即事前融资与事后融资。事前融资能够提供流动资金进行赔付补偿。若索赔支付额度超过现金，事后融资方式将作为索赔支付的最终资金来源（FHCF，2017）。目前，FHCF 共有 27 亿美元"事前"收入债券，可用于日后的索赔支付。"事前"债券的利息支出主要由"事前"债券投资收入与再保险保费的利息收益组成。若"事前"债券的收益用于支付索赔，FHCF 可以通过紧急费率征收偿还"事前"债券的支出或用"事后"债券收益为"事前"债券提供资金。

（二）基本赔付结构

当某个参与财险公司赔付额超过自留额时，FHCF 将对其进行损失赔付补偿。在 2016~2017 合同年度，行业总自留额为 70 亿美元。2017~2018 合同年度预计行业总自留额仍为 70 亿美元。自 FHCF 成立以来，行业总自留额根据测算的风险敞口等因素进行调整，经历 32 亿美元、49 亿美元、45 亿美元与 70 亿美元多次变动，行业总自留额的上升反映了风险敞口与再保险保费的增长。在飓风损失发生后，一旦某一原保险公司的赔付超过了其占行业总自留额的比重，FHCF 便会进行赔付补偿。

除行业总自留额外，FHCF 在每一合同年度实行赔付上限，赔付上限水平由法令规定。自 2010 年起，每个合同年度的赔付上限均为 170 亿美元。FHCF 成立多年来，赔付上限经过 110 亿美元、150 亿美元与 170 亿美元多次调整，反映了 FHCF 赔付规模与能力的不断提升。每个原保险公司的赔付补偿不超过

第五章 佛罗里达飓风巨灾基金（FHCF）

其占赔付上限170亿美元的比重。损失超过赔付上限比重的部分将由原保险公司自行承担。每个保险公司的补偿保费、自留额与赔付上限均基于其总投保价值所确定，每年9月向FHCF进行汇报。

FHCF的补偿赔付来源主要包括以下四种：（1）补偿保费收取，主要指当前与往期积累的补偿保费与投资收入的可用现金。现金余额优先于其他所有补偿赔付来源使用；（2）"事前"融资的收入，主要指通过发行"事前"债券进行融资；（3）"事后"融资收入。事后融资来源可以是通过发行"事后"债券，利用紧急费率征收偿还债券，也可以在不发行"事后"债券的情况下进行费率征收；（4）风险转移，指再保险与其他风险转移产品的可摊回分保赔款。FHCF在2015年首次购买了10亿美元的再保险，并于2016年再次购买10亿美元的再保险。

（三）赔付能力安排

如图5-3所示，FHCF赔付能力安排包括以下五个部分：（1）最底层是各保险公司自留风险；（2）第二层是往年资金结余与当年保费收入之和；（3）中间主要部分是FHCF为应对损失赔付缺口，通过发行收入债券所募集的资金；（4）左边部分是保险公司向FHCF申请赔付时需要承担的共同负担费用。例如90%的分担比率对应的共同负担费用比率为10%；（5）最上面部分是超出FHCH总赔付能力的部分。保险公司在这一部分的飓风巨灾损失无法从现有的分担机制中得到任何赔偿。

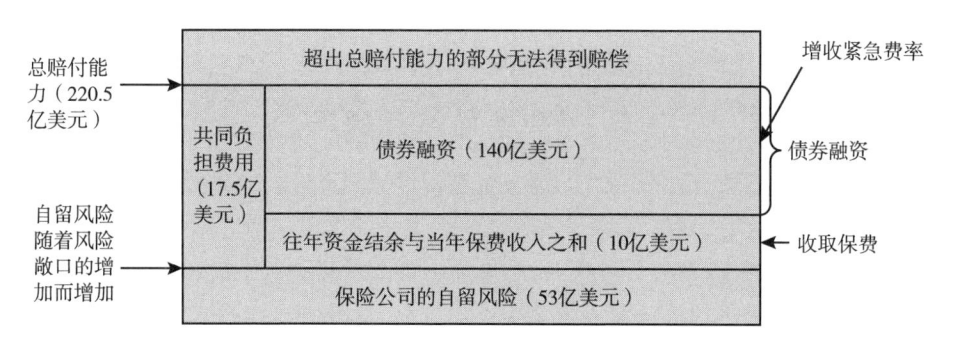

图5-3 FHCF赔付能力安排

资料来源：Property & Casualty Insurance Reform Committee（PCIRC，2006）.

以2006年为例，在FHCF的带领下佛州保险行业能够覆盖的行业总损失为220.5亿美元，分别由以下四个部分组成：（1）原保险公司的自留风险共计

53 亿美元；(2) 该年 FHCF 的再保险保费收入以及往年资金结余之和是 10 亿美元；(3) FHCF 通过发行债券能够融资的额度为 140 亿美元；(4) 保险公司共同负担费用为 17.5 亿美元。此外，如果保险行业总损失超过 220.5 亿美元 (53 + 10 + 140 + 17.5)，超过的部分则无法得到 FHCF 任何保险损失赔偿（PCIRC，2006），由保险公司自行承担风险。

(四) 保险赔付比率

根据 1993 年最初的构想，在飓风发生后，FHCF 将承担保险公司赔款中超过当年保费收入两倍以上部分的 75%。但不久之后，FHCF 对 75% 的比例做出了调整，允许保险公司可以从 45%、75% 和 90% 三种保险赔付比率中任选一种（Marlett，1999）。与之对应的 2006 年自留额乘数分别为 10.54449，6.32669 和 5.27224，自留额乘数每年随风险敞口与赔付能力的变化随之进行调整，2015 年 45%、75% 和 90% 三种保险赔付比率的自留额乘数分别为 9.8727，5.9236 和 4.9364。

如果财险公司 2006 年交给 FHCF 的再保险保费为 100 万美元，且选取 90% 赔付比率，那么该公司的自留风险额为 527 万美元（5.27224 × FHCF 保费）。在保险期间内，前两次飓风单独计算自留额，以后则每次收取 1/3 的自留额。2006 年的赔付乘数是 14.9932，该乘数是由 FHCF 每年视整体赔付能力而适当调整，但不随赔付比率的不同而改变。这样，该公司可以从 FHCF 获得的赔付额为 1 499 万美元（14.9932 × FHCF 保费）。此外，该公司还要承担共同赔付 167 万美元（FHCF 赔付额 ÷ 90% × (100% - 90%)）。

三、FHCF 的运行状况

(一) 运营状况

自 1995 年成立以来，FHCF 总体运营状况稳定，规模不断扩大，为稳定该州的财产保险市场，提高佛州保险业应对飓风巨灾的能力作出了突出贡献。从每年的赔款数量上看，FHCF 在佛州飓风损失赔偿上所扮演的角色越来越重要。尽管 2004 年与 2005 年佛州分别连续遭受了 4 次与 3 次飓风袭击，所造成的损失总和已经超过了安德鲁飓风。但 FHCF 能够在及时支付这些巨额损失赔付后，其财

第五章　佛罗里达飓风巨灾基金（FHCF）

务状况仍旧保持稳健。可见，FHCF 自身的经营具有较强的可持续性。

第一，参与 FHCF 的保险公司数量一直稳定。如表 5-1 所示，1995 年至今，佛州参与该项基金的保险公司数量始终在 150~300 个之间小幅波动，整体呈现下降趋势。考虑到美国保险业竞争激烈，新公司相继涌入市场、兼并不断发生等因素，参与 FHCF 的保险公司发生这种数量上的波动是十分正常的，反映了近年来美国保险行业的发展趋势。此外，法律规定佛州财产保险公司强制参与 FHCF。因此，只要佛州的保险业不出现巨大波动，参加 FHCF 的保险公司数量还是有保证的。

表 5-1　FHCF 参与公司分布与保费构成（1995~2015）

年份	保险公司总数量	45%			75%			90%		
		保险公司数量（个）	占公司百分比（%）	占保费百分比（%）	保险公司数量（个）	占公司百分比（%）	占保费百分比（%）	保险公司数量（个）	占公司百分比（%）	占保费百分比（%）
1995/1996	290	187	64.4	12.2	17	5.9	2.8	86	29.7	85.0
1996/1997	292	177	60.6	9.9	16	5.5	2.2	99	33.9	87.9
1997/1998	307	170	55.4	7.0	15	4.9	2.0	122	39.7	91.0
1998/1999	304	148	48.7	6.2	8	2.6	1.3	148	48.7	92.5
1999/2000	288	122	42.4	5.2	8	2.8	1.2	158	54.8	93.6
2000/2001	289	122	42.2	4.06	5	1.7	0.025	162	56.1	95.91
2001/2002	279	99	35.5	2.14	2	0.7	0.001	178	63.8	97.86
2002/2003	262	65	24.8	1.30	2	0.8	0.001	195	74.4	98.70
2003/2004	240	57	23.8	1.55	1	0.4	0.00	182	75.8	98.45
2004/2005	236	49	20.8	0.98	1	0.4	0.00	186	78.8	99.02
2005/2006	214	36	16.8	0.49	0	0.0	0.00	178	83.2	99.51
2006/2007	213	36	16.9	0.45	0	0.0	0.00	177	82.1	99.55
2007/2008	212	34	16.0	0.24	1	0.5	0.06	177	83.5	99.70
2008/2009	200	27	13.5	0.12	0	0.0	0.00	173	86.5	99.88
2009/2010	188	22	11.7	0.09	0	0.0	0.00	166	88.3	99.91
2010/2011	175	20	11.4	0.09	0	0.0	0.00	155	88.6	99.91
2011/2012	172	20	11.6	0.09	0	0.0	0.00	152	88.4	99.91
2012/2013	170	20	11.8	0.10	0	0.0	0.00	150	88.2	99.90
2013/2014	161	19	11.8	0.13	0	0.0	0.00	142	88.2	99.87
2014/2015	161	20	12.4	0.15	0	0.0	0.00	141	87.6	99.85
2015/2016	157	37	23.6	7.91	6	3.8	12.16	114	72.6	79.93

资料来源：State Board of Administration of Florida（2015），*FHCF Fiscal Year* 2014~2015 *Annual Report*.

第二，在三种不同的备选赔付比率中，越来越多的财险公司倾向于选择最高的赔付比率90%。根据2014~2015财年数据，1995~2014年，选择90%赔付比率的保险公司占比持续上升。2014年，87.6%的参保公司选择90%的赔付比率，所缴保费占总保费的99.85%，说明FHCF在过去对巨灾损失迅速而有效的赔付取得了财险公司的认可。但在2015年，选择90%赔付比率的参保公司占比下降至72.6%，所缴保费占总保费的比例下降至79.93%，出现这种情况可能是由于自2005年飓风季后近十年来没有飓风登陆所造成的小幅波动。

第三，FHCF在每合同年度收取的再保险保费规模稳定增长。如图5-4所示，1995年至今，FHCF向佛州参与的全部财险公司收取的保费规模保持稳定，并呈现持续增长态势。1995~1996合同年度共收取保费4.39亿美元，2015~2016合同年度这一数字上升至12.15亿美元。在佛州经营住房保险的财险公司所缴纳的再保险保费是FHCF的资金来源之一，是飓风巨灾损失补偿赔付的第一来源。稳定的再保险保费收取是FHCF稳健运行与实现有效及时的灾害损失补偿的重要保障。

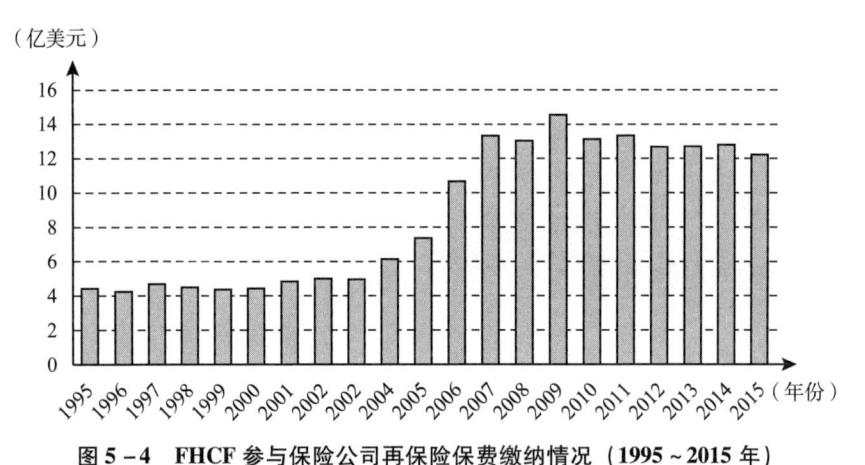

图5-4　FHCF参与保险公司再保险保费缴纳情况（1995~2015年）

资料来源：State Board of Administration of Florida（2015），*FHCF Fiscal Year 2014~2015 Annual Report*.

（二）赔付情况

1. 实际赔付状况

自FHCF成立以来，分别在1995年、2004年和2005年发生了较大飓风灾害的损失赔付（见表5-2）。从这三年的实际赔付情况来看，得到FHCF赔付的保险公司数量和赔付的总金额越来越多。得到赔付的保险公司数量从1995年的9家增加到2004年的136家和2005年的114家；赔付金额也从1995年最初的1 300万美元增加到了2004年的38.60亿美元和2005年的55.36亿美元。FHCF赔款增长迅速，在10年内增加了将近385倍。截至2015年底，FHCF累积实际赔付已经超过93亿美元（SBA，2015）。

表5-2　　　　　FHCF在1995年、2004年和2005年的赔付　　　　单位：百万美元

年份	飓风名称	得到赔付的保险公司数量	总赔付金额
1995	艾琳、奥帕尔	9	13
2004	查理、弗朗西斯、伊万、珍妮	136	3 860
2005	丹尼斯、卡特里娜、威尔玛	114	5 536

资料来源：State Board of Administration of Florida, *FHCF Fiscal Year* 2014~2015 *Annual Report.*

2004年和2005年十分罕见的飓风灾害给佛州保险市场造成了严重的经济损失，也给FHCF造成巨大影响。在这两年中，FHCF都及时支付了巨额补偿，在现金不足的情况下FHCF相应进行了"事后"和"事前"的债券发行，很快弥补了赔付损失，显示了FHCF应对巨灾赔付的弹性能力。纵观20年的发展过程，FHCF的资金赔付还是盈余的。像2004年和2005年那样一年遭受多次飓风袭击确实罕见。2006年，佛州全年仅有一次热带风暴登陆，影响可以忽略不计。近几年，也没有特大飓风登陆，并没有给佛州带来很大的损失。

2. 最大赔付规模

FHCF的最大赔付规模可理解为赔付能力或赔付上限，也可理解为支持赔付能力的全部资源，包括再保险保费，收入债券收益和再保险或其他风险转移等（Florida Catastrophic Storm Risk Management Center, 2013）。赔付规模过小难以实现再保险的效果，过大意味着较高的再保险保费收取，将会影响原保险公司偿付能力。合理的最大赔付规模既能够实现有效的赔付能力又不会危及保险公司运营。近年来，FHCF在赔付规模管理方面不断探索，以实现赔付能力与市场稳定性的兼顾。

FHCF实际赔付能力计算方式为年度现金结存款额加上所购买的再保险产品加上债券发行收入，最多不超过规定的赔付上限，2010年法令规定FHCF最大赔付规模设为170亿美元。图5-5给出了2011~2016年FHCF实际赔付能力变化，2011与2012年实际赔付能力没能达到170亿美元。虽未发生飓风损

失赔偿，但由于金融市场动荡，多数保险公司出现财务危机，使得 FHCF 的实际赔付能力难以达到规定的赔付上限。该情况下，若出现大规模的飓风灾害，FHCF 将难以履行法令规定的赔付义务。

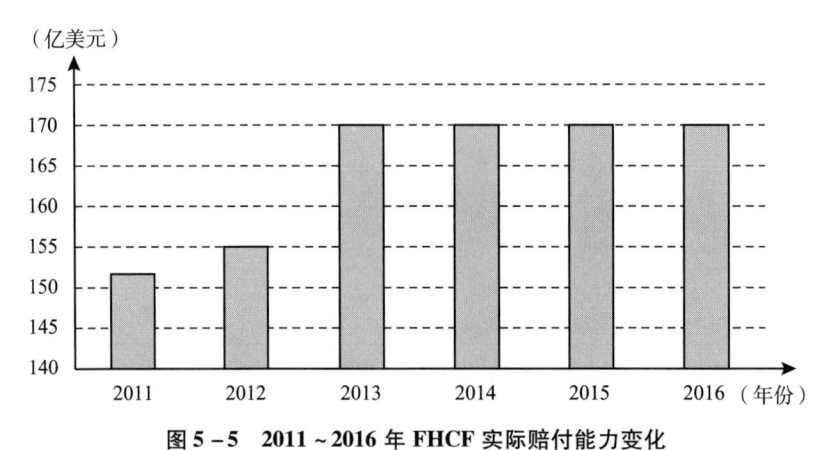

（亿美元）

图 5-5　2011~2016 年 FHCF 实际赔付能力变化

资料来源：Florida Hurricane Catastrophe Fund（FHCF）（2017），*Annual Report of Aggregate Net Probable Maximum Losses，Financing Options，and Potential Assessments*.

（三）运行时存在问题

在 FHCF 成立之初，其制度设计与赔付机制等方面就面临着一些质疑，主要为以下三点：（1）FHCF 的制度设计能否使得灾后补偿与保险公司的业务彼此对应，这要求 FHCF 充分考虑保险公司的业务开展状况，使得再保险赔付落实切实可行；（2）自留额、赔偿限额与赔付乘数等重要参数的设计是否合理，能否在不损害原保险公司经营稳定性的前提下最大限度地发挥 FHCF 的再保险作用；（3）是否可以防止政府部门占有或者挪用基金款项，能否建立配套审查机制或机构对此进行监督（Walther，1996）。

现阶段的主要问题集中在分次计算赔偿限额上。2004 年的四次飓风，造成的总损失已经超过了 1993 年的安德鲁飓风，但是在扣除掉四个自留额后，保险公司得到的补偿却大大缩水。根据美国财产保险公司协会估计，四次飓风造成保险公司共需要支付 220 亿~250 亿美元，高出安德鲁飓风 50 亿~70 亿美元，但是 FHCF 只支付了 38.6 亿美元，只占总赔款的不到 20%。这使得 FHCF 再保险赔付效果打了较大折扣，同时也在一定程度上没有起到稳定该州保险业的作用，没有充分承担飓风造成的损失。

2005 年 3 月，佛州参议院通过法案降低保险人取得 FHCF 赔偿的门槛。规定每年飓风季中前两个飓风的行业总自留额保持45亿美元，随后的飓风则降为15亿美元。每个保险人的个人自留额按照行业总自留额按比例分摊。这意味着若某个保险人在某个较小的飓风中遭受重大损失，则其有可能获得赔偿，但此时的总损失可能并未超过行业总自留额。该法令有望提高飓风多发年份的FHCF的再保险赔付效果。目前2005年后尚未发生一年内多次飓风侵袭的状况，该法令能否在实践中有效解决分次计算赔偿限额的问题还需进一步验证。

总而言之，经过了二十多年的发展完善，FHCF在多个方面都实现了显著优化。在执行操作方面，FHCF已经发展地相当成熟。2004年和2005年飓风季灾后补偿的顺利赔付从实践的角度验证了FHCF的再保险效果。在赔付制度设计方面，自留额、赔偿限额与赔付乘数等重要参数设计随着赔付能力、风险敞口与实际赔付状况等的变化不断调整。此外，相关法律的保护，使得诸如政府部门占有挪用基金款的问题得到了妥善解决。

四、巨灾债券的发行

当巨灾损失发生，FHCF所持有的现金余额不足以支付参与保险公司损失索赔时，授予FHCF发行收入债券的权利。债券发行通过州立财务行政委员会（State Board of Administration Finance Corporation），前身为佛罗里达飓风巨灾基金融资委员会（Florida Hurricane Catastrophe Fund Finance Corporation），其设立是为FHCF融资安排提供更大的灵活性。法律还授予FHCF通过同样遭受飓风损失的市县发行债券的权利，目前该权利尚未被执行过。FHCF所发行的收入债券分为"事前"与"事后"两种。

（一）"事后"债券

"事后"收入债券是在巨灾发生后，发行债券进行索赔支付。2004~2005年飓风侵袭使得FHCF支付了超过93亿美元的损失赔付。此外，2005年赔付超过了FHCF的可用现金。如表5-3所示，2006年FHCF首次发行了免税"事后"债券2006A，2008年发行了免税"事后"债券2008A。由于持续不良损失扩展，2010年发行了免税"事后"债券2010A。债券发行收入与投资收益增强了FHCF的赔付能力，偿付了财险公司在2005年飓风季发生的赔款损失。三次"事后"债券的发行均通过由1%水平的紧急费率征收支付，随后调整到1.3%。

表 5-3　　　　　　　FHCF "事后" 债券发行状况　　　　　单位：亿美元

债券名称	发行时间	债券类别	规模
2006A	2006 年	事后免税收入债券	13.5
2008A	2008 年	事后免税收入债券	6.25
2010A	2010 年	事后免税收入债券	6.76

资料来源：State Board of Administration of Florida, *FHCF Fiscal Year 2014~2015 Annual Report*.

为支持债券发行，"事后"收入债券往往通过"紧急费率追加"偿还。"紧急费率追加"是指对除法律禁止（劳工赔偿、医疗过失与全国洪水保险等）以外的佛州财产与意外保费进行额外费率征收。这意味着债券的偿还将分摊到各财险公司，最后转嫁到保单持有人。2006A、2008A 与 2010A 的本金与利息均由紧急费率征收支付。在 2010A 债券发行后，FHCF 增加了紧急费率征收额度。随后完全支付了 2005 年飓风季造成的保险公司的索赔，因此紧急费率征收提前被废止。

（二）"事前"债券

"事前"收入债券发行的主要目的是增加流动性以应对未来可能的索赔支付，提高 FHCF 的风险应对能力。为保证 FHCF 对未来灾害发生的索赔支付的能力，如表 5-4 所示，FHCF 于 2007 年发行了 35 亿美元不免税的"事前"浮动利率债券 2007A。2013 年与 2016 年分别发行了 20 亿美元与 12 亿美元的不免税的"事前"收入债券 2013A 与 2016A。2007A、2013A 与 2016A 的利息由所收取的再保险保费支付，其收入用于支付未来可能发生的索赔。"事前"收入债券的发行不存在紧急费率征收。

表 5-4　　　　　　　FHCF "事前" 债券发行状况　　　　　单位：亿美元

债券名称	发行时间	债券类别	规模
2007A	2007 年	事前不免税浮动利率债券	35
2013A	2013 年	事前不免税收入债券	20
2016A	2016 年	事前不免税收入债券	12

资料来源：State Board of Administration of Florida, *FHCF Fiscal Year 2014~2015 Annual Report*.

（三）债券发行优势

FHCF 债券发行不依赖于较强的固定收益市场趋势，原因可能包括以下四个方面：

第一，FHCF 通过 2016A 债券的发行进一步稳固了其在债券市场上的地位。2008 年国际金融危机导致金融市场宏观环境持续动荡，债券发行活动受到影响。FHCF 在 2006 年、2007 年、2008 年与 2010 年均成功发行债券，显示了其较强的发债能力。继 2013 年发行债券后，FHCF 又于 2016 年 2 月成功发行了规模为 12 亿美元的不免税"事前"债券 2016A。2016A 债券发行之时，受全球经济状况影响，金融市场正处于剧烈波动状态。2016A 债券的成功发行进一步稳固了 FHCF 在债券市场的地位。

第二，FHCF 声誉良好，长期信用评级较高。2001 年 12 月，国际信用评级公司标准普尔、惠誉国际与穆迪对 FHCF 的长期评级分别为 A、A 与 A1。近年来，随着 FHCF 运行机制不断优化，运营状况持续改善，三大评级机构不断提高对 FHCF 的评级结果。2016 年 2 月，标准普尔、惠誉国际与穆迪对 FHCF 长期评级分别为 AA、AA 与 Aa3。此外，FHCF 债券虽然不是通过佛州政府发行的市政债券，但与佛州政府联系十分紧密。债券偿还有保障，其所发行债券在市场上享有"蓝筹股"声誉。

第三，FHCF 债券作为市场基准指数债券且利率较高，受到机构投资者青睐。FHCF 所发行的任意规模的"事后"收入债券都会被列入市场基准指数中，以便投资者观测市场绩效水平，体现了 FHCF 债券自身的显著优势。同时，相对于其他同等 AA 等级机构的信用资产，FHCF 债券利率水平相对较高。因此，对于想要匹配市场指数收益的机构资金持有者来说，购买 FHCF 债券能够获得相对更高的收益。

第四，FHCF 目前不存在尚未赔付的"事后"债券。"事后"债券发行主要目的在于补充由巨灾损失造成的现金缺口，进行及时的索赔支付，是损失赔付的最终来源。FHCF 在 2006 年、2008 年与 2010 年分别发行了三支免税"事后"债券，共计 26.51 亿美元，为 2004 年与 2005 年罕见飓风季造成的巨额损失赔偿融资。FHCF 通过紧急费率追加在较短时间内完全偿付了"事后"债券。所有"事后"债券的及时偿还体现了 FHCF 面对巨灾风险损失赔付的弹性能力，增强了投资者对其的信心。

（四）债券发行时存在问题

第一，FHCF 发债频率较低，未偿付债券相对较少。FHCF 债券发行呈现出频率较低、规模较大的特点。2006 年起，FHCF 共发行七支债券共计 121 亿美元，未偿付债券仅有 27 亿美元。与此相比，2012 年至今，加利福尼亚州发行了 57 支债券共计 525 亿美元，纽约州发行了 142 支债券共计 133 亿美元，佛罗里达州发行了 143 支债券共计 133 亿美元。FHCF 的发债频率远远低于以上各州，但规模相当可观并能实现债券的及时偿付。较低的发债频率在一定程度上缺乏投资者亲密度，可能会在长期影响 FHCF 的发债能力。

第二，FHCF 所发债券主要位于收益率曲线短端。即使法令规定 FHCF 可发行到期时间长达 30 年的收入债券，但目前 FHCF 债券到期时间均较短，约为 1~7 年。相比之下，加利福尼亚州与纽约州市政债券到期时间分别长达 1~34 与 1~30 年。加之债券发行频率低，未偿付债券少，即使有着较高的信用评级水平，但 FHCF 却没有覆盖到一级市场和二级市场上位于收益率曲线长端的投资者。长期债券和投资者亲密度的相对缺乏可能会成为 FHCF 短期潜在市场准入能力的限制因素。

第三，FHCF 发债状况受制于金融市场的运行状况。尽管金融市场宏观环境自 2008 年国际金融危机以来已经有了显著提高，比较有利于优质债券发行。但仍存在显著的动荡与不确定性，无法保证未来金融市场长期的发展态势。FHCF 的融资能力与赔付能力很大程度上取决于金融市场的运行状况。在面临飓风巨灾损失的风险下，如果不能立即发行足量的长期债券，FHCF 可能需要开拓其他融资的方式，包括在不发行债券的情况下进行紧急费率征收，发行多系列收入债券或者进行其他临时融资选择。

五、总净可能最大损失与费率追加

自 2014 年起，FHCF 需要测度下一年总净可能最大损失等指标。每年 2 月 FHCF 与 CPIC 都需向立法与融资服务委员会（Legislature and the Financial Services Commission）汇报其预计总净可能最大损失规模、融资方案与潜在费率征收计划。年度报告需包括：（1）分别对重现时间为 50 年、100 年与 250 年的飓风灾害可能造成的最大损失进行测度；（2）对每种可能最大损失制定合理的融资策略，包括债券发行量与期限、所需的费率征收额度；（3）计算每种可能最大损失给佛州住宅与财产保险保单持有者带来的总费率征收负担。

（一）净可能最大损失

表 5-5 显示 2014~2017 年 FHCF 总净可能最大损失情况。其中，第三列

指不同重现时间的飓风灾害可能给佛州住宅保险保单持有者造成的总损失;第四列基于法定最大赔付上限,给出不同级别灾害给 FHCF 造成的总损失;第五列计算不同重现时间飓风给 FHCF 造成的调整净损失;第六列表示预计截至 2017 年 12 月 31 日 FHCF 的基金余额;第七列为 FHCF 调整净损失与年终基金余额的差值,即所需"事后"债券的发行规模,体现了当现金资源不足时,"事后"融资方式是 FHCF 赔付的最后来源。

表 5-5　　　　　2014~2017 年 FHCF 净可能最大损失　　　　单位:亿美元

年份	重现时间（年）	总可能最大损失	FHCF净损失	FHCF调整净损失	预计年终基金余额	所需"事后"债券发行规模
2014	250	794.59	170.0	165.45	110.10	55.35
	100	505.11	170.0	155.49	110.10	45.39
	50	335.12	170.0	139.18	110.10	29.08
2015	250	797.2	170.0	169.46	121.80	47.66
	100	533.51	170.0	163.93	121.80	42.13
	50	356.88	170.0	142.29	121.80	20.49
2016	250	806	170.0	169	138	31
	100	539	170.0	164	138	26
	50	360	170.0	142	138	4
2017	250	695.2	170.0	168.6	149.4	19.2
	100	470.5	170.0	156.4	149.4	7.0
	50	314.5	166.9	127.2	127.2	N/A

资料来源:Florida Hurricane Catastrophe Fund (2014~2017), *Annual Report of Aggregate Net Probable Maximum Losses, Financing Options, and Potential Assessments*.

1. 总可能最大损失

第三列表示总可能最大损失,指特定重现时间的飓风灾害可能给佛州住宅保险保单持有者造成的总损失。实际上给出的数据是总损失的 1.05 倍,多出来的 0.05 倍是法令规定 5% 的损失调整费用。随着飓风重现时间的增加,巨灾带来的总可能最大损失增加。由图 5-6 可知 2014~2017 年总可能最大损失程度基本保持稳定,2017 年测度结果有小幅下降。总可能最大损失衡量了巨灾给佛州居民带来的巨灾损失,关系到保险公司的损失赔付与 FHCF 的再保险补偿赔付。

(亿美元)

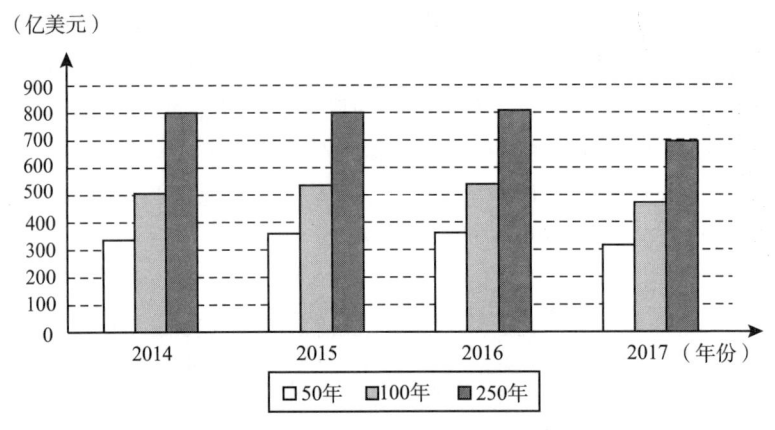

图 5-6　2014~2017 年预计总可能最大损失

资料来源：Florida Hurricane Catastrophe Fund（2014~2017），*Annual Report of Aggregate Net Probable Maximum Losses, Financing Options, and Potential Assessments*.

2. FHCF 总净损失

表 5-5 第四列显示基于法定最大赔付上限，不同级别灾害给 FHCF 造成的总损失。假定佛州保险行业所有保险公司以单一行业实体运营，实行单一行业自留额、行业赔付上限与行业风险敞口。2014~2017 年中，除 2017 年 50 年重现时间的飓风造成的损失不会达到赔付上限外，其他年份均会超过 FHCF 赔付上限。这意味着佛州保险公司会承担更多的风险损失。2017 年 FHCF 能够覆盖重现时间为 50 年的飓风灾害造成的损失，体现了 FHCF 近年来运营良好，融资能力与补偿赔付能力不断提高，增强了巨灾风险应对能力。

3. FHCF 调整净损失

假定 FHCF 总净损失是约 159 家保险公司的损失之和，每个保险公司有着各自的自留额，赔付上限与风险敞口分布。表 5-5 第五列显示在该假定下不同重现时间飓风给 FHCF 造成的调整净损失。该情况下不太可能所有保险公司都会发生补偿赔付或者达到 FHCF 的最大损失覆盖额。图 5-7 显示调整净损失随着巨灾重现时间的增加而增加。2014~2017 所有年份不同重现时间的飓风灾害造成的损失均未达到赔偿限额。由于不同保险公司自留额与赔付上限为占总自留额与总赔付上限的比重，因此会发生与表 5-5 第四列不同的情况。

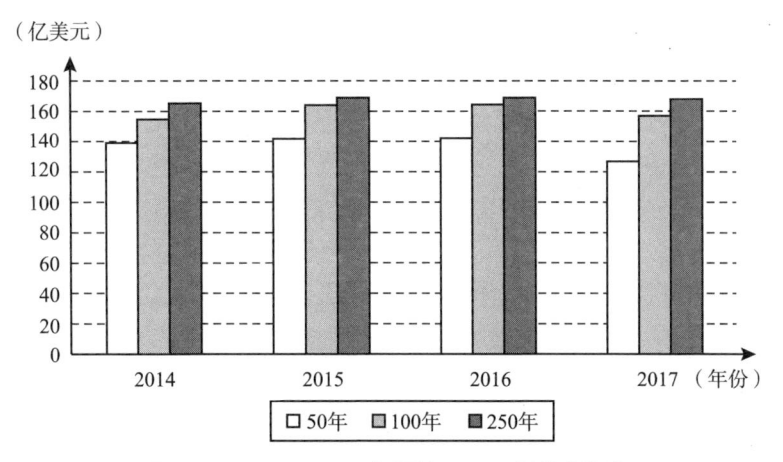

图 5 - 7　2014~2017 年预计 FHCF 调整净损失

资料来源：Florida Hurricane Catastrophe Fund（2014~2017），*Annual Report of Aggregate Net Probable Maximum Losses*，*Financing Options*，*and Potential Assessments*.

4. 预计年终基金余额

表 5 - 5 第六列表示预计截至 2017 年 12 月 31 日 FHCF 的基金余额。在重现时间为 100 年与 250 年的情况下，预计年终基金余额均为 149.4 亿美元，均小于相应的 FHCF 调整净损失，因此需要发行"事后"债券来融资进行补偿赔付。在重现时间为 50 年的情况下，FHCF 调整净损失为 127.2 亿美元，小于 149.4 亿美元，因此年终基金余额即为 127.2 亿美元，且不需要发行"事后"债券。在 2014~2016 年，每年预计年终基金余额均未达到相应的 FHCF 调整净损失，于是均需要发行"事后"债券进行补偿赔付。

5. 所需"事后"债券发行

表 5 - 5 第七列为 FHCF 调整净损失与年终基金余额的差值。"事后"债券的偿还通过紧急费率附加实现（未考虑风险转移）。对比图 5 - 7 和图 5 - 8，不同年份不同重现时间的灾害所造成的调整净损失大致相同，但不同年份所需"事后"债券发行规模却存在较大差别。2014~2017 年，"事后"债券发行规模呈现显著下降趋势，这主要是由于预计年终基金余额的快速增长所造成的。其得益于再保险保费收取的增加与"事前"债券的成功发行，提高了 FHCF 的资金流动性与巨灾损失赔付应对能力。

（亿美元）

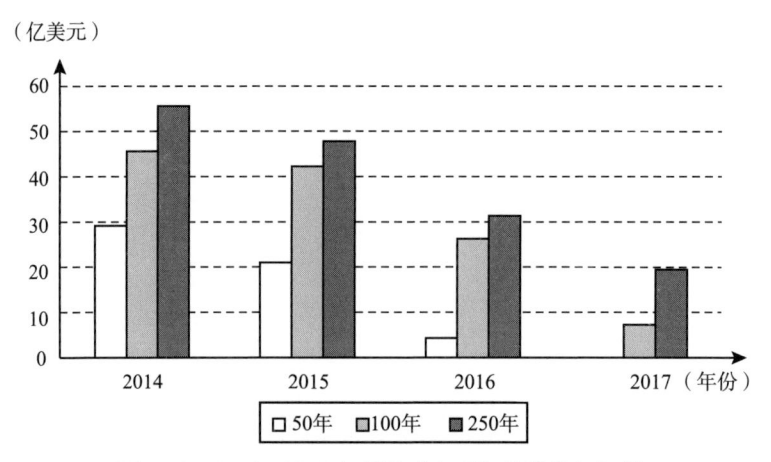

图5-8　2014~2017年所需"事后"债券发行规模

资料来源：Florida Hurricane Catastrophe Fund（2014~2017），*Annual Report of Aggregate Net Probable Maximum Losses，Financing Options，and Potential Assessments*.

（二）费率追加测度

基于第五部分对债券发行状况的分析，当巨大损失发生且不良损失持续扩展，FHCF现金余额不足以支付补偿赔款时，将发行"事后"收入债券进行融资。"事后"债券的发行与偿还均通过紧急费率征收来实现。表5-6显示2014~2017年在不同飓风损失状况下分别对年度费率追加状况进行的测度结果，其中第三列与表5-5第七列完全一致。由于费率征收通过保险公司最终转嫁给保单持有者，因此该指标即是对不同飓风灾害给佛州所有住宅与财产保险保单持有者造成的费率追加负担进行衡量。

表5-6　　2014~2017年度费率追加测度结果

年份	重现时间（年）	所需"事后"债券发行规模（亿美元）	年度费率追加额（亿美元）	年度费率追加（%）
2014	250	55.35	4.46	1.23
	100	45.39	3.66	1.01
	50	29.08	2.34	0.65
2015	250	47.66	3.84	1.01
	100	42.13	3.40	0.90
	50	20.49	1.65	0.44
2016	250	31.46	2.05	0.50
	100	25.93	1.69	0.41
	50	4.29	0.28	0.07

第五章　佛罗里达飓风巨灾基金（FHCF）

续表

年份	重现时间（年）	所需"事后"债券发行规模（亿美元）	年度费率追加额（亿美元）	年度费率追加（%）
2017	250	19.19	1.25	0.30
	100	7.05	0.46	0.11
	50	N/A	N/A	0.00

资料来源：Florida Hurricane Catastrophe Fund（2014~2017），*Annual Report of Aggregate Net Probable Maximum Losses, Financing Options, and Potential Assessments*.

1. 年度费率追加额

表5-6第四列是在给定费率征收年限与利率情况下，为偿还第三列的"事后"债券规模所需的每年年度费率追加额。第三列为所需"事后"债券发行规模，是预计FHCF调整净损失与预计年终基金余额的差值。2016年与2017年给定30年的费率追加，利率5%。2014年与2015年给定30年的费率追加，利率7%。但能否完全覆盖损失赔款仍存在一定的不确定性。在巨灾发生之后，能否在短期内进行融资或者降低融资规模还依赖于巨灾发生后的金融市场运行状况。

2. 年度费率追加百分比

表5-6第五列为给定年度费率追加基数，为偿还所发行的"事后"债券需要的年度费率追加百分比。其中，2014年给定年度费率追加基数为361.85亿美元，为当年实际费率追加基数。2015年为379.33亿美元，为当年实际数据。2016年为409亿美元，为2015年的预计费率追加基数。2017年为415亿美元，为2015年的实际费率追加基数。2017年对于50年重现时间的灾害，预计现金结存款能够覆盖巨灾损失，因此不存在费率追加。当年度费率追加基数增加时，所需费率追加百分比将会下降，反之亦然。

综合考虑年度费率追加额度与百分比两方面，2014~2017年不同级别灾害造成的损失所引起的费率追加负担逐年下降。其中，2017年较低级别的灾害不会给佛州保单持有者造成负担。由于FHCF收取再保险保费规模稳定，"事前"债券顺利发行。近年来，金融市场状况有了显著提高，FHCF能够发行一个或多个期限超过12个月的"事后"债券以适应保险公司的大额损失赔付。FHCF赔付能力不断提高，在巨灾损失中能够承担更多的损失赔付。在一定程度上减轻了佛州保单持有者的经济负担，稳定了保险市场。

六、结　语

第一，FHCF 产生于 1992 年安德鲁飓风巨灾损失而造成的佛州保险市场危机，是政府性质的再保险项目。FHCF 的成功运行为佛州财产公司提供了价格低廉的再保险支持，稳定了佛州的财产保险市场。FHCF 自身组织结构得当，制度安排合理，使得 FHCF 的运作独立于佛州保险监管部门和保险公司之外。在佛州保险市场上发挥重要作用，与其他保险市场结构主体相互合作，共同提高佛州保险市场承保能力。与私营再保险公司相比，FHCF 具有税收减免优惠、强制参与政策、债券发行权利与再保险费率低廉等显著优势。

第二，FHCF 运行机制设计较为合理，并不断进行完善。FHCF 资金来源于再保险保费、投资收益与债券发行收入，以保障其顺利运营。在赔付制度方面，设自留额与赔付上限，保险公司自行选择赔付比率。补偿赔付金来源于保费、事前融资收入、事后融资收入与风险转移。基于以上赔付参数设计与四种补偿赔付金来源，在 FHCF 带领下佛州保险业能够覆盖较大规模的行业总损失，FHCF 承担部分巨灾风险。佛州保险市场能够应对 2004～2005 年罕见飓风季侵袭在一定程度上即得益于 FHCF 适当的运行机制设计。

第三，FHCF 自成立以来，总体运行状况稳定，推动了佛州保险市场平稳发展。在运营情况方面，参与公司数量稳定，选择较高赔付比率的公司数量上升，保费规模稳中有升，充分体现了佛州保险公司对 FHCF 再保险效果的认可。FHCF 不断调整最大赔付规模，兼顾赔付能力与稳定性，在三个发生灾害补偿的年份均进行了及时有效的赔付。经过 20 年的发展，FHCF 已解决了其成立初期所面临的制度设计、赔付制度与执行操作的问题。针对当前存在的分次计算赔偿限额问题，FHCF 实施了相应的解决方案，效果尚待实践的进一步检验。

第四，FHCF 在现金余额不足以支付参与保险公司损失索赔时，发行收入债券进行融资。自 2006 年首次发行债券以来，目前 FHCF 已发行多次"事后"与"事前"债券，不仅实现了飓风季巨灾损失的及时偿付，而且增加了资金流动性。近年来，FHCF 债券发行状况良好，在债券市场上地位稳固，信用评级较高，作为市场基准指数债券且利率相对较高。此外，能够及时偿还"事后"债券，声誉良好。但是，在债券发行中发债频率低、期限较短与受制于金融市场环境等问题会影响其发债能力。

第五，FHCF 作为政府性质的再保险项目，每年均对下一年总净可能最大损失与费率追加负担等指标进行测度。对不同级别的飓风灾害可能造成的最大损失进行估计，制定相应的融资策略，并计算飓风灾害给佛州保单持有者带来的总费率征收负担。随着 FHCF 的顺利运营与稳定的债券发行状况，FHCF 对飓风灾害的应对能力不断提高，有能力承担更多的巨灾损失。FHCF 提高了佛州保险市场的承保能力，减轻了佛州保单持有者的经济负担，进一步维护了佛州经济与社会状况的稳定。

第二篇
完全市场化模式

第六章　美国加州地震局（CEA）

第七章　英国洪水保险制度

第八章　德国巨灾保险制度

第六章

美国加州地震局（CEA）

加利福尼亚州位于美国西部太平洋沿岸，是美国的科技和文化中心，同时也是美国的农业大州。加州面积达41万平方公里，是美国的第三大州，拥有多样的自然景观，包括壮丽的峡谷、高山和干燥的沙漠。其大多数大城市位于太平洋沿岸较凉爽的地带，包括旧金山、洛杉矶和圣地亚哥等，中央谷地则是农业区。加利福尼亚位于圣安德烈亚斯断层，经常发生地震。虽然美国的地震大部分发生在阿拉斯加和密西西比河流域，但是由于加州人口密度较高，所以这里的地震往往会造成更大损失。

理论上讲，凡是在地震、洪水等巨灾频发的国家或者地区，私人巨灾保险市场理应比较活跃。毕竟从需求方来看，具有风险厌恶偏好的房屋拥有者一般愿意购买保险以保护其住房免遭巨灾损失；而从供应方来看，市场上也存在着大量经营各种保险的私人保险公司。但实际上，由于巨灾风险的特殊性，如果没有政府的适当干预，私人巨灾保险市场往往会萎缩，甚至失灵。在世界范围内，几乎所有国家和地区的巨灾保险项目都是由政府财政补贴所直接或间接提供的，这给公共财政带来了程度不一的负担和压力。

美国加州地震局（California Earthquake Authority，CEA）却是一个例外。虽然其名称类似政府机构，但其实质是政府特许专门经营地震保险的商业性组织。CEA更像一个私营再保险公司，其初始资本金来自其下属的17家私营参与保险公司的出资，而且对其直接承保的地震保单进行百分之百的分保。更为重要的是，CEA的赔付能力结构采取完全市场化的运作，与州政府的公共财政没有任何联系。如今CEA已经是世界上最大的住宅地震保险提供方，可见其运行机制存在优越之处。

本章通过对CEA的概述、运作机制、赔付能力结构和运行状况等角度进行阐述，分析CEA的制度设立对于解决加州地区私人保险市场失灵问题的作用。第一部分介绍了CEA的产生背景、组织结构与主要特点；第二部分从资金来源、参与保险公司、保单责任范围、保单费率等方面分析CEA的运行机制；第三部分主要分析 CEA 的赔付能力结构安排与赔付能力变化状况；第四部分主要从市场情况和财务状况角度分析 CEA 的运行状况，并探讨其存在的问题和发展方向。

一、CEA 概述

（一）产生背景

1. 北岭地震

1994 年 1 月 17 日凌晨 4 时 31 分，加州发生了历史上损失最严重的北岭地震。震中位于洛杉矶西北郊的圣费南多峡谷。地震发生时，整个城市还在沉睡中，强烈的震感突如其来，并持续数十秒。居民在睡梦中被惊醒，紧接着楼房倒塌，道路开裂，火光四起，人们的哭喊响彻整座城市。地震切断了几乎整个洛杉矶地区的供电网，严重损坏了自来水管道和煤气管道，这也对救援造成巨大困难。这一场史无前例的灾难，无论是在居民生命安全上还是财产上，都让洛杉矶市遭受了巨大损失。

北岭地震被称为美国历史上最昂贵的自然灾害之一。该次地震造成了 57 人死亡，其中 33 人直接死于地震，其余很多死于间接次生灾害，甚至包括地震带来的财产损失压力等。超过 8 700 人受伤，其中 1 600 余人被送入医院救治。此外，该次地震中建筑物震毁 2 500 余座，严重损毁的超过 4 000 栋，部分损坏而需要修复的更是破万。财产损失约在 130 亿至 400 亿美元。该地震带来的社会经济影响也十分巨大，灾后洛杉矶市治安混乱，犯罪频发。由于通讯被切断，部分地区证券交易也被强行终止。

这次地震给美国乃至世界带来了深远的影响，引起了不只是美国地震学会，更是全世界地震学界的普遍关注。中国、日本等国都派去专家到现场进行考察，希望吸取有益的经验教训。此次地震带来的严重危害也让加州政府对建筑物的防震标准产生质疑，并专门进行了调查和评估。北岭地震对美国人民影响巨大，在其过去 20 年后，灾难电影《末日崩塌》将其再次搬上银幕，描绘了由于圣安德烈亚斯断层上的地壳活动，加州地区特别是旧金山和洛杉矶湾区发生的极具破坏性的数次大地震。

2. 保险市场危机

北岭地震发生时，投保财产总额约为 125 亿美元，因此，洛杉矶地震带来的损失有很大的一部分将由保险企业承担，许多保险公司不堪重负。以 20 世纪保险公司（20th Century Insurance Company）为例，其因地震带来的赔付额高达 1.62 亿美元，相当于其资产总额的 25%。另外，有统计数据显示，保险行业因为该次地震造成的损失总额约 40 亿美元。这一数字相当于当时私人保险行业在加州地区约 30 年的全部地震险保费收入总和。

北岭地震严重影响了当地的私人保险产业。保险公司发现他们原先严重低估了地震所造成的潜在损失，地震保费未能反映实际风险暴露。在此次地震中，市场上的保险公司，要么选择破产，要么为了支付巨额的赔付款而导致资产严重缩水。这些保险公司担心如果再次发生同样规模的地震，他们将没有足够的资金来满足赔付要求。由于巨额的损失和出于对潜在风险的担心，为了避免将自己暴露在巨灾风险之中，加州地区的保险公司纷纷严格限制或拒绝签发新的住房保单。

到 1995 年 1 月，采取这一限制或拒保行为的保险公司已占到了加州住房保险市场的 95%。而遭受地震巨大损失的居民却迫切地需要住房保险，这一供求间的矛盾便凸显出来。另外，很多保险公司还提出了上调地震保险的费率、提高地震保险的免赔额等要求，这就造成了加州地区的地震保险市场危机。这场危机始于自然灾害，体现在加州保险市场，影响十分恶劣。它一方面造成了加州私人保险市场的失灵，另一方面也阻碍了加州房地产的发展，对地区重建和复苏都造成了障碍。

3. CEA 设立

在危机愈发严重的情况下，加州政府进行了干预。首先通过立法，强制要求所有在加州出售房屋保险的保险公司同时出售地震保险。1995 年，加州立法规定，在加州营业的保险人需提供财产巨灾保险"最小保单"（mini-policy）作为地震保险。其保险标的主要是保单持有人的住宅，而游泳池、车库等非必需品则排除在外。最小保单实际上确定了加州的保险公司应该提供地震保险的最低标准，明确了其目的是尽可能覆盖更多的加州居民，保证其面对地震风险时至少得到最低标准的保障。

1996 年，加州通过立法形式，成立了加州地震局（California Earthquake Authority，CEA）。它是公众管理、政府特许经营的私有基金机构，但本身财务不受加州政府的控制，加州政府也对其没有责任。但同时，CEA 也具有政府机构性质，能够享受免除联邦税和州税的待遇，从而有利于自有赔付资金的积累。目前，CEA 已成为世界上最大的住宅地震保险提供方。其主要功能在于尽可能地为更多的住房拥有者、租户等提供可负担的最基本地震保险，对稳定加州地区住房保险市场有着巨大作用。

在 CEA 设立并投入运行之后，加州地区住房保险市场就开始迅速恢复。州保险局报告显示，在私人保险危机最严重的时候，有 82 家保险公司严格限制了其新住房保险保单的签订。而在 1997 年 8 月，只剩下 3 家保险公司还在严格限制签订新保单。如今，在加利福尼亚地区，CEA 占有了 75% 的保险市场，参与 CEA 的保险公司承保了近 80% 的加州地区住房保险。在目前没有特大地震的情况下，CEA 的资金和抗风险能力都在稳定地增长。巨灾所带来的不确定性风险很大程度上被合理分担。

（二）组织结构

如图 6-1 所示，CEA 由五名民选官员组成的董事会进行管理，其成员包括州长、州财政厅厅长、州保险监督官、州众议院发言人和州参议院规则委员会主席。其中，州众议院发言人和州参议院规则委员会主席虽占有席位，但没有投票权。委员会中的成员均可以提名若干顾问来提供咨询并协助相关工作。实践中，上述官员一般派遣代表来履行职责。董事会一年召开四次会议，主要任务是制定工作计划，确定 CEA 的政策与工作程序，并报告给州保险监督官和州立法机关。

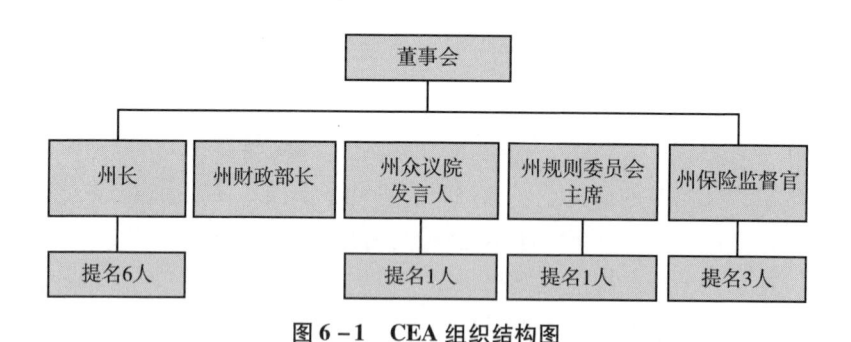

图 6-1 CEA 组织结构图

资料来源：www.earthquakeauthority.com。

此外，CEA 还设立了由 11 名成员组成的顾问小组。加州州长可以提名 6 人；州保险监督官可以提名 3 人；州众议院发言人和州参议院规则委员会主席均可以提名 1 人。这些顾问的任期是四年，分别来自财产保险公司，保险代理人，保单持有人和公众代表。CEA 顾问委员会主要就以下四个方面事务提出建议：（1）保单保额的制定；（2）保险费率的厘定；（3）维持 CEA 长期稳定运行；（4）确保地震保险的可获得性以及可负担性。CEA 日常管理机构非常精简，效率很高，除董事会和顾问小组外，只有 30 名左右的正式雇员。

（三）主要特点

第一，CEA 在很大程度上更像一个几乎完全市场化的私营保险组织，这也是其最大特征。具体包括：（1）CEA 初始资本金来源于私营参与保险公司；（2）其赔付能力主要依赖于所收取的保费以及参与保险公司缴纳、征收的资金，与州政府的财政没有任何联系。不过其运营可免缴州营业税；（3）参与保险公司所承保的地震保单皆由 CEA 完全分保；（4）保险费率也是基于地震期望损失模型，按照私营组织利润最大化目标设定；（5）保单的销售与理赔也都是市场化运作。

第二，最初 CEA 保单只提供最基本的地震保险。北岭地震之后，为控制和分散风险，加州政府通过立法规定，加州保险公司所提供的地震保险应该是财产巨灾保险"最小保单"。保险标的主要是保单持有人的最基本住宅，而一些像游泳池、花园、车库等非生活必需设施则被列为除外责任项目。保险责任也只限于地震所造成的直接财产损失和极为有限的额外生活费用损失。因此，CEA 保单只适合于那些拥有普通住宅的投保人。但实际的运营情况反映出其最小保单政策可能对部分顾客不够具有吸引力。

随着赔付能力的增强，CEA 于 1999 年起开始提供新型保单，为房屋拥有者提供更多选择。如表 6-1 所示，现在基本保单还覆盖了紧急维修以及建筑规范标准更改问题等带来的房屋升级费用。可以选择的保单种类较之前也更加丰富，比如可以对房屋内的私人物品投保，以及可以包含地震灾害带来的附加生活费用，即对投保人震后的新住所和食物开销进行赔付。尽管有上述发展，但 CEA 基本上还秉持着最小保单原则，即主要对最基本的财产和必需意外花费进行赔付，非必需的昂贵个人财产仍不在赔付范围。

表 6-1　　　　　　　　　CEA 保单政策变更情况　　　　　　　　单位：美元

保单范围	1995 年	1999 年	2012 年	2016 年
	最小保单	第一次扩大范围	再次扩大范围	更多选择，更可负担
建筑全额	全额	全额	全额	
免赔额	15%	10%，15%	10%，15%	5%，10%，15%，20%，25%

续表

保单范围	1995 年	1999 年	2012 年	2016 年
	最小保单	第一次扩大范围	再次扩大范围	更多选择，更可负担
个人财产	5 000	至多 100 000	至多 100 000	至多 200 000
失效赔偿	1 500	至多 15 000	至多 25 000	至多 100 000
紧急维修	5%，有免赔额	5%，有免赔额	5%，1 500 内无免赔额	5%，1 500 内无免赔额
折扣	无	5%	5%	至多 20%

资料来源：Daniel Marshall，2017，The California Earthquake Authority，*Resources for the Future*.

第三，CEA 具有较强的风险分担机制，包括风险分担和共保两种方式。CEA 的风险主要在 17 个参与会员保险公司之间进行分散，包括按市场份额比例缴纳初始资本金和灾后提供无偿资金。共保机制体现在两方面：一方面，保单采取可选择的 15% 或 10% 两种免赔额机制，这意味着某些住房损毁赔偿申诉如果未达到起赔标准，则得不到 CEA 赔付；另一方面，如果地震损失超过 CEA 的总偿付能力，保单持有人的损失赔付只能按照目前 CEA 所有的最大偿付能力按比例分摊。

二、CEA 的运行机制

之所以称 CEA 是政府成立，由私人部门管理的基金组织，是因为其更像一个几乎完全市场化的私营保险组织。CEA 除享受税收减免优惠外，和加州财政没有任何关系。CEA 在筹措资金、提供赔付、制定保单责任范围、厘定保险费率、保单销售与理赔等方面均采取市场化运作。加州政府对 CEA 没有经济义务。

（一）资金来源

CEA 的资金全部由私人部门提供，主要有如下五个来源渠道：（1）保费收入。这部分来自购买 CEA 地震保单的保单持有人所缴纳的保费；（2）参与保险公司所缴纳的初始资本金，加入 CEA 的保险公司需要按其市场份额缴纳一定的资本金；（3）债券融资。发行收益债券来进行融资，通过将现有保费增加 20% 来进行偿还；（4）再保险赔偿。当灾难发生时，再保险合约将承担相应的灾害损失赔偿责任；（5）投资收入。准备金的投资收益将会纳入准备金中，用于支付灾害发生时的损失赔偿。

（二）参与保险公司

CEA本质上相当于根据州法律建立的，由众多CEA参与保险公司所组成的地震保险共同体。CEA地震保单只能通过CEA参与保险公司销售。立法规定，凡在加州经营房屋保险的保险公司可以自愿选择是否加入CEA成为其参与保险公司。截至2015年，有17家私营保险公司自愿加入CEA，共持有保单87.9万份，占整个加州住宅保险市场份额的75%以上（Annual Report to the Legislature and the California Insurance Commissioner on CEA Program Operations，2016）。

保险公司加入CEA的优势有以下三个方面：（1）可以分散单个保险公司所承保的地震风险。在CEA设立前，单个保险公司在面临如北岭地震级别的巨灾赔付时，往往没有能力进行偿付。一旦遭遇特大地震，不是巨额损失，就是破产。（2）加州法律规定，地震保险实行半强制性，即强制在加州经营房屋保险的公司必须同时提供地震保险，但并不强制投保人购买。私人保险公司参加CEA后，通过CEA地震保单提供地震保险，就可以继续经营加州房屋保险。（3）由于保单的理赔销售等业务仍由参与保险公司负责，那么参与保险公司还可以获得因提供保单销售和理赔等服务而取得的佣金和营业费用收入等。

另外，参与保险公司也将为享有上述权利而承担相应的三项义务：（1）在设立之初，参与CEA的保险公司要按照参与保险公司在市场上所占的份额缴纳一定比例的初始资本金。（2）承诺在地震发生后无偿提供一定额度的资金。在较大的地震发生后，如果CEA资金不够进行偿付，其有权对参与保险公司提出一定规模的资金征收要求。（3）由于参与保险公司只能出售由CEA统一制定费率的地震保单，其将失去对地震保险定价的控制权和经营战略的灵活性。

（三）保单责任范围

CEA保单旨在为地震所引起的房屋和屋内物品损失提供保障。一般而言，CEA保险责任排除了以下内容：（1）人为导致的地面活动，比如爆炸，地热活动，钻井，矿井开采等。此类活动带来的损失一概不予赔付。CEA保险的初衷是解决自然巨灾风险而非人类活动风险。（2）"地震衍生事件"造成的损失也不提供赔付，主要是指那些在主地震发生后15天以内的二次事件。

(3) 游泳池、庭院、车库等非基本生活设施的修缮重建也被排除在责任之外。CEA 保单只提供最基本的风险保障,即为受损住宅提供修复和重建费用支出。

CEA 的免赔付结构,保单的次限额与赔付范围的例外情况,决定了地震成本将如何在 CEA 和保单持有人之间分担。CEA 在 2016 年提供的最新免赔额选项有 5%、10%、15%、20%、25%。免赔额的大小与要求的费率负相关,即免赔额越高,保单保费越低。保单持有人会对地震风险以及自身财产风险进行权衡分析,选择合适的免赔额选项。免赔额适用于总损失。另外,加州居民可以根据自身对风险的承受能力和支付能力来选择 5 000 美元、25 000 美元、50 000 美元、75 000 美元、100 000 美元、150 000 美元和 200 000 美元的不同保额。

此外,与绝大多数的财产保险类似,CEA 对于各个种类的损失有着不同的赔付额度限制。对于一些特定的,难以估计或据行业经验容易出现保险欺诈行为的损失种类,也设有赔付上限。目前,CEA 的次限额是符合行业常规的,在这方面也从未出现纠纷;CEA 保单的责任范围,尽管相对初始建立时期已经有了很大的扩张,但因为早期法定的最小保单政策严格限制了提供保险产品的属性,所以至今其保单仍然没有覆盖大多数住房保险的常见财产。因此,一些直接或间接的除外责任的规定,也被看成是 CEA 损失分担的一种手段。

(四) 保险费率

地震保险使用基于期望损失模型的精算费率。CEA 采用国际 EQE 公司设计的地震风险模型,对整个州地区的期望损失进行了评估,作为保费设计的理论基础。保费确定主要根据以下两个因素:(1) 按强度和地区划分的不同类别地震发生的概率,主要参照历史数据和地质模型预测,数据来源于美国地质调查局 (US Geological Survey);(2) 具体强度和地区发生地震所带来的期望损失。考虑地区的经济情况、人口密度等因素,由 EQE 的财产损失模型计算得出。

CEA 保险费率设计实行低风险区向高风险区的费率补贴。加州各地区的期望损失差异较大,这意味着不同地区的费率差异也较大。为此,CEA 把全加州地震保险共划分为 19 个费率区域。这一方面能够使得费率在一定程度上反映各地区的风险差异;另一方面能够适当降低高风险地区的费率,使地震保险更具有吸引力。费率在每千美元 1.05~5.25 美元之间,平均费率为 2.8 美元。CEA 成立以来,已经四次较大幅度地调低费率,提高了加州居民对地震保险的可承受度。

然而,交叉费率补贴会带来两个问题:(1) 在低风险区域的过高定价会导致竞争者进入。虽然在这一地区的保单利润率高，但由于竞争激烈，其高价格会为竞争对手利用，反而在这一盈利区域失去较大利润。(2) 在高风险区域的定价能够得到补贴，一定程度上激励居民在此定居和购买保险，因此会出现逆向选择和道德风险问题，往往会签下更多预期损失大于保费的保单，甚至可能导致这一地区入不敷出。因此，虽然交叉费率补贴使得保险更具吸引力，利于销售，但对偿付能力会有一定影响。

根据法律，CEA 的费率确定应该建立在合理的精算和科学的方法上，因此会根据现时期的模型估计进行调整。CEA 最近的一次费率调整是在 2015 年 5 月，在加州保险局局长支持下，平均下调了 10% 的保费费率。新的费率标准从 2016 年 1 月签订和续签的保单开始生效。这次费率变化还包括：免赔额由原来的 10% 和 15% 两种选择增加到现在的 5%、10%、15%、20%、25% 等多种选择。同时，个人财产保额上限增加了 150 000 美元和 200 000 美元的选项。其他一些保费额度也发生变化，并增加了对个人易碎财产的保单覆盖。

（五）保单销售与理赔

CEA 并不直接进行保单的销售和赔偿，而是通过参与保险公司来具体负责保单的销售和理赔。为此，CEA 需要支付给各参与保险公司一定的业务费用，主要包括：(1) 向参与保险公司按比例支付保费 10% 的佣金；(2) 承担参与保险公司 3.65% 的营业费用；(3) 向参与保险公司中负责理赔的工作人员支付一定费用。参与 CEA 的私营保险公司可以获得销售 CEA 保单的权利和报酬，但作为交换，法律规定这些私营保险公司不得销售与 CEA 保单相似的产品，以免形成竞争。

尽管理赔过程是通过参与保险公司进行，赔付额全部来自 CEA 的资金，但如果损失超过了 CEA 的偿付能力，所有保单持有人需追加 20% 的保费。如果追加资金仍不足以偿还保费，则以现有资金按比例向保单持有人进行赔付，仅当 CEA 的资金再次充足时，才补足剩余偿付额。值得注意的是，参与保险公司对 CEA 的经营没有义务，即 CEA 破产并不会追索参与保险公司的责任，此时更有可能是州政府或者联邦政府出面来保证保单持有人的财产赔付问题。但要强调的是，州政府对 CEA 没有经济义务，这种帮扶行为更多的是出于社会责任。

三、CEA 的赔付能力结构

一方面，CEA 并没有州公共资金的投入，其资金完全来源于私人部门；

另一方面，CEA 赔付能力也完全取决于市场机制，其对投保者和参与保险公司设定保费和征收资金的机动额度，并通过有效利用资本市场融资和再保险实现了赔付能力的自给自足。总之，CEA 的赔付能力结构由若干层组成。通过设立不同的风险赔偿层次，市场中的不同风险分担者根据其不同程度的风险承担能力分别承担相应的地震所造成的巨灾损失，从而实现了地震风险的有效分散和转移。

（一）初期赔付能力结构

如图6-2所示，1999年CEA总赔付能力为72亿美元，其赔付能力包含六层：

（1）CEA流动资产3.57亿美元。这等于初始资本金7亿美元加上利润减去固定资产支出之后的剩余流动资金。

（2）参与公司第一次资金征收21.5亿美元。这意味着如果赔偿需要，CEA参与保险公司有义务提供上述资金来赔付地震保险损失，但这一义务将在2008年底到期免除。

（3）第一层再保险14.34亿美元。该数值由市场规模20亿元乘以当时CEA参与保险公司总市场份额71.681%得到。当CEA流动资产和第一次参与保险公司行业资金征收不能满足损失赔偿时，将启动最多为14.34亿美元的第一次再保险来赔付地震保险损失。这一再保险合同持续三年，已于2001年底失效。合同要求CEA在合同期内支付至少3.97亿元的保费。在合同条款下，CEA转移提供的保单全部责任。与此对应，再保险商得到这些保单的保费。再保险商允许CEA收取其提供保单20%的佣金。

（4）借贷7.17亿美元。CEA被允许可以贷款7.17亿美元用来支付损失赔偿。贷款通过追加投保人保费的方式返还。

（5）第二层再保险10.75亿美元。数值上等于15亿元乘上当时CEA参与保险公司总市场份额的71.681%。这一层被称为"巴菲特"层，因为它最初是由一家部分属于巴菲特保险联合集团的公司购买的，持续期4年，已于2001年三月底失效。此再保险合同没有最低保费要求。

（6）参与保险公司第二次资金征收14.34亿美元。CEA有法定的权力在各种情况下向参与CEA或者出售CEA保单的保险公司征收资金：可以是出于增加CEA的偿付能力的目的，也可以是为了在震后使CEA的偿付能力恢复到规定的最低水平。这层资金同第一次征收资金一样，也于2008年底到期免除。

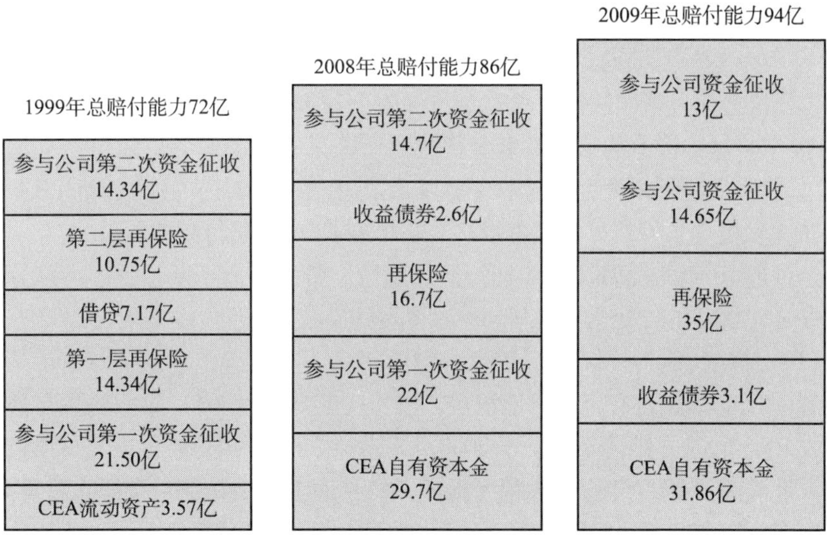

第六章　美国加州地震局（CEA）

```
1999年总赔付能力72亿          2008年总赔付能力86亿         2009年总赔付能力94亿

参与公司第二次资金征收         参与公司第二次资金征收        参与公司资金征收
14.34亿                      14.7亿                      13亿

第二层再保险                  收益债券2.6亿                参与公司资金征收
10.75亿                                                  14.65亿

借贷7.17亿                    再保险
                             16.7亿                       再保险
第一层再保险                                              35亿
14.34亿                      参与公司第一次资金征收
                             22亿                         收益债券3.1亿
参与公司第一次资金征收
21.50亿                      CEA自有资本金                CEA自有资本金
                             29.7亿                       31.86亿
CEA流动资产3.57亿
```

图 6-2　CEA 赔付能力结构（单位：美元）

资料来源：Wilkinson, Claire, *California Earthquake Authority*, 2008, July.

（二）十年后赔付能力结构

2008 年，CEA 总的赔付能力为 86 亿美元，分为五层：（1）CEA 自有资金 29.7 亿美元；（2）参与保险公司第一次资金征收 22 亿美元；（3）再保险层资金 16.7 亿美元；（4）债券收益 2.6 亿美元；（5）参与公司第二次资金征收 14.7 亿美元（Wilkinson，2008）。

与 1999 年相比，2008 年赔付能力结构有三点变化：（1）自有资本金有了显著的积累提高；（2）用发行收益债券的形式取代了原先的贷款安排；（3）原先的第一层、第二层再保险已被取消，新的再保险层资金提供再保险。

2009 年，CEA 总赔付能力为 93.61 亿美元，其赔付能力包含以下四层：（1）CEA 自有资金 31.86 亿美元；（2）债券收益 3.1 亿美元；（3）再保险层资金 35 亿美元；（4）参与公司资金征收 27.65 亿美元。与 2008 年相比，2009 年 CEA 赔付能力结构有三点主要变化：（1）收益债券从 2008 年的第四层变为了第二层；（2）再保险的额度从 2008 年的 16.7 亿美元上升为 35 亿美元，增加一倍多；（3）参与公司第一次资金征收的 22 亿美元于 2008 年底到期消失，用新增加的 13 亿美元参与公司资金征收代替，并安排在原先的参与公司第二次资金征收之上。

值得注意的是私营保险公司资金征收的变化。第一层参与保险公司的 22

亿美元资金征收义务已在2008年底到期。这22亿美元相当于CEA总赔付能力的1/4，失去这一层资金的支撑，CEA总的赔付能力将大幅削弱。为了弥补这一损失，州议会通过新的法案要求对参与保险公司新征收13亿美元的资金，并放在2008年赔付结构中的第二次资金征收之后，只有当前面各层赔付完全耗尽时才可以动用。这种安排使得新的资金征收在现实中很难被触发启动。2009年，CEA正在积极寻求发行巨灾债券以进一步提高CEA的赔付能力。

经过近10年的发展，CEA运行情况平稳，赔付能力不断增强，风险分散结构由资金征收逐步转变为再保险或者债券融资。其演进整体呈现出以下五个特点：(1) 总赔付能力呈V型。1997~2004年呈下降趋势，2004~2009年又呈上升趋势；(2) CEA自有资金迅速积累，增长接近10倍；(3) 第一层参与公司资金征收10年间基本维持不变，于2008年底失效；(4) 再保险额度与总偿付能力相似，呈V型，2009年有较大幅度提高；(5) 对参与公司的资金征收总量减少，并将这部分资金置于风险转移层次的最高层，减少了对私营公司的财务依赖。

（三）目前赔付能力结构

CEA赔付能力包括基本赔付能力与附加赔付能力。如表6-2所示，截至2016年底，CEA的基本赔付能力已经达到132亿美元。CEA的基本赔付能力结构层按照赔付的优先顺序可以分为如下四层：(1) CEA自有资金53亿美元；(2) 再保险及其他风险转移资金54.8亿美元，包括变形再保险项目（transformer reinsurance program）的11.5亿美元；(3) 收益债券6.73亿美元；(4) 参与保险公司应交资金17亿美元，包括原参与保险公司征收资金16.6亿美元，新参与保险公司征收资金1.28亿美元。除了基本赔付能力外，CEA还有一小部分附加偿付能力。主要来源是保单持有人待偿还的债券，约7亿美元。

表6-2　　　　　　　2016年CEA基本赔付能力结构　　　　　　单位：美元

第四层	新参与保险公司征收资金 1.28亿
	原参与保险公司征收资金 16.6亿
第三层	收益债券 6.73亿
第二层	再保险层（风险转移层） 54.8亿
第一层	CEA自有资金 53亿

资料来源：California Earthquake Authority：2016 *Annual Report*.

（四）变形再保险项目

变形再保险项目（transformer reinsurance program）是 CEA 风险分散化战略的重要部分。CEA 不单从再保险商获得资金，而开始通过渠道直接从金融市场中获取资金。为此，CEA 建立了 Embarcadero Re 和 Ursa Re 等在百慕大注册的公司作为再保险工具进行交易。如表 6-3 所示，累计自 2011 年至今的七笔交易，Embarcadero Re 和 Ursa Re 已经向符合资格的投资者卖出了 26.25 亿美元的巨灾债券。自此，CEA 建立了一个常规的风险转移方法，丰富了自身的偿付能力结构，也给投资者提供了一个更明晰、更方便的投资方式。

表 6-3　　　　　2011~2017 年 CEA 发行的巨灾债券　　　　　单位：亿美元

年月	2011 年 8 月	2012 年 2 月	2012 年 8 月	2014 年 12 月	2015 年 9 月	2016 年 12 月	2017 年 5 月
SPV	Embarcadero Re	Embarcadero Re	Embarcadero Re	Ursa Re	Ursa Re	Ursa Re	Ursa Re
规模	1.5	1.5	3	4	2.5	5	9.25
触发条件	损失赔偿	损失赔偿	损失赔偿	损失赔偿	损失赔偿	损失赔偿	损失赔偿

资料来源：http://www.artemis.bm.

自从 2011 年第一次发行 Embarcadero Re 的 1.5 亿美元巨灾债券以来，CEA 一直在担保自己的巨灾债券。除 2013 年外，CEA 定期进入巨灾债券市场，每年都会通过其特殊目的机构（SPV）发行巨灾债券。2017 年 5 月，CEA 完成了其最新的巨灾债券发行，由 Ursa Re 发行的规模为 9.25 亿美元的巨灾债券，成为保险公司最大的一笔资本市场风险转移交易。该协议启动前的目标是为 CEA 提供规模为 5 亿美元的再保险覆盖额，后由于保险连接证券市场的巨大需求，最终发行规模达到了 9.2 亿美元。这也是 CEA 自发行以来最大的巨灾债券。

传统的再保险交易中，保险商控制了特殊目的再保险工具（special purpose reinsurance vehicle，SPRV）及其交易。但是，对于 CEA 来说，其建立的 Embarcadero Re 和 Ursa Re 独立发行并运行巨灾债券，运营过程不受其控制，包括债券的条款、出售方式和价格等在内的细节均由两家公司确定。Embarcadero Re 和 Ursa Re 由百慕大的一家公益信托经营，并由管理公司管理。值得注意的是，当遭受损失需要资金弥补时，CEA 可以根据签订的再保险合同，从信托账户中提取资金。

四、CEA 的运行状况

(一) 市场情况

目前，CEA 统治了加州的地震保险市场。图 6-3 描述了 2007~2016 年 CEA 的市场份额状况，以 CEA 签发的住房地震保单数量占加州总住房地震保单数量的比例来衡量。CEA 市场份额近年来快速上升，自 2013 年开始稳定在 76% 的水平。如今 CEA 的运营目的，已经从最初的解决加州私人保险市场危机，转变为提高保险覆盖率与市场份额，保障居民的生活及财产安全。CEA 的战略定位从原本相对被动的角色逐渐变得主动，尤其是近年来宣传力度的加大与费率下调，都使得 CEA 在加州住房保险市场上的份额不断攀升。

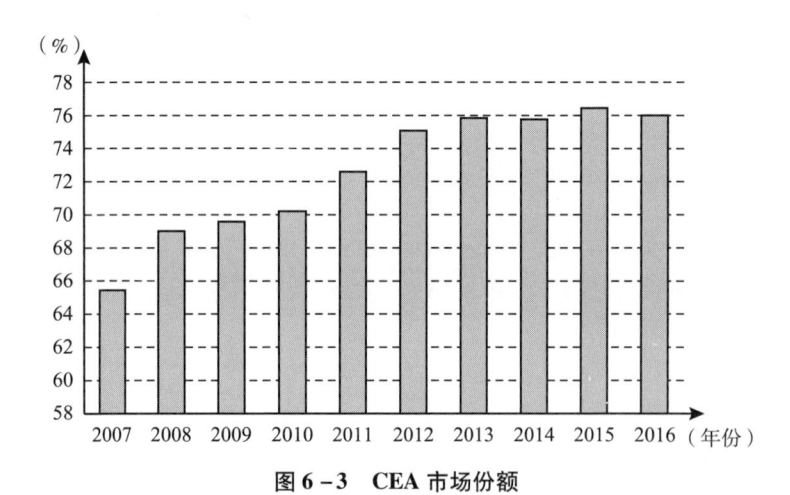

图 6-3 CEA 市场份额

资料来源：California Earthquake Authority：2007~2016 *Annual Report*.

从保险覆盖率方面看，情况仍不容乐观。提高加州地区地震保险覆盖率仍是 CEA 最重要的任务。在北岭地震发生前，加州住房地震保险覆盖率达到了近 31%，明显高于现在 10% 左右的地震保险覆盖率。如图 6-4 所示，近年来加州地区地震保险覆盖率一直处于一个比较低的水平，而且在前两年更是呈现不断下降的趋势。2013 年才开始有小规模的回升。这一方面与居民对地震风险的估计预期发生变化有关；另一方面也与近几年 CEA 采取了很多宣传措施有关，比如以"地震风险真实存在"（The Earthquake Risk is Real）为口号的宣传运动。

图 6-4 CEA 地震保险覆盖率

资料来源：California Earthquake Authority：*2010~2015 Annual Report*.

导致保险低覆盖率的可能原因有很多：（1）外部环境原因。加州地区长时间未发生大型地震，导致民众对于地震风险的防范意识比较单薄，所以很多居民抱着侥幸心理不购买保险。（2）保险市场结构自身问题。地震保险费率相对于其他保险而言价格过高。在地震灾害过后，其赔付相对于用于重建的费用又过低。即使保险费率是合理定价的，居民对地震风险的估计并没有保险公司来的精确，从而产生错误的价格认知。（3）一部分居民相信大地震后会有政府的援助，所以也选择不购买保险。

（二）承保状况

图 6-5 描述了 CEA 在 2006~2016 年保费收入的变化情况，总体来看呈现平稳增长的趋势。2016 年保费收入已达 6.19 亿美元，其中大部分用于补偿自有资金和购买再保险。值得注意的是，在 2011~2012 年总保费出现了明显的下降。这是因为 CEA 为提高加州地区的保险覆盖率，在该年大幅下调了保险费率（每千元 2.09 美元下调至 1.78 美元），而签订的保单数量只有小幅的增加，从而导致了 2012 年总保费收入较大规模的下降。此后，CEA 的保险费率维持在一个比较低的水平，而签发的保单数量逐年温和增长，总保费也稳健增加。

如图 6-6 所示，过去十年间，CEA 承保的有效保额数量持续大幅上升。虽然 CEA 的保单数量增长较为温和，但是由于 CEA 整体的战略调整，保单政策发生变更，例如覆盖的投保范围扩大以及费率下调等，导致了其承保的有效保额迅速增长。一方面，这表明若地震发生，CEA 需要支付更多的赔款；另

(亿美元)

图6-5　CEA保费收入

资料来源：California Earthquake Authority：2007~2016 Annual Report.

一方面，这体现了CEA偿付能力的日益增长。在基于精算费率的条件下，有效保额的增长是合理的。CEA不断增强其风险承担能力，将更多私人住户承担的地震风险转移到资本市场上。

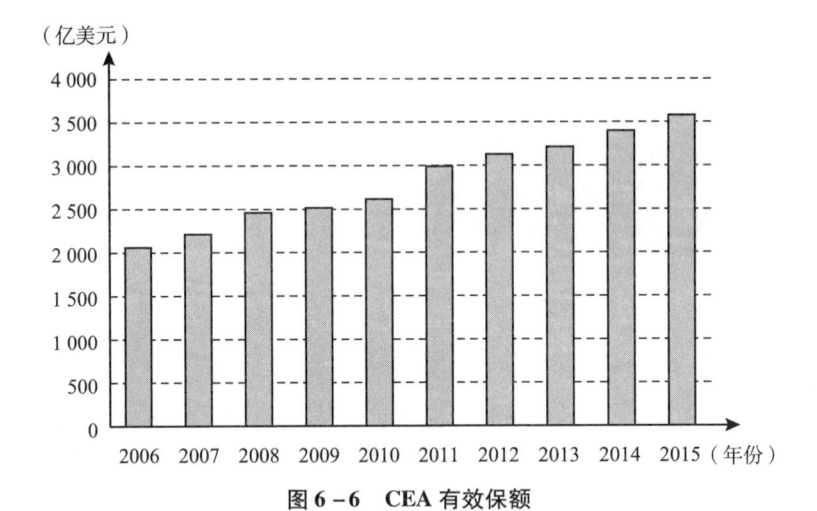

(亿美元)

图6-6　CEA有效保额

资料来源：California Earthquake Authority：2006~2015 Annual Report.

（三）赔付能力

图6-7显示CEA的赔付能力在近年来稳定增长。截至2016年底，包括基本赔付能力与附加赔付能力，CEA的总偿付能力已经达到139亿美元，能够覆盖3 870亿美元的总风险敞口，或者能够应对450年一遇的地震灾害。CEA

认为，如果1906年洛杉矶地震、1989年洛马-普雷塔或者1994年北岭大地震再发生一次，其也有能力支付所有的损失赔付。如专栏6-1所示，在CEA自有资本金、参与保险公司资金征收、再保险与收益债券多层赔付结构安排下，CEA足以应对逐年增长的风险敞口。

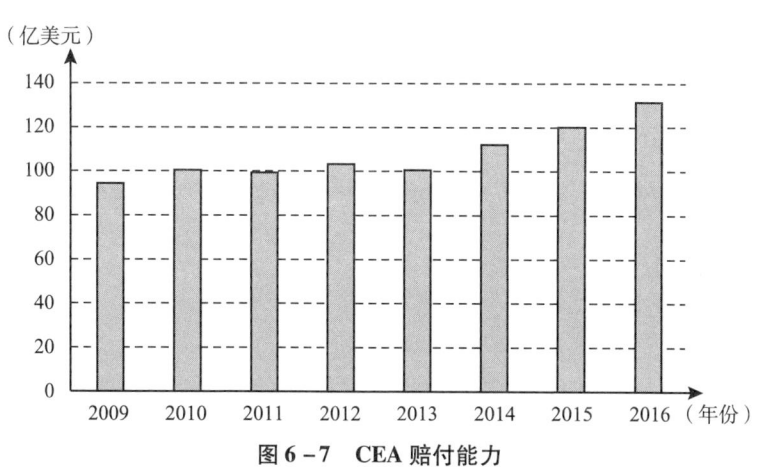

图6-7 CEA赔付能力

资料来源：California Earthquake Authority：*2009~2016 Annual Report*.

专栏6-1　CEA如何确保132亿美元的索赔支付能力覆盖3 870亿美元的总风险？

有三个巨灾损失计算建模公司被广泛接受：CoreLogic、RMS和AIR-Worldwide。自1996以来，CEA就与CoreLogic签订了地震损失建模合同。从2004后CEA开始与CoreLogic、RMS、和AIR-Worldwide合作帮助CEA分析和理解其保险组合所列风险的性质和财务规模。CEA使用三家建模公司的模拟损失结果，并结合需求以及调整费用进行相应的调整。

根据三家建模公司的模型建模计算并汇总后的结果，CEA指出132亿美元是能够覆盖CEA承保风险的合理偿付能力。如果CEA维持较少的偿付能力，将达不到支付其索赔所要求的目标；如果CEA维持过剩的偿付能力，投保人将为地震保险支付过多不必要的费用。

资料来源：www.earthquakeauthority.com.

(四) 财务状况

CEA财务状况长期保持稳健。CEA自2002年起一直被贝氏评为"A-"级别，整体状况稳定。根据贝氏评级，CEA在风险调整战略、财务灵活性、风险建模能力、管理经验与投资政策等方面始终表现得十分出色。自1996年成立至今，CEA自有资本金不断增长。截至2016年底，CEA自有资本金为53亿美元。一方面，其自有资本金的持续增长主要得益于稳定的保费收入；另一方面，CEA章程规定其运营费用不得超过保费的6%，也保证了CEA的财务灵活性与运营高效性。

(五) 存在问题

尽管CEA已经是加州最大的地震保险提供者，但是在其发展过程中仍然出现了很多问题。加州的地震保险属于半强制性保险，在加州，地震保险只强制保险公司提供，并不强制投保人购买。所以投保人会根据自己的情况选择是否参保。一旦CEA提供的保单不够吸引人，那么加州的居民就可以选择不购买保险。这是目前市场的一个现状，也导致了大部分地震风险无法得到合理的分散。因此，CEA面临着客观市场覆盖率低的问题。此外，CEA自身仍存在以下三个问题：

第一，保费过高。CEA过高的保单费率是使得大多数居民不参保的一个重要原因。加州居民普遍认为地震保险费率较高。例如，对于保额50万美元，自付额15%的房屋地震保单，一层楼年保费为635美元，两层楼年保费为860美元。与一般的房屋保险一年600美元左右的费用相比，地震险费率较高。此外，房屋保险还覆盖日常的房屋修缮费用，而地震险却只在发生地震时才进行赔付，并附加多个限制条件。因此，目前地震保险可负担性较低的问题不利于提高加州居民对CEA的投保率。

第二，免赔额高。CEA的大多数保单政策都有免赔额的规定，免赔额的大小和费率负相关。2016年CEA提供的最新免赔额选项有5%，20%，25%。投保人根据自身的风险承受能力和投保标的的风险状况自行选择免赔额度，缴纳相应的保费。然而，这一免赔额对大多数投保人来说依然较高，这意味着很多情况下的保险理赔要求并不能得到赔付。而最小保单政策也使得投保人的很多财产都不在投保范围之内。因此，较高的免赔额与最小保单限制使得CEA地震保险的被认可程度较低。

第三，财务结构不够灵活。CEA 没有联邦与州政府的财政支持，其运营完全依赖于自身收入，运营支出大部分用于购买风险转移工具。因此，CEA 的财务结构高度依赖其风险转移手段，从而导致其财务结构灵活性较低。一方面，CEA 需要充分考虑资本市场情况与地震风险水平等因素的影响，确定合理的保险费率与再保险保费支出；另一方面，从地震保险保费厘定角度出发，CEA 要防止保费频繁变动，更要增强其财务结构的抗周期波动能力。

（六）发展方向

首先，加强灾后评估工作。CEA 在运营中除享受税收减免优惠外，没有政府的财政支持。其全部资金都来自保费、再保险赔偿与投资收益等自身收入。因此，提高 CEA 的抗灾和赔付能力与赔付效率至关重要。在地震发生之后，对保单持有人进行赔付的过程中，可以接触到保单持有人。CEA 通过灾后评估，可以最为直接地得到保单持有人的意见。因此，CEA 应加强灾后评估工作，关注投保人对地震保险保单设计、赔付金额、赔付效率等方面的意见，让投保人参与到保单设计的过程中。

其次，向联邦政府寻求财政支持。CEA 建立后，随着风险应对能力的不断提高，其在救灾中发挥的作用更加积极主动。CEA 可行的未来发展方向之一是与联邦或地方政府合作，寻求政府的财政支持与法律保障，共同出台更好的政策。通过财政支持与政策优惠，CEA 能够更加灵活地调节其财务结构，降低成本，从而提高加州居民对地震保险的参与度。

最后，改进保险产品。目前 CEA 地震保险在保单设计上存在一些问题，可以通过以下三个方面对保险产品进行改进：（1）新保额选择权；（2）降低免赔额；（3）适当的费率调整。一方面，CEA 要提高运营效率和盈利能力，降低成本；另一方面，CEA 要注重风险建模。通过风险建模，不仅能够让保单持有人通过清晰的曲线了解损失情况以及定价方式，而且还能使得 CEA 能够通过更精准的模型分析损失，使得保费设定更加合理，最终实现产品的优化。

五、结　　语

美国加州作为一个经济发达、人口集中，但地震灾害频发的地区，其地震保险市场能否有效运作对于区域的稳定和繁荣至关重要。在损失严重的 1994

年北岭地震发生后,加州一度出现住房保险市场危机,对地区重建和复苏造成了阻碍。1996 年,美国加州地震局(CEA)在这次地震后应运而生,在解决住房保险危机和稳定加州地震保险市场上都发挥了重大的作用。CEA 的建立使得加州地区住房保险市场迅速恢复。如今,CEA 已经是世界上最大的住宅地震保险提供方。

CEA 的运行机制与私营再保险公司的运行机制类似。其资金全部来源于私人部门,包括保费收入、初始资本金、债券融资、再保险赔偿与投资收入。加州的私营保险公司自愿选择是否加入 CEA,成为 CEA 会员公司后,可向投保人签发 CEA 地震保险保单。CEA 保单为地震所引起的房屋和屋内物品损失提供保障,保单费率通过期望损失模型厘定。参与保险公司负责 CEA 保单的销售与理赔,将出售的保单全额分保给 CEA。CEA 以其全部赔偿能力对地震保单持有人承担全部责任,损失赔付金全部来自 CEA。

CEA 的赔付能力结构安排不断改进。1996 年成立初期,CEA 的赔付能力主要包括自身流动资产、参与保险公司资金征收、再保险与借贷。随着 CEA 的发展,其不断丰富风险转移手段,引入了巨灾债券与变形再保险项目等新型风险转移工具,将地震风险转移至资本市场。2016 年底,包括基本赔付能力(132 亿美元)与附加赔付能力(7 亿美元)在内的 CEA 总赔付能力达到 139 亿美元,足以覆盖 3 870 亿美元的风险敞口。CEA 通过设立明确的多层风险赔偿层次,成倍放大了承保能力,实现了地震风险的有效分散。

最后,CEA 还在不断地发展和自我完善。经过 20 余年的运行,CEA 承保状况良好,赔付能力稳步提高,财产稳健性也有了很大提升。但是,CEA 的高保费和高免赔额在一定程度上限制了加州居民投保地震险的意愿,市场渗透率较低。CEA 意识到上述问题,正在采取两方面的措施来应对这一挑战:一方面,CEA 正在重新调整财务结构,寻求联邦和州政府的财政支持;另一方面,CEA 计划通过增加新保额选择权,减少免赔额,降低费率来改进产品,从而提高加州地区地震保险覆盖率。

第七章

英国洪水保险制度

在英国，洪水是发生频率最高的自然灾害之一。频繁的洪水灾害给英国带来了深远的影响，造成了极大的经济损失，也为英国洪水保险制度的发展提供了必然性。1953年的洪水灾害给英国带来了巨大的冲击，促使英国政府将视线从工程性防洪措施转移到非工程性措施上来。其中，洪水保险制度是非工程性措施中重要的一部分。英国洪水保险制度是如今最为典型的以市场化为基础，政府不参与风险分担的巨灾保险模式之一。这种保险模式既能发挥"自由市场"的作用，也能通过政府与私人保险业之间的伙伴关系有效地降低风险。

英国洪水保险制度是当今世界上较为独特的巨灾保险。英国的洪水灾害带来了巨大的财富损失，建立洪水保险制度迫在眉睫。尽管英国洪水保险采取完全市场化模式，但除了最主要的商业保险公司，英国政府、再保险公司等都扮演了重要的角色。其中，在2016年4月4日，Flood Re 作为全新的再保险项目正式运行，保证了洪水保单的可得性和保单风险定价的可负担性。得益于良好的制度设计，英国洪水保险制度在风险分散、保费设计、避免逆向选择、保单质量等方面都显示出了较大的优势。

本章分析了英国洪水保险制度的成立背景、组织结构、再保险制度、主要优缺点、运行机制和运行情况。第一部分将国内外学者关于英国洪水保险基金的研究分为组织结构、独特优势和比较研究三部分，分别进行了文献综述；第二部分介绍了其成立背景、组织结构和主要优点；第三部分阐述了资金来源、商业保险公司的赔付情况、风险转移安排、Flood Re 再保险、所需费用及其运行机制与再保险费用；第四部分阐述了英国洪水保险制度近年来的运行情况，并分析了目前英国洪水保险制度存在的问题。

一、文献综述

在英国,洪水被公认为最常见的会造成损失的自然灾害。英国的洪水可分为河流型、海岸型、河口型等,可能单独出现,也可能同时出现多种类型的洪水,从而造成严重的影响。英国的洪水保险采用的是较为特殊的完全市场化模式。国内外学者对英国洪水保险进行了研究,以提炼出该模式在英国运行的规律与成果,从而为其他遭受巨灾风险侵袭的国家提供借鉴与参考。从研究内容上看,我们主要可以将其分为组织结构、独特优势和比较研究三方面:

(一) 组织结构

关于英国洪水保险制度组织结构的研究相对较多,大部分学者均得出了相似的结论。有学者指出,"君子协定"是维系该洪水保险结构的关键,其基本责任划分是:政府负责防洪工程建设与洪水信息等公共品的提供,商业保险公司则负责赔偿洪水带来的灾害损失(史芳斌,2006)。同时,英国的洪水保险是一种捆绑式的"强制"保险,要求房屋所有人在购买财产保险时必须购买全部险种,使得洪水风险在所有财产投保人中进行分散(刘朝辉等,2008)。本章第二部分将对组织结构部分进行整合与补充。

(二) 独特优势

英国采取的完全市场化的洪水保险模式是符合该国具体国情的选择,这背后蕴含着深刻的政治和经济因素。一方面,英国传统文化中的自律、诚信与严谨在很大程度上促使金融监管通过了英国政府与保险行业协会签署的"君子协定"(谷明淑,2012);另一方面,英国市场经济高度发达,其经济体制本身就具备少有政府人为干预的自然特征。因此,英国人从传统上就认为洪水风险可以完全通过市场机制来调节,采取市场化的洪水保险模式较为合适。

此外,英国国民的经济实力与投保意识也是英国独特的优势之一。英国洪水保险制度是一种完全商业化的模式,其基本前提是商业可保性的存在,即洪水风险可以根据商业原则进行承保(赵苑达,2009)。尽管洪水灾害给英国带来了极大的经济损失,但是投保人大多数有着足够的经济实力和较强的投保意识。英国国民经济承受能力和心理承受能力均达到了一定的水平,足以接受费率高于普通保险的巨灾保险保费，从而保证商业保险公司能够有充足的保费收入负担巨额的保险赔付。

英国成熟的保险业也是其发展市场化洪水保险的一大优势。有学者认为，英国拥有世界上最古老的保险市场，承保经验丰富，承保力量雄厚，各种专业技术和管理手段十分发达，是世界再保险市场的中心之一（孙祁祥、锁凌燕，2004）。保险市场有序的竞争也为市场化洪水保险的运行提供了必要的保证。利用完善的精算技术与核保技术，可以厘定与标的风险水平相匹配的费率，有助于洪水保险的进一步发展。同时，英国保险业发达的营销渠道以及丰富的销售经验也有利于提高保单服务的质量。

（三）比较研究

第一，部分研究从政府扮演的角色出发，对巨灾保险模式进行了分析。在英国洪水保险模式中，巨灾保险的设计是完全市场化的，政府并不是巨灾保险救助的直接参与者，而是商业保险公司的战略伙伴。英国政府主要负责灾害预警、地质研究等相关公共品的提供，将洪水风险控制在可保范围内，并且不提供财务支持。而在美国、日本等国家的巨灾保险体制中，当自然灾害造成了较大的经济损失时，政府会提供借款及特别拨款，扮演了类似于"最后贷款人"的角色。

第二，部分文献就英国、美国和日本的保险机制安排进行了讨论。在英国洪水保险模式中，商业保险公司的保险基金完全来自保费、投资所得及再保险赔偿，在设计保单时也根据风险因素得出完全精算费率，保单完全由私营保险公司进行销售。然而，在美国的全国洪水保险计划（NFIP）中，保险基金来自保费和投资所得，在必要时还可向财政部借款。此外，在日本巨灾保险体制下，保险基金除了来自保费、投资所得以及商业再保险，还有部分基金来自政府再保险（赵苑达，2009）。

上述已有的研究，使用的数据较为陈旧，且没有具体涉及英国洪水再保险制度。本文的创新之处有两点：（1）利用近年数据归纳说明了英国洪水保险的运作状况，并且严格按照组织结构、资金来源、偿付机制、风险转移安排和运行情况对其进行了深入研究；（2）从英国洪水保险制度中不同主体的矛盾出发，研究英国特有的洪水再保险基金 Flood Re，从其运行机制、成立基金、收入来源、收费标准等方面进行分析，并将该制度与英国原有的洪水保险原则声明（SoP）进行比较，阐述了这一制度的合理性。

二、英国洪水保险制度概述

(一) 成立背景

英国四面环海,独特的地理位置决定了其终年湿润的气候。英国位于欧洲大陆西北面的不列颠群岛,受来自大西洋的西南风控制,全年温和湿润。英国年平均降水量约为 1 000 毫米。其中,北部和西部山区的年降水量超过 2 000 毫米,中部和东部则少于 800 毫米。英国每年十月至来年一月最为湿润,因此冬季洪水出现的概率也较高。英国洪水主要包括 4 种类型:河流型洪水、山洪、河口型洪水以及海岸型洪水。在英国,主要的洪水威胁来自河流型及海岸型洪水。

英国在历史上曾频繁地遭受洪水的侵袭。泰晤士河曾经多次决堤泛滥,给周边的城市造成了极大的安全隐患。泰晤士河是英国著名的"母亲河",发源于英格兰西南部,横贯英国首都伦敦与沿河的 10 多座城市。1928 年 1 月,泰晤士河达到了自有记录以来的最高洪水位,伦敦大部分市区被洪水淹没。1953 年,特大风暴潮的侵袭使得英国人员伤亡惨重,并且造成了巨大的经济损失。2014 年,泰晤士河水位暴涨,大量房屋土地被淹,2 500 多栋民宅面临遭淹没的危机。

英国洪水灾害频发的现实推动了工程性防洪措施的建立。20 世纪 40 年代末,英国政府开始重视防洪工程的建设,力图用工程性的防灾手段解决部分地区的洪水灾害问题。一方面,典型的防洪工程包括硬工程,比如利用堤坝预防洪水泛滥,利用防洪闸抵御潮汐,或者利用围堤保护低洼地区不受洪水侵害等。另一方面,相关部门还尝试利用天然条件来预防洪水,比如运用沼泽地、湿地等"天然海绵"来调节河川径流,以达到蓄水和维持区域水平衡的目的,即通常所说的软工程。

然而,仅凭工程性防洪设施,难以将洪水风险降至理想的范围。1953 年初,英格兰东海岸遭受了英国有史以来最严重的洪水灾害。春潮使得海水水位迅速上涨,异常强风、巨浪造成海岸堤防决口,林肯、诺福克、萨福克、埃塞克斯和肯特郡沿岸城市被海水冲毁,直接导致 307 人死亡,24 000 多间房屋被毁,约 40 000 人被迫离开家园。这场洪水灾害给英国社会经济带来了巨大的破坏,促使英国政府认识到了非工程性防洪措施的重要意义,开展了许多行之

第七章 英国洪水保险制度

有效的风险防范措施。

英国政府意识到仅仅依靠工程性设施来降低洪灾风险远远不够。因此,英国政府采取了多种非工程性防洪措施:(1)在英国,环境、食品和农村事务部(Defra)负责洪水及海岸侵蚀风险预防政策的制定,负责审批高洪水风险地区的堤防等工程建设项目,并为其提供资金;(2)环境署(EA)负责为英国居民提供洪水预警、减少河流及海岸洪水风险的服务活动;(3)建立洪水保险制度,为洪水高风险地区的居民提供保单。在众多非工程性防洪措施中,洪水保险制度的建立极大地分散了洪水风险,具有重要价值。

当时,英国尚未建立起完善的洪水保险制度,洪水风险没有被明确纳入保单。然而在这次灾害中,保险公司在一定程度上扮演了损失赔付者的角色(Arnell et al., 1984),这使得英国政府看到了洪水保险市场化的可能性。英国实行完全市场化的经济,政府通常不会过多地干预市场。作为公共品的提供者,政府有义务兴建防洪工程设施,为民众提供洪水气象预报、风险评估、洪水灾害预警等服务。因此,英国洪水保险的市场化有着较高的起点,为日后的发展奠定了成熟的基础。

20世纪60年代初,英国政府与英国保险人协会(ABI)签订了一份"君子协定"。该协定规定了政府和私人保险业在应对洪水灾害中承担的责任。一方面,英国政府承诺继续投资构建有效的防洪工程体系,并为商业保险公司提供及时的洪水风险相关数据、气象预报等信息,努力将保险损失控制在保险公司可承保的范围之内。另一方面,保险行业则保证向任何位于洪水风险区域的居民和小型企业所有者提供财产洪水保险,在洪水灾害造成损失的情况下给予投保人相应的赔偿。这份协定有效地分散了风险,拉开了英国洪水保险制度的序幕。

2000年,英国洪水准则声明(Statement of Principles,SoP)正式面世,其前身即为英国政府与英国保险人协会签订的"君子协定"。SoP的主要功能可以概括为以下三点:(1)商业保险公司要为家庭房屋及小型企业所有者提供洪水保险;(2)将洪水保单捆绑在房屋保单中,避免道德风险,并且不论房屋所有者是否将其用于抵押贷款,均需为其房产购买适当的洪水保单;(3)政府需要为商业保险公司提供洪水风险相关信息。SoP最大的意义在于其成立了一个私人洪水风险系统的利益共同体。

目前,市场化的洪水保险已经在英国得到了大范围的普及,居民家庭及小企业的洪水参保率已达80%左右。英国保险人协会(ABI)数据显示,90%的家庭拥有住宅保险,年均保费支出约为250英镑。75%的家庭拥有室内财产保险,年均保费支出为130英镑。英国绝大部分的居民家庭及小企业财产都得到了商业保险的保障，洪水财产保险的普及率较高。这保证了洪水风险能够在较大范围内分散，将风险控制在可承保的范围内，同时也确保保费维持在较低的水平。

（二）组织结构

英国的洪水保险制度是一种完全商业化的保险模式，即商业保险公司通过巨灾保险市场化，成为实际的洪水风险承担主体。如图7-1所示，英国中央政府及其下属的Defra、地方政府、商业保险公司、再保险公司组成了英国洪水保险体系。英国洪水保险体系的组成部分可依据机构性质分为两类：其中，英国中央政府及其下属Defra和地方政府属政府性质，可以被看作洪水制度的主要领导者；而保险公司与再保险公司则属于商业性质机构，以销售财产洪水保险为公司业务。

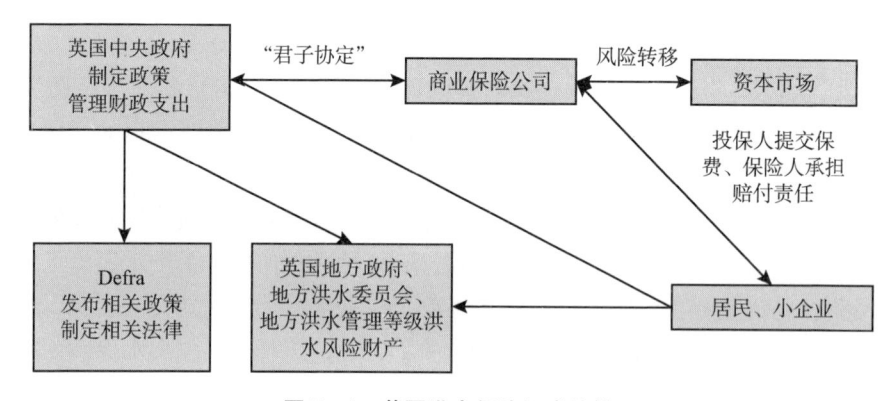

图7-1 英国洪水保险组成结构

资料来源：Swenja Surminski and Jillian Eldridge, *Flood Insurance in England*. Working Paper No.161, Centre for Climate Change Economics and Policy（CCCEP），2014.

居民家庭和小企业所有者作为英国洪水保险体系的参与者，可以自由选择商业保险公司进行投保。洪水保险制度尚未确立时，政府对洪水侵袭地区灾民的补贴往往杯水车薪，高洪水风险地区的居民及小企业主在遭遇洪水灾害时往往需要自行承担大量的经济损失。而当洪水保险制度问世之后，一旦发生洪水灾害，居民及小企业所有者遭遇财产损失时，商业保险公司必须按照保单规定向灾民提供相应的赔偿。非工程性的洪水保险制度大大分散了洪水风险，保障了居民与小企业的财富安全。

英国政府在这种商业保险机构独立经营模式中扮演的角色也不容忽视。英国政府在洪水保险模式中不是实际巨灾风险的承担者,而是通过各种防灾措施降低风险的战略伙伴。通过"君子协定",英国中央政府与商业保险公司建立了独特的合作关系。在英国,商业保险公司承诺向居民和小企业主提供财产洪水保险。中央政府则负责制定一系列防洪工程建设计划,交由地方政府实施,并及时地向商业保险公司提供与洪水风险相关的资料,保证将洪水风险控制在能够承保的范围内。

英国政府具体的做法有:由环境署(EA)负责洪水风险预报、开发全国洪水预报系统(NFFS),并于2005年投入使用;改进相关技术,提高关键控制点的洪水水位的预报水平。其中,洪水预警是指对可能发生的灾害进行预测并向公众发布警告信息。依据洪水量级、流速及其发展态势的不同,洪水预警信号也各不相同。20世纪60年代开始,英国就开始推行洪水预警,由气象署和环境署下属河流与海洋洪水风险管理部门共同负责。相关部门采取了最先进的技术监控海滨、潮汐、河流水位,并制定出相应的预报警示信号。

英国政府还针对不同等级的洪水预警,设计出不同的防洪标识,以便于受灾群众明确当前灾情。通常情况下,相关预警部门会采用多种方式传递洪水信息:如逐户敲门,互相通告;在主要公路干线和高速公路启用电子留言板;移动扬声器公告;建立广播公告;使用报警器、自动电话、传真、电邮和短信服务(洪水热线直接警报);还会使用广播、电视、互联网等媒体警报。多种信息传达方式共同运作,使得洪水警报迅速渗透进入可能的受灾地区,能够在很大程度上维护居民的财产安全与人身安全,减轻商业保险公司的偿付负担。

英国政府还大力推动气象模型的发展,以完善洪水预报体系。极端天气预警、在线水文气象信息预报等对信息的收集、处理、分析等有着较高的要求。短期降雨量预报作为预测模型的关键自变量,对最后得出的预测结果影响很大。如果能保证短期降雨量预测的准确性,将直接提高气象机构洪水预报的能力。同时,当极端天气事件爆发,决策者如果能通过先进的综合集成工具实时监控洪水流域的变化情况,就能够做出更加适当的决策。预警技术的提升使得商业保险的承保压力进一步下降。

英国政府为提高自身应对巨灾风险的能力,也进行了一系列的探索。中央政府常设"内阁应急委员会";下级地方政府都建立了由"紧急规划长官"负责的应对紧急事件的机构。为减轻突如其来的洪水灾害带来的巨大损失,中央政府主导救灾,下级政府负责具体实施。但是,由于地方的医院、警察局等组织并不隶属于地方政府,为了保证步调一致,中央政府会命令环境、食品和农村事务部(Defra)帮助地方政府实施相关任务,为其提供一定的资金支持和救灾建议。

英国中央政府还通过其下属部门环境、食品和农村事务部（Defra）来完善洪水保险制度的结构，规范洪水保险的市场行为。Defra 负责制定并发布英格兰洪水与海岸侵蚀风险管理的政策。同时，Defra 还为环境署（EA）在英格兰地区的洪水管理提供资金，并负责海滨防洪工程和海防管理部分（地方政府和国内排水管理委员会）的项目审批。Defra 还协助制定了关于洪水风险管理的法律，进一步加深了英国洪水保险制度的影响力，构建了洪水保险的具体框架。

商业再保险公司也是英国洪水保险模式中的重要组成部分。商业保险公司在面临洪水灾害时，往往难以承担大量赔付，最终可能破产并退出市场。在该保险模式中，商业保险公司为多层次分散风险，会通过再保险业务，将所承担的洪水风险转移至再保险市场，降低了洪水发生时的赔付负担，极大地增强了私人保险公司的赔付能力。这种模式的成功运行基于英国的基本国情。英国作为世界保险与再保险市场的中心之一，再保险体系发达，承保力量雄厚，竞争有序，能够为洪水保险机制的运行提供必要的保证。

在英国洪水再保险体系中，Flood Re 作为一种非营利性质的再保险项目，在洪水风险分散上发挥着越来越重要的作用。Flood Re 是英国政府与英国保险人协会（ABI）达成协议的再保险计划，旨在为未来洪水保险的可赔付性与可实行性提供保障，尤其是为洪水高发地区居民提供保险的商业保险公司。承保人可以根据对承接保单的期望赔付进行估算，自由决定是否需要由 Flood Re 承接该份保单。Flood Re 的出现和发展适应了英国洪水保险的市场化模式，较好地分散了洪水风险。

（三）主要优点

完全市场化的商业保险模式有严格的条件限制，即对洪水风险的商业可保性要求较高。显然，英国的基本国情较好地满足了这个条件：（1）英国的自然灾害较少，洪水灾害也仅仅见于某些区域；（2）政府遵守承诺兴建防洪减损工程，同时为商业保险公司提供气象报告、洪水预警、评估数据等公共品，力求将洪水风险降到保险公司可以按照商业原则经营的程度；（3）英国保险业历史悠久，国民保险意识较高，对洪水保险的保费支出具有较强的经济承受能力和心理承受能力。英国洪水保险制度具有以下优点：

（1）风险分散效果显著。保险作为一种通过同质风险的风险聚合安排分散风险的机制，空间上的分散是其分散风险的一种途径。投保人的数量越多，风险在投保人之间分散的程度就越高，作为风险承担主体的保险人的经营风险就越小。英国的洪水保险是一种捆绑式的"强制"保险，即所有自然灾害风险集中在一个保单内，财产所有人在购买保险时必须购买所有险种，包括自然灾害险。这种"强制"性的洪水保险制度增加了投保人的数量，极大地分散了洪水风险，增加了商业保险公司的保费收入，提高了其风险资本。

（2）避免逆向选择。洪水保险存在严重的逆向选择问题，即处于洪水风险区的居民投保热情很高，而受洪水威胁较小地区的居民则不愿意投保。这使得洪水风险不满足大数法则原理，从而成为事实上的"不可保"。因此，如何有效地克服逆向选择是极为重要的问题。英国通过将所有险种捆绑在一起，较好地降低了逆向选择风险。同时，英国洪水保险市场化的机制也保证了保险人与投保人之间的双向选择，即保险人可以选择是否接受投保人的投保。这种自由选择的机制给予了保险人规避风险的权利，进一步降低了逆向选择风险。

（3）保单质量较高。英国洪水保险制度的市场化特点与其坚实的保险市场基础保证了财产洪水保单的质量。一方面，洪水保单销售、服务的市场化在很大程度上增强了财产保险的竞争性。此外，英国政府不干预洪水保险市场，避免了效率低下的问题。另一方面，英国保险业的悠久历史与丰富经验也提高了保单的质量。英国保险业起源于17世纪，在几百年的发展中逐渐演变、成熟。其发达的营销网络、丰富的管理经验和高度的专业性在很大程度上提高了洪水保单的质量，也极大地促进了保单的销售。

（4）保费优惠。英国洪水保险"强制性"将所有险种捆绑在一起，这能使单个家庭或小企业所有者购买财产保险的保费大大降低，避免了完全按风险精算出的高风险地区保险费率过高使得投保者无法承受的情况。市场化模式将价格信号引入洪水保险中，"看不见的手"能自发地调节保险市场。保险市场中商业保险公司数量较大，通过价格竞争促使保险公司降低保险成本，有效地避免了价格虚高的现象。同时，英国保险市场历史悠久，在保费核算、压缩成本等方面有着丰富的经验，进一步降低了保费。

三、英国洪水保险制度的运行机制

英国洪水保险制度采取完全市场化机制，即投保人和商业保险公司进行双向自由选择，并通过再保险市场进一步分散洪水风险：（1）从资金来源看，保费、基金收益、再保险赔偿是保险资金的来源渠道；（2）从赔付情况看，商业保险公司与再保险公司是赔付主体，政府几乎不提供救助资金；（3）从风险转移安排看，洪水风险在保险和再保险市场中分散；（4）从 Flood Re 再保险看，保险人将部分保单转移给 Flood Re 再保险，旨在为洪水高风险地区提供财产保障；(5) 从 Flood Re 再保险费用来看，该笔费用通常由多种因素共同决定。

(一) 资金来源

英国洪水保险资金的来源主要有三个渠道：

(1) 投保人上交的保费。费率是保险产品的单价。保险人需综合考虑各方面因素，既要保证费率的厘定有利于降低洪水风险，又要确保投保人有足够的经济实力支付保费。保险费率主要由两方面因素决定：一方面是投保人提供的财产损失细节，另一方面是根据英国保险人协会（ABI）规定的房屋标准来重建的花费。英国洪水保险基本上会严格按照标的实际风险水平收取完全的精算费率，财产所处地区的风险状况、财产类型等因素都会直接影响费率的高低。

(2) 保险基金管理产生的收益。在完全市场化的洪水保险制度下，各商业保险公司独自负责建立并运营保险基金，以增强自身赔付能力。相比起一般的证券投资基金，洪水保险基金对安全性和可持续性的要求更高。洪水灾害的爆发通常较为突然，且给不同地区造成的经济损失存在较大差异。在投资渠道上，商业保险公司需要结合资金来源、赔付期限、赔付金额等约束条件，为差异较大的保单设计不同的投资方案，从而替将来洪水发生后的赔付提供后续保障。

(3) 再保险公司的赔偿。英国商业保险公司为进一步降低风险，往往会选择向再保险公司进行投保，将巨灾风险分散至再保险市场。因此，洪水灾害发生后，再保险公司对商业保险公司的赔偿显得较为重要。英国的再保险市场有着较为悠久的历史，规模较大，再保险技术较为先进，赔付能力较强，具有天然的优势（孙祁祥等，2004）。再保险公司能够帮助风险资本相对薄弱的商业保险公司应对巨额赔付，分散洪水风险，有效地维持保险市场的可持续性。

(二) 商业保险公司的偿付情况

一旦洪水灾害发生，承保的商业保险公司作为风险承担主体，承担洪水直接导致的投保财产损失。损失赔付金额以保险合同为限，由于英国的洪水保险制度是完全市场化的，因此不同公司的洪水损失赔付存在差异。整体来看，在选择承保对象上，商业保险公司的标准较为一致。保险人会倾向于选择对某一部分的投保人进行洪水风险承保，即持有房屋、内容物保险的投保人和愿意提供自身保险花费具体细节的投保人。在财产赔付上，由于市场的完全竞争性，"看不见的手"会自发调节市场，使得不同的商业保险公司的洪水保险赔付趋同。

同时，政府不承担洪水发生后的赔付金额。以 2015 年 12 月初英国特大洪水为例，名为 Desmond 的强风暴席卷英国，猛烈的暴雨影响英格兰北部多个城镇，其中约克郡、兰开郡和坎布里亚郡受灾最为严重。这场洪水灾难直接导致英国经济损失约 15 亿英镑。英国保险人协会（ABI）称，该次保险赔付总额达到了近 13 亿英镑。商业保险公司作为风险承担主体，赔付了 87% 的经济损失。政府在这次洪水灾害中承担的赔付责任远远低于商业保险公司，这对商业保险公司来说也是颇为沉重的负担。

（三）风险转移安排

如表 7-1 所示，英国洪水保险制度制定了两个层次的风险转移安排。

表 7-1　　　　　　　　英国洪水保险风险转移安排

第二层	风险转移安排	Flood Re 项目
		再保险市场
第一层	商业保险公司承保	

资料来源：Department for Environment, Food & Rural Affairs (Defra).

第一层，由商业保险公司承担赔付责任。与一般的财产保险相同，商业保险公司在洪水保险中的收入来源仅限于投保人的保费、保险基金管理产生的收益，以及洪水灾害发生后得到的再保险赔偿。尽管商业保险公司是洪水风险的承担主体，但是单一保险人积累的风险资本较低，赔付实力有限，在洪水发生之后往往显得力不从心。洪水灾害给社会造成的经济损失是巨额的，任何一个保险人都无法仅凭自身的风险资本积累进行承保。因此，第二层风险转移安排是必要的。

第二层，风险转移安排：（1）再保险市场：商业保险公司通过向再保险公司投保来稀释风险。这种风险转移安排克服了单一商业保险公司在面临巨灾保险赔付时入不敷出的问题，利用英国再保险市场较好的赔付能力维持了洪水保险的可持续性；（2）Flood Re：英国政府与私人保险业共同推出该非营利性项目，旨在为洪水高风险地区财产损失的赔付提供保障，帮助投保人选择适当的保单。目前，Flood Re 已经为商业保险公司提供了约 3 500 万英国住房的再保险（Flood Re，2016）。

（四）Flood Re 再保险

英国洪水准则声明（SoP）于 2000 年问世，其前身为"君子协定"，是英国政府和保险业就洪水保险达成的共同协议，在英国洪水保险市场化的过程中发挥着重要的作用。但是，随着洪水灾害发生频率升高，经济损失逐渐增长，再保险人的重要性日益突出。加上英国政府财政压力日益增加，对防洪减灾工程建设的投资没有同步上升，保险人与政府之间的矛盾也日益加深。英国政府和英国保险人协会（ABI）经协商之后，决定于 2013 年 6 月 30 日终止当时所采用的 SoP（ABI，2008），并决定推出全新的洪水保险协定。

在该背景下，Flood Re 应运而生。英国保险人协会（ABI）与英国政府于 2012 年达成协议，成立一个名为 Flood Re（Flood Reinsurance）的非营利再保险项目。Flood Re 作为未来洪水高发地区保险可赔付性与可实行性的保证，运行时期为 20～25 年（Defra，2013）。Flood Re 旨在确保洪水高发地区在遭遇灾害后财产损失的赔付，通过再保险的形式分散商业保险公司的承保风险。在 Flood Re 没有正式推行之前，英国洪水保险市场仍然遵循 SoP 的相关规则。

这个全新的洪水再保险项目于 2016 年 4 月 4 日正式运行。英国保险人协会（ABI）将其形容为世界上第一个专门帮助生活在有洪水风险地区的人们获得合理洪水保险的保险项目。Flood Re 不是家庭财产承保人，它与现有的商业保险公司进行业务沟通，保证生活在高洪水风险地区的居民能够更方便地购买洪水保单，也保证保单风险定价的可支付性。目前，已加入 Flood Re 的公司有英杰华集团、苏格兰银行、劳埃德银行等，同时还有越来越多的承保人将要加入 Flood Re。

从 Flood Re 的组织结构上来看，该项目需要向社会大众以及各国家机构负责，并受其监督。Flood Re 由英国保险部门建立和管理。Flood Re 的核心资金来源为商业保险公司强制性上缴的税费，因此，Flood Re 需要对社会大众负责。同时，Flood Re 必须遵守公共资金管理的原则，其行为必须经过国家审计署的查核，同时还须向英国公共账目委员会负责。此外，Flood Re 还必须向议会负责，承诺完成既定目标，推进保单价格的下降与洪水风险的进一步分散。

从 Flood Re 的具体功能上来看，这个非营利性项目主要在以下五个方面履行职责，以缓和政府和保险行业的矛盾，并分散风险：（1）帮助家庭房屋所有者获得价格适当的洪水保险；（2）帮助租房者获得价格合理的财物保险；（3）为英国当地的机构和社区提供有用的信息，帮助其更好地应对洪水灾害；

(4) 为承保者创造一个"公平竞争环境",这意味着他们可以在合适的价格范围内向房屋所有者提供保险;(5) 起到洪水再保险的作用,进一步分散风险。

Flood Re 的洪水风险信息较为透明。尽管英国保险人协会(ABI)会整理洪水风险信息,并在网站上公布,以方便顾客和政府获取此类信息,提高风险防范意识,但在"君子协议"中,没有正式的文件规定商业保险公司要向投保人或政府提供关于洪水风险的信息。而在 Flood Re 的规定下,英国保险人协会(ABI)在 2014 年 1 月前要向公共机构提供一个历史洪水保费数据库,以便查找相关信息。商业数据的机密性导致了风险数据的封闭性,阻碍人们获得真实的信息,而 Flood Re 则通过相关规定较好地增强了数据的透明度。

(五) Flood Re 运行机制

Flood Re 相当于一个独立的再保险人,对洪水风险进行再保险。商业保险公司通过比较洪水造成财产损失后的期望赔付值与需向 Flood Re 缴纳的再保险费用,判断是否将洪水财产保险单转交给 Flood Re。如图 7-2 所示,98% 的洪水财产保单由自由市场中的商业保险公司承担,这是因为中低洪水风险地区经济损失赔付的期望较小,私人保险公司有能力承担。而有 2% 的洪水财产保单则多由 Flood Re 承接,这是因为高洪水风险地区经济损失赔付的期望值较大,而 Flood Re 持有的保险基金能在很大程度上保证其承担赔付款的能力。

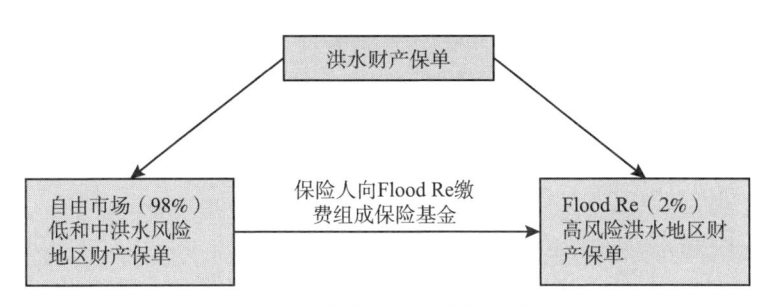

图 7-2 洪水财产保单转接比例

资料来源:Swenja Surminski and Jillian Eldridge, *Flood Insurance in England*. Working Paper No.161, Centre for Climate Change Economics and Policy (CCCEP), 2014.

在自由市场中,Flood Re 不负责承接洪水保单,这有利于增强英国市场中商业保险公司的竞争。通过价格这一"看不见的手"的作用,保单价格能够自行调节至合理波动范围,避免了由于 Flood Re 的赔付功能带来的保费虚高现象。而对于 Flood Re 承接的 2% 的洪水保单,这部分保单并不是根据自由市场竞争来进行定价的,而是由 Flood Re 根据房产税进行合理定价。值得注意的是，Flood Re 的承保范围没有包括 2009 年以后修建的房屋，这是其为避免道德风险做出的决策。

如图 7-3 所示，Flood Re 运行过程中的参与者有投保人、商业保险公司、Flood Re 再保险和其他再保险。首先，投保人向商业保险公司购买家庭财产保险，在洪水灾害发生并造成经济损失后能得到相应的赔付；其次，保险人通过计算洪水风险，将其与 Flood Re 收取的再保险费用相比较，判断是否转移洪水财产保单；再次，Flood Re 收取一定比例的保单费用和再保险费用，并对洪水灾害造成的经济损失进行赔付；最后，Flood Re 还通过购买再保险，将承保风险进一步分散到再保险市场中。

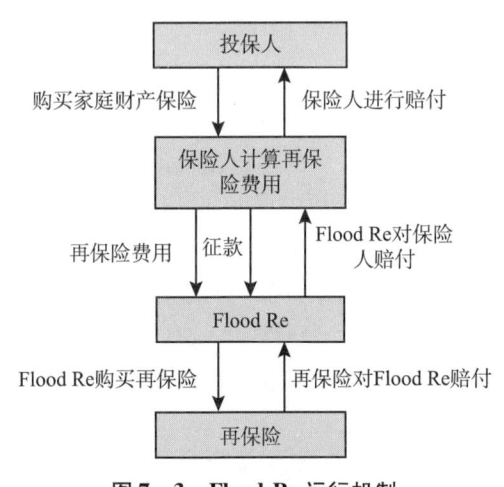

图 7-3 Flood Re 运行机制

资料来源：https://consult.defra.gov.uk/flooding/floodreinsurancescheme/supporting_documents.

Flood Re 的成立基金和收入各有两个主要来源：

（1）Flood Re 的成立基金一方面来自保险业超过 2 000 万英镑的资金投入，另一方面来自私人保险公司超过百万英镑的资金投入。Flood Re 是在"君子协定"难以为继的大背景下诞生的过渡方案。Flood Re 的成立实际上是保险行业的提议，因为保险公司可以自行决定是否要把客户的保单转交给 Flood Re。对商业保险公司来说，这既可以让他们继续为客户提供相应的保险服务，同时又能有效转移风险最高的那部分保单。因此，Flood Re 的成立基金主要来自保险业的投入。

（2）Flood Re 主要的收入一方面来自保险公司将保单转交给 Flood Re 需缴纳的再保险费用，另一方面来自商业保险公司缴纳的征款。前者是指其将承接的洪水财产保单转移给 Flood Re 时，要根据保单的具体内容，从已收取的保费中分出一部分交给 Flood Re。后者是指 Flood Re 按照房产税标准收取固定的再保险费用，即每年由英国所有提供房屋保险的保险公司提供的征款，总共为一亿八千万英镑。除了两个主要的收入来源以外，Flood Re 还有其自身的再保险安排，以确保其能应对巨额的洪水再保险赔偿。

（六）Flood Re 再保险费用

Flood Re 的再保险费用通常由多种因素共同决定。对于高洪水风险地区的投保人，Flood Re 的再保险费用通常低于市场上按照风险定价的费用。这就意味着商业保险公司可以向客户提供一个更低的洪水保险保费。洪水风险不是决定保单价格的唯一因素，最终客户被要求支付的保费还与其资产状况、盗窃风险、火灾风险等相关。Flood Re 向承保人索取的费用还与各保险公司的市场份额相关。每份保单需支付的费用平均为 10.5 英镑，主要用于为洪水高风险地区的居民提供补助。

就房产税具体来说，保险人要向 Flood Re 支付再保险费用。该笔费用随着房产税的增加而逐级递增。根据房产税的 Flood Re 再保险费用标准如表 7-2 所示。对于 A、B 两类房产税标准，Flood Re 再保险费用最低，转移建筑物保单需缴纳 132 英镑，转移内容物保单需缴纳 78 英镑，综合保单总共需缴纳 210 英镑；对于 H 类房产税标准，Flood Re 再保险费用最高，转移建筑物保单需缴纳 800 英镑，转移内容物保单需缴纳 400 英镑，综合保单总共需要缴纳 1 200 英镑。

表 7-2　　　　根据房产税的 Flood Re 再保险费用标准　　　　单位：英镑

房产税标准	A、B	C	D	E	F	G	H
建筑物保单	132	148	168	199	260	334	800
内容物保单	78	98	108	131	148	206	400
综合保单	210	246	276	330	408	540	1 200

资料来源：http://www.floodre.co.uk/industry/how-it-works/funding/.

四、英国洪水保险制度的运行情况

自 20 世纪 60 年代英国洪水保险制度建立以来，取得了较好的成果，但也存在着一些问题。洪水保险市场总体运营稳定：（1）不考虑特大洪水灾害，财产保险历年保费收入和净赔付额波动较小；（2）得益于完全商业化的市场竞争，保险承保业绩较为稳定；（3）尽管英国居民及小企业所有者对洪水保单的需求随年份不同而不断波动，但是洪水保险的市场渗透率仍较为可观；（4）大体上，英国洪水保险保单保持着竞争性的成本，且更为成熟的风险估测技术使得定价更为合理；（5）Flood Re 运行情况良好，有效地降低了洪水风险。

但是这种洪水保险制度也存在着一些问题：（1）政府对防洪减损工程建设的投资力度尚未达到私人保险公司的要求；（2）作为风险承担主体，洪水灾害发生后，商业保险公司在应对巨额赔付时仍然力不从心；（3）"君子协定"缺乏正式规章，约束力不够；（4）洪水保单覆盖范围不够全面；（5）洪水保险风险的分散仍然是一个难题；（6）Flood Re 仅覆盖家庭房屋洪水保险；（7）Flood Re 面临运行种种限制。如专栏 7-1 所示，我们还对 SoP 和 Flood Re 的运行情况进行了比较分析。

专栏 7-1 英国洪水准则声明（SoP）和 Flood Re 的比较分析

（1）信息透明度存在差异。在 SoP 中，承保人没有义务在保险文件中提高洪水风险数据的透明度。在 Flood Re 中，英国政府承诺推出地表水洪水地图与联合洪水风险地图，并且英国保险人协会（ABI）会开放一个国家级洪水信息数据库。整体上看，Flood Re 在信息透明度上强于 SoP。

（2）保单定价存在差异。SoP 在风险定价中没有起到导向作用，此时英国保险市场中的洪水保单均是按照自由市场调节决定的，较好地反映了不同地区洪水的潜在风险。而在 Flood Re 下，高洪水风险地区的保单均采用统一的标准进行定价，抹去了价格信号和激励的作用。相比而言，Flood Re 倾向于控制保单价格，从而使得基于风险的价格趋于平滑。

（3）针对目标存在差异。SoP 允许商业保险公司仅为洪水风险低于 1.3% 地区的居民及小企业所有者（发生 75 年一遇洪水的概率）提供洪水保单，降低了商业保险公司的承保压力，但没有解决高洪水风险地区的潜在损失。而 Flood Re 针对的主要是高洪水风险地区的家庭房屋所有者。这同样减轻了承保人的承保压力，同时也解决了高风险区域的保单问题。

资料来源：Swenja Surminski and Jillian Eldridge, Flood Insurance in England. Working Paper No. 161, Centre for Climate Change Economics and Policy (CCCEP), 2014.

第七章　英国洪水保险制度

(一) 运行状况

(1) 历年财产保险保费收入和净赔付较为稳定。如图 7-4 所示，在财产保险保费和净赔付额方面，近年来英国财产保险市场保费均维持在 85 亿英镑，净赔付额稳定在 45 亿英镑。财产保险净赔付额有两次相对较大的波动。2007 年英格兰地区连降暴雨。这场自 1766 年以来最为严重的水灾使得英国经济蒙受重大损失，财产保险赔付金额迅速上升，高达 30 亿英镑，导致 2007 年英国财产保险总赔付金额达到 67 亿。此外，2009 年 11 月英国遭遇严重洪水，这导致 2010 年英国财产保险赔付金额高达 52 亿英镑。

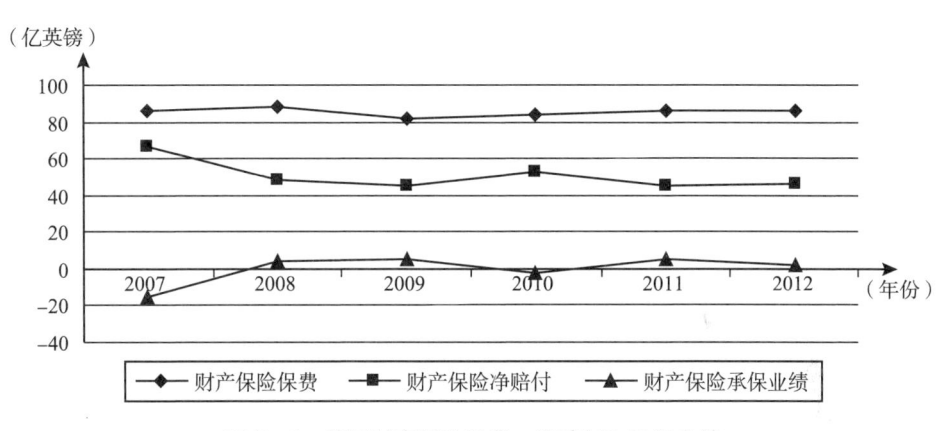

图 7-4　英国财产保险保费、净赔付和承保业绩

资料来源：英国保险人协会（ABI）。

(2) 历年承保业绩较为稳定。近年来，洪水灾害的频率逐渐上升，部分地区的保费水平上升，但得益于洪水保险市场高度的竞争性，财产保险承保业绩仍然维持在较为稳定的水平。除 2007 年与 2010 年严重洪水灾害影响的情况外，历年英国财产保险承保业绩均保持在 4 亿英镑左右。例如，2009 年英国财产保险承保业绩为 4.85 亿英镑，2011 年承保业绩为 5.36 亿英镑，加之通货膨胀因素的影响，二者差别较小。这说明，私人保险公司提出的保费既没有超过投保人心理、经济承受能力的上限，也没有低于自身所需风险资本的下限。

(3) 洪水保险市场渗透率高。在英国，洪水保险的普及率较高。尽管居民及小企业所有者对洪水保险的需求量随年份不同而不断变化，但渗透率仍维持在较高的水平。基于一般财产保险均包含洪水保险的前提，环境、食品和农村事务部（Defra）统计指出 91% 的家庭购买了建筑保险，英国保险人协会

（ABI）则指出74.9%的家庭购买了内容物保险。英国没有出台相应的法律法规强制居民购买洪水保险，但考虑到其"捆绑式"的财产保险，洪水保险的市场渗透率仍达到了相对较高的水平。

（4）洪水保单成本较低。"君子协定"并不会干涉商业保险公司对洪水保单的定价，也不参与制定洪水财产保险征收期限。大致上看，英国洪水保险保持了竞争性的成本，每份建筑物保单的平均成本达211英镑，每份内容物保单的平均成本达174英镑，整体平均成本为每份363英镑。但由于"捆绑式"的财产保单，洪水保险价格缺少透明度。高洪水风险地区与低洪水风险地区洪水保险之间的交叉补贴将保单成本控制在较低的水平。同时，当前洪水风险评估技术较之前更加先进，使得基于风险的定价更为准确。

（5）Flood Re运行情况良好。自2016年4月4日运行至今，Flood Re已经为超过35万所房屋提供了再保险，有效地分散了洪水风险，发展势头良好。在该项目刚开始运行时，有16位承保人加入了Flood Re，代表了超过一半的英国房屋保险市场。不久之后，又有20位承保人加入了Flood Re项目。截至2017年4月，承保人已经超过了60位。自从其面世以来，已有80%曾持有保单的房屋所有者观察到，保单价格有了超过50%幅度的下降。因此，Flood Re在英国洪水保险中起到了较好的风险分散作用。

（二）存在问题

（1）英国政府与商业保险公司矛盾加剧。对防洪减损工程建设的高要求使得英国政府财政压力上升，Defra历年防洪费用支出增长缓慢。如图7-5所示，2011~2012年Defra防洪投入增长仅为0.5%，甚至低于通胀增幅。此外，2010~2011年的防洪投入甚至出现了一定幅度的下滑。缓慢的增长率激化了英国政府与私人保险公司之间的矛盾。英国保险人协会（ABI）强烈要求政府每年以10%的比例增加防洪设施建设投入，否则商业保险公司将拒绝对居民和小企业的洪水风险进行承保。

（2）英国政府不是风险承担主体。洪水灾害通常会带来巨额的赔付金额，而商业保险公司作为风险承担主体，在面对赔付压力时往往力不从心。一方面，商业保险公司积累的风险资本有限，本来就难以负担洪水灾难带来的赔偿责任；另一方面，洪水保险的承保范围仅限于居民家庭和小企业，保险公司在厘定保费时，必须考虑投保人心理、经济承受范围。如此一来，最终的保费可能难以确保商业保险公司的合理利润，也不足以保证其能承担赔偿责任，从而导致公司的破产和保险市场秩序的混乱。

图 7-5　Defra 防洪费用支出

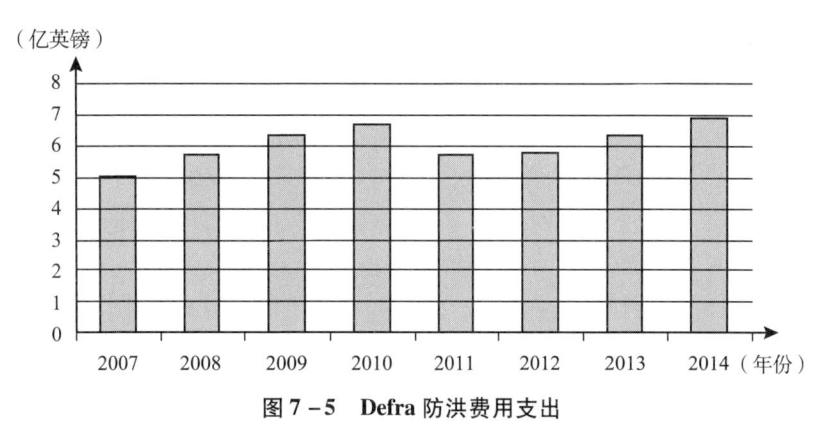

资料来源：Department for Environment, Food & Rural Affairs (Defra).

（3）"君子协定"缺乏正式规章。"君子协定"于 20 世纪 60 年代问世，作为英国政府与私人保险行业达成的协议，在英国洪水保险制度数十年的发展中起到了举足轻重的作用。尽管"君子协定"具有较强的约束力，但是在半个世纪的运行中，其缺乏正式规章的弊端仍带来了不可避免的问题。政府承诺负责防洪减损工程建设，但实际上的财政投入并没有达到承保人的要求。承保人承诺为居民提供洪水保险，但在某些高洪水风险地区，甚至存在居民要求自付高达 3 万英镑的保费，却仍然遭遇商业保险公司拒绝承保的情况。

（4）洪水保单覆盖范围不够全面。2007 年 6 月，英格兰地区连降暴雨，水位猛涨、堤坝决堤，农牧业遭受了巨大的损失。但英国的洪水保险主要包含在房屋建筑、室内财产及汽车这三类险种中，涉及农作物和牲畜的洪水保险很少。英国农牧业在国民经济中所占比重较低，农牧业投保人数相比家庭居民及小企业所有者较少，商业保险公司推出相关业务的积极性不足。目前，英国农牧业的保险主要由英国农民联合会互助保险公司承保，农民投保人约 30 万，其中农牧业投保者所占的比例更少。

（5）洪水保险的风险难以进一步分散。在考虑洪水保险起到的风险分散作用时，我们应该从整体上对风险分散结构进行考虑。商业保险公司为家庭居民及小企业所有者提供洪水保险，需要面临一系列的挑战。无论是在公共项目，还是在私人项目中，承保人都可能会招致破产风险。洪水风险具有高度的不确定性，在这一承保中最常见的金融问题就是缺少风险度量措施和充足的资金。尽管英国的保险市场具有悠久的历史，但是在这一洪水风险分散的问题上仍然缺少足够的支撑。

（6）Flood Re 仅覆盖家庭房屋洪水保险。Flood Re 没有纳入中小型企业房屋，仅仅增强了房屋住宅洪水保险的可获得性和可负担性。英国国民通过私人租赁的房屋因其建筑保险被算作商业保险,也被排除在 Flood Re 之外。此外,该计划也不包括 2009 年 1 月 1 日之后兴建的房屋。在能够获得洪水保险的前提下,英国国民可能会为了追求低廉的售价,故意在洪水高风险地区购买房屋,从而引发道德风险。据英国地产联合会统计,在英国约有 80 万套房产面临着洪水风险却被排除在 Flood Re 之外,其中有 7 万套面临高洪水风险。

（7）Flood Re 的运行面临着种种限制。Flood Re 这一项目从 2016 年开始,有着 20~25 年的运行期限。因此,从长远来看,Flood Re 无法长期为英国洪水保险提供可获得性和可负担性的保障。Flood Re 停止运行之后,投保人可能无法继续获得价格较为低廉的保单,洪水风险难以得到有效的分散。此外,当前英国政府对防洪防灾硬件设施的建设投入远远不及预期,再加上极端天气频发,商业保险公司提供洪水保单的成本大幅上升,极大地增加了 Flood Re 运行的负担。

五、结　　语

在英国,洪水灾害频繁发生。基于历史悠久、发展完善的保险市场,英国建立了完全市场化的巨灾保险制度,政府不参与洪水风险分担。这种保险模式既能发挥出"自由市场"的作用,也能通过政府与私人保险业之间的伙伴关系有效地降低风险。英国巨灾保险制度建立了两层次的风险转移结构:第一层由商业保险公司承担赔付责任,第二层由再保险市场和 Flood Re 项目承担。在完善的制度设计安排下,英国巨灾保险制度运行稳定,有效地增强了英国洪水巨灾风险的应对能力。

英国特有的地形与气候导致了自然洪水灾害频发的现象,带来了巨大的经济损失与社会成本。1953 年的特大洪水灾难之后,英国政府开始认识到非工程性防洪减损措施的重要性,并将注意力转移至商业保险公司上。商业保险公司开始作为洪水风险赔付主体出现,市场化的洪水保险制度应运而生。英国洪水保险制度的建立、完善经历了长时间的探索、演变。其组织结构已较为成熟,并且在风险分散、保费设计、避免逆向选择、保单质量、与英国基本国情的适应程度等方面都具有独特的优势。

英国洪水保险资金的来源有三个渠道:投保人上缴的保费、保险基金管理产生的收益以及洪水灾害发生后再保险公司的赔偿。为了保障商业保险公司的赔付能力,英国洪水保险制度中涉及了多层次的风险分散机制。其中,最为特殊的是英国政府与保险行业协商成立的非营利再保险基金 Flood Re。Flood Re

专门承接高洪水风险地区居民的财产洪水保单，进一步分散了风险。为提高公众的防洪意识，做好预防工作，英国政府还推行了一系列洪水预警与教育活动，效果颇佳。

英国洪水保险市场成立的数十年间，除了出现特大洪水的年份，运行状况较为稳定，风险分散机制较为成熟。近年来，英国政府在洪水风险地区的战略规划体系也愈发完善，相应文件接连出台，明确了不同类型的洪水区域的发展方向。英国洪水保险制度尽管运行良好，但其在实施过程中也出现了一定不足之处。英国政府财政压力日益增加，与商业保险公司之间的矛盾日益尖锐。英国政府不是洪水风险的承担主体，商业保险公司持有的风险资本仍不足以赔付所有的损失。

第八章

德国巨灾保险制度

德国位于欧洲中部，是一个自然灾害频发的国家。频繁的巨灾给德国保险业带来了深远的影响。德国保险业经历了"从无到有，从有到优"的长期发展历程，现在已经形成了较为发达成熟的巨灾保险市场。德国巨灾保险市场的参与主体为各商业保险公司，政府参与程度极低，形成了"商业运作为主，政府协助为辅"的完整体系。历史上，无论是从赔付数额在灾害损失中的占比，还是从赔付金额的绝对数值来看，德国商业保险公司均在巨灾中承担着主要的赔付责任。

基于巨灾保险天然的高风险性与高赔付率，以政府为主导的巨灾保险基金通常出现亏损的情况。但德国凭借其历史悠久、体系完善的保险市场，利用市场化的私营保险公司对巨灾进行估算与赔付，充分发挥出"自由市场"的作用。得益于科学的保费设计，德国各保险公司对巨灾的赔付效果出色，几乎没有发生亏损。在当今大多以政府为主导的世界巨灾保险体系中，德国巨灾保险市场的最主要特征就是完全商业化运作，不依赖政府的支持。社会公众、直保公司和再保险公司的市场化交易构成了德国的巨灾保险制度。

目前，学术界关于德国巨灾保险的研究甚少，并且现存研究仅探究了部分内容，缺乏系统化的理论分析。国内关于德国巨灾保险制度的研究主要分为以下三类：第一，刘鑫杰（2014）对德国慕尼黑再保险关于巨灾风险管理的经验进行了着重分析，但没有论及整个德国巨灾保险市场；第二，许飞琼（2012）对英、美、德等国的巨灾保险运行模式进行了比较，但也缺乏对德国巨灾保险制度的深入研究；第三，刘春华（2009）简要介绍了德国巨灾风险证券化的这一过程。

本章主要从德国巨灾保险制度的整体现状出发，对德国巨灾保险市场进行了概述，并分析了德国巨灾保险市场的运行机制与运行情况。第一部分介绍了德国巨灾保险制度的组织结构、市场地位以及主要优点；第二部分阐述了德国巨灾保险市场的运行机制，从资金来源、赔付能力安排和风险分散机制三个方面进行了深入分析；第三部分结合德国慕尼黑再保险的案例，给出了德国巨灾保险市场运行情况的全面分析，从运行状况、赔付情况和主要问题三方面进行了讨论。

一、德国巨灾保险制度概述

（一）产生背景

德国位于欧洲中部，属于西欧海洋性与东欧大陆性气候间的过渡性气候，其西北部主要呈海洋性气候，而东部、东南部则表现出显著的大陆性气候特征。整体来看，德国气温差异较小，降水集中在每年的7月至8月。德国气候的总体特征为平稳温和，较少出现大起大落的情况。尽管德国位于欧亚板块中央，距离板块交界处较远，但德国境内仍然有地震带，依然有潜在的地震风险。此外，德国较为常见的自然灾害主要包括风灾、洪水灾害、火山灾害等。

整体来看，德国是一个自然灾害频繁的国家。商业保险公司的赔付数额一般占到了灾害损失的20%左右，在全球范围内都属于较高的水平。此外，从赔付数额看，商业保险公司在近年来德国的数次巨灾中的赔付金额都极为庞大。例如，2007年1月的"基里尔"飓风自登陆德国后，向南横扫欧洲大陆，引发的赔付总额为46亿欧元，仅在德国就达到10亿欧元之多。尽管德国的巨灾保险在市场化模式下得到了较好的发展，但其成立与发展也走过了漫长的历程。

德国的自然灾害保险是建立在住房、家庭财产和商业风险保险的基础之上的。1845年，一个关于洪水灾害的保险机构在德国成立。奥地利、法国等邻国也相继建立了与洪水灾害相关的保险机构与企业。但由于第一次世界大战的爆发，这些保险机构均停止了工作。自然灾害保险在德国的发展经历了数十年的停滞不前，直到1979年才真正恢复。然而，由于当时保险专业范围较为狭窄，险种不齐全，往往难以承担巨灾带来的损失赔付要求，德国巨灾保险的发展面临较大的限制。

近几十年来，自然灾害的出现频率大大提升，人们对巨灾保险的需求不断增长。自然灾害的潜在损失是巨大的，尤其是在对土地利用缺乏有效管理，政府的工程性防灾措施不能充分发挥作用的情况下，可能的损失额对于单个商业保险公司来说是极为沉重的负担。1991年，德国批准了关于购买住房、家庭财产和商业风险额再保险条例，进一步拓宽了保险业务的范围。至此，一种由投保人、商业保险公司与德国政府共同构成的巨灾保险联合体得以建立，市场化的德国巨灾保险制度最终出现。

（二）组织结构

德国巨灾保险制度是商业化程度较高的保险模式，私营保险公司通过巨灾风险市场化承担风险，而政府仅仅扮演了协助者的角色。如图 8-1 所示，巨灾投保人、直保公司、商业再保险公司以及德国保险协会共同组成了德国巨灾保险体系。目前，德国已经形成了由投保人、商业保险公司、商业再保险公司和德国政府共同组成的巨灾风险伙伴关系共同体，各方都有责任分散巨灾风险，共同承担巨灾发生后的巨额赔付，从而维护德国巨灾保制度的稳定性与可持续性。

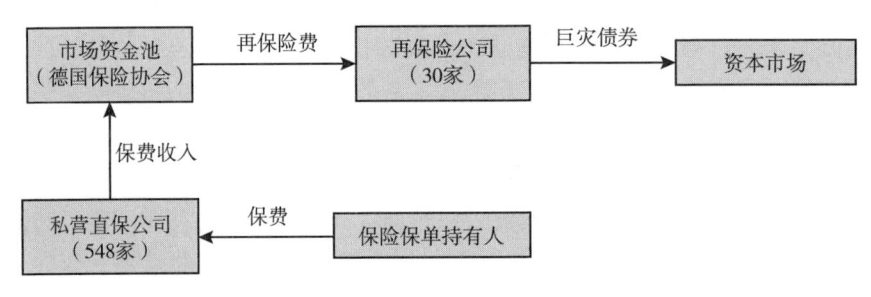

图 8-1　德国巨灾保险市场运作模式

资料来源：2015 年德国保险协会年报。

（1）德国政府参与程度低。德国政府在巨灾保险市场中所扮演的角色是规则的制定者和风险信息的提供者，而非游戏的参与者。政府对巨灾保险的标准费率或免赔额没有强制性的规定，但是规定保险公司运用统计数据和科学手段来精确计算管理费率，对各项风险逐一进行评估，保证巨灾保险市场的安全性和稳定性。政府还会为各承保人提供巨灾风险的相关数据，以确保巨灾的可保性。此外，政府不对承担巨灾风险的原保险公司提供再保险保障。保险公司需要依靠德国发达的再保险体系在市场上寻找分保人，并以此分散巨灾风险。

（2）商业保险公司联合承保。经历过漫长的发展历史，德国商业保险市场以险种齐全、保险技术和管理水平高著称。险种多样且分类精细的特征为主要承保不同险种的商业保险公司联合提供巨灾保单带来了可能性。各商业保险公司会根据保险内容划分出责任范围，细分到不同类型的公司，极大地起到了分散风险的作用。同时，商业保险公司分工的精细化也促进了保险公司的专业化和高效化。值得一提的是，直保公司在收到保费之后，会将其汇入德国保险协会的资金池中,进行统一高效的管理。

(3) 再保险公司进行分保。德国再保险市场历史悠久,在保单设计、费率测算、保单服务等方面都有着较高的水平。1846年,德国就成立了历史上第一家专业再保险公司,科隆再保险公司。德国保险公司除承保巨灾风险外,还会将部分保险标的转移给再保险公司。目前,在德国的再保险市场上已经有数十家实力雄厚的专业再保险公司。在巨灾保险业务中,保险的销售、承保、理赔等服务直接由商业保险公司完成,再将部分巨灾风险转移到再保险市场中,起到进一步的风险分散作用。

(4) 资本市场分散风险。德国除综合性保险公司和再保险公司外,还有大量的专业巨灾保险公司。同时,由于巨灾保险的专业性要求和市场份额的逐步扩张,德国各大保险集团内部也都设立专门的部门或子公司,来进行巨灾风险管理。此外,巨灾风险在进入保险市场的同时,还进入了资金规模更庞大、波动更频繁、风险更多元的资本市场。目前最普遍的工具是巨灾债券。保险公司、再保险公司会与相应公司签订合约,向投资者发行巨灾债券,投资者往往能获得比一般债券高3~4个百分点的利率。

(三) 在世界保险体系中的地位

如表8-1所示,德国保险市场在世界体系中一直居于领先地位。当巨灾风险在全球共识下尚为不可保风险的时候,德国的先锋保险企业(安联保险集团、慕尼黑再保险公司、汉诺威再保险公司)就已经开始开展巨灾保险的业务。目前,德国保险市场规模在世界保险体系中排名第六。但是考虑到德国的市场规模及其海外业务的扩展,世界第六的排名已是成就斐然。其中,德国保险市场在2014年的保费收入就达到了2 546亿美元,占据了5.3%的世界市场份额。

表8-1　　　　　　　　世界保险市场份额排名　　　　　　　　单位:%

国家	1970年	1980年	1990年	2000年	2010年	2012年	2013年	2014年
美国	59.1	43.6	35.6	35.2	26.8	27.7	27.3	26.8
日本	6.8	13.6	20.5	20.6	13.2	13.6	10.8	10.0
英国	4.5	7.1	7.5	10.1	6.9	7.0	7.1	7.4
中国	—	—	0.2	0.8	5.0	5.3	6.1	6.9
法国	3.9	5.2	5.5	4.9	6.5	5.2	5.6	5.7
德国	6.6	9.3	6.8	5.1	5.4	5.1	5.4	5.3

资料来源:2015年德国保险协会年报。

（四）主要优势

相比以政府为主导的全国性巨灾保险基金项目，德国的巨灾保险制度具有以下优势：

第一，商业化运作模式避免资源错配。德国的巨灾保险由市场自发形成，各保险机构和再保险机构出于利润最大化动机进行计算和交易，能够充分调动资源，避免政府干预所造成的错配。政府的干预不可避免地会扰乱市场的信号机制，也会使巨灾保险基金项目缺乏利润最大化的激励。因此，政府主导的巨灾保险基金项目往往会出现亏损，而德国市场化的巨灾保险公司却依然可以保证盈余。简而言之，政府主导追求的是"差中最优的结果"，而市场主导却可以实现"最好的结果"。

第二，再保险体系发达，分散巨灾风险。德国的再保险市场历史悠久，相比直保公司，商业再保险公司的风险测算更加精确，分工更加细化，专业化程度更高。以德国慕尼黑再保险为例，其设有专门的数据收集部门、数据分析部门和巨灾模型研发部门。此外，该公司所得的统计数据在全行业共享。德国拥有世界上最为发达的再保险市场，其再保险成熟的运作模式和专业化的分保是巨灾保险风险分散的有力保障，其雄厚的资金和有效的投资方式也是巨灾偿付资金的重要来源。

第三，巨灾风险证券化，扩大风险分散范围。虽然传统的巨灾再保险能在一定程度上对巨灾风险进行分散，但是并不能完全规避巨灾带来的威胁。近年来，国际市场涌现出了多样化的新型巨灾风险融资工具，即巨灾风险证券化。这种新型工具利用资本市场来化解风险，为巨灾风险管理提供了新的解决方案。在德国巨灾保险制度中，鉴于德国成熟的资本市场，除了将巨灾风险分散至再保险市场，德国巨灾保险制度还利用了巨灾风险证券化，起到了多层次分散风险的作用。

第四，政府可规避巨灾责任，减少公共财政负担。在政府主导的巨灾保险模式下，政府在巨灾保险市场上充当主导者角色。政府通过颁布法律等强制措施或者费率补贴等利益鼓励形式，要求居民购买巨灾保险，并且庞大的赔付金额还对政府财政带来一定的负担。相比起政府主导的巨灾保险模式，德国巨灾保险模式能够将赔付压力分摊到保险市场中的多个个体上，从而减轻国家财政的压力。此外，在政府主导的巨灾模式中，政府承保的风险单一，在险种分布上过于集中，而德国巨灾保险制度则规避了这一潜在风险。

二、德国巨灾保险市场的运行机制

(一) 资金来源

德国巨灾保险市场资金主要来自以下四个渠道:

(1) 投保人向保险公司缴纳的保费。投保人通过与保险公司签订巨灾保险合约,向商业保险公司缴纳规定的保费,保单费率是经过严格厘定的。各保险公司的专业风险评估部门会根据以往发生的巨灾的统计经验数据,并应用科学的测算手段,计算得出保单费率。得益于商业化的运作方式,商业保险公司可以向投保者收取较高的保费,用以确保巨灾保险的可赔付性。在德国保险市场上,保险覆盖范围广,巨灾保险保费呈逐年上升的趋势,是最主要的资金来源。

(2) 对保费收入进行投资所带来的投资收益。各商业保险公司会对资产进行风险投资以赚取投资收益。德国保险市场的投资运作模式主要分为三种:设立专业化的保险资产管理公司、公司内设投资部门和委托外部公司进行投资。举例来看,慕尼黑再保险就采用了第二种投资模式,其在旗下设立了专门的慕尼黑再保险资产管理公司,以便进行资产管理和投资决策。慕尼黑再保险资产管理公司汇聚了大量金融人才,对慕尼黑再保险拥有的资产和保费收入进行投资管理,能够有效地提高投资回报率,增加资金储备。

(3) 再保险公司赔付的金额。直保公司为了进一步分散风险,往往会选择将部分保险标的转移给再保险公司。商业保险公司与商业再保险公司签订合约之后,一旦巨灾发生,标的受损,再保险公司将会给予保险公司一定的赔偿资金。德国再保险市场规模较大,再保险技术较为先进,赔付能力较强,有着承保的天然优势。再保险市场能够帮助风险资本相对薄弱的商业保险公司应对自然灾害发生后的巨额赔付,从而有效地维持保险市场的稳定性与可持续性。

(4) 巨灾保险证券化所筹集的资金。在市场化程度极高的巨灾保险制度下,再保险公司会通过巨灾保险证券化的方式,在资本市场上募集资金。巨灾债券将巨灾风险引入资本市场,依靠资本市场强大的金融资本汇聚能力和风险消化能力,以应付突如其来的巨灾所带来的巨额保险赔付。由于自然灾害发生的不确定性、突然性以及巨大的破坏性,相比起一般的证券投资基金,巨灾债券的风险程度更高。因此,巨灾债券比一般的债券具有更高的利率,通常高

3~4个百分点。

（二）赔付能力安排

第一，直接保险公司承担第一层赔付。一旦发生巨型自然灾害，承保的商业保险公司作为风险承担的主体，将直接承担巨灾造成的赔付损失。损失赔付金额取决于保险合同。由于德国的巨灾保险市场是完全市场化的，其保费和赔付金额的厘定均根据保险公司的专业精算得到。因此，不同的保险合同会根据投保人具体状况而存在赔付的差异。与一般的财产保险相同，商业保险公司在巨灾保险中的收入来源有限，单一保险人积累的风险资本较低，赔付实力较弱，在巨灾发生之后往往力不从心。因此，第二层的风险转移安排是必要的。

第二，再保险公司承担第二层赔付。由于直接保险公司往往会将部分标的转移给再保险公司，因此如果这部分标的受损，再保险公司有义务按照契约给予直接保险公司赔付，向直接保险公司注入资金。这种风险转移安排克服了单一商业保险公司在面临巨灾保险赔付时入不敷出的问题，利用德国再保险市场较好的赔付能力极大地增强了私人保险公司的赔付能力，维持了巨灾保险的可持续性。慕尼黑再保险公司、安联保险集团等数家企业为德国巨灾保险提供了绝大部分的再保险保障，使得巨灾赔付成为可能。

第三，资本市场承担第三层赔付。保险公司或再保险公司承保巨灾风险后，往往会把巨灾保险证券化，将可保的巨灾风险转化为可交易的金融证券，出售这些证券，从而将巨灾风险引入资本市场。当巨灾指数超过起初确定的临界值后，巨灾债券所募集的资金将会按照一定的比例进入赔付金额。资本市场资金实力雄厚，有能力通过巨灾债券承担起最高层次的赔付，成倍放大了德国巨灾保险市场的承保能力。在后文第四部分德国慕尼黑再保险案例分析中，将以"Muteki"为例，对巨灾债券展开详细的介绍。

（三）风险转移机制

德国各保险公司的赔付资金主要依靠内部赔付资本和外部融资两个渠道。内部赔付资本主要指保费积累和所有者权益资本积累，这是巨灾赔付最底层的坚实基础；外部融资主要指公司发行的巨灾债券以及巨灾期权、巨灾期货等其他金融衍生工具。这些巨灾金融衍生工具多在巨灾前安排，当满足一定触发条件后予以结算，是紧急筹措大量资金的主要渠道。此外，德国巨灾保险制度还通过多次风险转移的手段，将巨灾保险的风险分散至保险市场的方方面面，其覆盖范围包括投保人、保险公司、再保险公司、资本市场四个方面。

德国巨灾保险制度通过三层委托代理关系，进行了三次风险转移：

（1）投保人缴纳保费，与保险公司签订保单。一般公众为了转移自身所承担的巨灾风险，会与保险公司签订契约。公众可以在市场上自由地选择中意的保险公司进行投保，而保险公司也有权利决定选择是否接受这笔保单。政府在这个过程中不会起到任何干预作用，其既不参与保险的经营运作，也不会承担巨灾保险风险。德国的商业保险公司数目众多，其中包括德国安联保险集团等综合性金融机构，如专栏8-1所示。因此，德国能够形成极有竞争力的保险市场，从而得到恰当的市场价格。

专栏8-1 德国安联保险集团

德国安联集团是欧洲最大的保险公司，是全球最大的保险和资产管理集团之一。安联保险集团于1890年在德国柏林成立，至今已有120年的悠久历史，总部设于德国巴伐利亚州首府慕尼黑市。

安联集团的业务范围包括寿险、健康险、财产险、再保险、风险管理咨询等。2012年安联保险集团实现总收入1 064亿欧元，营业利润95亿欧元。截至2012年末，集团资产规模达到6 946亿欧元，并同时管理1.44万亿欧元的第三方资产。

安联保险集团的业务结构具有三个特点：（1）整体结构均衡；（2）产、寿险的收入规模相当；（3）资产管理业务的利润率较高。按照业务地区划分，德国和英国是安联保险集团业绩的主要贡献国家，西欧、亚太地区、中东欧等地区位列之后。

资料来源：魏瑄：《德国安联集团的保险业务分析及启示》，载于《中国保险》2014年5月。

（2）商业保险公司的保费收入会汇入德国保险协会的资金池。德国保险协会于1948年在科隆成立。德国保险协会采取自愿加入的会员制度原则，目前已经拥有了468家会员公司，在德国保险市场中所占比例约为97%。德国保险协会的资金主要来自会员保险公司缴纳的会费，其金额基本上取决于公司所占的市场份额。德国保险协会会在此基础上设定最低缴费标准，对大型公司实行会费递减制度。德国保险协会的统一管理保费收入能够在一定程度上实现规模效应，提高保费投资收入。

（3）商业保险公司还会将部分保险标的转移给再保险公司。保险公司缴纳再保险费或代理费，再保险公司在巨灾发生后会给予相应比例的偿付金额。

由于巨灾风险拥有风险集中、赔付额巨大等特征,保险公司不愿也难以独自承担巨灾保险的风险。因此,保险公司会积极地寻求再保险公司的帮助,将巨灾风险进一步转移到再保险市场,降低自身所承担的风险,增强承保能力。德国的再保险市场较为发达,其中包括德国慕尼黑再保险公司、科隆再保险公司、通用再保险公司等在全球排名前列的再保险公司,其均有分散风险的承保实力。

(4) 再保险公司委托金融机构发行巨灾债券,在资本市场扩大风险分散。再保险公司和金融机构通过资本市场融资,当条件触发后,资本市场筹集的资金可以按照一定比例注入赔付资金。通过巨灾债券,再保险公司和金融机构将巨灾风险推向吸纳能力巨大的资本市场,使成千上万的投资者实现风险共担。2000年,全球最大的再保险公司德国慕尼黑再保险作为巨灾风险的发行机构,在资本市场中发行了3亿美元的巨灾风险债券,有效地减轻了其承担的赔付风险。

三、德国巨灾保险市场的运行情况

(一) 运行状况

如表8-2所示,近三十年来,德国保险市场呈现出以下特点:(1) 随着德国保险市场的发达程度不断提高,保险公司之间的并购业务频繁,直保公司数目不断下降。(2) 再保险市场公司总数基本持平,其中不乏德国慕尼黑再保险公司等世界巨头型的再保险公司。(3) 直保保费收入呈迅速上升趋势。但是,近年来随着德国保险市场趋于饱和,保费收入的提高速度趋缓。(4) 再保险保费收入也呈上升趋势。同样地,近年来的上升速度已经有明显放缓的特点。

表8-2　　　　　　　　　　德国保险市场状况

	1980年	1990年	2000年	2010年	2012年	2013年	2014年
直保公司总数	809	729	659	582	570	560	548
再保险公司总数	33	28	41	36	32	29	30
直保保费收入 (亿欧元)	36 000	69 888	131 335	178 844	181 587	187 306	192 439
再保保费收入 (亿欧元)	7 141	13 713	28 843	36 191	43 944	43 490	—

资料来源:2015年德国保险协会年报。

德国巨灾保险市场的整体运营情况良好，直保保费收入和再保保费的收入都呈稳定上升的态势，保险业整体长年处于盈利的状态。即使是在自然灾害频发的年份，德国的保险公司仍能够保持盈利。比如2011年，地震和极端天气等自然灾害频发，金融市场继2009年和2010年小幅恢复后再次动荡，欧债危机愈演愈烈，从保险业绩和投资两方面影响慕尼黑再保险。但即便在这样的情况下，慕尼黑再保险在当年依然实现全年盈利7.1亿欧元，毛保费收入较2010财年上涨9%，达到496亿欧元，足见德国保险市场各保险公司业绩的出色。

（二）赔付情况

德国巨灾保险市场的赔付情况一直较为乐观，能够覆盖巨灾引起的绝大部分经济损失。根据历史经验数据，保险公司的赔付数额一般占到灾害损失的20%左右，这在全球都属于较高水平（许飞琼，2012）。从赔付总额来看，近年来德国历次巨灾中，保险公司的赔付数额都相当庞大。2007年1月，"基里尔"飓风在德国以及欧洲大陆均造成了极大的破坏，给保险业带来46亿欧元赔付，其中仅在德国就达到10亿欧元。但由于科学的精算和管理，高额赔付并没有造成德国保险公司的亏损。

再如，2015年1月8日~11日持续的冬季风暴（Elon，Felix）侵袭德国、英国和斯堪的纳维亚半岛，共造成5.6亿美元的经济损失，其中保险偿付为3.8亿美元，覆盖率高达68%。2015年3月，冬季风暴（Niklas）侵袭德国和荷兰，共造成经济损失14亿美元，其中保险偿付为10亿美元，覆盖率高达71.4%。2015年7月4日，强烈风暴和雹暴侵袭德国和比利时，共造成经济损失4.5万亿美元，其中保险偿付3.5万亿美元，覆盖率高达77.8%。由此可见，德国巨灾保险市场具有较强的赔付能力，能保证大部分灾害损失得到赔偿。

（三）问题与挑战

尽管德国巨灾保险制度经历了数十年的发展，并且有着历史悠久的保险市场和再保险市场为基础，但是其仍然面临着种种挑战，具体如下：

第一，巨灾保险市场以私人防灾为主，缺乏有效的市场引导和调控。这是德国巨灾保险当前面临的最紧迫的问题。由于德国巨灾保险制度的高度市场化，生活在较少受到灾害影响地区的人们普遍不愿意缴纳相关保险费用，这导致生活在较易受到灾害影响地区的民众需要缴纳保险的金额较高，直接影响了巨灾保险投保率的提升。在市场主导的巨灾保险体系中，政府的功能仅限于为承保人提供有关的自然灾害信息与统计数据，并建立工程性防灾措施，而不包括制定具体的法律法规。

第二，考虑到商业保险公司的营利性，保险费率较高。商业保险公司在设计巨灾保险保单时，会利用精算技术对以往的灾害统计数据进行精密测算，从而制定出合理的保单保费。相较于政府主导巨灾损失赔付的模式，德国巨灾保险制度中的承保人会更加关注盈利性与可持续性，从而提高保单收费，扩大资金收入。逆向选择风险存在于各种形式的保险之中，在巨灾保险中尤为突出。而较高的收费则进一步增大了逆向选择风险。巨灾发生概率高的地区有着更高的巨灾保险购买率，而在巨灾风险低的地区则有较低的保险购买率。

第三，由于市场失灵，商业保险公司发展巨灾保险业务的积极性较低。在完全市场化的德国巨灾保险制度中，政府所扮演的角色仅限于为商业保险公司提供相关的巨灾资料及数据。德国政府没有采取强制性的手段，如颁布相关法律法规。也没有采取与利益挂钩的方式，如补贴保费，来扩大巨灾保险的覆盖率。这就导致保单的销售量无法得到保证，利用大数定律来分散风险的做法也难以持续。商业保险公司仍然面临着巨灾保险可保性难以确保的困境，因此发展相关业务的积极性也难免有所下降。

针对以上三种挑战，德国政府可以通过以下三种方式进行改进：（1）应该效仿机动车交强险，规定房屋所有人有义务购买巨灾保险，该做法能够有效地规避逆向选择风险，提高商业保险公司的盈利性；（2）应该适当扩大巨灾保险覆盖面，以提高民众投保积极性，政府可以通过要求商业保险公司增加险种和保险覆盖区域，提升居民在巨灾保险中的参与度，从而保证大数定律的适用性；（3）加强德国保险协会的职能，扩大其权力范围，进而完善德国巨灾保险体系

四、德国慕尼黑再保险案例分析

德国慕尼黑再保险公司（Munich Re）是将保险业与自然灾害（地震、洪水、台风等）结合在一起的典范。按净保费排名，慕尼黑再保险是目前全球最大的再保险公司。它创立于1880年，注册地为德国慕尼黑，在全世界150多个国家从事财产和人寿保险业务。慕尼黑再保险从事的业务主要是直接保险业务、再保险业务和资产管理业务三部分，全部保费收入中约60%来自再保险，

40%来自直接保险。德国慕尼黑再保险长期以来从事巨灾再保险的业务,为德国乃至世界各国的巨灾保险风险分散做出了极大的贡献。

(一) 慕尼黑再保险公司概述

巨灾保险再保险是慕尼黑再保险的主要业务之一。慕尼黑再保险公司创立于1880年,在1899年就开始为巨灾保险提供再保险的业务。在第一笔交易中,慕尼黑再保险承担了50%的巨灾风险,而在当时,风暴和洪水甚至仍被认为是不可保的风险。慕尼黑再保险在多次巨灾赔付工作中都发挥了重要作用,比如1906年4月18日美国旧金山的8.3级地震、1916年1月挪威的卑尔根火灾、1984年慕尼黑的雹暴、1985年墨西哥的地震、1989年加勒比海的飓风、2005年墨西哥的Katrina飓风等。

随着气候变化,自然灾害的爆发愈发频繁,慕尼黑再保险针对巨灾的高风险性与高损失性,制订了相应的业务开展计划。慕尼黑再保险计划将业务重点放在如下四个方面:(1)发展中国家在应对巨灾方面对保险的需求潜力巨大,有潜在的广阔市场,应提供保险产品,帮助发展中国家应对气候变化带来的巨大损失及不利影响;(2)开展保险示范项目,起到带头作用;(3)与其他相关巨灾防范、巨灾保险的组织或机构进行合作,发挥更强的规模效应;(4)改进保险保单设计、保费制定等,以期减少损失。

目前,慕尼黑再保险的业务主要可以分为四个部分:再保险业务、原保险业务(ERGO Group)、资产管理业务(MEAG)和慕尼黑健康中心(Munich Health)。如图8-2所示,直接保险业务和再保险业务是慕尼黑再保险的主体业务,而资产管理业务又为保险赔付资金的投资收益提供了专业服务和保障,对公司经营的业务进行了整体规划上的补充、完善。其中,直接保险业务又可以细分为财产及意外险、人寿及健康险;再保险业务也可以细分为财产及意外险、人寿及健康险。

(二) 巨灾数据收集与分析

风险识别是风险管理的起点,目前主要的风险识别手段有潜在特征挖掘、历史事件总结和科学研究分析等。其中,各家保险公司最常用的方法是对历史损失数据的挖掘,以此来识别各种潜在的巨灾风险。慕尼黑再保险始终非常重视提高自身对巨灾风险识别和风险评估的能力,高度关注致灾因子和风险暴露单位之间的相互作用。其在各个地区都安排了专业团队,进行数据收集、巨灾

巨灾保险基金研究

```
                    ┌─────────────────┐
                    │ 慕尼黑再保险集团 │
                    └────────┬────────┘
                  ┌──────────┴──────────┐
           ┌──────┴──────┐        ┌─────┴──────┐
           │ 直接保险业务 │        │ 再保险业务 │
           └──────┬──────┘        └─────┬──────┘
              ┌───┴───┐              ┌──┴───┐
         ┌────┴───┐ ┌─┴────────┐ ┌───┴────┐ ┌─┴────────┐
         │财产及  │ │人寿及    │ │财产及  │ │人寿及    │
         │意外险  │ │健康险    │ │意外险  │ │健康险    │
         └────────┘ └──────────┘ └────────┘ └──────────┘
                    ┌──────────────────────┐
                    │ 资产管理业务（MEAG） │
                    └──────────────────────┘
```

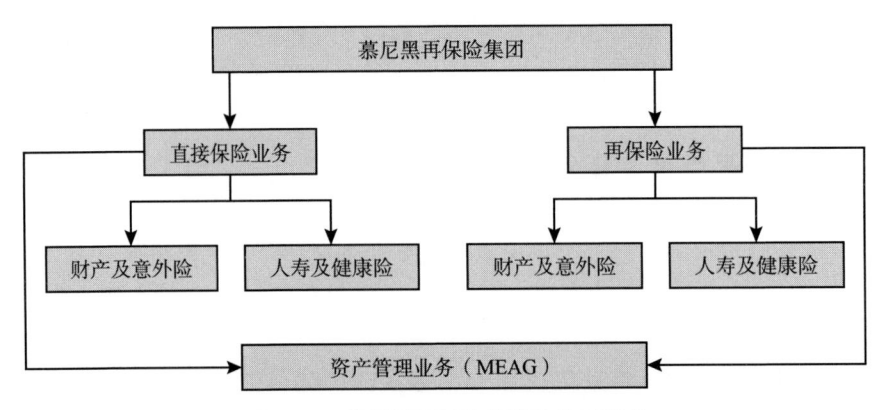

图 8-2　慕尼黑再保险的战略发展模式

资料来源：德国慕尼黑再保险公司 2015 年年报。

地图编制、模型构建等工作，以更好地分析风险的发生概率和潜在损失程度，并取得了丰富的成果。

第一，对历史损失数据的深入挖掘是建立在历史损失数据收集的基础之上的。慕尼黑再保险成立了 NatCatService 项目（自然灾害损失数据库），在历史损失数据的收集上做出了巨大的贡献。作为世界上最大的自然灾害电子档案库，NatCatService 记录的数据涵盖范围极广，且对于各方面的灾害数据都有所涉猎。该数据库将自然灾害造成的经济损失或死亡人数划分为 5 个等级——从小损失事故（minor loss events）到重大巨灾（great natural catastrophe），以便于统计与分析。

第二，NatCatService 数据库的相关负责人会定期出具巨灾损失数据报告，其范围涵盖全球各大洲的重点国家。此外，NatCatService 还以此数据为基础出版了相应的期刊，分类别对洪水、地震、台风等巨灾事故的现状及发展趋势进行介绍分析。这一资源共享的方式使得德国，乃至全世界范围内的商业保险公司和再保险公司能够基于较为精准的历史数据，结合气候变化的现状，设计出更为合理的保单费率。为巨灾承保的可能性进一步扩大，为保险和再保险业务在全球范围内的开展奠定了坚实的基础。

第三，除了建立巨灾损失数据库，定期收集自然灾害损失数据，慕尼黑再保险还对灾害发生地有着极高的关注。结合历史经验来看，慕尼黑再保险所承担的巨灾风险与承保地的经济发展水平、人口密度、财产集中程度等因素密切相关。同样强度的自然灾害同时侵袭中心城市与边缘城市，对两个城市带来的经济损失可能会有很大的差距。因此，慕尼黑再保险认为，对于灾害发生地的研究极为重要。因此，热点分析（hot spot analysis）项目在这样的背景下应运而生。

举例来看，1992年的安德鲁飓风是美国历史上最大的自然灾害之一，给商业保险公司带来了155亿美元的巨额赔付。但如果该飓风袭击的是迈阿密而非人口较为稀疏的南佛罗里达州，损失可能会达到三倍以上。同样的，1994年的北岭大地震是美国历史上第二大巨灾，带来了125亿美元的巨额赔付要求。而同等的灾害如果发生在旧金山或者洛杉矶，可能会带来超过500亿美元的损失。因此，慕尼黑再保险在运行再保险业务的过程中，相比起灾害本身，更重视灾害的发生地点。

2011年夏秋季的泰国洪水给慕尼黑再保险造成了巨额的再保险损失赔付要求。慕尼黑再保险开启了热点分析项目，即开始在亚太地区编制自然灾害地图。热点分析的目标主要集中在风险暴露集中的地区，尤其是集中度较高的工业园区。慕尼黑再保险的热点分析对巨灾风险进行了剖析，并结合巨灾风险和风险暴露编制了巨灾地图，并由此发现巨灾损失的高危热点地区，来指导各个地区的保险公司厘定合理的费率。慕尼黑再保险的热点分析有助于更加精确地为风险定价，保证商业盈利的可能性。

第四，科学的巨灾风险分析模型是进行巨灾风险管理的必要工具，然而以往的风险估算模型并不能较好地适用于对巨灾风险的估计，慕尼黑再保险一直致力于改进巨灾模型，以更好地承接再保险业务。巨灾风险的发生有着明显的厚尾性，传统的保费设计模型对其并不适用，因此需要进行更新与修正。巨灾模型可以依据风险暴露、易损性函数等数据资料，模拟分析产生风险曲线。此外，巨灾模型还可以对承保公司准备金的充足程度、再保业务占比的合理性进行分析，指导巨灾风险管理的各个环节。

慕尼黑再保险在设定巨灾保险模型时注意到，风险模型的输入项（风险暴露单位、致损因子）等一直处于动态的变化之中。慕尼黑再保险为了确保巨灾风险模型估测的精确性，也对模型进行了实时的更新，使得情景模拟结果更加接近现实的情况。例如，2011年的日本地震既包含了地震风险，也包含有海啸风险。巨灾爆发之后，模型的修正者会马上检测原有模型是否反映出了多重风险的叠加，并在此基础上对模型进行优化。经过长期的积累，巨灾风险模型会得到反复的调整，从而对现实情况有着更好的拟合度。

（三）慕尼黑再保险发行巨灾债券

对于传统保险来说，每年损失赔付率的数额相对来说较为稳定。因此，保险公司可以根据历史情况准确地得出未来潜在的损失。但是，巨灾保险历年的损失额都极为不稳定，保险公司难以根据往年的平均损失来确定未来的保险费率。巨灾的发生极有可能使得保险公司失去绝大部分的赔付资本。如专栏8-2所示，利用庞大的资本市场来分散风险势在必行。慕尼黑再保险作为一家业务覆盖范围极广、承保风险较高的再保险公司，在从资金量巨大的证券市场引入风险资本这一方面站在了世界前列。

以"Muteki"巨灾债券为例，"Muteki"债券于2008年发行（刘鑫杰，2014）。"Muteki"债券在开曼群岛证券交易所（Cayman Island Stock Exchange）进行交易，有效期为2008年5月14日至2011年5月14日，受益人是慕尼黑再保险。"Muteki"债券的结构如图8-3所示，主要由保险公司、再保险公司、SPV、银行与投资者构成。具体来说，"Muteki"向慕尼黑再保险收取证券化费用，通过将保单证券化从投资者处获得资金，投资于低风险低利息的金融产品，再与加拿大皇家银行进行利息收入的互换。

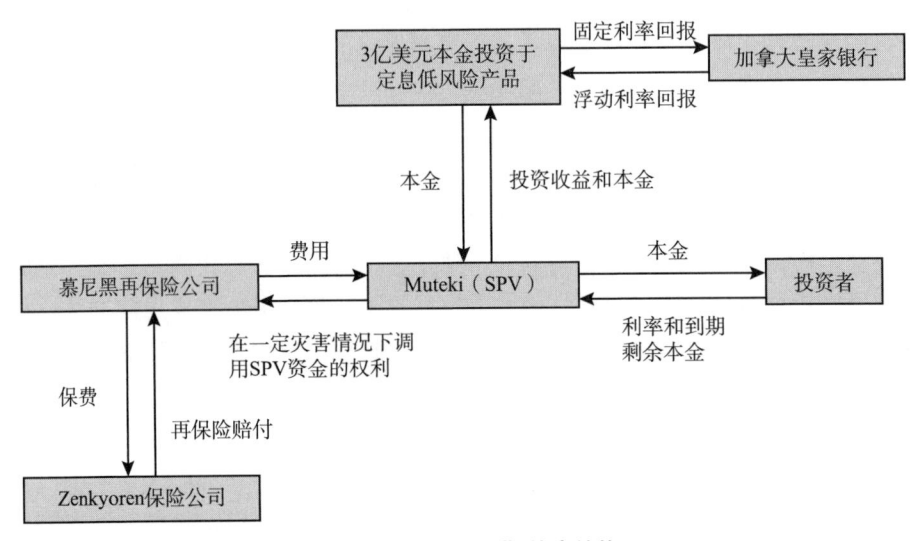

图8-3 "Muteki"债券结构

资料来源：慕尼黑再保险公司2015年年报。

"Muteki"（SPV）通过发行债券从投资者处获得资金，并将资金投资于低利息低风险的金融产品，再将此收入进行互换交易以降低其利率风险。"Muteki"债券采用基于地震指数触发的触发机制，当地震指数大于984时，投资者的3亿本金开始参与赔付。随着地震指数的增长，参与赔付金额也呈线性增长；当地震指数大于1 420时，投资者的3亿美元本金将全部用于地震损失赔付。慕尼黑再保险作为债券的受益人，有权用投资者购买债券的3亿本金对Zenkyoren保险公司的损失进行支付。

(四)慕尼黑再保险运行情况

慕尼黑再保险公司是目前全球排名第一的再保险公司,有100多年巨灾风险管理的经验,无论是在巨灾数据统计、巨灾模型构建、巨灾再保险业务、巨灾保险证券化方面都处于国际领先水平。2011年在28家全球再保险公司保费中,前10大再保险公司(不考虑慕尼黑再保险的直保业务)市场份额占76%,其中最大的慕尼黑再保险市场份额占近20%。慕尼黑再保险现已在全球150多个国家开展业务,并拥有60多家分支机构,在国际再保险市场中占据主导地位。

如表8-3所示,慕尼黑再保险的运行状况良好,业绩表现在全球十大再保险公司中稳居第一。多年来,慕尼黑再保险总保费收入一直处于递增的状态,业务不断扩张。随着慕尼黑再保险资产管理业务对投资的管理专业化程度的提升,其资产的投资情况也呈逐年上升的趋势,到2016年已经拥有了超过2 194亿欧元的投资规模。此外,慕尼黑再保险的股东权益和净资产收益率也常年维持在较为稳定的水平上。到2016年,股东权益已达318亿欧元,净资产收益率为8.1%。

表8-3 慕尼黑再保险公司主要财务数据 单位:亿欧元

项目	2005年	2006年	2007年	2008年	2009年	2010年	2011年	2012年	2013年	2014年	2015年	2016年
总保费收入	382	374	373	378	414	455	495	52	511	488	504	489
投资	1 772	1 769	1 762	1 749	1 822	1 931	2 017	2 138	2 095	2 189	2 151	2 194
股东权益	243	263	253	211	223	230	233	274	262	303	310	318
净资产收益率(%)	12.5	14.1	15.3	7.0	11.8	10.4	3.3	12.6	12.5	11.3	10.0	8.1

资料来源:慕尼黑再保险公司2016年年度报告。

此外,慕尼黑再保险还与直保人合作,充分发挥了市场的巨灾保险防灾减损的职能。根据全球保险业多年来风险管理的实践经验,巨灾风险的事前防灾减损的效果往往优于事后损失补偿的效果。如表8-4所示,减灾损失在巨灾中的损失挽回率可高达60%。因此,再保险公司为追求自身利润最大化,会积极地对被保险人进行防灾减损宣传和预防。同时,该行为具有正外部性,能够在巨灾发生时较大地降低损失程度。慕尼黑再保险在经营再保险业务时,注重与直保人的合作,从而达到最优的效果。

表 8-4　　　　　　　减灾损失对不同回归期事件减少的损失　　　　　　单位：亿美元

州	100 年一遇事件			250 年一遇事件			500 年一遇事件		
	无减灾措施损失	减灾措施挽回损失	减灾损失挽回率（%）	无减灾措施损失	减灾措施挽回损失	减灾损失挽回率（%）	无减灾措施损失	减灾措施挽回损失	减灾损失挽回率（%）
佛罗里达	840	510	61	1 260	690	55	1 600	850	52
纽约	60	20	39	130	50	37	190	70	35
南卡罗来纳	40	20	44	70	30	41	90	40	39
得克萨斯	170	60	34	270	90	32	370	120	31

资料来源：刘鑫杰：《慕尼黑再保险公司巨灾风险管理经验的调研分析》，载于《对外经贸大学硕士论文》2014 年 6 月。

具体来看，慕尼黑再保险会通过四个方面提升投保人防灾的积极性：（1）制定差异性费率：根据投保人的防灾减损工作，适当给予优惠费率，从而达到优化费率结构、规避道德风险的目的；（2）提高承保限额：在设计巨灾保险保单时，将损失规定在一定额度内，提高该额度可有效地增强投保人的防灾意识；（3）降低免赔率：结合投保人的实际经济水平、防灾意识来制定免赔率，同时还可降低保险成本；（4）降低保单中要求的共保比例：投保人可以以较低的保费支出获得较为充分的风险保障，从而提升防灾的积极性。

（五）慕尼黑再保险的先进经验

慕尼黑再保险在多年的再保险业务中积累了不少先进经验，主要来看有以下五点：

第一，NatCatService 项目收集巨灾数据。慕尼黑再保险的 NatCatService 是世界上最大的自然灾害数据库，保存着过去两千多年中最严重的自然灾害数据和自 1980 年以来所有的自然灾害数据。NatCatService 详细记录了每次灾害的伤亡人数、经济损失、保险损失等，同时数据库会定时出具各地区重点国家的损失报告，为各国巨灾保险的开展给出宝贵的指导意见。NatCatService 不仅是慕尼黑再保险开展巨灾保险业务的坚实基础，而且其资源为全世界共享，有助于全球共同抵御自然灾害。

第二，热点分析项目编制巨灾地图。慕尼黑再保险分析热点地区的巨灾风险，为保险产品的开发、评估、定价和承保提供了专业化的指导。它承保巨灾风险时，其首要关注点并非灾害本身，而在于灾害发生地的经济发展、人口密度等情况，这也是巨灾地图的编制缘由。一般来看，经济发展程度越高，人口和财产密度越大的地区，一旦发生自然灾害，商业保险公司面临的赔付压力就越大。因此，慕尼黑再保险通常会针对某一特定地区的经济发展状况来设定具体的巨灾保险费率。

第三，巨灾保险证券化。由于巨灾风险集中、发生突然、赔付巨大的特点，巨灾保险要求保险公司在保单有效期的每一时点都拥有充足的巨额资本金，以应对突发的巨额损失赔付。慕尼黑再保险作为再保险人，也必须保证公司时刻都具有强大的偿付能力。慕尼黑再保险通过发行巨灾债券将巨灾风险引入资本市场，利用资本市场强大的金融资本汇聚能力和风险分散能力，增强自身的偿付能力和承保能力，从而更好地将巨灾风险分散到市场中的每一位投资者身上，真正做到风险的分散。

第四，运用地理编码改善区域理赔管理。地理编码，即以经纬坐标的形式来表示巨灾风险投保人的地址和损失地点。经由统计处理，这些代表地址位置的数据可以与巨灾损失数据、气象记录数据等相结合，用于更加复杂的风险估测与更加灵活的保单设计。地理编码可以将损失精确至灾害发生的具体地理位置。因此，能够很容易地识别出明确损失区域以外的损失，从而快速处理可疑情况，有助于提高损失赔付的效率。此外，通过地理编码方法，还有助于降低道德风险。

第五，慕尼黑再保险公司与市场中大多数保险公司均有业务合作。在与不同的商业保险公司进行业务往来时，慕尼黑再保险会根据其承保的巨灾风险来搭配乘数、溢额等比例再保险产品和事故超赔等非比例再保险产品。通过这种做法，慕尼黑再保险能够策略性地转移自身承担的巨灾风险，并提高再保险业务的盈利能力。举例来看，在2013年10月的台风"菲特"中，慕尼黑再保险的业务参与情况大致如下：平安产险、太平洋产险等10家直保客户；巨灾事故超赔、高价车乘数分保等11条合约，从而巧妙地避开了巨额赔付。

五、结　语

在漫长的发展历史中，德国逐渐形成了"商业运作为主，政府协助为辅"的巨灾保险体系。随着人类活动的愈发频繁和自然灾害的频发，世界各国纷纷开始重视巨灾保险项目，但由于巨灾风险难以估测且赔付金额高，目前多是以政府为主导的巨灾保险基金，常常出现亏损。而德国却凭借其历史悠久、体系完善的保险市场，依靠市场化的私营保险公司进行巨灾的估算和赔付。政府几乎不加干涉，充分调动市场的力量，保证市场的效率。对于世界整体以政府为主的巨灾保险体系而言，德国商业化的巨灾保险市场无疑有重要的研究价值。

第一,德国巨灾保险体系市场化程度高,政府几乎不对巨灾保险进行干涉,只负责为其提供监控数据、修建各类工程性巨灾防护措施。目前,德国巨灾保险市场主要由各个分散的投保人、各个独立的保险公司以及各再保险公司三部分运作。通过委托代理关系,进行三次风险转移,是其风险分散和保险运作的主要模式。此外,德国保险市场在世界体系中一直居于领先地位。当巨灾风险在全球共识下尚为不可保风险的时候,德国的先锋保险企业就已经开始开展巨灾保险的业务。因此,德国巨灾保险的优势也十分显著。

第二,德国巨灾保险资金的来源有以下四个渠道:投保人向保险公司缴纳的保费、对保费收入进行投资所带来的投资收益、再保险公司赔付的金额以及巨灾保险证券化所筹集的资金。同时,为了保障商业保险公司的赔付能力,德国巨灾保险制度中还涉及了多层次的风险分散机制。德国商业保险公司可以通过将标的物转移给再保险公司来分散风险,而再保险公司还可以通过证券化的方式将风险分散至资本市场中,使得成千上万的投资者共同承担巨灾的风险。

第三,德国巨灾保险市场的整体运营情况良好,直保保费收入和再保保费的收入都呈稳定上升的态势,保险业整体长年处于盈利的状态。即使是在自然灾害频发的年份,德国的保险公司仍能够保持盈利。但我们也应意识到,德国巨灾保险市场中仍然存在着亟待解决的问题。当前面临的最主要问题在于,巨灾保险市场以私人防灾为主,缺乏有效的政府引导和调控。基于保险业的高度市场化,在德国巨灾保险市场中普遍存在着逆向选择和道德风险的问题,直接影响到了巨灾保险保单的效率。

第四,德国慕尼黑再保险公司(Munich Re)作为全球最大的再保险公司,是将保险业与巨灾风险结合在一起的典范。针对巨灾保险与传统保险的差异之处,慕尼黑再保险在历史巨灾数据收集、巨灾地图编制、巨灾模型构建等方面都进行了深入的研究。当前,慕尼黑再保险运行状况良好,其总保费收入呈现出逐年递增的情况,其发展经验为全球范围内的再保险公司提供了绝佳的模板。慕尼黑再保险长期以来从事巨灾再保险的业务,促进了德国乃至世界各国巨灾保险风险分散体系的发展,进一步扩大了风险分散的范围。

第三篇
政府与市场合作模式

第九章　日本地震再保险公司（JER）

第十章　土耳其巨灾保险共同体（TCIP）

第十一章　加勒比巨灾风险保险基金（CCRIF）

第九章

日本地震再保险公司（JER）

日本位于亚洲东部、太平洋西北，是一个多山的岛国。日本群岛地处亚欧板块和太平洋板块的交界地带，即环太平洋火山地震带，火山、地震活动频繁。平均每3年就会发生1次危害较大的地震。日本历史上发生的损失严重的地震有1923年关东大地震（7.9级）、1995年阪神大地震（7.2级）、2004年新潟地震（6.8级）、2008年日本东北地震（7.2级）和2016年九州岛熊本县大地震（6.5级）。频发的地震灾害造成了大量的财产损失与人员伤亡，给日本的国民经济和生活带来了巨大的损害。

为减轻地震巨灾带来的损失，保证民众生活环境与国家经济发展环境的稳定。日本政府与保险公司通过调整与修正，建立了世界上最为发达的地震保险制度，成立了日本地震再保险公司（Japan Earthquake Reinsurance Company，JER）。JER由各财产保险公司按市场份额出资成立，在日本地震保险制度中居于核心地位，是民间保险公司与政府之间的纽带。自成立以来，JER有效应对了多次巨灾风险。在2011年东日本大地震与2016年熊本县大地震中，JER通过及时有效的运作，充分发挥了灾后赔付职能，避免了保险人偿付危机的发生。

本章在简要归纳国内外对JER现有文献的基础上，分析了JER的概况、运行机制和运行状况，并对2011年东日本大地震进行案例分析。第一部分介绍了文献综述；第二部分阐述了JER的产生背景、组织结构与主要优势；第三部分从资金来源、赔付安排、费率厘定、损失评价标准与运作流程等角度分析了JER的运行机制；第四部分从保费收入、责任准备金提取、投资收入与赔付状况等角度介绍了JER的运行情况；第五部分则以2011年东日本大地震为具体案例，分析了JER在巨灾保险制度中的核心作用。

一、文献综述

当前国内外现有分析JER的文献，主要分为以下三个层面：

第一，从宏观角度，全面介绍 JER 的成立背景、签订机制、赔付标准、责任分配，展现 JER 的基本情况。滕五晓、加藤孝明（2003）较早介绍了 JER 的成立背景与运营流程，详细地分析了地震险的加入方式、赔付金额、费率厘定等内容；施锦芳（2013）在此基础上研究了东日本大地震后 JER 与日本地震保险制度的新发展方向，指出提高附加地震险比率，降低地震险限额，采取新的费率核算方式是 JER 改进的目标。这类文献也指出了 JER 存在不满足大数定律、存在逆向选择、客户量不足等问题。

第二，深入剖析 JER 的风险管理与风险分散机制，描述日本地震保险制度如何有效应对巨灾风险。娄湘恒、张铁伟（2011）通过构建框架，将风险管理分为风险分散、风险控制和责任准备金提存与管理三个方面，全面地分析了日本风险管理体系的优越性，并指出该体系具有政府主导、政商责权明晰、宏观微观相结合等三大主要特点，对民众防震减灾具有积极的引导作用；李昕（2011）则认为该风险管理体系仍存在赔付上限较低、逆向选择可能性高、风险分散渠道单一等亟须解决的问题。

第三，将世界主要国家的巨灾保险制度进行横向比较，归纳出主要的巨灾保险模式，为我国相关制度提出建议。张雪梅（2008）按照地域将主要模式划分为美国模式、欧洲模式、日本模式与新西兰模式。许均（2009）通过对七个国家具体巨灾制度的比较，将巨灾保险模式分为政府包揽、全面市场化以及政商合作三种模式。他还指出 JER 对企业财产的保险属于市场化模式，而对家庭财产的保险属于政商合作模式。贾清显、朱铭来（2009）通过对美国加州、日本和新西兰地震保险基金制度的分析，为我国巨灾保险制度的建设提出了建议。

二、JER 概述

（一）产生背景

日本于 20 世纪 20 年代开始研究地震保险的有关问题，但直到 1966 年，地震保险制度才成功建立。1923 年关东大地震后，日本通产省于 1934 年提出"地震保险制度大纲草案"，提出将地震险强制附加在火灾险上，但因遭到保险界反对而未正式提交。1944 年，日本通过《战时特别非人寿保险法》，实施地震保险制度，以安抚民众和维持社会秩序。但是，该法案仅实施了一年八个月。此后，日本政府建立地震保险制度的努力多次以失败告终。最后，日本政府于 1966 年出台了地震保险相关法律，这标志着地震保险制度的开端。

1966 年，日本国会制定《地震保险法》和《地震再保险特别会计法案》，建立起以资助灾民安定生活为目的，以政府再保险为前提的公共性灾害保险，即由政府对商业保险公司承担的部分地震保险责任进行再保险。其中，《地震保险法》将可保对象限定于住房和生活用品，不包括价值超过 30 万日元的贵重物品。日本后来颁布的《地震保险相关法律》鼓励居民投保地震险，为日本地震保险制度的完善创造了良好规范的环境。因此，完善的法律体系为日本地震保险制度的发展打下了坚实的基础。

在这一商业保险公司与政府共建的地震保险制度中起到核心作用的是日本地震再保险公司（JER）。JER 是日本唯一获准专门经营地震保险再保险业务的公司，成立于 1966 年《地震保险法》出台之后。《地震保险相关法律》和《有关地震保险法率施行令》共同制定了各商业保险公司向 JER 进行全额投保及后续风险转移机制的安排。按照 1966 年 5 月 18 日出台的地震保险法律，JER 于 1966 年 5 月 30 日由 20 家日本本土非寿险保险公司共同出资 10 亿日元组建，并在 6 月 1 日获得地震保险牌照并开始运营。

JER 成立的直接动因是 1964 年 7.5 级的新潟地震。这次地震给日本国内带来了巨大损失，同时也促使政府开始全面审视地震保险制度，建立了新的地震保险系统。该系统建立 50 年以来，经历了三次较大的补充与修正：（1）1978 年宫城地震后，JER 扩大了理赔范围，降低了理赔标准；（2）1987 年千叶省东海岸地震后，JER 决定建立损失分级制度，完善了对于地震受灾损失的评价体系；（3）1995 年阪神大地震后，JER 为了吸引更多居民购买地震保险，进行了一系列调整，包括扩大索赔范围，建立折扣制度等。

（二）组织结构

如图 9-1 所示，JER 的公司组织结构简明清晰。JER 是由各私人保险公司出资成立的，发挥了私人保险公司和政府之间沟通的纽带作用。JER 由日本 20 家非寿险保险公司组建，是全国唯一的地震再保险公司。同时，JER 由日本政府背书，得到了政府的强大财政保障。JER 负责管理私营机构的责任准备金余额，并通过超额损失再保险把部分地震风险赔付责任转移给政府和商业性的非寿险保险公司。JER 还是日本地震保险制度的理赔单位，核心地位显著。

巨灾保险基金研究

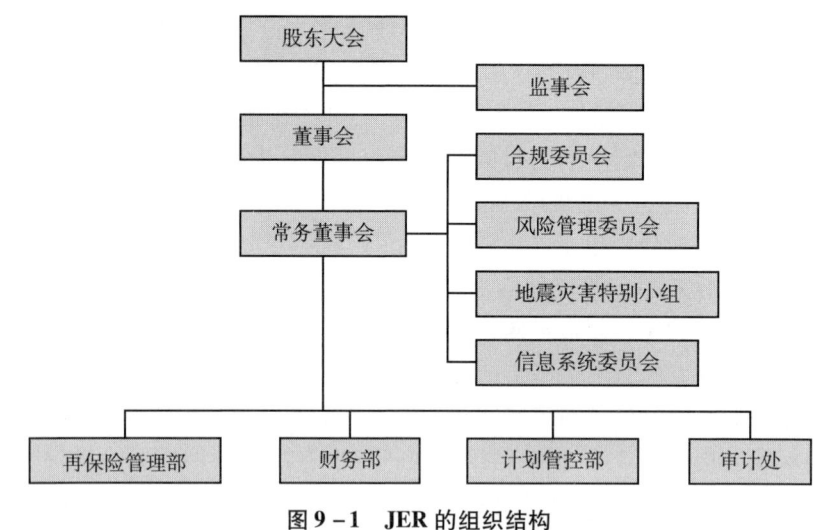

```
                    股东大会
                       |
                       |────────── 监事会
                       |
                    董事会
                       |
                       |────────── 合规委员会
                       |
                    常务董事会 ──── 风险管理委员会
                       |
                       |────────── 地震灾害特别小组
                       |
                       |────────── 信息系统委员会
                       |
    ┌──────────┬──────┴──────┬──────────┐
 再保险管理部  财务部      计划管控部    审计处
```

图 9-1　JER 的组织结构

资料来源：Japan Earthquake Reinsurance Co., Ltd., *Annual Report*, 2016.

JER 具有一整套完善现代的公司治理模式。股东大会可以向董事会、监事会和会计审计员下达任命或者遣散的指令。监事会与会计审计员相互合作，共同对董事会和常务董事会进行审计。常务董事会下的各委员会或者小组向常务董事会提交报告，并接受内部审计部门的审计。向常务董事会报告并接受内部审计的还有执行部门。执行部门包括再保险管理部、财务部、计划管控部以及审计处。内部审计与外部审计相结合的模式保证了监督的效率与质量，有助于提升公司的运行效率。

JER 组织结构中一个显著的特点是地震灾害特别小组的设立。这一特别小组是常设机构，由全职主管与各部门经理组成，专门负责大地震灾后的赔付、地震抗灾系统建设的监督与阶段性地震演习的组织。该小组日常负责推进公司地震抗灾系统的建设，其目的是为了保证如果地震灾害在东京等主要城市发生，JER 能不因公司基础设施遭到破坏，正常完成赔付工作。地震灾害发生后，该小组处于公司工作的核心地位，负责调控与组织，确保赔付尽快完成。这一特别小组是 JER 能够及时有效应对巨灾赔付的原因。

（三）主要优势

JER 和以 JER 为核心的日本地震保险制度具有四点主要优势：

第一，采用二级再保险模式，通过反复分保分散地震风险，并由政府提供最终支持。因为巨灾的发生是全面性、系统性的，巨灾保险理论上会给承保公司带来巨大风险。若保险公司以单一主体承担保险，那么巨灾一旦发生，保险公司将承受巨大的赔付压力。在日本独特的地震保险制度中，JER 为保险公司提供再保险，又再次向多家保险公司分散风险，政府提供最终财务支持的二级再保险模式，有效分散了地震风险，使得巨灾赔付成为切实可行的保障。

第二，区分家庭财产与企业财产，以不同保险模式进行保险。企业财产地震保险仅由保险公司提供，而家庭财产地震保险则由保险公司与政府共同提供。这一举措使得地震风险可控，避免加重财务负担，又有利于为家庭提供良好的保障，表明地震保险意在灾后济民。对于抗风险能力相对较强的企业，政府不做最后支持。由于家庭和企业的财产规模和风险承受能力不同，JER 依对象确定赔付额度与赔付主体，有助于提升整个保险机制的效率，使政府的赔付成本在可控范围之内，避免财政负担。

第三，建立了完善的灾后损失评价标准，扩大了索赔范围，增加了保险惠及对象。在多年的实践中，JER 建立了完整的受灾评价标准。依据房屋受损程度，分为"全损失"、"半损失"与"部分损失"三个等级，分别给予全赔，赔付 50% 与赔付 5% 的保险金。分级措施确保大部分民众能够在灾后得到一定补偿，同时也控制了赔付金额。对于财产损失较轻的家庭，给予少量赔付，这同样有助于提升整个系统的效率。此外，完善的相关法律与灾后损失评价标准相适应，保障了赔付手续的顺利进行。

第四，公益性较强，且能豁免缴税。JER 设立的初衷是作为政府的辅助，提升国民福利水平，并非出于盈利性目的。自成立以来，JER 净利润一直维持在较低水平，甚至在巨灾发生的年份，可能出现净利润为负的情况。这说明 JER 自身的公益性较强，以社会福利水平作为自身运行的一大重要指标。JER 公益性也体现在税收豁免方面。自 2007 年起，日本地震保险保费可豁免缴税。日本实行地震保险保费税收豁免制度有利于提高国民参保意愿，进一步提升了地震保险普及率。

三、JER 的运行机制

（一）资金来源

JER 由各私人保险公司按照市场份额出资成立。参与的各非寿险保险公司按持股比例共同出资 10 亿日元，其他资金来源于非寿险保险公司缴纳的再保险费和资金运用收益。截至 2016 年 5 月 31 日，JER 的持股比例在 10% 以上的股东有：东京海上日动火灾保险公司（26.9%）、日本财产保险有限公司（26.5%）、三井住友保险公司（16.9%）与爱和谊日生同和财产保险公司（12.8%）。这样的设置保证了 JER 在受到政府保护的同时，也可以以商业保险公司的身份运作。

JER 的另一个资金来源为保险费收入。保险险种的费率厘定遵循"不盈利不亏损"原则，由财险费率厘定基础费率，而非由各保险公司自行决定，所收保险费全部积累作为将来地震发生时的保险赔款准备。投保人支付的保费扣除必要费用后即作为责任准备金，各保险公司和政府都有义务累计责任准备金。为保证责任准备金安全，其投资集中于存款、国债、货币信托和政府信托债券等。同时，为了保证灾害发生时能够及时完成赔付，JER 十分注重对资金流动性的保护。

JER 另一个重要的资金来源便是投资收入。投资收入对于保险公司来说是有力的财务支柱。由于要应对随时可能出现的大地震，JER 的投资追求低风险与较高回报。因此，JER 首先投资于市政债券、公司债券和海外资产；其次是银行生息存款；然后是购买的商业票据，极少投向股票市场。因此，其投资收入主要受到存款利率，贴现率和所购买的承兑企业的信用影响。截至 2015 年，公司资产中的投资资产已达到 6 902.58 亿日元，占公司全部资产的 97.3%。

（二）责任准备金

为应对大规模地震灾害的发生，《地震保险相关法律施行规则》规定保险公司和政府有义务对地震保险业务提存责任准备金。各商业保险公司应提取被分配的与责任负担额相对应的保险费作为责任准备金，其运用收益也要计入责任准备金。为了在地震发生时能够将保险金迅速发放到灾民手中，所有商业保险公司提取的责任准备金由 JER 统一管理和运用。为了保证责任准备金具有很好的安全性和流动性，法律规定责任准备金只能投资于银行储蓄、国债、政府担保债券等，以便地震灾害损失能够及时得以补偿。

法律规定，政府也应将收到的再保险费作为责任准备金提存，其运用收益同样要计入责任准备金。不同于 JER 与非寿险保险公司，根据《特别会计相关法律》的规定，政府提存的地震保险责任准备金在管理上要和一般会计区分开。政府要在特别的账户下存放政府准备金，称为地震再保险特别会计。在 2015 财年结束时，JER、非寿险保险公司和政府三者的地震保险准备金积累分别达到了 4 645 亿日元、781 亿日元和 13 250 亿日元，总额为 18 667 亿日元。

第九章 日本地震再保险公司（JER）

（三）赔付能力安排

为了分散风险，地震保险合同首先全部集中于JER，然后JER再进行分保。依据《日本地震保险法》，私营保险公司应与JER订立再保险协议，将其承保的地震险的100%分出给JER。如图9-2所示，JER对于集中的地震保险合约有三种处理方式：一部分反向各私人保险公司进行转分保；一部分向日本政府进行再保险；剩下的部分由JER自身承担。每场地震支付的保费总额事先固定。总体来看，JER、商业保险公司和政府三者的赔付责任上限分别为2 700亿日元、398亿日元和109 902亿日元，总赔付额上限为11.3万亿日元。

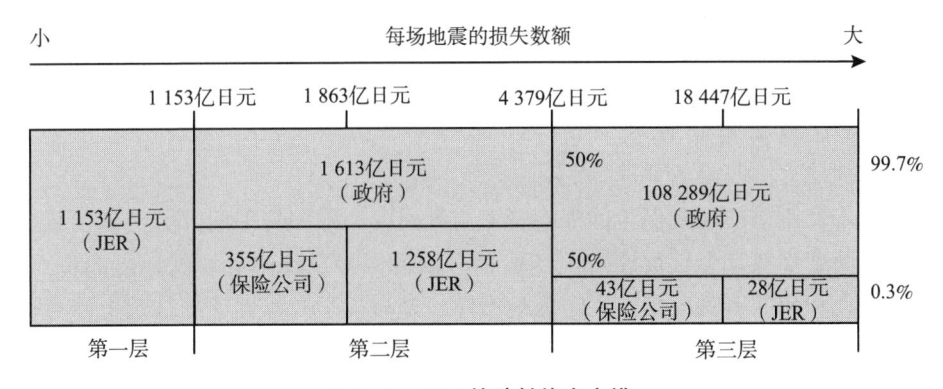

小	每场地震的损失数额				大	
	1 153亿日元	1 863亿日元	4 379亿日元	18 447亿日元		
1 153亿日元（JER）	1 613亿日元（政府）		50%	108 289亿日元（政府）		99.7%
	355亿日元（保险公司）	1 258亿日元（JER）	50%	43亿日元（保险公司）	28亿日元（JER）	0.3%
第一层	第二层		第三层			

图9-2　JER的赔付能力安排

资料来源：Japan Earthquake Reinsurance, *Annual Report*, 2016.

第一层，JER单独为地震支付赔偿额，上限为1 153亿日元。该层索赔额经过了几次调整。2011年后由于东日本大地震，JER层面的索赔额被调整至1 150亿日元。2014年，由于赔付压力渐小，JER层面的索赔额重新降低至1 000亿日元。但是在2015年，由于"东海地震说"的预警，以及经济的逐渐好转，日本政府扩大了总赔付限额。因此，JER层面的索赔额被调高至1 153亿日元。目前，历史上仅有东日本大地震的赔偿额超过了该层限额，赔付额排名第二的兵库县南部地震总赔付额仅为783.46亿日元，说明该层赔付能够使JER独自应对绝大部分地震。

第二层，政府和非寿险保险公司开始承担赔付责任，和JER共同支付1 153亿日元到4 379亿日元之间的索赔金额。第二层的设置是为了缓解JER的财政压力，同时让商业保险公司承担一定赔付责任，避免商业保险公司在再保险阶段出现逆向选择问题。在该层，先由政府与商业保险公司按照1∶1的比例进行赔付，直到赔付额达到 1 863 亿日元，即商业保险公司赔付 355 亿日元后，转由 JER 与政府继续赔付。JER 在本层的赔付限额为 1 258 亿日元，直至赔付总额达到 4 379 亿日元，本层赔付结束。总体来看，商业保险公司与 JER，政府在本层承担的比例为 1∶3.5∶4.5，较为合理。

第三层，政府负责赔付超过 4 379 亿日元的索赔金额中的绝大部分（99.7%）。通过这一层设计，每当地震索赔额超过一定数值，超额的赔付责任就会由相关的机构分担，这被称为超额赔款再保险。第三层同样先由政府与商业保险公司进行赔付，赔付总额达到 18 447 亿日元后，此时商业保险公司在该层赔偿额为 43 亿日元，再由 JER 与政府共同赔付。JER 在本层赔付限额为 28 亿日元。而政府的赔付限额为 108 289 亿日元，支付超额赔款再保险中的绝大部分索赔额。总体来看，商业保险公司与 JER 承担的比例为 1.54∶1，较为合适。

（四）保险费率厘定

日本家庭财产地震保险的保险费率由纯费率和附加费率两部分构成。它由损害保险费率算定会负责厘定。纯费率由损害保险费算定会根据地震的特点，参考长期积累的有关数据，在听取地震学、地震工学专家意见的基础上计算得到。纯费率等于根据未来可能赔付，计算的恰当风险报酬率，附加费率等于根据非寿险保险公司的运营成本和代理费用计算的承载率。实际采用的保险费率，是在上述计算所得保险费率的基础上，再乘以折扣率。该折扣率由所保建筑的抗震能力决定，抗震能力越强，建成时间越短的建筑，其折扣率越大。

家庭财产保险的附加费率中不包括保险公司的预期利润率（施锦芳，2013）。这是因为家庭财产的地震保险具有非商业性。同时，由于有政府作为承保主体参与其中，家庭财产地震保险的保险率水平的确定要考虑居民家庭和政府财政的承受能力两个因素，尽可能较低。由于不同地区和不同性质的财产地震风险的大小不同，地震保险费率存在地区和财产性质的差异。民间保险公司的利润不含在内。但其中的 26.5% 作为附加费率，用于支付民间保险公司的承保和理赔费用后，保费节余自动转为准备金。

《日本地震保险相关法律》的规定满足标准的建筑物可以享受保费折扣，具体为以下四类：（1）符合法律规定的隔震建筑物；（2）达到法律规定的抗震等级的建筑物；（3）抗震加固后达到现行法律规定的抗震性能的建筑物；（4）1981 年 6 月以后建造的建筑物。以上建筑在加入地震保险时，包括所容纳的家庭动产在内给予一定的费率折扣，即隔震建筑物折扣、抗震等级折扣、抗震诊断折扣、建筑年限折扣。此项优惠能够激励居民对自有住宅进行抗震加固，引导地产开发商建造具有较强抗震性能的房屋，以此提高社会的抗震防灾能力。

保险公司是企业财产地震保险的承保主体，并负责费率的厘定。这与家庭财产地震保险不同。在设定保险费率时，保险公司可以按照自己的模式进行设定。由于不同地区、不同结构、不同建筑时期的建筑物的所面临的地震风险程度不同，企业财产地震保险的费率也有差别。当地震发生后，企业财产的赔偿责任完全由商业性的保险公司承担，政府并不承担。考虑到保险公司的承保能力，保险公司将地震保险作为火险的附加险限额承保，即使地震发生时企业财产全损，保险公司也只赔偿全部损失的一部分。

（五）损失赔偿标准

日本地震保险是通过对保险标的受损情况进行勘察来进行赔偿的。赔偿额度分为全损（赔付地震赔偿金全额）、半损（赔付地震赔偿金的50%）和部分损失（赔付地震赔偿金的5%）。损失程度针对建筑物和个人财产的衡量标准不同，即通过这些财产的损失金额占该财产时价的比例来确定。投保人需要将地震保险的保险金额设定在火灾保险投保额的30%~50%范围内，保险金额对于建筑物不得超过5 000万日元，对于动产不得超过1 000万日元。这样的制度安排有效控制了风险，避免加重保险公司财务负担（见表9-1）。

表9-1　　　　　　　　　地震损失的量化衡量标准

受损程度	居民住房		个人财产
	主要建筑结构损失	被烧毁或冲走的地面面积	损失或毁坏程度
全损失	时价50%及以上	70%及以上	时价的80%及以上
半损失	时价的20%及以上，50%以下	20%及以上，70%以下	时价的30%及以上，80%以下
部分损失	时价3%及以上，20%以下	地表浸水45cm及以上	时价的10%及以上，30%以下

资料来源：Japan Earthquake Reinsurance, *Annual Report*, 2016.

（六）运作流程

JER转分保的具体流程如图9-3所示。根据《地震保险相关法律》《有关地震保险法率施行令》等相关法规规定，JER转分保的具体流程通过三个特别签约和风险自留实现：（1）"A特别签约"是指保险公司在收取保险费后，向 JER 全额投保；(2)"B 特别签约"是指 JER 向各保险公司购买的再保险；(3)"C 特别签约"是指 JER 向政府购买的再保险；(4) JER 通过"B 特别签约"与"C 特别签约"将风险向政府和保险公司进行转分保后，剩余风险由 JER 自身承担。

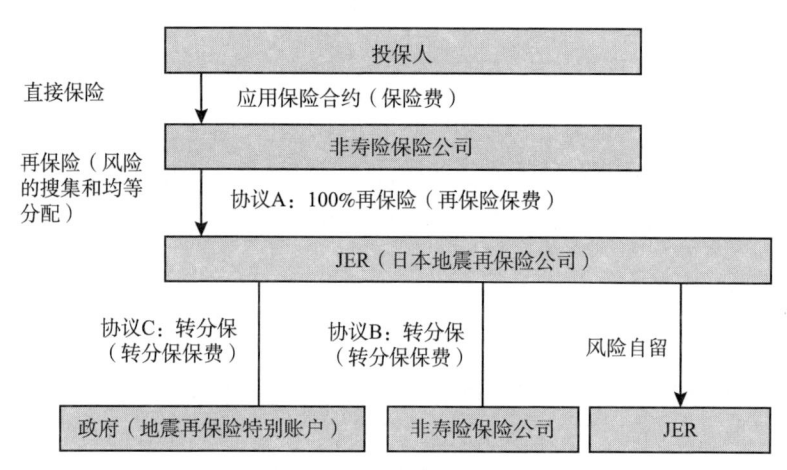

图 9-3　JER 的再保险流程

资料来源：Japan Earthquake Reinsurance, *Annual Report*, 2016.

四、JER 的运行情况

（一）保费收入

如图 9-4 所示，2001~2015 财年 JER 的净承保保费收入总体呈现稳步增长的趋势。截至 2007 年 3 月，JER 的保费收入为 1 554 亿日元，占财产保险全体业务保费收入的 1.7%。随后几年内，保费收入增长迅速。截至 2016 年 7 月，已生效的合约数量达到了 1 600 万份。2014 财年，日本对保费费率进行了上调，净签单保费收入为 1 089.94 亿日元。2015 财年，净签单保费收入达到 1 219.86 亿日元。保费收入的持续上升表明 JER 运作稳定良好，为随时可能发生的损失赔付提供了良好的保障。

（二）责任准备金提取情况

责任准备金也是 JER 运行情况的一大重要指标。JER 提取的地震保险责任准备金包括保险准备金与风险准备金两部分。保险准备金为保费收入扣除所支付的保险金和经营费用后的剩余资金。JER 通过保留投保人支付的风险报酬金来提取风险准备金。责任准备金的设置为地震保险构筑起了一道安全的屏障，保证 JER 在发生巨灾时不会面临挤兑的风险。由于责任准备金对 JER 的运营具有重要意义，JER 在每年的年报中都会披露过去一财年中责任准备金的提取情况与收益情况。

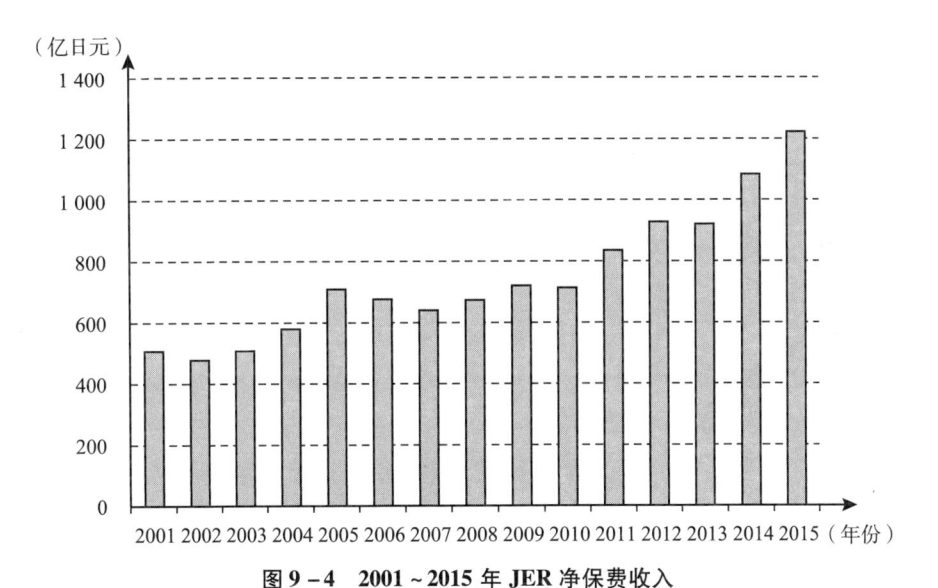

图 9 - 4　2001~2015 年 JER 净保费收入

资料来源：Japan Earthquake Reinsurance, *Annual Report*, 2006-2016.

图 9 - 5 描述了 JER 在 2011~2015 财年包括风险准备金与保险准备金两部分的责任准备金数额。2011 年东日本大地震之后，民间商业保险公司普遍陷入了赔付危机，准备金储备额锐减。因此，JER 与政府在近五年来更加注意责任准备金的储存与维护，使得责任准备金数量保持了逐年稳步增长的态势。2015 财年，JER 提取的保险准备金为 6 273.45 亿日元，风险准备金为 4 645.84 亿日元，分别较前一年度增长了 12.7% 和 11.4%。JER 每年责任准备金的增加额都维持在较高水平，表明 JER 整体运营状况良好，保证了巨灾保险体系的顺利运转。

巨灾保险基金研究

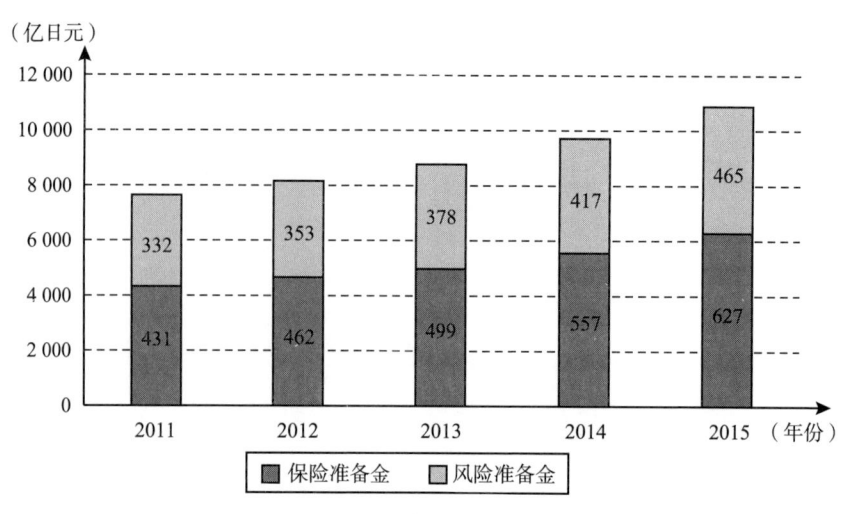

图 9-5 2011~2015 年 JER 责任准备金数额

资料来源：Japan Earthquake Reinsurance, *Annual Report*, 2016.

（三）投资收入

如表 9-2 所示，近年来 JER 的投资收入呈现逐年递减的趋势。就绝对数量来看，JER 的投资收入总额从 2011 年的 71.13 亿日元跌至 2015 年的 24.68 亿日元。就收益率来看，JER 的投资收益率从 2011 年的 1.2% 下降至 2015 年的 0.38%。JER 的投资以银行存款与有价证券为主。一方面，受宏观经济影响，由于经济停滞，银行调低利率，存款利息收入下降，且金融市场整体态势下滑，有价证券投资收入减少；另一方面，JER 总体投资方向局限较大，未能充分利用国际市场分散风险。因此，近年来投资收入与收益率显著下降。

表 9-2 JER 2011~2015 投资收入与收益率 单位：亿日元

	2011 年		2012 年		2013 年		2014 年		2015 年	
	金额	收益率	金额	收益率	金额	收益率	金额	收益率	金额	收益率
存款利息收入	0.83	0.69	0.32	0.18	0.23	0.09	0.28	0.10	0.34	0.06
短期贷款收入	0.46	0.05	0.08	0.05	0.07	0.04	0.23	0.03	0.08	0.02
商业票据收入	—	—	—	—	—	—	0.15	0.10	1.44	0.08
有价证券	69.83	1.43	45.49	0.96	32.48	0.66	26.42	0.59	22.80	0.62
总计	71.13	1.20	45.89	0.90	32.79	0.61	27.10	0.47	24.68	0.38

资料来源：Japan Earthquake Reinsurance, *Annual Report*, 2014-2016.

JER 的投资收入主要来自存款利息收入与有价证券收益，辅以短期贷款收入与商业票据收入。存款利息收入受到银行利率影响，目前维持在 0.06%，而有价证券收益率在 0.62%。商业票据与短期贷款作为货币市场工具，其性质大致与存款类似。这样的投资结构不仅保证了投资的谨慎性与稳健性，而且新的货币市场工具也使得 JER 的投资行为更加灵活。然而，JER 的投资收益率持续下降。2011～2015 财年，有价证券的投资收益率从 1.43% 降至 0.62%，存款利息也从 0.69% 跌落至 0.06%。

由于投资收益率下降，JER 对其投资结构进行了调整。JER 保持了稳定的投资资产比例，但其结构发生了显著变化。JER 近年来总投资资产占总资产比例稳定在 97% 左右，表明 JER 在政府扶持、银行扶助的背景下，对于投资收入的预期仍然良好。JER 的投资结构调整发生在 2014 与 2015 财年。有价证券投资占比在 2011～2013 年稳步上升，随后逐年下降。银行存款占比自 2014 年起显著上升。短期贷款与商业票据占比在 2014 年上升，2015 年下降。

投资策略的及时调整，帮助 JER 维持了一定数量的投资收入，实现了投资目标。由于商业票据收益率比存款和短期贷款利率要高，JER 在 2014 财年采用了新的商业票据投资，实现了部分止损，减少了收益率下降的幅度，但并未扭转此趋势。2015 财年，受到海外需求不振影响，日本经济陷入停滞，投资收益下降。JER 减少发放短期贷款，增加银行存款，同时削减了有价证券的投资，以避免受到金融市场大幅波动的影响。因此，从投资收入的角度来看，目前 JER 运行状况良好。

（四）赔付状况

与保费收入不同，JER 的赔付支出呈现出明显的波动性。如图 9-6 所示，2011 年发生的东日本大地震使得 JER 在 2011 年的净损失率高达 282.9%，远远高于其他年份。随后几年内，JER 的净损失率持续下降。2015 财年，净损失率下降为 5.3%，说明 2011 年东日本大地震带来的赔付影响正逐渐消退。日本金融厅 2011 年表示，东日本大地震的普通保险金和互助保险金合计实际赔付金额已达到 1.8 万亿日元，预计赔付额约为 2.7 万亿日元，其中地震保险为 1.05 万亿日元。

图 9-7 显示了 2011～2015 财年 JER 的净索赔金额，平均每年的净索赔支出为 516.79 亿日元。无论从赔付金额还是赔付件数角度，2011 年 3 月 11 日发生的 9 级东日本大地震都是近年来损失最为惨重的一次地震。由于东日本地震，JER 支付的保险金总额为 12 241 亿日元，其中政府再保险部分为 5 545 亿日元。此外，2016 年 4 月 14 日熊本县发生 6.5 级大地震。截至 2016 年 6 月 27 日，由于熊本县地震，已

经发生的赔付总额为 3 285.32 亿日元，已赔付案件为 209 293 件。

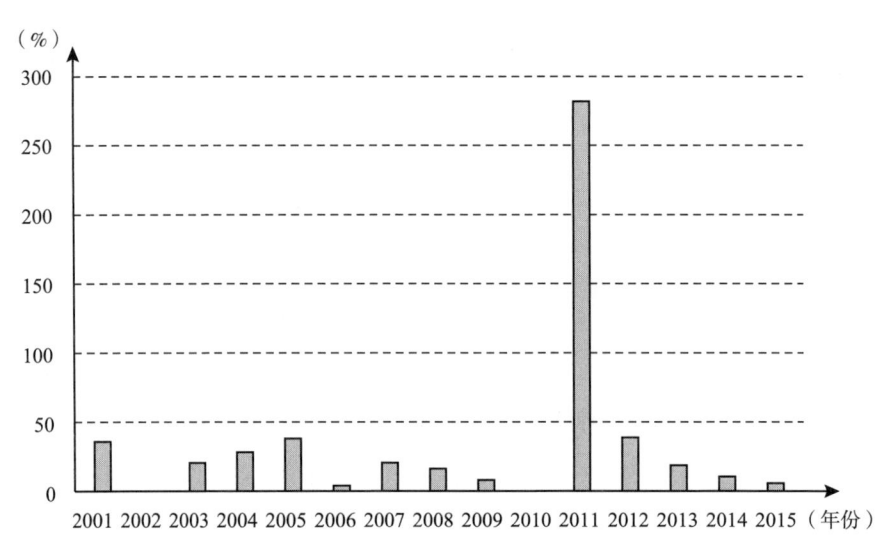

图 9-6　2006~2015 年 JER 净损失率

资料来源：Japan Earthquake Reinsurance, *Annual Report*, 2006-2016.

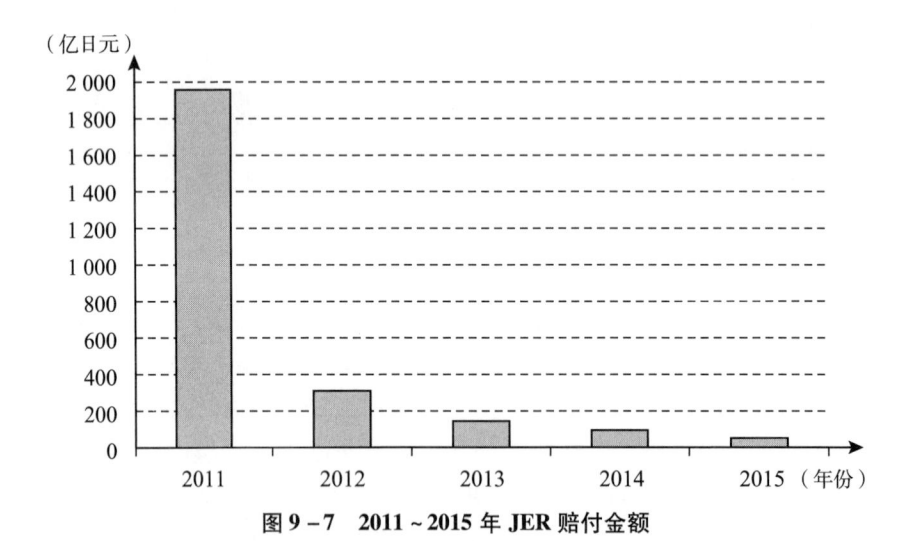

图 9-7　2011~2015 年 JER 赔付金额

资料来源：Japan Earthquake Reinsurance, *Annual Report*, 2012-2016.

（五）问题与挑战

由于日本地震的多发性和复杂性，日本的地震保险制度仍然面临着较大的问题（娄湘恒、张铁伟，2011；滕五晓、加藤孝明，2003）：

第一，承保限额和总赔付限额有待进一步提高。虽然目前 JER 赔付总额已经提高到 11.3 万亿日元，但仍不足以较充分地赔偿居民损失。当前法律规定，地震险只能承保火险价值的 30%~50%，严重降低了地震险的便民利民程度。如专栏 9-1 所示，在日本国内，"东海地震说"不断被提起，随时可能发生的"东海大地震"在日本引起高度重视。若预测成真，"东海大地震"预计将造成 31 万亿~37 万亿日元的经济损失，是目前最高总赔付限额的 3 倍多。因此，加快制定提高总赔付限额和承保限额的措施刻不容缓。

专栏 9-1　日本东海大地震预测预报

20 世纪 70 年代初期，日本东海地震活动性增强。日本地震学家预测，在沿日本西南海岸的海沟将发生一次"东海大地震"。1976 年日本地震预报联络会认为，日本东海地区存在发生 8 级地震的可能。

日本政府积极应对预期的东海地震。东京市和静冈县专用于地震规划的预算，每人每年 100 美元。1997 年，静冈县预防地震的规划已实施了三个五年计划，总投资已达 50 亿美元。"东海大地震"的预报也促进了地震立法工作。1978 年 6 月，日本政府通过了一个以地震预报为前提的、预防和减轻地震灾害为目的的大型的地震对策法案，称作《大地震对策特别措施法》。

2011 年 3 月 11 日，日本本州东海岸近海域发生了 9.0 级地震，并引发了海啸和火灾，造成了 13 232 人死亡、14 554 人失踪。目前，仍有约 14.1 万人在各避难所避难。尤其是地震使福岛核电站爆炸起火，造成核泄漏极大地加重了灾情。一百多年来有关日本东海大地震预测的争论有了结果。

资料来源：梁凯利、王峰：《日本东海大地震预测预报百年浮沉》，载于《国际地震动态》2011 年第 6 期。

第二，存在严重逆向选择风险。逆向选择风险存在于各种形式的保险之中，但对地震保险来说尤为突出。地震保险中的逆向选择风险是指地震保险的购买集中在地震风险度高的地区，地震危险性低的地区购买率较低。截至 2016 年 3 月 31 日，东京城区与南海海槽地区超过 30% 的居民家庭购买了地震险，而这两个地区在未来 30 年发生地震的概率高达 70%。目前日本地震保险的购买是非强制性的，这导致逆向选择问题更为突出，将增加保险公司面临的财务风险。

第三，向国际资本市场分散地震风险。尽管日本已采用了发行地震巨灾债券等风险转移方式,但其在地震保险国际化方面仍然落后于美国。日本国内的二级地震保险体制更像是一个自给自足的封闭系统。这也使得 JER 的投资渠道相对受限,且受日本宏观经济波动的影响巨大。2015 财年,受日本负利率的影响,JER 投资所获得的收益、分红等大大减少,使得公司年净利润已经接近于零。因此,如何利用国际资本市场分散地震风险与投资风险,是 JER 当前面临的严峻挑战之一。

第四,需要保证足够的客户量从而使大数定律发挥作用。目前日本地震保险覆盖率较低,民众从观念和意识上都没有充分意识到地震保险的重要性。即使在较易受地震影响的东京,南海海槽等地区,住户地震保险覆盖率只略大于 30%。虽然 JER 与政府已经采取一系列措施来扩大地震保险覆盖率,但目前客户数量仍不足以发挥大数定律的作用,导致保险公司的风险无法充分分散,财务隐患仍然存在。因此,如何出台新政策,提高地震保险的覆盖率,加强民众投保观念,是 JER 亟待解决的重要问题之一。

五、案例分析:2011 年东日本大地震

(一) 地震概况

2011 年 3 月 11 日,日本东部三陆海岸发生了历史上最大的一次地震。该次地震震级达到了里氏 9.0 级,伴随着剧烈的余震和大海啸,日本东北与关东地区遭受了前所未有的大灾难。截至 2016 年,东日本大地震已经造成了 6 级以上余震 2 次,6 级以下余震 2 次,5 级以上余震 17 次,5 级以下余震 47 次,4 级及以下余震 282 次。日本政府把这次地震,连同它引起的余震、海啸等,一起称为"东日本大地震"。这次地震是对一直以来日本国内流行的"东海地震说"一个直接的回应,也是检验日本保险制度有效性的一次巨大挑战。

东日本大地震是近年来日本发生的最严重的地震,损失惨重。在人员伤亡方面,这次灾难造成 19 418 人死亡,2 592 人失踪,6 220 人受伤。在财产损失方面,地震造成的完全损毁的建筑有 121 809 座,半损毁的建筑有 278 496 座,部分损毁的建筑有 744 190 座。同时,该次地震带来的次生灾害还包括了海啸与核辐射。地震当日,亚洲区内股市 11 日全线下跌。日本日经平均指数下跌 1.72%,给日本经济带来了巨大影响。东日本大地震后,日本微观经济主体遭受重创,亟待保险赔付使其重获生机。

（二）JER 的应对措施

为了应对东日本大地震给国民带来的损失，JER 作为保险制度的核心，与政府和商业保险公司协同合作，制定并执行了一整套应急预案。首先，政府作为引导角色，由日本保险协会出面建立了地震保险指挥中心（GIAJ）。该中心在地震发生后，印发了大量宣传海报与保险手册，引导民众进行保险赔付。该中心另外设立了搜寻地震保险合同中心，为不清楚自己承包公司的受灾民众提供指导。通过电话与网页服务帮助民众迅速找到自身保险所对应的保险公司并及时进行索赔，有效提升了赔付效率。

其次，非寿险商业保险公司简化了损失确认程序，展开地震保险调查对灾情进行宏观把握，以便及时支付保险费。由于地震与海啸在岩手，宫城和福岛三个地区造成了巨大损害，非寿险商业保险公司以行业第一的原则，进行了联合损失调查。通过这次调查，非寿险商业保险公司对于同等受灾地区的民众损失情况进行区分。联合调查减少了现场检查的需求，以便保险公司根据受灾地区建立赔付中心。同时，为了满足客户的需求，GIAJ 也在官方网站公布总受灾面积与各地区受灾程度等情况。

再次，JER 通过"再保险赔付"，给予非寿险商业保险公司财政上的便利与支持，在受灾地区的初期重建中发挥了重要的作用。在东日本大地震发生当日，JER 即设立了地震灾害对抗中心。通过卖出证券等方式，为非寿险商业保险公司提供财务支持，保证赔付的顺利进行。JER 与 GIAJ 联合，通过广阔的沟通网络与保险临时点，简化赔付流程，丰富赔付手段，力求使所有受灾民众能够立刻得到部分保险金以维持正常的生活。这一宗旨为 JER 和商业保险公司的工作指明了正确方向。

最后，JER 在地震发生后的 20 天之内，通过出售投资证券的方式，筹得 3 224 亿日元用于赔付。紧接着，在地震发生后的 73 天之内，通过再保险票据，从政府处筹得 4 268 亿日元的赔付资金。由于地震保险系统从长期看是一个支出与收入相互平衡的系统，这部分资金是保险公司与政府多年来的保费收入准备金投资收益。得益于长期的积极准备，JER 得以在地震发生之后立刻通过销售投资资产的方式，迅速筹备了赔付资金，避免"钱荒"出现。因此，灾难发生后 75 日内，JER 即赔付给商业保险公司 9 686 亿日元。

（三）东日本大地震赔付情况

一方面，根据受灾程度的不同，地区之间赔付数量与赔付数额不同。表

9-3给出了东日本大地震详细的赔付情况,具体情况如下:(1)从受灾地区来看,受灾较严重的东北部地区赔付数量最高,赔付额较大。东北地区总赔付量为361 661件,总赔付额为7 834.27亿日元;(2)关东、四国、静冈地区受灾较轻。其赔付量为430 130件,总赔付额为4 798.10亿日元,位列次席;(3)北海道地区受到的损害最小的总赔付量仅有1 532件,赔付额为17.23亿日元,均为最低值。总体来看,受灾程度与赔付数量、赔付数额间呈现出明显的正相关关系。

表9-3　　　　　　　　2011东日本大地震赔付情况　　　　　　单位:亿日元

地区	省份	赔付量(件)	赔付额
	北海道	1 532	17.23
东北地区	宫城	244 548	5 568.86
	福岛	75 743	1 591.23
	岩手	26 744	577.13
	总计	361 661	7 834.27
关东、四国、静冈	茨城	106 700	1 562.60
	千叶	98 988	1 167.52
	东京	104 086	970.33
	总计	430 130	4 798.10
	其他省份	437	3.97
	总计	793 760	12 653.59

资料来源:Japan Earthquake Reinsurance, *Annual Report*, 2016.

另一方面,不同级别的受灾程度之间,同一地区存在赔付量与赔付额不匹配的问题。表9-4描述了2011年东日本大地震受灾最严重的东北地区按损失程度的赔付情况,具体情况如下:(1)在赔付方面,无论是建筑还是私人财产赔付,"部分损失"的赔付量最高,总计为240 070件,远高于"全损失"赔付的36 021件;(2)"部分损失"赔付额仅为1 099.37亿日元,远低于"全损失"所赔付的2 498.39亿日元。这表明目前的地震保险制度还存在着赔付不均衡的问题,相较于"全损失",赔付量较大的"部分损失",仅得到了较小的赔付额。

第九章 日本地震再保险公司（JER）

表9-4　　　2011东日本大地震东北地区赔付情况（按损失程度）　　　单位：亿日元

损失程度	建筑		私人财产		总计	
	赔付量	赔付额	赔付量	赔付额	赔付量	赔付额
全损失	22 866	2 064.83	13 155	433.55	36 021	2 498.39
半损失	64 769	3 027.27	75 645	1 209.23	140 414	4 236.51
部分损失	193 705	1 022.55	46 365	76.81	240 070	1 099.37
总计	281 340	6 114.67	135 165	1 719.60	416 505	7 834.27

资料来源：Japan Earthquake Reinsurance, *Annual Report*, 2016.

（四）JER存在的问题

首先，JER一个重要的改进方向为提高赔付总限额，调整赔付分配比例。2011年东日本大地震发生时，JER的赔付总限额为5.5万亿日元，难以覆盖地震带来的损失。随后，赔付总限额上升至11.3万亿日元，总体的赔付额度翻了一番；另外，按照当时的地震赔付额度分配，JER与商业保险公司都背负了沉重的债务负担。在赔付责任调整后，JER与非寿险商业保险公司的债务负担减轻，有利于保险制度持续发展。这两方面调整减轻了非寿险商业保险公司在赔付中承担的债务负担，体现了地震保险的公益性。

其次，另一个重要的改进方向为逐步提高"部分损失"的保险金赔付额度，以缩小不同损失之间的赔付差距。从东日本大地震后的受损赔付情况看，"部分损失"占的比例最大，为赔付总量的70.9%，而赔付额度仅为总额的24.5%。而占赔付总量4.9%的"全损失"的赔付量却达到了总赔付额的20%以上。这样的不平衡性将减弱地震保险的公益性，降低其便民利民的程度。大部分居民在地震中遭受的损失有限，因此，JER应该考虑到大部分民众的需求，给予充足的赔付，帮助受灾居民走出困境。

总体来看，JER在2011年东日本大地震中发挥了其在日本地震保险制度中的核心作用。JER在地震发生后，迅速反应，快速应对，充分发挥职能。通过与商业保险公司、政府的多方合作，保证居民迅速得到灾后生活所必需的赔付。2011年东日本大地震是一次巨大的考验，日本地震保险制度通过计划周全的应对，展现了自身的优越性，大大提升了国民福利水平。这得益于日本沉淀数十年的制度建设经验。这一绵延五十余年的制度，也将继续发展，真正成为日本国民的守护者。

六、结　语

日本是一个地震灾害频发的国家，多发的地震灾害给日本造成了惨重的打击。为减轻地震巨灾的影响，日本早已开始对地震保险的研究。经过长期的发展与完善，日本逐步建立了政府与市场合作模式下的巨灾保险体系。1966年成立的日本地震再保险公司（JER）是日本地震保险制度的核心。JER以市场化方式运作，政府的财力支持为其正常运转提供了重要保障。通过明确的风险分层安排，日本的地震风险实现了在保险市场、政府与JER之间的有效分散。JER在多起地震灾害中充分发挥了赔付功能，体现了日本地震保险制度的优越性。

首先，JER成立于1966年《地震保险法》出台之后，是日本唯一获准专门经营地震保险再保险业务的公司，也是连接政府与私营保险公司的纽带。JER具有完善的现代公司治理模式，组织结构得当，各部门各司其职。地震灾害特别小组的设立确保其能够及时有效应对巨灾赔付。JER在平稳时期完成地震灾害预警设施建设与预防措施准备，在灾害时期采取及时有效的行动对损失进行赔付。JER具有通过二级再保险模式反复分保、家庭财产与企业财产区分、灾后损失评价标准完善、公益性较强等主要优势。

其次，JER运行机制设计合理，能够有效抗击巨灾风险。JER的资金来自成立时各股东注入的资金、保费收入和投资收入。其在运行过程中采取了独具特色的转分保模式，JER集中保单，然后再分别转分保到政府、商业保险公司以及风险自留。通过转分保，JER和政府以及各商业保险公司具有明确的风险分层。当损失额超过一定限度时，由政府承担绝大多数剩余风险。因此，JER通过建立完善的受灾评价制度，家庭财产与企业财产的划分，成功地扩大了地震保险的覆盖范围。合理的费率厘定与折扣制度也凸显了其公益性。

再其次，JER运行状况稳定良好。从净承保保费收入和责任准备金等指标来看，JER的保费收入和责任准备金都呈现稳定上升的趋势，表明其具有较强的风险承担能力和盈利能力；从投资收入来看，由于面临经济下行的压力，JER投资收益率下降，但其通过调整投资结构的方式保证了投资的稳健性；从赔付支出来看，因地震发生的随机性，赔付支出波动较大。2011年发生的东日本大地震造成了史上最严重的赔付。此外，JER也存在赔付限额不足，逆向选择严重等问题。需要JER进一步提高地震保险覆盖率，并向国际资本市场分散地震风险。

第九章 日本地震再保险公司（JER）

最后，发生于 2011 年 3 月 11 日的东日本大地震给日本带来了沉重的打击，也是对日本地震保险制度的一次考验。在该次灾难中，JER 通过与政府、商业保险公司的通力合作，在短期内进行了大量赔付，为灾后民众的生活提供了强有力的保障。对于地震灾害快速的反应能力体现了日本地震保险制度的优越性。东日本大地震给日本地震保险体系带来的巨大赔付压力也促进了 JER 的进一步完善。提高赔付限额，调整赔付比例，降低单位合同限额，提高强制性等都将是日本地震保险制度未来着力发展的方向。

第十章

土耳其巨灾保险共同体（TCIP）

土耳其是一个自然灾害多发的国家。土耳其政府过去因赈灾耗费的财政预算数目巨大，但是广大居民迫切需要一种能够在巨大自然灾害中保障自身财产的手段。一般而言，单个家庭能通过政府财政支持和商业保险保障，分散巨灾风险。但是，一方面土耳其政府的财政不宽裕，面对灾害时会显得捉襟见肘；另一方面，土耳其保险业发展时间短，商业保险公司规模有限，且缺乏再保险渠道。在这种情况下，无论是收取高额保费，还是降低费率，让保险公司独自承担巨灾风险，都不符合保险体系分散风险的原则。

针对这一情况，土耳其政府于2000年通过立法专门设立了隶属于土耳其财政部的土耳其巨灾保险共同体（Turkish Catastrophe Insurance Pool，TCIP）。它为土耳其的城市居民提供直接的强制性的地震保险，由土耳其商业保险公司参与经营，政府兜底保证偿付能力，尽量降低保费，以补偿土耳其地震损失，并减轻城市居民购买保险的负担。自成立以来，TCIP有效应对了土耳其的多起地震造成的巨额损失。例如，在2011年的土耳其凡城省大地震中，TCIP给购买地震保险的城市居民提供了财产保障。

本章从概览的角度分析了TCIP的相关研究文献、概况、运行机制、运行状况以及面临的挑战和应对措施。第一部分对文献进行了综述；第二部分阐述了TCIP的成立背景、法律保障、保险产品特点、组织结构、在土耳其的地位与运营优势；第三部分从TCIP的资金来源与支出、风险定价、风险分散与转移方面分析了TCIP的运行机制；第四部分从TCIP的承保状况、基金管理、偿付状况、民意支持等方面综合评价TCIP的运行情况；第五部分分析了TCIP存在的问题和可能的解决措施。

一、文献综述

当前国内外针对TCIP的研究还十分有限，已有的研究主要可以分为以下

第十章 土耳其巨灾保险共同体（TCIP）

四个方面：

第一，对 TCIP 成立背景和概况的分析。TCIP 是在土耳其面临严重地震风险，政府灾后重建财政负担沉重的历史背景下成立的。Gurenko 等（2006）从 TCIP 成立客观原因、创立目标与方案设计、运行机制和公司财务结构等方面介绍了 TCIP 成立过程中土耳其政府与世界银行所面临的困难和付出的巨大努力，以及 TCIP 的主要宗旨、法律基础、组织结构和风险分散策略等基本情况。Yucemen（2011）介绍了 TCIP 的初始设计规划，阐述了 TCIP 在公私合作中取得的成功经验。

第二，对 TCIP 运行现状的分析。Gurenko 等（2006）从 TCIP 的管理机制、地震保险经营情况和市场推广等方面说明了 TCIP 的运行情况。朱浩然（2011）较为全面地介绍了 TCIP 的特点，包括土耳其地震保险的设立目的，土耳其地震保险体系中政府、土耳其保险公司、国际再保险公司、世界银行所扮演的不同角色和起到的不同作用，TCIP 的管理模式以及巨灾保险的产品运营模式。周志刚（2015）还从 TCIP 的资本来源、风险转移和融资等角度详细描述了 TCIP 的运行现状。

第三，部分研究关注于 TCIP 运行中面临的问题与挑战。Durukal 等（2006）通过模拟分析 M+7 大地震对伊斯坦布尔建筑物造成的损失，质疑 TCIP 应对大城市发生大地震灾害的赔付能力。Gurenko 等（2006）和 Yucemen（2011）分别指出了 TCIP 存在保险渗透率不高、赔付力度不足以应付巨大地震的灾害损失和政府干预过度等问题。Basbug 和 Ozdemir（2013）认为 TCIP 应该提升在土耳其广大农村地区的覆盖率、提高强制性地震保险的检查力度并且改进计算保险费率的方法。

第四，部分研究着眼于 TCIP 与其他巨灾保险制度的比较。张承惠、田辉（2010）从灾害特征、保险市场发展状况、政治和法律等因素比较了土耳其和法国的巨灾保险制度。国务院发展研究中心金融所课题组（2010）从承保范围、承保制度、管理模式等比较了土耳其和法国的巨灾保险制度。伍国春（2015）对新西兰、土耳其、美国加州、中国台湾和日本的巨灾保险机制进行了比较研究。周志刚（2015）从成立背景、立法与强制保险、资本来源、风险转移和融资四个方面比较研究了新西兰、美国加州、土耳其和中国台湾的住宅地震保险。

二、TCIP 概述

土耳其自然灾害频发，给社会造成了巨大的生命与财产损失，建立一个完善、有效的巨灾保险体系迫在眉睫。土耳其地震保险的成立经历了许多波折，其从特殊附加条款逐渐演变为强制的全国性保险体系。TCIP 具有公共性质，受土耳其财政部的管理，并享受世界银行提供的技术顾问咨询服务。同时，TCIP 将绝大多数保险销售和管理业务外包给商业保险公司，由专业的基金经理进行风险分散管理，并将风险进一步分散至国际再保险公司，较好地将巨灾风险控制在一定范围内。

（一）成立背景

土耳其是一个饱受自然灾害侵害的国家。其中，地震是最具威胁性的自然灾害之一，土耳其地震的房屋损毁率达到 81%。土耳其 66% 的国土面积和 71% 的人口位于高频率地震发生地区，超过 90% 的人口和土地都位于北安纳托利亚断层带上。在土耳其的近期历史记载中，仅 1999 年就发生了两次严重的地震灾害，分别是里氏 7.4 级和 7.2 级地震。这两次地震共造成上千人死亡，给土耳其居民造成了严重的损失，也让政府承担着巨大的财政负担。在 2002 年至 2015 年间，土耳其发生了多起里氏 5.5~7.3 级的地震。

2000 年以前，土耳其的商业地震保险通常只覆盖地震次生的火灾造成的直接损失，或者仅作为工程保险合同的附加灾害条款。这种保险的覆盖率极低，在住宅建筑中的投保率只有 5%。过去地震灾害对社会稳定和财政状况带来的冲击，促使土耳其政府进一步建立和发展广覆盖的地震保险体系。1999 年的马尔马拉地震是一场空前的灾难，造成了严重的人员伤亡和社会财富损失，大大提升了社会大众对于灾害保险重要性的认识。这次地震促使了土耳其政府在世界银行的协助下，出台了酝酿已久的强制地震保险制度。

2000 年，土耳其政府通过立法成立 TCIP，其成立目的主要包括：（1）为大部分居民提供保费在承受范围之内的地震保险，应付地震带来的一部分财产损失；（2）建立一个赔付能力不依赖于公共财政预算的保险系统，从而减轻政府灾后援建财政负担；（3）分散风险。并且将地震保险的赔付义务以保险的形式分配到国际再保险市场之中；（4）通过收取保费和资产管理，进行长期的资金积累，为可能发生的地震损失赔付做准备；（5）致力于增进全国人民对巨灾保险的认识并且提升居民通过保险抵御巨额损失风险的意识。

（二）法律基础

TCIP 的建立和强制性地震保险的施行有相应法律依据。1999 年 12 月 27

日，土耳其政府颁布第 587 号法令。法令规定灾后重建支出主要由地震保险赔付和再保险市场资金组成。强制所有符合规定的城市居民住宅所有人购买地震保险，通过支付保费获得地震保险保障，强制性提高了巨灾保险的覆盖率以及民众抵御地震灾害的能力。土耳其政府对于灾害的应对从"事后救助"转变为"事前融资"。为鼓励居民购买地震保险，土耳其还修订了《灾害法》第 7 269 条款，解除了土耳其政府为地震损毁的城市居民住宅重建提供资金支持的义务。

为了避免 TCIP 基金的挪用和滥用，第 587 号法令规定其资金只能用于支付保险赔付、再保险支出、管理费用、资金管理公司的佣金、相关科学研究、资金管理顾问咨询费用、公共关系、公司佣金、损失鉴定以及国家注资的偿还等。部分民众担心 TCIP 的资金会被土耳其其他政府部门挪用。但是，至今为止，TCIP 资金的投资和使用都十分透明，并且逐年稳定增长，构成了赔付能力的重要保证。法令也要求 TCIP 管理者使用相当谨慎的方法衡量资金的充裕程度和偿付能力，严禁风险过高的资金投资。

(三) 组织结构

TCIP 的公私合作体制是国际巨灾保险制度的一个典范。如图 10-1 所示，TCIP 由多个运行主体合作组成，组织结构较为复杂。政府部门负责关键政策的制定，不插手基金池的具体运作。TCIP 的技术性工作和日常运营由土耳其国库署每隔五年考察确定的一家保险公司和再保险公司具体负责，受到相关部门和管理委员会的严格监管。TCIP 承担保险金额，强制地震保险由 32 家政府认证的保险公司销售，所得保费收入需上交 TCIP。TCIP 管理委员会协调上下，制定发展战略计划。TCIP 将公共资源和私人市场资源整合，形成有效的运营结构。

1. TCIP 管理委员会

TCIP 管理委员会负责协调政府与商业保险公司，监管 TCIP 的日常运营。TCIP 管理委员会共有七名成员，分别来自总理办公室、国家保险总局、公共事务与处理部、资本市场委员会、土耳其保险和再保险协会、基金管理人和学术界。TCIP 管理委员会负责制定发展具体目标，包括保单销售和保有量目标、续保比率目标、支出费用限制、索赔处理能力和反应速度、产品推广等。法律规定其职责主要包括以下三点：(1) 确立运营原则和计划；(2) 制定用以制约基金管理人的程序；(3) 确保法律规定投保范围内房屋的投保。

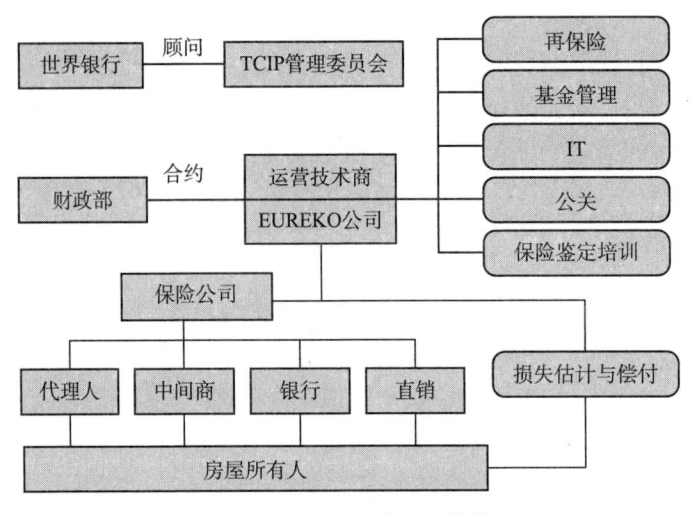

图 10-1 TCIP 的组织结构

资料来源：*Annual Report of Turkish Catastrophe Insurance Pool*, 2012.

此外，管理委员会最重要的工作是制定 TCIP 的发展计划，包括资金的投资管理方案。管理委员会还有权批准基金池的资产管理计划以及商业推广计划。批准资产管理计划的权利受到国库署的制约，并且按规定单个资产管理公司管理的资产不能够超过基金池总资产的 10%。管理委员会以增强基金池在最差情形下的偿付能力为目标，结合再保险产品和条件性贷款，制定资产管理计划，并且有权利指定资产管理公司。管理委员会也和公共关系顾问进行合作，努力提升 TCIP 的公众形象，推广 TCIP 和其保险产品。

2. 政府部门

TCIP 本身隶属于土耳其财政部，是一个依法设立的非营利机构。土耳其国库署是 TCIP 的关键政策和标准的制定者。财政部在财务上监督 TCIP。TCIP 管理委员会选择日常运营 TCIP 的外包保险公司，报予政府批准。政府在 TCIP 的运行机制中主要承担三种职责：（1）政策制定。国库署规定保险费率，确定给保险公司和保险代理人的佣金。（2）财务监督。所有的 TCIP 账户都要由政府审计，且 TCIP 的财务报表也需要财政部审核。（3）政策支持。政府为 TCIP 的发展提供了一系列的支持，比如免除了 TCIP 运营及其收入的各类税费。

3. 国内保险公司

土耳其国内商业保险公司是 TCIP 主要保险业务的承包者。TCIP 成立之后，土耳其再保险公司 Milli Re 和保险公司 Eureko 获得了 TCIP 经营业务的承接权，成为 TCIP 的日常运营管理者。其主要职责是：（1）组织决议的传达和执行，保费收取，损失评估以及赔偿金支付有关的管理工作；（2）再保险计划的推行以及分散风险；（3）资金投资；（4）汇报证券管理情况；（5）监控机构的收入和支出情况；（6）公共关系事务；（7）协调联系和 TCIP 业务有关的其他个人、机构和公司；（8）准备国库署要求的报告和其他汇报信息。

TCIP 地震保单的销售完全由商业保险公司承担。地震保险的所有风险都转移到 TCIP。因此，土耳其政府规定只要拥有政府执照，就可以代表 TCIP 销售地震保险。但是，销售地震保险时公司需要使用带有 TCIP 商标的特殊保单，保单由 TCIP 根据公司以往销售量事先派发。在销售中，保险公司使用其自身的销售渠道和保险代理人。目前，土耳其共有 32 家保险机构被授予发行保单的权利。土耳其政府规定商业保险公司必须在 TCIP 的账户中存入 5 万美元的保证金，并且及时向 TCIP 缴纳销售地震保险所收的保费。

4. 国际再保险公司

国际再保险公司在土耳其地震风险分散中也扮演了重要的角色。土耳其的国内保险市场起步较晚，借助国际再保险市场是国家风险转移计划的关键。因此，TCIP 将瑞士再保险、慕尼黑再保险公司纳入运行体系。在世界银行的帮助下，土耳其与国际再保险人达成了良好的合作关系，在 TCIP 项目开始前就已经以优惠的条件获得了 5.38 亿美元的国际再保险保护。TCIP 自建立以来，一直致力于开发新的合作伙伴，不仅能够使得地震损失的承保负担能够进一步分摊，还能减轻对少数几家国际再保险公司的依赖，提升再保险赔付能力。

5. 世界银行

TCIP 在世界银行的协助下成立。世界银行为 TCIP 和 Milli Re 提供了许多技术性支持，包括信息技术系统、风险管理研究、运营管理规定与巨灾保险项目培训等。在保证 TCIP 赔付能力方面，土耳其政府和世界银行签订了协议，一旦地震造成的损失超过一定上限，世界银行向土耳其提供 1.8 亿美元专项贷款，这笔贷款已在 2006 年 10 月到期。在 TCIP 开始运营的第二年，土耳其还向世界银行申请了另一笔贷款，用于支付 TCIP 的再保险费用。在此之后，TCIP 逐渐以保费收入和保证金满足再保险费用，不再依赖世界银行的贷款。

（四）主要优势

TCIP 符合土耳其国情和现状的主要优势有以下五点：

第一，TCIP 的设立和地震保险的强制性具有法律和政策基础。这一方面保证了巨灾保险制度的规范性，另一方面规定对城市和农村地区以及不同的房屋类型区别对待。法令保证了地震保险的强制性，使地震保险的推广和 TCIP 资金池的运营有法可依，避免产生混乱。法令也使得 TCIP 的地震保费和积累的抗灾资金得以有效监管，避免挪用滥用。在城市范围内的大部分住宅必须买地震保险，这种强制性大大增强了推广的效率；在农村地区实行自愿投保的原则，符合土耳其的现实国情。

第二，TCIP 拥有多样化的保险资金来源和风险分散渠道，充分利用国家财政、国内商业保险公司、国际再保险公司和世界银行的资金资源。面对土耳其国内保险市场起步时间晚，发展时间短的现实问题，土耳其政府积极寻求世界银行的条件贷款和国际再保险市场的再保险支持，大大扩充了 TCIP 的资金资源，增强了赔付能力。在 TCIP 发展初期，土耳其政府获得了世界银行的协助，不仅用短期贷款度过了资本金积累和偿付能力培养的初始成长阶段，还在世界银行的牵线下与多家国际再保险公司达成了合作关系。

第三，由管理委员会、基金管理人和政府等若干个机构相互监督，合作发展。财政部是 TCIP 的主管部门，依法审计 TCIP 所有的账户，审核其财务报表，进行财务上的监督。国库署有权利制定保费标准，以及批准和监督 TCIP 的外包商业保险公司。TCIP 管理委员会由多个参与实体派代表组成，相对独立。不仅能够进行日常决策和制定发展战略，监督基金管理人的运营情况，还可以制约和监督政府，避免 TCIP 的保费和资金被其他政府部门挪用。基金管理人管理 TCIP 的投资，收取佣金，并受管理委员会和政府的监督。

第四，采取代理机制。外包的私人保险公司负责具体的日常商业活动和行政事务，协调与其他机构的关系，做好会计记录，并且定期向政府主管部门和董事会汇报情况。土耳其政府在建立巨灾保险体系的过程中与商业保险公司建立良好的互动合作关系，借助其丰富的承保经验与成熟的销售渠道向居民提供优质服务，降低运营成本，解决推广问题，并且通过与多个机构的合作分摊风险。商业保险公司拥有现成的保险销售渠道和保险代理人的关系，专业性高，这大大提高了地震保险推广和销售的效率。

第五，建立合理的保险费率。在外界的帮助下，TCIP 制定了地震保险精算费率体系，建立了国家巨灾风险模型，确定 TCIP 的风险暴露和最大可能损失。TCIP 不仅按照区域的地震风险等级和建筑类型，设立了合理的保险费率标准，而且对不符合建筑规范的建筑，依法不提供地震保险。国库署一方面按照大部分土耳其城市居民的承受能力制定了保费标准，尽可能减少强制保险给人们带来的负担；另一方面也可以批准特殊情况下的保费标准，体现了费率制定的灵活性。

三、TCIP 的运作机制

在长期实践中，TCIP 逐渐形成了成熟的运行机制：（1）从资金来源角度看，TCIP 通过收集保费构建资金池，以规范的基金管理获得收益；（2）从保险产品来看，TCIP 对城市居民住宅和国有住宅强制承保，对城市商业住宅与农村住宅自愿承保；（3）从风险定价和保险费率制定来看，TCIP 对不同地区和建筑类型收取差异化的保费，并使得低收入居民也能够买得起地震保险；（4）从风险转移角度看，TCIP 设立了三层风险赔付机制，由保险公司提供一级赔付，再保险公司提供二级赔付，政府与世界银行承担最后赔付人的责任；

（一）资金来源

土耳其地震保险从销售到赔付，全部由政府外包给私人保险公司实施，但是这些项目的保费收入需要转交给 TCIP，然后再由 TCIP 向国际再保险公司分保。在 TCIP 成立初始，主要资金来源于国际再保险市场和世界银行的条件性贷款，保证其赔付能力。现阶段 TCIP 的资金有三个来源渠道：（1）居民上交的保费收入，占据了收入的主体；（2）专业保险基金管理产生的收益；（3）发生灾害后国际再保险公司提供的赔偿。其中，前两项组成了 TCIP 主要的保险资金来源。

第一，在城市居民中推广的强制保险确保了保费收入来源，使得 TCIP 有足够的资金来构建资金池。TCIP 保险的目的是在居民经济能力和心理能力可承受的保险费用范围内，为城市居民财产提供尽可能多的保障。目前强制巨灾保险的最高赔付额度是 4 万新土耳其里拉（约合 9 万元人民币）。这一限额还会根据居民消费品价格指数的变化逐年调整，体现出较强的灵活性。如果居民住宅的价值超过强制保险的最高赔付额度，投保人还可以从保险公司购买额外的保险。

第二，基金管理产生的收益也是 TCIP 资金的重要来源。基于 TCIP 对基金收入的稳定性与持续性的高要求，投资时需要保持谨慎的态度。土耳其政府在 2011 年设立了投资委员会，其主要任务是规划、撰写年度投资计划，给出投资建议，对投资组合进行估值。选择投资组合时，管理者综合比较流动性、保本能力、回报率等因素，选择合适的资产配置和投资策略。TCIP 持有的资产组合必须满足一定的条件。持有证券的标准普尔评级至少要达到 A 级等规定保证了 TCIP 通过基金管理减小风险，确保理赔资金的安全。

第三，TCIP 另一个资金来源为灾害发生后国际再保险公司提供的赔偿。TCIP 积极向国际再保险市场寻求合作，和多个国际再保险公司签订了再保险协议，增强自身偿付能力。为了确定财力限制范围内购买再保险的最优数量和结构，TCIP 使用简化动态财务分析模型和随机评分模型为再保险方案估值。简化动态财务分析模型运用计算机模拟技术分析公司一段时期内的收入和资产负债情况。评分模型考虑了在每一种再保险投标方案中，TCIP 在一年内的偿付能力的可能值。只有评分最高的几个再保险投标方案才能进入最后的谈判阶段。

（二）保险产品

TCIP 的承保对象分为强制性承保对象和自愿性承保对象。强制性承保对象主要是城市居民住宅和国有住宅，根据土耳其法律规定，在买卖房屋以及房屋注册通水通电时，这些住宅需要出示购买地震保险的证明。自愿承保对象包括城市的商业建筑物以及公共建筑物的所有者与农村居民住宅的所有者，他们自愿从保险公司购买 TCIP 保单。为了提升房屋建造者的防震意识，促使住宅建造满足防震要求，TCIP 只承保按照建筑规章建造的房屋。TCIP 还规定有最低 2% 的免赔率，以减少基金为过多小额赔付产生的运营成本和再保险费用。

TCIP 承保的风险主要是地震风险。强制性地震保险承保由地震直接引发的保险标的的损失，包括天花板、地板、楼梯、平台、隔离房间、走廊、屋顶和烟囱的基础、承重墙、组合墙遭受的由地震导致的直接损失，也包括地震引发的火灾、爆炸、滑坡泥石流造成的直接损失，并不包括其他由地震引发的间接损失，而且承保金额以保险价值为限。TCIP 也提供自愿投保的室内财物和可移动财产的保险。2012 年颁布的土耳其灾害保险法将 TCIP 的承保范围扩展到洪水等其他自然灾害，但不是 TCIP 的主要业务。

（三）风险定价

土耳其政府希望保证地震保险覆盖国内大部分居民，这就要求制定合理的保险费率。确定费率是 TCIP 保险产品设计的关键步骤，其重点在于兼顾可负担性与财务可持续性。在地震风险的定价中，TCIP 使用了复杂的灾害风险模型。这些模型可以模拟不同地震大小下可能出现的灾害情形，结合所模拟的灾害发生可能性，估算损失大小，计算出平均年损失以及最大可能损失等数据。这些模型和数据构成了 TCIP 财务管理和风险定价的基础。平均年损失反映保险公司为应付可能发生的损失的必须收取的最小保费额，是定价时最关键的指标。

TCIP 收取的保费主要用于支付三个方面：管理费用、商业公司的利润以及风险费用。风险费用是地震保险提供商需要保留来应付巨大地震灾害损失赔付的款项，主要用在一段时间内一场大地震的最大可能损失和资本费用来衡量。由于地震风险的特殊性，赔付申请发生的相关性很高。因此，TCIP 需要大量的留存准备金来应付可能发生的赔付。对于 TCIP 而言，风险费用是保费支出的最大组成部分。

如表 10-1 所示，TCIP 制定了不同的保险费率，分别适用于不同地区的不同建筑类型。

表 10-1　　　　　　　　　　TCIP 保险费率标准

建筑类型	地震风险等级（%）				
	Ⅰ	Ⅱ	Ⅲ	Ⅳ	Ⅴ
钢混结构	0.220	0.155	0.083	0.055	0.044
砖混结构	0.385	0.275	0.143	0.060	0.050
其他结构	0.550	0.353	0.176	0.078	0.058

资料来源：*Annual Report of Turkish Catastrophe Insurance Pool*，2012.

1. 不同地区的保险费率不同

按照地震灾害发生可能性的大小，土耳其可以分为五个区域，区域 1 至区域 5 地震风险逐渐降低。这些区域在行政管理区划或地质特征上没有关联。TCIP 为不同地震风险的区域制定了不同的保费标准，减少只有高地震风险区域的居民购买地震保险的逆向选择问题。为了使高地震风险区域的地震保险保费不会太高，TCIP 通过全国范围内的统筹合作，利用低地震风险区域的保费对高风险区域进行补偿，从而使得土耳其所有地区的低收入居民都能够买得起地震保险。

2. 不同建筑类型的保险费率不同

每所住宅的赔付限额由专业评估方确定，TCIP 据此考虑每种类型建筑物的重置成本，并结合建筑物的建筑面积设定赔付金额。确定赔付金额之后，TCIP 还根据不同住宅建筑自身的结构类型设立了费率标准。如表 10 – 1 所示，根据建筑结构的不同，TCIP 将建筑分为钢筋混凝土结构、砖混结构和其他结构。TCIP 对钢筋混凝土结构的建筑收取的保费最低，对非钢混或砖混结构的建筑收取的保费最高。为了让相同结构的楼房的可能损失尽可能相同，从而使保费分类相对合理，政府规定必须按一定标准建造房屋，否则不得购买地震保险。

（四）风险转移

如表 10 – 2 所示，对于已经发生的赔付要求，TCIP 建立了一个多级体系来分散和转移风险。这一体系包括 TCIP 资金池用于应对自留风险的资金、国际再保险公司的赔付、保险证券化产品、世界银行和政府财政支持五个组成部分。2015 年，这一体系总计可以提供大约 125 亿新土耳其里拉的赔付金额。这一数额超过了一次 350 年一遇的地震可能造成的损失，并且尚不包含紧急援助部分资金。超出紧急援助资金的部分由政府来"兜底"。这种偿付能力管理方式，可以总结为"内外结合、分层管理、政府兜底"的模式。

表 10 – 2　　　　　　　　　TCIP 的风险转移结构

第三层	超额风险	财政资金支持：2.38 亿欧元 世界银行：1 亿美元
第二层	再保险市场	国际再保险公司自留：70 亿里拉 巨灾债券：10 亿里拉
第一层	自留风险	TCIP 资金池：15 亿里拉

资料来源：www.tcip.gov.tr.

第一，自留风险的偿付资金来自自有资金池。TCIP 通过外包的商业保险公司向购买地震保险的城市居民收取大量的巨灾保险保费，并进行规范的投资理财管理。保费收入及投资收益构成了 TCIP 资金池的大部分收入。这些收入扣除保险销售费用、推广成本以及再保险费用后，剩余部分作为 TCIP 的保留资金，用于应对地震灾害发生后最初的偿付需求。目前，TCIP 自有资金池大约能够覆盖 15 亿土耳其里拉的损失赔付。这意味着对于土耳其较为常见的地震灾害，这一自有资金池已经足以完成所有的保单赔付。

第二，再保险市场承担了 TCIP 转移的部分风险。一旦 TCIP 自有资金池告急，国际再保险公司将承担起赔付巨灾损失的责任。国际再保险公司自留 70 亿土耳其里拉，在市场上公开发行巨灾债券 10 亿里拉。一方面，TCIP 将其保费收入的大部分用于购买国际再保险公司的产品，将 90% 以上的超额风险转移给了瑞士再保险、慕尼黑再保险等赔付能力较强的再保险公司；另一方面，这些公司将自有资金作为日常赔付资本的同时，又将部分保险产品证券化（例如巨灾债券），在欧洲资本市场上出售。

第三，超额风险由世界银行和土耳其政府承担。如果遭遇强度超过 350 年一遇的地震灾害，世界银行和土耳其政府还将为 TCIP 提供紧急贷款支援，保证巨灾保单的偿付。在 TCIP 成立之初，世界银行为 TCIP 提供了一笔价值 1.8 亿美元的应急贷款，这构成了 TCIP 最初 8 000 万美元的自留资金，剩余 1 亿美元用于支付超额风险偿付，这笔贷款已在 2006 年 10 月到期。同时，世界银行还会为 TCIP 提供一定的援助资金，用于支付再保险费用，增强其赔付能力。

地震发生后，当 TCIP 的保单赔付总额超出其自有资金池和再保险市场的承保能力时，土耳其政府会承担起"最后贷款人"的责任，进行财政拨款帮助 TCIP 弥补保费缺口。2015 年，TCIP 制定了再保险保障计划，包括传统再保险方案与资本市场保障，共提供了规模为 28 亿欧元的超额风险覆盖。其中，土耳其政府提供了 2.38 亿欧元的财政支持，用于支付再保险费用，应对超额风险损失。

四、TCIP 的运行状况

自成立以来，TCIP 在规避巨灾风险、维护居民财富等方面成效显著，整体运行状况良好：（1）从承保状况来看，TCIP 保费收入快速上涨，每年签发的保单数量稳步上升，地震保险推广态势良好，全国保险覆盖率逐渐提升；（2）在基金管理方面，TCIP 投资组合总价值不断提升，投资组合灵活调整；（3）具备较好的偿付能力，至今已经偿付了近两亿新土耳其里拉的保险损失，而且赔付及时；（4）公众形象良好，民众支持度高。尤其是在土耳其的地震多发地区，TCIP 提供的地震保险很受欢迎。

（一）承保状况

TCIP 的资金来源绝大多数来自保费收入。根据法律规定，TCIP 的保费收入可免除征税，这也在一定程度上增加了其基金的收入规模。如图 10-2 所示，TCIP 保费收入自 2001 年以来呈现持续上涨态势。截至 2015 年底，TCIP 保费收入达到 7.86 亿土耳其里拉，较上年增长了 4.3%。其中，在 2012 年，得益于新的灾害保险法的颁布，该年保费增幅达到了 34.6%。根据灾害等级划分，2015 年地震风险级别最高的住宅所缴纳的保费占总保费的 60.1%。TCIP 保费收入的不断增长表明其运行状况良好，为其赔付能力提供了保障。

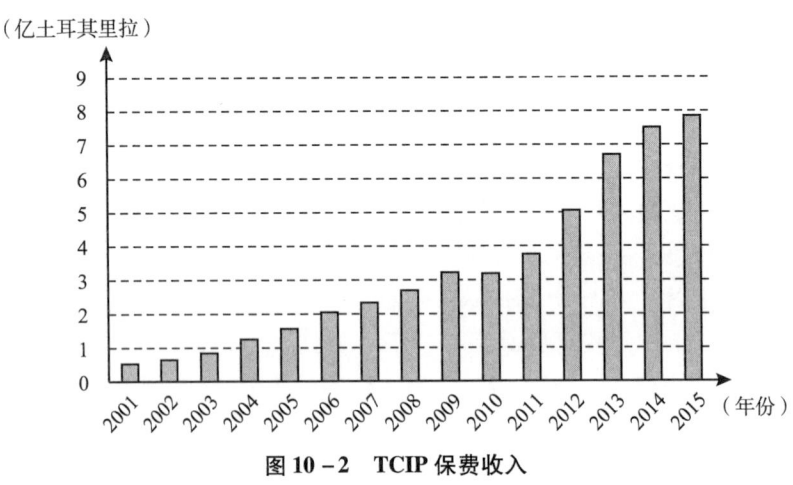

图 10-2　TCIP 保费收入

资料来源：*Annual Report of Turkish Catastrophe Insurance Pool*, 2001~2015.

如图 10-3 所示，TCIP 保单数量和覆盖率总体呈现上升趋势。2001 年前，TCIP 总保单已超过 200 万，覆盖率达到 19%。随后，TCIP 的发展遭遇了瓶颈，其通过媒体推广、建立快速赔付通道，使得投保率恢复稳定增长。截至 2015 年，TCIP 覆盖了 723 万户居民，覆盖率达 40.9%。其中，2012 年增长最快，投保居民增长约 100 万户，覆盖率上升 6 个百分点，这可能和新的灾害保险法的颁布有关。然而，作为强制保险，40.9% 的地震保险覆盖率仍然偏低。这可能与地震保险法律的地位尴尬，地震保险业务利润不高，且销售渠道有限有关。

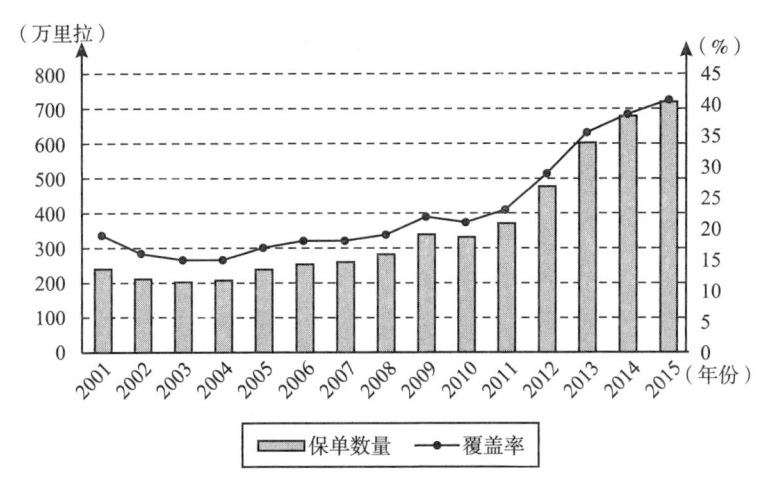

第十章 土耳其巨灾保险共同体（TCIP）

图 10-3　TCIP 年保单数量和覆盖率

资料来源：*Annual Report of Turkish Catastrophe Insurance Pool*, 2001-2015.

（二）基金管理

TCIP 近年来基金管理状况稳健良好，基金实力不断增强。TCIP 在选择基金投资项目时遵循以下三个原则：（1）保证所投资资产的安全性，即确保其流动性与盈利性；（2）保持所投资产稳定的风险评级，确保其拥有持续平稳的规模增长；（3）开发能够较好适应当前政策环境与经济环境的新产品和新技术。如图 10-4 所示，基于以上投资原则，TCIP 基金规模自 2000 年以来快速扩张。截至 2015 年，TCIP 基金总规模已经达到 37.52 亿里拉，较上一年增长 21%，投资净收益率达到 8.31%。

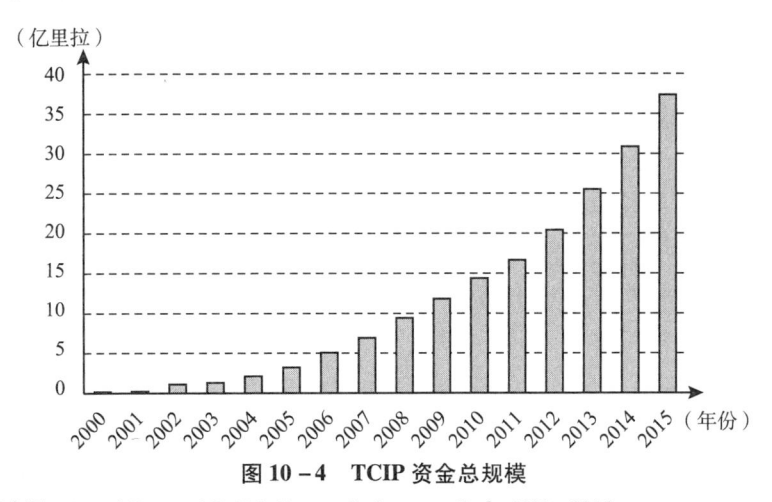

图 10-4　TCIP 资金总规模

资料来源：*Annual Report of Turkish Catastrophe Insurance Pool*, 2000-2015.

TCIP 根据不同的市场经济状况，每年都会对其证券投资组合做出比较大的调整。目前，TCIP 投资组合结构主要包括银行存款、债券及证券和其他资产。图 10-5 描述了近年来 TCIP 投资组合结构变化情况。其银行存款、债券及证券和其他资产投资占比波动均较大。其中，银行存款投资占比最高，其次是债券及证券占比，其他资产所占份额最小。债券及证券占比总体呈现下降趋势，银行存款占比波动中上升。2015 年，银行存款投资占比 82.4%，债券及证券占比 17.83%，其他资产占比仅为 0.13%。

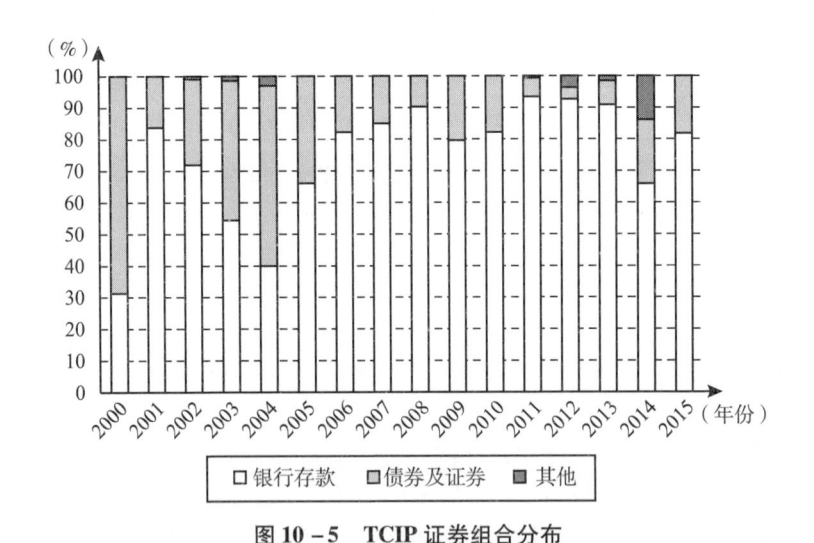

图 10-5 TCIP 证券组合分布

资料来源：Annual Report of Turkish Catastrophe Insurance Pool，2000 – 2015.

（三）偿付状况

表 10-3 描述了 TCIP 在 2000~2015 年间对受到地震灾害影响的居民的赔偿。土耳其每年都会发生不同规模的地震，TCIP 的偿付支出也表现出较大的波动性。在 2000~2015 年间，TCIP 共发生地震 502 起，TCIP 处理了 21 852 件理赔申请，已经累计赔付了 1.6 亿里拉，为减少受灾家庭的经济负担，缓解政府财政预算紧张做出了贡献。如专栏 10-1 所示，2011 年发生的凡城地震是近年来造成损失最大的地震，TCIP 的理赔金额超过了 1 亿新土耳其里拉。此外，TCIP 的偿付还设有上限和下限，从而将运营成本控制在合理的规模内。

第十章 土耳其巨灾保险共同体（TCIP）

表 10-3　　　　　　　　TCIP 理赔数与赔偿金额　　　　　　单位：土耳其里拉

年份	地震数	理赔数	总理赔金额
2000	1	6	23 022
2001	17	336	126 052
2002	21	1 558	2 284 835
2003	20	2 504	5 203 990
2004	31	587	768 927
2005	41	3 488	8 119 871
2006	23	500	1 303 673
2007	42	995	1 381 599
2008	45	481	558 849
2009	37	268	525 174
2010	36	455	718 347
2011	42	7 773	133 409 440
2012	56	1 666	5 467 618
2013	23	173	551 885
2014	37	828	2 042 175
2015	30	234	582 162
总计	502	21 852	163 067 618

资料来源：*Annual Report of Turkish Catastrophe Insurance Pool*，2015.

专栏 10-1　2011 年土耳其凡城省地震

2011 年 10 月 23 日，土耳其东部凡城省境内靠近伊朗边境地区，发生了规模为里氏 7.2 级、震源深度 7.2 千米的地震，伊朗西北部边境地区有明显震感。此次地震造成 481 人死亡，1 650 人受伤，2 262 座建筑物遭到严重破坏。这是土耳其十年来遭受的最严重的一次地震灾害。随后，在 2011 年 11 月 9 日，凡城省又发生了里氏 5.6 级的地震。

地震发生后，TCIP 立刻开展了损失评估与灾后重建工作。TCIP 派遣损失评估人员前往受灾现场对地震造成的损失进行评定，确定理赔金额。2011 年 11 月 4 日，地震发生后不到两周的时间内，TCIP 的理赔工作正式开展。截至 2011 年 12 月 31 日，受灾居民共提出了 6 346 起理赔申请。TCIP 已经处理了其中的 2 171 起，赔付金额达到了 16 716 300 新土耳其里拉。在这场地震中，TCIP 估计其理赔金额将超过 1 亿新土耳其里拉。

资料来源：*Annual Report of Turkish Catastrophe Insurance Pool*，2011.

(四) 民意支持

TCIP 强制性地震保险在地域分布上表现出较大的差异性，尤其在土耳其刚刚发生过地震灾害的地区最受欢迎。土耳其 Yalova、Bolu 和 Düzce 三个省份在 2013 年以前都刚刚发生过地震灾害。2013 年，Yalova 是强制性地震保险购买者最多的省份，保险覆盖率达到了 56.8%。紧随其后的是 Bolu 和 Düzce，覆盖率分别达到了 56.3% 和 53.1%。此外，如表 10-4 所示，2015 年土耳其地震风险最大的区域居民购买的地震保险数量占 TCIP 所有地震保单的近一半，而风险最小的区域的地震保单购买数仅占总数的 1%。

表 10-4　　　　2015 年 TCIP 地震保单按地震风险区域的分布

区域	保单数量	比例（%）	保费数额（里拉）	比例（%）
1 级区域	3 275 154	45.3	472 416 627	60.1
2 级区域	1 894 891	26.2	203 412 881	25.9
3 级区域	847 545	11.7	54 658 037	7.0
4 级区域	1 137 687	15.7	52 764 805	6.7
5 级区域	75 279	1.0	2 847 651	0.4
总计	7 230 556	100	786 100 000	100

资料来源：*Annual Report of Turkish Catastrophe Insurance Pool*，2012.

五、TCIP 的问题与应对

TCIP 成立时间不长，在公众形象、地震保险覆盖率和风险管理上都面临着长期未能解决和新出现的各种问题：（1）在地震保险的公众形象上，土耳其人民不仅对 TCIP 的强制性和资金管理都仍有怀疑，且对 TCIP 的赔付能力缺乏信心；（2）在地震保险的覆盖率上，TCIP 缺乏足够的法律和政策支持，不能够保证地震保险的强制推行，且商业保险公司的代理销售不够积极；（3）在风险管理上，TCIP 需要改进其保险费率计算，进一步增强赔付能力，以及避免针对国有企业的法律对 TCIP 的经营效率和赔付能力造成损害。

第十章 土耳其巨灾保险共同体（TCIP）

（一）TCIP 的公众形象与市场推广仍需改进

土耳其人民对地震保险的强制性仍然有所不满，并且对 TCIP 的资金是否会被政府挪用表示担忧。许多土耳其居民把强制性地震保险看作是另一种形式的税收。根据 TCIP 在 2012 年年报中的调查结果，有 1/3 的土耳其人把"强制性"作为购买地震保险的最重要的原因。由于 TCIP 拥有所收取保费和赔付准备金的完全的支配权，许多人都担心隶属财政部的 TCIP 出现资金挪用与浪费的问题，如政府会用 TCIP 中的丰裕资金减少预算赤字或资助其他政府项目。

此外，土耳其人民对 TCIP 是否能够完全赔付灾害损失也缺乏信心。Eugene et al. （2006）总结出两个主要原因：一是因为 TCIP 隶属于财政部，并且地震保险是强制性的，所以很多人把它视作国有企业。由于土耳其国有企业普遍效率低下，人们便对资金池的资源充足性产生了怀疑。二是土耳其民众对 TCIP 的保险产品缺乏了解。相当一部分土耳其人完全不知道地震保险和其作用。有些人觉得购买保险和申请赔付太过复杂，还有人认为保险是一种奢侈品，普通人买不起，也不了解 TCIP 的低保费地震保险。

最后，土耳其农村地区的传统思想阻碍了利用商业保险抵御地震风险。土耳其财产保护观念淡薄，普通人民忠于领袖，集体主义思想盛行，依赖于政府的管理和救助，不信任商业公司的保护。过去，土耳其的企业需要承担沉重的税收和国家债务负担，中央政府拥有大量财政资金，并且在各种灾难中由政府出面救助受灾群众。因此，政府"救助者"的形象一时难以扭转。此外，许多土耳其农村人民认为自然灾害是神的惩罚，不可避免，人们应该接受它而非抵御它。

为了应对这一问题，TCIP 从多个方面树立自身正面形象。最重要的是在 TCIP 成立后土耳其发生的数次地震灾害中，基金池都对赔付申请进行了迅速的回应，并及时地赔付了保险金。这大大增强了民众对 TCIP 赔付能力的信心。其次，TCIP 还通过电视台、广播频道、报纸、面向小学生的电影等多种媒体来提升自身的知名度，介绍 TCIP 的宗旨和产品。最后 TCIP 的高管也积极参加各种国内外的会议、接受电视台的采访，积极推行商业推广计划。根据 2012 年 TCIP 年报，有 88% 的受访群众认可 TCIP 是一个对社会有益的机构。

（二）地震保险覆盖率仍然不够理想

首先，TCIP 地震保险法律地位尴尬，无法借助强制措施推行保险。Burcak

和 Ozlem（2013）发现截至 2013 年，伊斯坦布尔只有不到 1/3 的建筑受到强制性地震保险的保护。土耳其现有法律规定的地震保险检查点很有限。2012 年前，仅当土耳其居民出售和购买房屋时需要出示购买地震保险的证明文件，对大部分住宅而言检查形同虚设。2012 年新的自然灾害保险法增加了房屋申请通水通电时的地震保险检查要求。但是，地震保险检查频率仍较低，对于正在使用的住宅检查力度十分欠缺。

其次，TCIP 地震保险的低覆盖率使得土耳其官员常常给予没有买保险的居民大量的灾后补偿以支持重建，这大大地削弱了居民购买地震保险的动机，形成恶性循环。由于伊斯坦布尔地区之外的地震保险渗透率很低，地震发生后，大部分受灾住宅都没有地震保险的保护。出于民意或者人道主义的考量，政府不得不给没有购买保险的人灾后重建补贴，一定程度上降低了地震保险的必要性。为了政治支持度，议会的政客们常常忽视 TCIP 地震保险，在地震灾后推出在政治上受欢迎的灾后重建计划。

再其次，土耳其的保险公司没能够充分地参与到 TCIP 地震保险的运营之中。在现在的体制下，保险公司的作用仅仅是销售保险和收取保费的保险代理人。保险公司不能够将保费纳入自己的资金池中，承担相应的风险。保险公司认为销售地震保险获利有限，因此没有动机激励其代理人；保险代理人最多只能够获得 TCIP 给予佣金的一半，因此也没有销售地震保险的积极性。世界银行曾估计，在伊斯坦布尔之外的地区，保险佣金甚至不足以支付出售保单的固定代理费用。

最后，土耳其农村地区的保险覆盖率一直很低。在农村地区，由于人们经济水平和文化水平不高，保险公司很少会考虑在这些地方推销保险，所以业务基础薄弱，没有建立相应销售渠道。因此，在缺乏保险公司和保险代理人的渠道的情况下，TCIP 不能仅仅依赖于外包保险公司的渠道，还应该自行积极开发新的销售渠道。比如 TCIP 可以考虑通过其他门店来代理销售地震保险，也可以和当地银行合作，给当地居民提供地震保险业务。但是在开拓新渠道时，应该保证没有捆绑销售的情况发生。

为了应对这个问题，TCIP 自身采取了许多措施。首先，TCIP 很早就提高了非伊斯坦布尔地区的保险代理佣金；其次，据 2012 年年报，TCIP 还与国家地址数据库（National Address Database）合作，其初衷是避免住户重复购买保单，但也用于寻找有义务但是没有购买强制地震险的住户，更好地服务保险购买者以及收集供研究用的信息；再次，TCIP 通过及时完全的赔付树立了信誉，结合许多公共宣传项目，提升了公众形象和知名度；最后，TCIP 创建和开通了网站、热线等，从而让客户得到及时的服务。

(三) TCIP 风险管理上还面临着许多挑战

首先，TCIP 的赔付能力还是十分薄弱的。美国加州地震局拥有足以应付 800 年一遇的大地震的赔付能力，而 TCIP 至今的赔付能力只能应对 350 年一遇的大地震。另外，Burcak 和 Ozlem（2013）指出，TCIP 保险费率的计算仍然存在许多漏洞。土耳其的许多建筑物建造时所遵循的标准不尽相同，地震时倒塌的可能性也大不一样。但是在计算保费时，并没有考虑到房屋的建造标准问题、楼龄问题以及其他影响其倒塌可能性的问题，这会导致地震风险和赔付金额的错误估计，并且对一部分住宅所有者不公平。

其次，政府的过多干预可能损害 TCIP 的风险管理能力。Eugene 等（2006）认为，土耳其的《财政法》和《国有企业监督管理法》对 TCIP 原有的宽松运营环境和税收优惠地位形成了挑战。TCIP 面临更多的审计、会计记录和采购上的要求和限制。这些本来针对国有企业的规定也适用于由政府管理的 TCIP，并且可能对公私合营性质的 TCIP 造成沉重的打击。这些规定还限制了 TCIP 通过购买国际再保险市场上的产品来增强其赔付能力。因此，让 TCIP 豁免这些规定，并且保持原有的有效管理机制对其进一步发展是十分重要的。

为了应对这一问题，TCIP 采取了多方面的措施。首先，为了确保其在特大地震中的赔付能力，TCIP 在不断增加保险覆盖率，积累保费的基础上，更积极地寻求向国际再保险市场进行风险转移。其次，为了更加准确地进行地震风险建模，设立合理的保费，TCIP 一方面不断推进风险建模的研究工作，另一方面加大数据搜集的力度，为保费制定和风险建模提供更多信息。最后，在 TCIP 的政府管理上，已经有一些法案特别豁免了 TCIP 的监管要求，把 TCIP 和其他土耳其国有企业区别对待，保证其有效运行。

六、结　　语

土耳其是一个自然灾害多发的国家，每年政府都面临着沉重的灾后重建的财政负担。在 2000 年，土耳其政府通过立法专门设立了土耳其巨灾保险共同体（TCIP）。TCIP 采取了由政府牵头，世界银行提供援助，联合国内商业保险公司和国际再保险公司，共同在世界市场上分散风险的巨灾保险模式。TCIP 资金来源广泛，偿付能力强大，建立了"风险自留、再保险、世界银行贷款、政府"的多层次风险转移安排。TCIP 为土耳其的城市居民提供直接的强制性的地震保险，有效应对了多起自然灾害赔付，减轻了政府的公共财政负担。

首先，TCIP是土耳其政府在世界银行的协助下，在法律的基础上建立起来的公私合营的组织。它的成立让政府的灾后重建资助的财政负担大大减轻。TCIP的地震保险是强制性的，但是保费低廉，土耳其大部分的低收入居民能够承担。TCIP的组织结构比较复杂，由政府、管理委员会、外包的商业保险公司和国际再保险公司参与运行。其中，政府部门负责政策制定和政策执行的监督，外包的商业保险公司负责TCIP的日常运营，管理委员会不仅起到协调和监管作用，还负责制定TCIP的发展计划。

其次，TCIP运行机制在不断完善：（1）TCIP的资金主要来自保费收入、自有资金管理和国际再保险三个方面；（2）TCIP建立了有效的地震风险模型，制定了差异化的费率，并且保证所有费率都十分低廉，能够让绝大部分人承担得起；（3）TCIP的偿付能力比较强大，首先具有充足的自有资金，如果自有资金池不够赔付需求，还有再保险的资金和世界银行的条件性贷款，而土耳其政府则是最后的赔付人；（4）TCIP实行公私合营的管理体制，运行效率高，监管机制完善，堪称巨灾保险基金典范。

再次，TCIP发展至今，运营比较成功。虽然才不到二十年，但TCIP已有了一定的资金规模。从承保状况看，保费收入增加，保单数量也飞速增长。保险渗透率逐步上升，2015年达到了40.9%。从基金管理方面来看，TCIP灵活调整投资结构，基金规模迅速扩张。从偿付方面来看，TCIP对成立之后发生的各大地震赔付都十分及时到位，没有出现违约的现象，渐渐树立起在土耳其民众心中的正面形象。从民众接受度的角度上看，TCIP的知名度日益提高，支持TCIP的土耳其人民逐年增加，其地震保险尤其在地震多发地区受到广泛欢迎。

最后，TCIP在稳定运行的同时也面临着众多问题，采取了积极的改革措施进行完善。（1）TCIP的公众形象与市场推广仍需改进。其通过加快赔付申请回应，利用媒体渠道加强宣传，推行商业推广计划等手段进行解决。（2）地震保险覆盖率有待提高。为此，TCIP提高了多数地区的保险代理佣金，加强赔付服务水平。（3）TCIP在风险管理上还面临着许多挑战。TCIP需要改进保险费率计算，增强赔付能力，以及避免针对国有企业的法律对TCIP的经营效率和赔付能力造成损害。

第十一章

加勒比巨灾风险保险基金（CCRIF）

加勒比地区位于中美洲，包括古巴、多米尼克、多米尼加共和国、海地、牙买加、巴巴多斯等众多面积较小的岛屿国家。由于其地理位置的特殊性，加勒比地区一直是全球自然灾害发生频率最高的地区之一，尤其是地震、飓风和过度降水三种灾害最为严重。21世纪前，加勒比海地区有统计的大规模自然灾害就达到上百次。频发的自然灾害给人民带来了沉重灾难，也给当地政府赈灾工作和灾后重建工作带来了巨大压力。政府由于面临短期流动性不足的问题也难以为高额的损失费用买单。

理论上讲，由于巨灾的准公共性质，如果政府拥有足够的财力，那么政府理应风险自留，为巨灾损失买单。但是，这一理论在实际中对很多发展中国家并不适用，理由是这些国家吸收巨灾损失的能力相当有限。地处飓风和地震频发的加勒比海地区的三十多个小型岛屿国家正是如此。由于经济规模甚小且外债沉重，它们无力购买保险，而不得不依赖国际捐赠来筹集救灾资金。但是由于捐赠通常不能及时到位，这些国家在一场巨灾之后往往缺乏资金立即进行赈灾，甚至无法维系政府的正常运转。

为了纾解巨灾对政府和居民带来的压力，加勒比共同体各国于2007年6月在世界银行的支持下成立了加勒比巨灾风险保险基金（Caribbean Catastrophe Risk Insurance Facility，CCRIF）。在当今世界上十多个巨灾保险基金中，CCRIF颇具特色，在多方面具有前瞻性和创新性。CCRIF是世界上第一个为灾后政府迅速提供流动性支持的政府性质的救灾保险基金，也是世界上第一个多国参与的区域性巨灾共同体。同时，CCRIF是世界上第一个选取参数指数为触发条件的共保体。

本章从概览的角度分析了CCRIF的概况、运行机制、风险转移机制和运行状况。第一部分介绍了CCRIF的产生背景、组织结构、战略目标与主要优势；第二部分从资金来源、资金支出、储备金制度和CCRIF的主要保险产品等方面分析了CCRIF的运行机制；第三部分通过超额损失曲线和三种保单各自的风险转移结构设计等方面对 CCRIF 的风险转移安排进行了详细分析；第四部分从 CCRIF 的运营状况、赔付状况和财务状况等角度介绍了其成立以来的运行状况。

一、CCRIF 概述

（一）成立背景

地震是加勒比地区发生最频繁的灾害之一。拉美和加勒比地区是世界上仅次于亚洲的自然灾害高发区，每年平均发生 40 次重大自然灾害。1960 年 5 月 22 日，智利发生了里氏 9.5 级的地震，并引发了致命的海啸。此次智利大地震是 20 世纪拉美及加勒比地区发生的最大的地震灾害。此外，2010 年 1 月 12 日，加勒比岛国海地发生了里氏 7.0 级大地震。此次海地地震造成 23 万人死亡，30 万人受伤。在过去的 30 多年里，拉美及加勒比地区发生的里氏 6 级以上的地震超过 156 起。

除地震外，火山爆发是拉美及加勒比地区的另外一个主要威胁。南安第斯山脉地区拥有 204 座活跃的火山，使约 9 000 万人处于火山爆发的威胁之中。智利拥有 36 座活火山，是该地区拥有活火山最多的国家，活火山数量在国际上排名第五位。北部的厄瓜多尔是该地区人口最少、领土面积最小的国家，但是仍然有 6 座活火山。1985 年 11 月，哥伦比亚的内瓦多德鲁伊斯火山爆发，造成 23 000 多人死亡。1992 年，智利南部的哈德逊火山爆发，使 62 000 多人流离失所，并造成了智利和阿根廷严重的牲畜和农业损失。

飓风、洪水、泥石流和旱灾也给拉美及加勒比地区带来了极大的影响。其中，1997～1998 年的厄尔尼诺现象最有代表性。这次灾害给玻利维亚、哥伦比亚、厄瓜多尔、秘鲁和委内瑞拉等国家带来了巨大灾难，这五个国家遭受了约 75 亿美元的经济损失。2008 年，厄瓜多尔和玻利维亚发生了大规模的洪水灾害，给两国造成了重大损失。苏里南洪水泛滥，海地、多米尼加和古巴的飓风灾害，墨西哥和萨尔瓦多的热带风暴灾害，巴西、中美洲、巴拿马等地暴发的洪水，都给该地区各国造成了巨大的生命和财产损失。

长期以来，自然灾害给加勒比地区各国带来了沉重的财政负担，严重威胁国民经济的可持续发展。最近 20 年，拉美及加勒比地区自然灾害愈发频繁。受到自然灾害影响的灾民从 1.74 亿人增加到了 2.5 亿人，约占整个拉丁美洲

第十一章　加勒比巨灾风险保险基金（CCRIF）

全部人口的 43%。加勒比地区每年自然灾害造成的平均损失约为当地 GDP 的 2%。以飓风灾害为例，1979 年至 2005 年，飓风给加勒比国家造成了 166 亿美元的损失，年平均损失 6.13 亿美元。而仅 2004 年四次大飓风（Charley、Frances、Ivan、Jeanne）给加勒比地区造成 40 亿美元的巨额损失（Ghesquiere，2008）。

多方面的原因使得一般的风险转移方法对这些岛屿国家都不适用：（1）由于岛屿国家的财政预算有限，单个国家没有足够的现金储备来应对灾难，不能通过建立单一的巨灾保险基金解决问题；（2）加勒比地区国家的主权经济特性限制了各岛屿国家之间进行灾后重建的互助行动；（3）大部分加勒比地区国家的负债水平很高，限制了灾后有效进行信用融资；（4）如果单个国家购买保险，其交易金额太小，交易成本太高，缺乏规模，很难进入国际保险或再保险市场。

鉴于以上原因，在经历了 2004 年飓风季袭击之后，加勒比共同体国家决定请求世界银行提供巨灾保险援助。经过加勒比地区各国政府、主要捐款国和来自世界银行专家两年的协调协商之后，CCRIF 于 2007 年 6 月正式成立。CCRIF 是世界上第一个多国巨灾共同体，其成立目的是为使加勒比地区国家在已经非常紧张的财政预算限制的情况下，以一种政府可以负担得起的、相对优惠的保险费率购买巨灾保险，使其能够在灾后及时得到赔付资金来缓解政府的财政压力。

（二）组织结构

CCRIF 是在开曼群岛注册的特殊目的的保险公司，由参与国和捐赠国任命的董事会所控制。如图 11-1 所示，CCRIF 组织结构包括董事会和运营部门，董事会下设多个委员会。董事会成员由参与国和捐赠国委托任命。其六名董事分别为董事会主席、首席执行官、两名加勒比共同体委托人和两名捐赠机构委托人。董事会的职责包括：（1）制定和审核 CCRIF 政策；（2）发展并完善战略计划；（3）通过可行的财政支持维持自身的可持续发展，并在此基础上制定机构的长远规划。

2014 年，CCRIF 将其组织结构调整为独立投资组合公司（Segregated Portfolio Company，SPC），提供新的保险产品，扩大覆盖区域，实现了风险分散。CCRIF SPC 的运营由专业服务机构来具体执行操作。运营部门受董事会、首席执行官与首席运营官的监督与管理；其负责人包括公共关系经理、风险管理专家、保险经理、资产管理经理和再保险经纪人。此外，专业服务机构提供的服

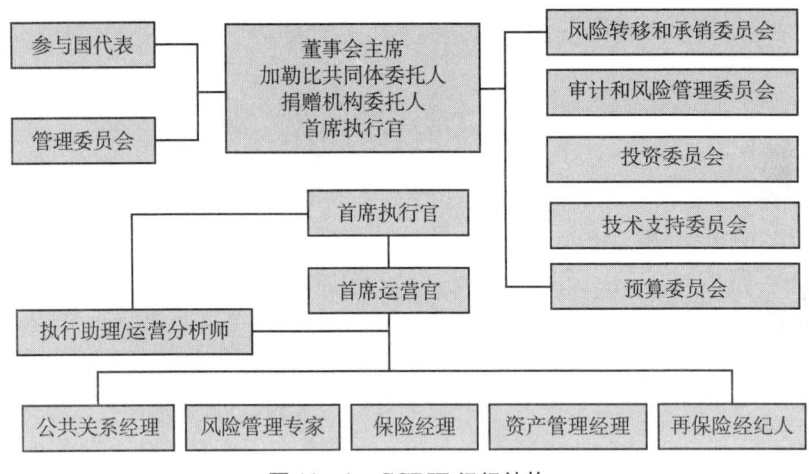

```
┌─────────────┐      ┌──────────────────┐      ┌──────────────────┐
│  参与国代表  │──┐   │   董事会主席      │───── │风险转移和承销委员会│
└─────────────┘  │   │ 加勒比共同体委托人 │      └──────────────────┘
                 ├───│ 捐赠机构委托人    │───── ┌──────────────────┐
┌─────────────┐  │   │   首席执行官      │      │审计和风险管理委员会│
│  管理委员会  │──┘   └──────────────────┘      └──────────────────┘
└─────────────┘              │              ── ┌──────────────────┐
                             │                 │    投资委员会     │
                     ┌──────────────┐          └──────────────────┘
                     │  首席执行官   │──────── ┌──────────────────┐
                     └──────────────┘          │   技术支持委员会  │
                             │                 └──────────────────┘
                     ┌──────────────┐──────── ┌──────────────────┐
                     │  首席运营官   │          │    预算委员会     │
                     └──────────────┘          └──────────────────┘
                             │
              ┌──────────────────────┐
              │执行助理/运营分析师     │
              └──────────────────────┘
                             │
      ┌─────────┬─────────┬──────────┬──────────┬──────────┐
   公共关系  风险管理  保险经理   资产管理    再保险经纪人
    经理     专家                  经理
```

图 11-1 CCRIF 组织结构

资料来源：CCRIF *Annual Report* 2015—2016.

务包括风险管理、风险建模、资本管理、再保险、再保险经纪、资产管理、技术辅助、公共关系与信息技术等。

（三）战略目标

CCRIF 作为一家保险公司，其战略目标的制定在运营和治理过程中发挥着重要作用。CCRIF 的战略目标主要包括：（1）核心业务。根据会员方的需要提供保险产品、服务和工具。（2）公司可持续发展。提升对自然灾害风险管理和对于气候变化的适应能力。（3）公司内部治理。保持公司的凝聚力和财务稳定性。（4）交流沟通。帮助成员方加深对于巨灾风险和 CCRIF 所提供的风险应对策略的理解和学习。（5）会员结构。扩大 CCRIF 会员方数量。（6）合作伙伴。深入推进战略伙伴关系。

CCRIF 主要工作成果均服务于这六项战略目标。以 2015 年为例，在核心业务方面，CCRIF 向 17 个成员方签发了 42 个热带飓风、地震和过度降水的保单，并对多米尼加赔付 240 万美元，补偿过度降水造成的损失。在公司可持续发展方面，CCRIF 通过实习项目在成员方中开放实习岗位。在公司治理方面，CCRIF 所提供的资金支持已经可以应对千年一遇的巨灾。在交流沟通方面，CCRIF 策划多场培训和交流会，出版影像资料和书籍。在扩大成员方方面，CCRIF 在 2015 年与部分中美洲国家达成协议，将其纳为成员方。

（四）主要优势

第一，CCRIF 为加勒比国家提供短期流动资金。CCRIF 成立的主要目的不是覆盖受影响国家的全部损失，而是在面临巨灾时，为政府提供短期流动资金来进行灾后救助。重大自然灾害后的关键性挑战往往是在国际长期救助资源到来之前，政府救灾对短期流动资金的需要。该基金便是以一个有效的方式来进行短期资金融资，以满足政府进行灾后恢复工作的资金需求，从而弥补紧急援助（主要是物资和服务）和长期重建之间的空隙。这在实用性和可行性方面较覆盖全部损失的保险来说更胜一筹。

第二，保费极为优惠。CCRIF 的保费只相当于公开市场上同类保险价格的一半左右。原因如下：（1）CCRIF 将参与国的个体风险集合成一个多元化的风险组合，从而实现了风险分散；（2）个体风险集合所产生的经济规模效应也使得 CCRIF 能够以更低廉的价格统一购买再保险；（3）CCRIF 机构非常精简，所需的人力成本较低；（4）CCRIF 由日本政府提供种子基金，并得到了捐赠国的财政支持与世界银行的协调。因此，CCRIF 不需要收取更高的保费来填补其项目启动的费用，使得 CCRIF 并没有蒙受损失。

第三，参数指数启赔机制确保理赔迅速。一方面，保险合同的参数指数触发机制是事先约定的自然灾害事件本身的参数，如飓风风速和半径，地震的等级等，而不是保险公估人对灾害所造成实际损失的评估；另一方面，申请赔付的文字工作也被降低到了最低程度。这种参数理赔制度能够更客观迅速地获得理赔。如专栏 11-1 所示，2010 年发生的海地大地震充分说明了参数理赔机制的优越性。因此，当灾难发生时，CCRIF 可以为参与方在短期内提供迅速的现金赔付，减轻了灾害造成的损失。

专栏 11-1　2010 年海地大地震

海地是位于加勒比海北部的一个岛国，东接多米尼加共和国，南临加勒比海，北濒大西洋，西与古巴和牙买加隔海相望，总面积为 27 750 平方公里。2010 年 1 月 12 日 16 时 53 分，海地发生里氏 7.0 级地震。地震震中距首都太子港 16 公里，震源深度 10 公里。这是海地自 1770 年以来发生的最强烈的地震。此次地震造成 25 万栋居民住宅与 3 万栋商业房屋严重损毁，23 万人死亡，30 万人受伤，100 万人流离失所。

在地震发生后 24 小时之内，CCRIF 计算出赔付金额为 775.3 万美元。

巨灾保险基金研究

地震发生后 14 日之内，赔付金额到达海地政府账户。基于海地与 CCRIF 签订的保单，该次赔付已经达到了赔付限额，是海地所缴纳保费（38.55 万美元）的近 20 倍。CCRIF 快速的赔付速度与充足的赔付金额极大地减轻了地震给海地造成的损失，加快了灾后重建的进程。

资料来源：CCRIF Annual Report 2009 - 2010.

第四，风险分散效果明显。加勒比地区包含有 30 多个岛屿国家，面积广阔。一方面，由于灾害在各岛屿之间发生并非完全相关，单个飓风或者地震灾害同时袭击所有岛屿的可能性极低。因此，CCRIF 的集合风险相对于单个国家所单独面临的风险来说要稳定得多，有利于分散风险；另一方面，CCRIF 所需的风险资本远远小于单个国家分别为各自损失所储备的风险资本总额。如图 11-2 所示，对 150 年一遇的巨灾来说，CCRIF 集合地震和飓风期望损失分别只相当于所有国家总损失额的 1/3 和 1/4。

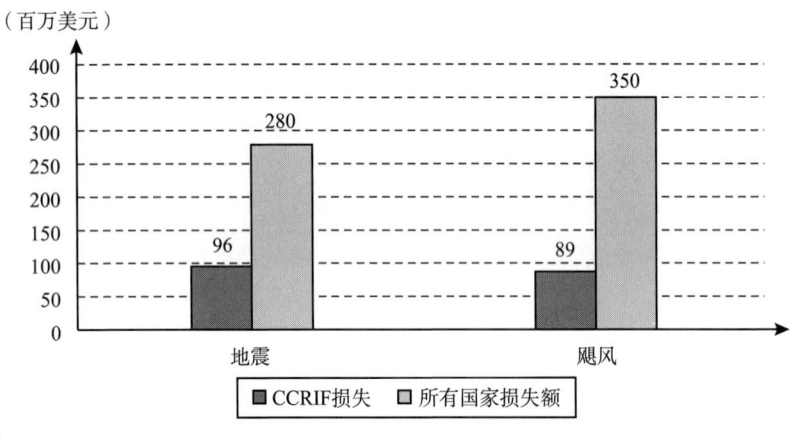

（百万美元）

	地震	飓风
CCRIF 损失	96	89
所有国家损失额	280	350

图 11-2 CCRIF 风险分担

资料来源：World Bank (2008), *Caribbean Catastrophe Risk Insurance Facility: Providing Immediate Funding After Natural Disasters*, World Bank Press, March.

第五，财务可持续性能力强。动态财务分析显示，CCRIF 在未来 10 年内的生存概率是 99.86%，意味着在 10 年内所进行的 10 000 次模拟测试中，只有 14 次 CCRIF 会出现破产。CCRIF 的财务抗风险能力远高于当今世界上其他类似的巨灾保险基金。中国台湾地区地震保险基金和土耳其地震保险基金分别能够经受住未来 10 年中发生一次 240 年一遇和 150 年一遇的巨灾冲击。但是，CCRIF 却能够经受住发生一次 1 500 年一遇的特大自然灾害的冲击，财务稳定性高。

二、CCRIF 的运行机制

如图 11-3 所示，CCRIF 的运行机制类似于一个被各参与方控制的、具有保险功能的联合储备基金。CCRIF 资金来源于参与方所缴纳的费用和国际捐赠两部分，实行分权管理。参与方保费作为储备金的一部分，其运作由董事会监控，用于购买再保险和对支付对参与方的赔款。国际原始捐赠形成多方捐赠信托基金，支付 CCRIF 的日常运营支出，并补充储备金。因此，多方捐赠信托基金同 CCRIF 的关系由一个专门的协议所界定，财政支出依据相应的程序来执行（World Bank，2007）。

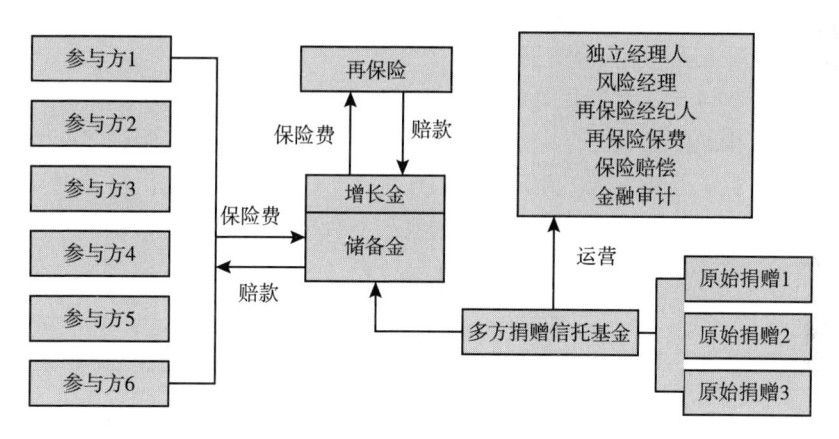

图 11-3 CCRIF 的运行机制

资料来源：World Bank (2007), *Results of Preparation Work on the Design of a Caribbean Catastrophe Risk Insurance Facility*. World Bank Press, February.

（一）资金来源

1. 多方捐赠信托基金

CCRIF 主要资金来源之一为多方捐赠信托基金。原始捐赠金合在一起形成多方捐赠信托基金（multi donor trust fund，MDTF），并由世界银行对所有报批的开销实行报账制式的财务管理。多方捐赠信托基金最初来自加拿大、欧盟、世界银行、英国、法国、加勒比开发银行、爱尔兰和百慕大等地区的捐赠和参与方缴纳的参与费。多方捐赠基金有两个用途：一是支持 CCRIF 日常运营支出，包括支付薪水，再保险费用，保险赔偿和金融审计费用；二是形成部分补充储备金。

2. 参与方缴纳的费用

CCRIF 的资金还来自其成员方缴纳的参与费、年费和保费。首先，成员方在初次加入 CCRIF 时，都需要缴纳 2 200 万美元的参与费。其次，成员方还需缴纳年费来维持保险合同的运行。参与费和年费都归入 CCRIF 的储备基金池。目前 CCRIF 共有 17 个主要参与方，分别是加勒比地区的安圭拉、安提瓜和巴布达、巴哈马、巴巴多斯、伯利兹、百慕大、开曼群岛、多米尼加、格林纳达、海地、牙买加、圣基茨和尼维斯、圣卢西亚、圣文森特和格林纳丁斯、特立尼达和多巴哥、特克斯和凯科斯群岛，和中美洲地区的尼加拉瓜。

最后，参与方每年都会向 CCRIF 缴纳保险费用。各参与方根据自身的风险承受能力和支付能力自行决定保额，支付的保费从 20 万美元到 200 万美元不等，分别对应保额 1 000 万到 5 000 万美元。CCRIF 目前提供热带飓风、地震和过度降水三种自然灾害所造成的损失。其保单设计赔付起点较高：对于飓风，赔付 15 年一遇的灾害损失；对于地震，赔付 20 年一遇的灾害损失。保费按保险标的的风险状况厘定。保单理赔只针对灾后短期收入损失，旨在于解决受灾政府在灾后重建中出现的短期流动性问题，并不赔付基础建设等其他费用。

（二）资金支出

CCRIF 的资金支出主要由四部分组成：（1）定期交纳一定的再保险保费。（2）CCRIF 日常运营的人力资源成本。其中，支付给公共关系经理、风险管理专家、再保险经纪人、资产管理经理、保险业务经理及其员工的薪水与福利占到了绝大部分。（3）灾害发生后的理赔。根据规定，如果合同规定的灾害事件的参数指标满足触发条件，则 CCRIF 需向参与方进行理赔。（4）其他经营管理性支出。CCRIF 要在一定时期内发布自身的财务报告，需要支付审计公司等中介机构服务费用。

（三）储备金

CCRIF 储备金由四部分组成：（1）参与方的保费；（2）多方捐赠信托基

金用于运营支出之外的部分；（3）储备金的利息收入；（4）储备金通过国际资本市场获得的资本利得。信托基金和储备金之间既互相关联，又互相独立。其关联性体现在信托基金在结构上归属于储备金，部分可以直接用于风险赔付支出。其独立性在于信托基金由专门的多方捐赠信托基金来对基金进行经营和监督。这种方式既有利于各捐赠方对 CCRIF 的监督，也有利于 CCRIF 从各捐赠方得到更多的援助。

（四）保险产品

2013 年以前，CCRIF 主要为热带飓风和地震两种类型的巨灾进行赔付。2013 年，CCRIF 又将过度降水纳入了保险覆盖范围。因此，各参与方可以根据本国需要，按照巨灾类型缴纳保费。例如，巴哈马等地震灾害频率较低、风险较小的国家可以只缴纳热带飓风和过度降水的保费。这也使得参与方可以根据本国实际情况来最小化自己的参与成本。三种类型的巨灾具有不同的触发机制，CCRIF 巨灾保险产品具有以下四个特点：

第一，热带飓风与过度降水触发机制。CCRIF 的赔付机制新颖。与大多数人为决定的赔付标准不同，其主要根据实际观测的客观数值确定是否触发以及赔付数额。具体在热带飓风和过度降水灾害上的应用如下：热带飓风保单赔付的触发主要基于对于风级和风暴潮大小的评估，而过度降水保单赔付的触发基于卫星观测的降雨数据。一般情况下两个保单触发机制相互独立。这意味着，如果在某次巨型灾害中，两项触发条件同时被满足，则参与方可以同时获得两项赔付。

第二，CCRIF 降水评估模型 2.0。截至 2016 年，CCRIF 加强了传统降水评估模型，新模型能够模拟降水过程并迅速给出对损失的估计。其通过气象模型预计每天的降水量，用以精确地模拟降水强度，并辅助以卫星观测模型来实时监控降水发生的具体位置，最后根据保单赔付的划定（起赔点、割让百分比等等）确定有多少资助金额将发放给参与方政府。评估模型 2.0 与之前的评估模型相比，创新之处主要在于"模拟"。新版本的评估模型不仅能够对已经发生的灾害进行检测，还能对未来的情况进行预测。

第三，微型保险产品。CCRIF 在 2010～2014 年期间推出了两款巨灾保险产品，分别叫作生计保护保险（livelihood protection policy，LPP）和贷款资产保险（loan portfolio cover，LPC）。与之前的巨灾保险不同，这两款产品并非针对各参与方设计。LPP 主要针对低收入群体，作用是赔偿极端天气对低收入人群所造成的经济损失。另外，LPC 主要针对可以发放贷款的金融机构所设计，为了赔偿投保金融机构的贷出款项由于极端天气原因无法收回所造成的经济损失。

第四，新型保险产品。除上述传统的巨灾保险产品外，CCRIF 也在不断开辟新的巨灾风险保险领域，以适应中美洲和加勒比地区国家的多样化需求。截至 2016 年末，CCRIF 已经在渔业巨灾保险、农业巨灾保险和干旱巨灾保险产品的推出上均做出了一定的努力。例如，在 2016 年初，CCRIF 成功开发了旱灾模型。这个模型可以准确衡量旱灾严重度，并精确模拟干旱所带来的持续影响。该模型的推出意味着 CCRIF 在干旱巨灾保险产品的推出上迈出了重要的一步。

三、CCRIF 风险转移安排

（一）超额损失曲线

CCRIF 每年平均的巨灾损失额为 780 万美元。但是，这一风险度量只能部分说明 CCRIF 的风险暴露，因为它没有反映出在平均值上下的波动幅度。如图 11-4 所示，可以用 CCRIF 组合风险的超额损失曲线（loss exceedance curve，LEC）来反映机构的最大损失波动情况。LEC 是一组针对不同事件频率下的最大可能损失组合组成的曲线。可以看出，对于 100 年一遇的巨灾来说，最大损失将超过 7 100 万美元，而对于 1 000 年发生一次的灾害来说，最大损失会超过 1.2 亿美元（World Bank，2008）。

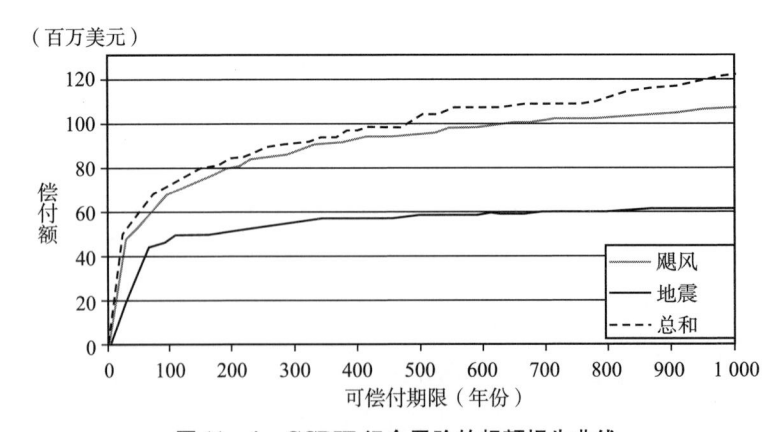

图 11-4 CCRIF 组合风险的超额损失曲线

资料来源：World Bank (2008), *Caribbean Catastrophe Risk Insurance Facility: Providing Immediate Funding After Natural Disasters.* World Bank Press, March.

第十一章　加勒比巨灾风险保险基金（CCRIF）

（二）风险转移结构

CCRIF 在成立之初仅承保地震与热带飓风灾害，风险转移安排包括风险自留、购买再保险和与世界银行签订巨灾互换合约。随着 CCRIF 的不断发展，2013 年其将过度降水纳入承保范围。此外，2015 年，CCRIF 将成员方扩大至中美洲地区，尼加拉瓜加入。因此，CCRIF 签发的保单分为加勒比地震和热带飓风、过度降水与尼加拉瓜地震和热带飓风三种。三种保单签发数量，保费收取和覆盖的风险敞口均有所不同。因此，针对三种保单，CCRIF 也设计了不同的风险转移结构。

1. 加勒比地震和热带飓风

2015~2016 年，CCRIF 向 16 个加勒比地区参与方签发了 29 个地震与热带飓风保单。总保费收入为 1100 万美元，覆盖的风险敞口达到了 6.59 亿美元。其中，热带飓风与地震所占比重分别为 57% 和 43%。相较于过度降水与尼加拉瓜地震和热带飓风保单，CCRIF 承保的加勒比地震和热带飓风保单最多，承保金额最大。因此，CCRIF 对加勒比地震和热带飓风保单的风险转移结构设计最为复杂，具体包括风险自留和风险转移两大部分。其中，风险转移又分为购买传统再保险与发行巨灾债券。

对于加勒比地震和热带飓风保单，CCRIF 自留 3 000 万美元，并购买了共计 1.389 亿美元的再保险。再保险通过国际再保险市场购买，包括瑞士再保险、慕尼黑再保险、博纳再保险公司、汉诺威再保险和伦敦的劳合社等，将巨灾风险转移到国际再保险市场。除传统再保险外，世界银行还为 CCRIF 提供了 3 000 万美元的巨灾债券，将巨灾风险转移至资本市场。因此，通过风险自留与风险转移，CCRIF 对于加勒比地区参与方发生的地震和热带飓风损失的赔付能力达到了 1.989 亿美元。

具体而言，如图 11-5 所示，加勒比地震和热带飓风保单的风险转移结构由以下四个层次所组成：（1）第一层次为 CCRIF 的风险自留金额 3 000 万美元；（2）第二层次为第一层再保险，承担风险自留以上的 1 190 万美元的损失；（3）第三层次是第二层再保险，承担 2 530 万美元的损失；（4）第四层次是第三层再保险，承担 7 170 万美元的损失。此外，世界银行发行的 3 000 万美元巨灾债券与第二层和第三层再保险共同进行赔付。在以上四层次风险转移安排下，借助传统再保险市场与资本市场，CCRIF 可以应对 555.6 年一遇的灾害。

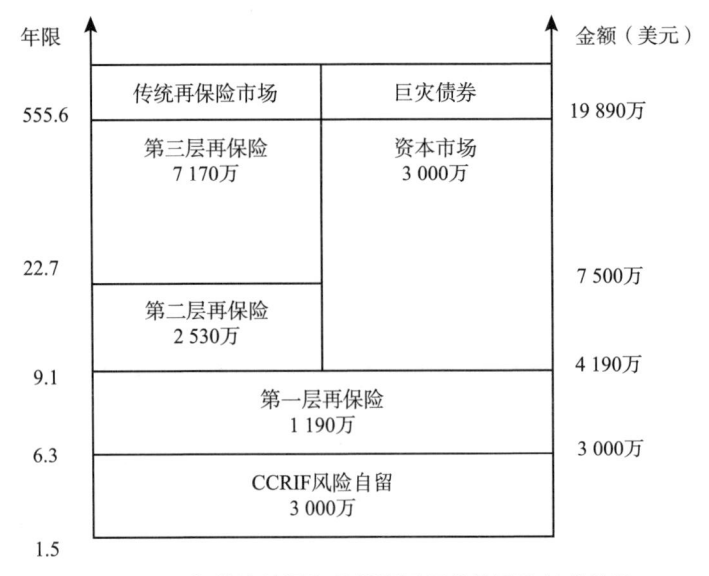

```
 年限              ↑                              ↑  金额(美元)
                ┌─────────────────┬─────────────┐
 555.6          │  传统再保险市场  │   巨灾债券   │  19 890万
                │  第三层再保险    │   资本市场   │
                │     7 170万      │    3 000万   │
  22.7          ├─────────────────┴─────────────┤  7 500万
                │         第二层再保险           │
                │           2 530万              │
   9.1          ├──────────────────────────────┤  4 190万
                │         第一层再保险           │
                │           1 190万              │
   6.3          ├──────────────────────────────┤  3 000万
                │        CCRIF风险自留           │
                │           3 000万              │
   1.5          └──────────────────────────────┘
```

图 11-5 加勒比地震和热带飓风保单的风险转移结构

资料来源：CCRIF *Annual Report* 2015-2016.

2. 过度降水

2015~2016 年，CCRIF 为加勒比参与方签发了 12 个过度降水保单。其保费收入为 580 万美元，覆盖的风险敞口达到了 6 400 万美元。对于过度降水保单，CCRIF 实行风险自留与单层再保险的风险转移结构。如图 11-6 所示，具体由以下两个层次组成：（1）第一层次为 CCRIF 风险自留金额 150 万美元；（2）第二层次为再保险，承担风险自留金额以上的 3 500 万美元的损失。通过风险自留与再保险，CCRIF 对于过度降水的赔付能力达到 4 200 万美元，可以覆盖 205 年一遇的灾害造成的全部年度损失。

```
 年限              ↑                              ↑  金额(美元)
                ┌──────────────────────────────┐
  205           │        传统再保险市场          │  4 200万
                │           再保险               │
                │           3 500万              │
                ├──────────────────────────────┤  700万
                │        CCRIF风险自留           │
                │            700万               │
                └──────────────────────────────┘
```

图 11-6 过度降水保单的风险转移结构

资料来源：CCRIF *Annual Report* 2015-2016.

第十一章　加勒比巨灾风险保险基金（CCRIF）

3. 尼加拉瓜地震与热带飓风

2015~2016年，CCRIF为中美洲国家尼加拉瓜签发了一个地震和热带飓风保单。保费收入为150万美元，覆盖的风险敞口为1 800万美元。对于尼加拉瓜保单，CCRIF实行风险自留与多层再保险的风险转移结构。如图11-7所示，由以下三个层次组成：（1）第一层次为CCRIF风险自留150万美元；（2）第二层次为第一层再保险，承担风险自留以上600万美元的损失；（3）第三层次是第二层再保险，承担1 000万美元的损失。通过风险自留与两层风险转移，CCRIF对于尼加拉瓜地震与热带飓风的赔付能力足以应对1 500年一遇的灾害。

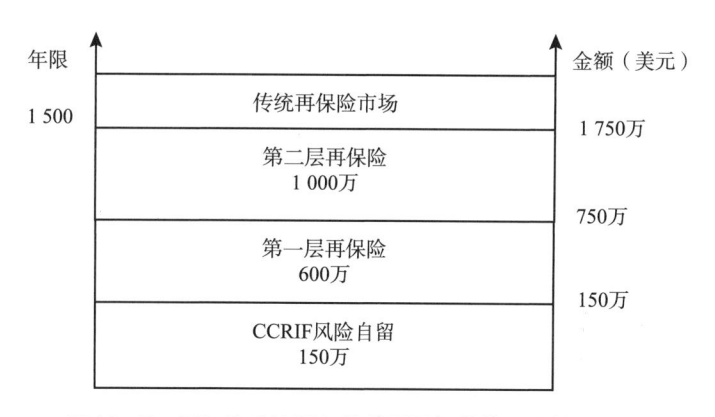

年限		金额（美元）
1 500	传统再保险市场	1 750万
	第二层再保险 1 000万	750万
	第一层再保险 600万	150万
	CCRIF风险自留 150万	

图11-7　尼加拉瓜地震和热带飓风保单的风险转移结构

资料来源：CCRIF *Annual Report* 2015-2016.

四、CCRIF的运行状况

（一）运营情况

1. 承保状况

CCRIF的保费政策极其优惠，大约只相当于同类保险的一半左右。但是，加勒比地区国家多为经济实力有限的岛屿国家，部分成员方仍面临较大的经济压力。因此，CCRIF 将优惠幅度逐年增加，并定期给予折扣。以 2015~2016 年为例，CCRIF 向其成员方提供了 50% 的飓风灾害保险折扣与 15% 的过度降水巨灾保险折扣。同时，CCRIF 还将判断灾害发生的临界点调低，使得更多遭受灾害的成员方可以获取赔偿。总之，这些优惠政策反映了 CCRIF 良好的盈利能力和运行状况。

表 11-1 给出了 2008/2009~2015/2016 年 CCRIF 的承保状况。从签发保单数量来看，CCRIF 在 2013~2014 年以前签发的保单数量维持在 29 个左右。2013 年将过度降水加入保险覆盖范围后，签发保单数量上升。从保费总额收入来看，近年来 CCRIF 保费收入基本保持稳定，呈现波动中小幅下降态势。这反映了 CCRIF 不断提高保费优惠程度，缓解了参与方的经济压力。从覆盖的风险敞口来看，呈现持续上升趋势。这表明 CCRIF 以其完善的理赔机制、较快的赔付速度得到了各参与方的认可，发挥了重要作用。

表 11-1　　　2008/2009~2015/2016 年 CCRIF 的承保状况　　　单位：百万美元

年份	保单数量	保费总额	风险敞口
2008/2009	30	22	560
2009/2010	29	21.5	600
2010/2011	29	20.8	620
2011/2012	29	20	625
2012/2013	29	20	625
2013/2014	29	19.5	620
2014/2015	36	23.1	689
2015/2016	42	18.3	741

资料来源：CCRIF *Annual Report* 2008/2009 – 2015/2016.

2. 捐赠基金状况

CCRIF 在世界银行的领导与日本政府拨款帮助下建立。多方捐赠资金最初资本来自加拿大、欧盟、世界银行、英国、法国、加勒比开发银行、爱尔兰和百慕大等地区以及成员方的参与费。CCRIF 在成立后一直寻求机会不断发展自己的伙伴关系，扩大融资渠道，力求获得更多的国际捐赠。近十年，CCRIF 获得的捐赠额逐年上升，数量级也达到了千万美元。以 2015~2016 年为例，欧盟委员会，美国政府和加拿大政府分别捐赠了 1 540 万美元、1 000 万美元和 1 200 万美元。

第十一章 加勒比巨灾风险保险基金（CCRIF）

（二）赔付情况

自2007年6月成立以来，CCRIF实现了多次有效的赔付。如表11-2所示，在2007~2016年十年的时间内，CCRIF共向10个参与方进行了21次巨灾赔付，共支出6 800万美元。所有受巨灾影响的国家在24小时内得到巨灾损失通知，并在巨灾发生后14日内得到实际赔付。2016年10月，海地发生飓风灾害，CCRIF赔付了历史最高值2 341万美元。就赔付灾害类型而言，热带飓风灾害共赔付4 484万美元，地震灾害共赔付921万美元，过度降水灾害共赔付1 390万美元。

表11-2　　　　　2007~2016年CCRIF赔付情况　　　　　单位：万美元

年份	参与方	灾害类型	赔付金额
2007	多米尼加	地震	52.80
	圣卢西亚	地震	41.89
2008	特克斯和凯科斯岛	热带飓风	630.39
2010	海地	地震	775.35
	安圭拉	热带飓风	428.27
	圣文森特和格林纳丁斯	热带飓风	109.03
	巴巴多斯	热带飓风	856.02
	圣卢西亚	热带飓风	324.16
2014	安圭拉	过度降水	49.34
	安圭拉	过度降水	55.92
	圣克里斯多福及尼维斯	过度降水	105.54
	巴巴多斯	过度降水	1 248.48
2015	多米尼加	过度降水	1 240
2016	尼加拉瓜	地震	50
	伯利兹	过度降水	21.60
	圣文森特和格林纳丁斯	过度降水	28.53
	圣卢西亚	过度降水	378.17
	巴巴多斯	热带飓风、过度降水	172.82
	海地	热带飓风、过度降水	2 340.88

资料来源：CCRIF *Annual Report* 2015-2016.

(三) 财务状况

1. 盈利能力

巨灾保险企业与其他类型的企业不同，其盈利能力不能仅用净利润的增长幅度来衡量。因为每当出现巨灾时，其支出显著上升，进而影响月度甚至年度净利润。因此，CCRIF 作为一家巨灾保险企业，其净利润近五年来始终为正，体现了其出色的盈利能力。2016 年，CCRIF 的净利润额有一个显著下降，主要是由于海地发生的飓风灾害导致了 CCRIF 2 341 万美元的大额赔付。在如此巨额支出下，CCRIF 仍能保持着正的利润，体现了其财务稳定性和风险耐受程度（见图 11 – 8）。

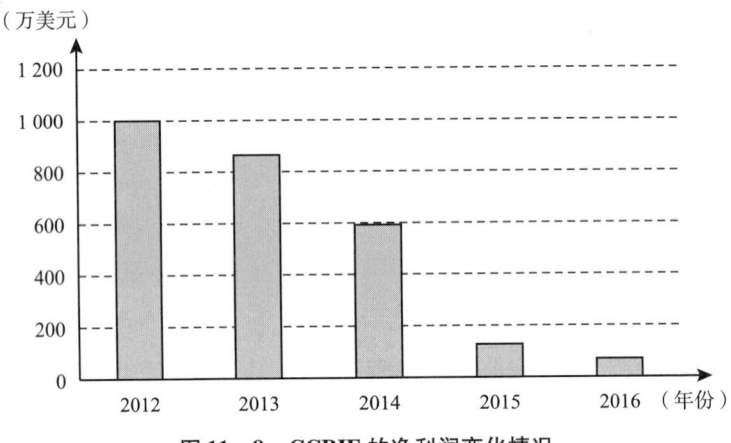

图 11 – 8　CCRIF 的净利润变化情况

资料来源：CCRIF *Annual Report* 2012 – 2016.

2. 资本结构

得益于 CCRIF 独特的风险转移结构，其自留金与再保险金的充足使得 CCRIF 拥有非常健康的资产负债比。2015 ~ 2016 年，CCRIF 的资产负债比约为 5∶1。因此，只要千年一遇的巨型灾害不发生，那么 CCRIF 的负债将始终保持在一个较低水平，几乎不会面临破产的风险，这保证了 CCRIF 的持续平稳运行；另外，2014 年 CCRIF 将组织结构调整为独立投资组合公司后，其负债

第十一章 加勒比巨灾风险保险基金（CCRIF）

也主要来源于独立资产组合的到期，而非对成员方的赔款，这也显示了其资本结构的健康性。

3. 财务安全性

如图11-9所示，随着年限的不断增长，CCRIF资本金的规模发展迅速，其保费与纯风险（年总损失）比率也在下降。CCRIF资本金从最初的5 500万美元增加到2009年的8 000万美元，到2010年达到最高值9 000万美元，随后下降稳定在8 000万美元左右。CCRIF的年保费收入稳定在2 000万美元左右。CCRIF计划在2~3年内把保费纯风险比率降低到比较稳定的水平（大约1.5~1.75倍）。这样，资本金继续累积直至保费可以降低至可足以维持CCRIF的长期运作的水平。

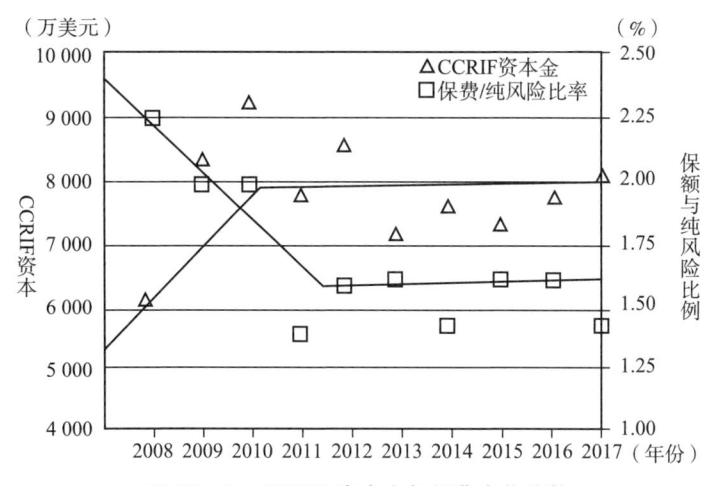

图11-9　CCRIF资本金与保费变化趋势

资料来源：Simmons，David（2008），加勒比海巨灾风险共保体，国际巨灾保险基金管理研讨会。

CCRIF的财务安全性极强，出现破产的概率极低。主要原因有：（1）CCRIF由各种复杂的风险损失模型支撑，使其风险转移方案满足各种不同条件下的赔付需求。蒙特卡罗模拟显示，它能够经受住未来10年中发生一次约1 500年一遇的特大自然灾害的冲击而不至于破产。（2）CCRIF保费包括期望损失、运营成本和储备增长，能够充分满足一般赔付的设计要求。（3）CCRIF并不会分红，进一步增加储备金或资本金。这样，CCRIF就可以降低购买再保险的保费份额，从而降低其对再保险市场的依赖，增强财务可持续能力。

五、结　语

加勒比地区作为世界上自然灾害发生频率最高的地区之一，饱受地震、火山和飓风等灾害的侵袭。自然灾害每年都会给加勒比地区造成巨额的经济损失，且灾后重建工作常因为缺乏流动资金而搁置。因此，加勒比地区国家在世界银行的帮助下成立了 CCRIF，为受灾国家提供短期流动资金。作为第一个以参数指数为理赔机制、多方参与的区域性共保体，CCRIF 通过完善的风险转移结构将巨灾风险转移到国际再保险市场和资本市场。CCRIF 的诸多创新和成功运作为经济实力落后的小国提供了应对风险的范例。

首先，CCRIF 产生原因是 2004 年飓风季灾害造成的巨额经济损失。CCRIF 于 2007 年 6 月在世界银行的帮助下成立。由于加勒比岛屿国家经济实力有限，难以独自应对巨灾风险。因此，CCRIF 将加勒比地区国家集合，形成区域共保体，为参与国提供巨灾保险。其成立目的在于使加勒比地区国家在财政预算限制的情况下，以相对优惠的保险费率购买巨灾保险，在灾后及时得到赔付资金来缓解流动性不足。CCRIF 具有为加勒比国家提供短期流动资金、保费优惠、参数启赔机制确保理赔迅速和风险分散效果明显等主要优势。

其次，CCRIF 的运行机制类似于一个被各参与方控制的、具有保险功能的联合储备基金。其资金来自国际捐赠和参与国缴纳的费用。国际捐赠形成多方捐赠信托基金，支付运营支出。参与方缴纳的费用主要用于赔款支出和购买再保险。国际捐赠和参与国缴纳的费用都部分形成储备金，以应对突发的灾害损失。在完善的运行机制设计下，CCRIF 与时俱进，不断更新产品类型，从最初只针对飓风和地震灾害，到增加过度降水，不良贷款保险与农业保险等创新产品。

再其次，CCRIF 的风险转移安排设计合理。超额损失曲线显示了 CCRIF 强大的风险耐受能力，这主要得益于其稳固的风险转移安排。CCRIF 风险转移安排包括风险自留与风险转移两部分。针对其签发的三种保单，具体风险转移结构有所不同：（1）对于加勒比地震和热带飓风保险，CCRIF 除风险自留外，还在国际再保险市场上购买三层再保险。世界银行发行巨灾债券为其提供风险转移支持；（2）对于过度降水，CCRIF 通过风险自留和单层再保险分散风险；（3）对于尼加拉瓜保单，CCRIF 通过风险自留和两层再保险分散风险。

最后，自 2007 年 6 月成立以来，CCRIF 运行状况稳定良好：（1）从运营状况来看，CCRIF 保费收取稳定，保单签发数量与承保金额稳步上升。国际捐赠来源广泛，数量可观；（2）从赔付情况来看，CCRIF 自成立以来，共向 10 个参与方完成了 21 次赔付，总赔付金额达 6 800 万美元，缓解了参与方的经济压力；（3）从财务状况来看，CCRIF 在严谨的财务管理下，盈利能力出色，资本结构健康，财务安全性强。因此，CCRIF 凭借低廉的价格、精确的参数机制设计、迅速的赔付速度受到了加勒比海地区各成员方的认可，可持续发展能力强。

第四篇
展望中国巨灾保险基金

第十二章　巨灾保险基金的比较研究

第十三章　构建适合我国的巨灾保险基金

第十二章

巨灾保险基金的比较研究

本书已经介绍了国际上 11 个典型巨灾保险基金项目,基于运行模式特点,可将其分为政府主导、完全市场化和政府与市场合作三种模式。其中,政府主导模式下代表性的巨灾保险基金项目包括美国的 NFIP 和 FHCF,新西兰的 EQC 和墨西哥的 FONDEN;完全市场化模式下代表性的巨灾风险管理体系包括美国的 CEA、英国的洪水保险制度和德国的巨灾保险制度;政府与市场合作模式代表性的巨灾保险基金项目包括日本的 JER、土耳其的 TCIP、加勒比地区的 CCRIF 以及中国台湾的 TREIF。

本书研究的主要目标是从全球视角出发,对巨灾保险基金进行全方位、多角度的案例剖析和比较研究,总结归纳出国际巨灾保险基金设立与运行的一般规律和经验,寻求构建我国巨灾保险基金的创新性解决方案,以便让我国的巨灾保险制度在发挥保障功能的同时减轻政府的财政压力。在比较分析方面,首先选取这些国家或地区的典型项目,进行为公共财政减压的三种模式比较;然后再根据承保灾害,分别按地震、洪水和台风三种灾害类型,比较分析不同类别下的巨灾保险基金项目。

本章第一部分从公共财政的视角出发进行比较,包括土耳其巨灾保险共同体(TCIP)、墨西哥自然灾害基金(FONDEN)和加勒比巨灾风险保险基金(CCRIF);第二部分对地震类巨灾保险基金项目进行比较研究,包括美国加州地震局(CEA)、新西兰地震委员会(EQC)和日本地震再保险公司(JER);第三部分对洪水类巨灾保险基金项目进行比较研究,包括美国国家洪水保险计划(NFIP)与英国洪水保险制度;第四部分对台风类巨灾保险基金项目进行比较研究,包括美国佛罗里达飓风巨灾基金(FHCF)与加勒比巨灾风险保险基金(CCRIF)。

一、为公共财政减压模式比较

巨灾会造成严重的经济损失与人员伤亡。如专栏 12-1 所示，当一个国家发生巨灾，不仅让灾民蒙受损失，同时也会给国家公共财政带来严重的打击。那么在国际上，政府是如何做到在为灾民减灾的同时，也为公共财政减压呢？从理论上来说，政府应当退居到最后保障者的位置，并与各参与主体一起形成巨灾损失分担机制。事实上，世界上许多发达国家如新西兰、日本、法国、美国等的巨灾保险制度都是如此。它们均设立了实质上的巨灾保险损失分担机制，实现风险的充分分散与转移，尽管其形式可能不尽相同。

专栏 12-1　巨灾对公共财政的压力分析

巨灾给公共财政带来了支出压力和收入压力。一方面巨灾会使公共财政支出急剧增加；另一方面巨灾会使经济增长受到阻碍，税收基数减少和征税变得困难。

从支出角度看来，增加的支出有三处：(1) 短期赈灾支出的增加。灾难发生之后，政府需要及时向灾区输送紧急物资，包括食物、医品以及生活必需品等等；(2) 基础设施的重建。巨灾损坏了大部分的道路、桥梁、机场、码头、学校、医院等公共建筑，这些基础设施的恢复是灾民生活回归正常的基础；(3) 给灾民和生产部门的直接财政补助：作为慰问金补助给灾民的基本生活开支；给生产部门的补助使其能尽快恢复原来的生产活动。

从收入角度看来，巨灾过后大部分私人生产部门受到不同程度的损失：(1) 由于主要的人力、物力都必须投入到救灾和减灾工作中，总体经济活动会严重减少；(2) 生产经营的减少会导致这些环节上的税基减少；(3) 由于灾后经济秩序紊乱，很多行政管理部门都无法正常运作，税收的征收和管理都很困难。

资料来源：谢世清：《巨灾压力下的公共财政：国际经验与启示》，载于《当代财经》2009 年第 2 期。

在一些财力有限的发展中国家与地区，巨灾给国家经济和公共财政造成了巨大压力。例如，1999 年土耳其地震造成的经济损失占其 GDP 的 11%，而 1986 年萨尔瓦多地震造成的经济损失高达 GDP 的 37%。近年来，为应对巨灾

第十二章 巨灾保险基金的比较研究

对公共财政的挑战,发展中国家改变了传统的、单一的、灾后政府财政直接救济方式,大胆改革并引入保险,不断尝试新的举措。如表12-1所示,基于其运行特点,可分为以下三种国际巨灾保险模式。它们在保护政府公共财政安全方面的独特之处具有借鉴意义。

表12-1 三种国际巨灾保险模式比较

模式类型	限制政府灾害责任模式	提供灾害应急救济模式	提供政府预算支持模式
典型案例	土耳其巨灾保险共同体(TCIP)	墨西哥自然灾害基金(FONDEN)	加勒比巨灾风险保险基金(CCRIF)
目的	确保居民应对巨灾损失	为当地政府提供资金	为政府预算提供支持
被保险标的物	地震造成的实际损失	灾害造成的实际损失	事先约定的灾害事件
保险方法	有免赔额的财产保险	应急基金,巨灾债券	多样化的巨灾保险产品
风险转移方式	风险自留、再保险市场、资本市场、世界银行、政府财政	风险自留、巨灾再保险市场、资本市场、政府财政	参与国共保;风险自留、再保险市场、互换合约

资料来源:作者根据David Hofman和Patricia Brukoff(2006)整理。

(一)限制政府灾害责任模式

限制政府灾害责任模式主要针对私人部门,目的在于减少其巨灾后对政府的依赖,从而减少潜在的财政预算压力。该模式和美国、英国、日本等发达国家所通用的方法极为相似,都设立了巨灾损失分担机制。在该模式中,政府往往成立了巨灾保险基金,通过对国内商业保险公司提供财政担保、再保险或者补贴等各种优惠方式,来组织其对私人部门提供巨灾保险。限制政府灾害责任模式的典型案例是2000年成立的土耳其巨灾保险共同体(Turkish Catastrophe Insurance Pool,TCIP)。

土耳其是个地震灾害频繁的国家。在TCIP成立以前,土耳其的保险密度很低,因此公共财政在巨灾发生之时面临着巨大的压力。2000年9月,土耳其政府颁布法令强制要求居民购买具有一定免赔额的财产保险,并成立了巨灾保险基金。政府还鼓励居民建造统一的房屋;废止了一直承诺为居民重建家园的法律。到2004年底为止,近16%的国内住宅得到了充足的保障。风险一部分由TCIP通过收取的保费自留,绝大部分则转移到国际再保险市场。

土耳其的做法旨在限制政府对巨灾损失的直接经济责任,主要通过积极促成商业保险参与来保护公共财政。其特点如下:(1)政府通过法律强制推行商业保险,有效地加大了保险密度;(2)政府通过废止承诺为居民灾后重建的法律,调动全民购买保险的积极性,使得强制保险执行起来阻力更小;(3) 政府通过鼓励构建统一的房屋,使得风险共同体更具可行性,统一费率更方便合理;(4) 具有一定免赔额的保险使得人们在巨灾发生之前主动采取减灾措施;(5) 建立巨灾保险基金,确保巨灾共同体能够平稳过渡。

(二) 提供灾害应急救济模式

提供灾害应急救济模式主要是成立一个巨灾应急基金和国际再保险安排,来提供财政资金直接用于灾后的应急救济。提供灾害应急救济模式属于新一代主权保险,其主要目的是为了确保中央政府和地方政府在巨灾之后,能够有充足的资金来更轻松地支持对受害居民的紧急救助工作,如食品、水、帐篷、医疗等的巨大花费,以避免政府财政支付的不平衡。提供灾害应急救济模式下的典型案例是 1996 年成立的墨西哥自然灾害基金(fund for natural disasters, FONDEN)。

墨西哥政府为了增强应灾能力并防止公共财政受到重击,于 1996 年成立了自然灾害基金(FONDEN)。这个基金基本上是联邦政府开放式的预算合约,提供的保险具有一定的免赔额,而且赔付是按照事后的损失评估量化而分配到各个部门的。2006 年墨西哥政府将这个被动应灾型的基金转变成了主动预防型的基金。此外,墨西哥政府还与瑞士再保险合作,尝试了保险风险证券化,发放了 1.6 亿美元的巨灾债券。

墨西哥的做法旨在为灾后重建提前筹备资源,这主要是通过建立自然灾害基金来实现的,并具有以下特点:(1) 开放式基金,专款专用。确保了灾害发生之时有充足的资金能快速投放到灾区,保证了灾后重建能够快速运作起来;(2) 有一定免赔额的保险。这使得居民在灾害发生之前就能主动采取减灾措施;(3) 巨灾债券的发行。由于进入了资本市场,风险转移方式和融资渠道得以进一步拓宽,扩大了承保能力。

(三) 提供政府预算支持模式

提供政府预算支持模式也属于新一代主权保险,但不同于前者政府购买保险来应对支付灾后政府的应急救济开销。此模式是通过几个国家一起成立一个共保巨灾基金,并通过国际(再)保险安排,使得政府在巨灾后可立即获得短期流动性资金,维持政府预算的正常运行。而且该资金的使用可由各受灾国政府灵活处理。这种提供政府预算支持模式较为罕见,但它为小型发展中国家在巨灾后缺乏流动性提供了一种创新解决方案。典型的案例是2007年加勒比巨灾风险保险基金（Caribbean Catastrophe Risk Insurance Facility, CCRIF）。

加勒比海地区的16个小型岛屿国家经常受到飓风的袭击。由于经济规模太小、财政收入有限和外债较高，使得它们在巨灾之后往往面临严重的流动性限制，妨碍了灾后的恢复与重建。在世界银行支持下，它们一起成立了一个风险共同体基金。资金来源包括国际社会捐赠，参与国所缴纳的保费，以及发行巨灾债券所筹集到的资金。CCRIF能以优惠保费购买国际再保险。一旦有达到事先约定的自然灾害事件发生（如发生三级以上的飓风），该基金将立即把保险赔付现金直接交给受灾方，作为政府的财政预算。

CCRIF旨在直接对受灾方的公共财政提供及时有效的支持，具有下列特点：（1）CCRIF将作为一个风险共同体，把参与国的个体风险集合成一个多元化的风险组合，从而将保费降至一半左右；（2）保险合同的触发机制是基于事先约定的自然灾害事件本身的强度，而不是公估人对灾害所造成实际损失的评估；（3）保费直接赔付给国家的财政预算，是最直接的减少公共财政负担的方式。政府根据不同部门的具体损失情况进行资金的调配也是合理有效的，这也减轻了基金对个人进行赔付的额外管理成本。

（四）小结

1. 相同点

第一，运行效果相同。三种模式都是为了减少巨灾带来的经济损失，最终效果都能减轻巨灾对公共财政的压力。（1）TCIP赔付能力不依赖于公共财政预算，减轻了政府灾后援建财政负担。TCIP成立以来已有效应对多起地震灾害，至今已经偿付了近两亿新土耳其里拉。（2）FONDEN运营稳定，偿付能力安排依赖于多方主体，为巨灾来临时减缓政府的财政负担，减少巨灾损失发挥了重要作用。（3）CCRIF及时有效的灾害赔款为受灾方政府迅速恢复运行职能，组织灾后重建起到关键作用，进而降低了灾害损失，减轻了公共财政负担。

第二，政府的大力支持。土耳其是通过立法强制购买保险，墨西哥和加勒比国家则是由政府直接出面，购买保险或再保险。（1）TCIP在城市范围内的城市居民住宅和国有住宅推广强制保险。土耳其法律规定，在买卖房屋以及房屋注册通水通电时，以上住宅需要出示购买地震保险的证明。（2）墨西哥政府为 FONDEN 提供财政支持，购买再保险或发行巨灾债券。此外，政府还在偿付能力安排中，承担了超出 FONDEN 覆盖范围的风险。(3) CCRIF 为区域性共保组织，加勒比地区成员自愿参与。参与方政府缴纳参与费和年费，并根据本国灾害与风险 CCRIF 购买保险，以应对巨灾风险。

2. 不同点

第一，保险目的不同。TCIP 直接对灾民进行赔付；FONDEN 对当地政府进行赔付；而 CCRIF 则为政府提供预算支持。(1) TCIP 为居民提供可负担的地震保险，承担地震带来的部分财产损失。当损失超过了免赔额，TCIP 对受灾居民进行赔付补偿。(2) FONDEN 对政府进行灾后赔付，是联邦政府实行灾后应对和重建预算拨款的金融工具。联邦和州政府在灾后提交申请，在申请被批准后即可获得赔付资金。(3) CCRIF 不承担灾害损失，而是为参与方政府提供预算支持，满足政府进行灾后恢复工作的短期流动资金需求。

第二，被保险标的物不同。TCIP 和 FONDEN 的被保险标的物是实际灾害损失，而 CCRIF 的被保险标的物是灾害事件本身。(1) TCIP 承保地震风险，为居民提供可承受的地震保险，对地震带来的部分财产损失进行赔付。(2) FONDEN 也针对实际灾害损失，灾难发生后，联邦和州政府成立破坏程度评估委员会，评估灾害所造成的损失，根据损失程度为当地政府提供赔付资金。(3) CCRIF 保险与理赔均针对灾害事件本身，理赔触发机制是合同约定的自然灾害事件本身的参数，如飓风风速和半径等，而不是对灾害所造成的实际损失的评估。

第三，保险方法不同。TCIP 是具有一定免赔额的财产保险；FONDEN 是成立基金和发行巨灾债券；CCRIF 是多样化的巨灾保险产品。(1) TCIP 提供地震财产保险，商业保险公司负责销售。费率按风险定价，免赔率最低为2%。当损失超过免赔额，TCIP 对投保人进行赔付。(2) FONDEN 是墨西哥联邦预算账户的组成部分之一，是政府性质的基金项目。2006 年，墨西哥联邦政府发行巨灾债券，能承担约 2.9 亿美元的风险。(3) CCRIF 通过多样化的巨灾保险产品对热带飓风，地震和过度降水三种巨灾进行赔付，还不断开辟新的巨灾风险保险领域，以适应参与方的多样化需求，如渔业巨灾保险和农业巨灾保险产品等。

第四，风险转移的方式不同。(1) TCIP 建立多级体系来转移风险。除风险自留外，通过购买再保险将风险转移至国际再保险市场，通过保险证券化产品将风险转移至资本市场，世界银行与政府财政也承担部分风险。(2) FONDEN 在自留部分风险的基础上进行外部风险转移安排,通过再保险将风险转移给巨灾再保险市场。FONDEN 发行巨灾债券将风险分散至资本市场,政府以财政支持承担剩余风险。(3) CCRIF 是参与方共保,缴纳保费,共享国际捐赠。其多层次的风险转移安排包括风险自留、再保险和与世界银行签订的互换合约。

二、地震类巨灾保险基金项目

地震是最常见的自然灾害之一,会造成巨大的经济损失与人员伤亡。世界上很多国家都处于地震灾害的威胁之中。其中,美国、新西兰与日本等国家地震灾害多发,为应对地震风险,以上国家均展开了地震风险管理工作,建立起地震类巨灾保险基金。美国成立了加州地震局(CEA),新西兰成立了新西兰地震委员会(EQC),日本成立了日本地震再保险公司(JER)。以上地震类巨灾保险基金项目的成立都旨在防范地震风险,减轻灾害损失。表 12-2 对以上地震类巨灾保险基金项目进行了比较分析。

表 12-2　　　　　　　　　地震类巨灾保险基金项目

名称	相同点	不同点				
		模式	性质	资金来源	费率定价	运行机制
美国加州地震局(CEA)	①强制或半强制投保;②优惠政策;③开展防灾减灾工作	完全市场模式	政府特许经营地震保险的商业性组织	保费收入、初始资本金、债券融资、再保险赔偿、投资收入	以风险定价的差别费率	私营股份有限再保险公司
新西兰地震委员会(EQC)		政府主导模式	政府主导的办理自然灾害保险业务的机构	政府拨款、保费收入、投资收益	固定费率	提供自然灾害保险
日本地震再保险公司(JER)		政府与市场合作模式	私人保险公司出资成立的地震再保险公司	股东出资、再保险保费、资金运用收益	以风险定价的差别费率	二级再保险,转分保

(一)相同点

1. 强制或半强制投保

CEA、EQC 与 JER 在运行中均实行强制或半强制的投保制度。美国加州立法强制要求在加州出售房屋保险的保险公司必须同时出售地震保险,但在加州经营房屋保险的保险公司可以自愿选择是否加入 CEA;新西兰 EQC 的自然灾害险保费收取具有一定的强制性,新西兰法律规定将地震保险附加于火灾保险合约。居民向保险公司购买房屋或房内财产火灾保险时,会被自动征收自然灾害保险费;日本 JER 的强制性政策规定火灾险和地震险同时销售,办理房屋抵押贷款时要求房屋购买火灾险,从而保障了住宅地震保险投保率。

2. 优惠政策

CEA、EQC 与 JER 在运行中均享受了优惠政策。CEA 的运营享受免除联邦税和州税的待遇,加州各地方政府对于防震加固的房屋也给予了产权交易税优惠。此外,CEA 保险费率还实行低风险区向高风险区的费率补贴政策;EQC 所享受的优惠政策主要体现在自然灾害基金投资方面。新西兰政府给予了 EQC 诸多投资优惠待遇,放宽投资限制,允许 EQC 下属的自然灾害基金投资于海外资产;日本对地震保险保费实行豁免缴税优惠政策,JER 还对投保的抗震加固的建筑物给予一定的费率折扣。

3. 开展防灾减灾工作

CEA、EQC 与 JER 均在提供地震保险与再保险之外开展防灾减灾工作,以增强全社会的风险防御能力。CEA 于 1998 年成了地震损失减灾基金,向希望加固房屋以提高抗震性的财产主提供捐赠或贷款。CEA 还对符合抗震标准的房屋给予 5% 的费率优惠政策;EQC 除了提供保险外,还大力开展防灾减灾研究,实施"地面改进计划",安装自然灾害监测系统,进行防灾知识教育;JER 在灾害时期开展救援与赔偿,在平稳时期则主要完成地震灾害预警设施建设与预防措施准备,提高社会整体抗震能力。

(二) 不同点

1. 模式不同

CEA 为完全市场化模式,EQC 为政府主导模式,而 JER 为政府与市场合作模式。CEA 虽由加州政府组织成立,但是除享受税收优惠外,和州财政没

第十二章 巨灾保险基金的比较研究

有关系。CEA 采取完全市场化运营模式，私人部门自愿加入 CEA，负责保险销售与赔付；EQC 为政府性质机构，由财政部独资成立。政府在 EQC 的成立与运行中居于主导地位，为 EQC 提供最后担保；JER 由日本政府和商业保险公司共同成立。政府接受 JER 的转分保，在最高赔付限额中承担大部分额度。商业保险公司出售保单和理赔，接受 JER 的分转风险。

2. 性质不同

CEA、EQC 与 JER 性质不同：（1）CEA 是政府特许专门经营地震保险的商业性组织，加州财产保险公司自愿加入，参与 CEA 的会员保险公司签发提供最基本的地震保险的保单，为拥有普通住宅的投保人提供地震保险；（2）EQC 为政府主导的办理自然灾害保险业务的机构，负责为新西兰居民提供自然灾害保险，收集自然灾害保险的保费并进行风险转移；（3）JER 是私人保险公司出资成立的地震再保险公司，也是日本唯一一家地震再保险公司，为日本经营家庭住宅地震保险的保险公司提供再保险保障。

3. 资金来源不同

CEA、EQC 与 JER 的资金来源不同：（1）CEA 的资金全部由私人部门提供，包括购买 CEA 地震保单的保单持有人所缴纳的保费、参与保险公司按市场份额缴纳的初始资本金、债券融资收入、再保险赔偿与投资收益；（2）EQC 初始成立资金来自财政部提供的 15 亿新西兰元的无偿拨款，其后资金主要来源于自然灾害险的保费收入与下辖的自然灾害基金投资收益；（3）JER 成立资金为各非寿险保险公司按持股比例共同出资的 10 亿日元，其他资金来源于非寿险保险公司缴纳的再保险费和资金运用收益。

4. 费率定价不同

CEA 和 JER 实行以风险定价的差别费率，EQC 采取固定费率定价方式。CEA 采用地震风险模型，评估整个州的期望损失来设计保费，主要参考不同类别地震发生的概率和地震所带来的期望损失；日本家庭财产地震保险的保险费率由纯费率和附加费率两部分构成，实际采用的保险费率在以上费率基础上乘以折扣率，折扣率由所保建筑的抗震能力决定。企业财产地震保险由保险公司承保，保险公司自行厘定费率，一般根据风险状况差别定价；EQC 将自然灾害保险费附加于火灾保险，费率为万分之十五，每单税后保费上限为 207 新西兰元。

5. 运行机制不同

CEA、EQC 与 JER 运行机制各不相同：（1）CEA 类似于私营股份有限再保险公司。会员公司把出售的 CEA 保单全额分保给 CEA，CEA 以其全部赔偿能力对保单持有人承担全部责任。（2）EQC 提供自然灾害保险，设免赔额与赔偿限额。损失发生后，EQC 支付赔偿，政府承担全部剩余责任，超过 EQC 上限的赔付由保险公司承担。（3）JER 以转分保模式提供再保险。JER 集中所有保单，转分保到政府、保险公司以及风险自留，按风险分层进行赔付安排。每场地震赔付限额为 11.3 万亿日元，若单次损失超过上限，则进行比例赔付。

（三）地震类巨灾保险基金的主要特点

1. 政府提供大力支持

在 CEA、EQC 与 JER 的成立与运行中，政府都提供了立法、财政等方面的支持。加州政府于 1996 年通过立法成立了 CEA，联邦与州政府通过税收减免政策为 CEA 的运行提供有力支持；新西兰政府制定了地震保险的多部法律，并由财政部成立 EQC。政府为 EQC 自然灾害保险给予财政支持，提供最后担保；日本 1966 年出台的《地震保险法》推动了 JER 的成立。JER 由日本政府背书，得到了政府的财政保障。政府作为 JER 的分保对象之一，在最高赔付限额中承担大部分额度。

2. 实行准备金制度

CEA、EQC 与 JER 建立了准备金制度为巨灾保险基金提供灾后流动性支持，避免偿付危机。CEA 将收取保费的一部分计提准备金，其投资收益再次纳入准备金中。CEA 以准备金积累与保费收入承担底层赔付；EQC 下属的自然灾害基金设立准备金池，将保费收入的一部分纳入自然灾害基金，扣除必要支出后计提准备金。JER 责任准备金制度规定保险公司和政府都有义务累计责任准备金，投保人支付的保费扣除必要费用后即作为责任准备金，其运用收益

第十二章　巨灾保险基金的比较研究

也要计入责任准备金。

3. 风险转移机制完善

CEA、EQC 与 JER 建立了不同形式的风险转移机制。CEA 制定不同的风险赔偿层次：第一层为自有资金；第二层为再保险及其他风险转移资金；第三层为收益债券；第四层为会员公司应交资金。EQC 明确风险分层：EQC 承担自留风险的底层赔付；再保险承担第二层风险；再保险之上，政府承担剩余全部风险。JER 采取差异化承保策略，并反复分保。日本企业地震险由保险公司承保，向国际再保险市场分保。家庭住宅保险由保险公司承保，向 JER 全额分保，JER 将风险一部分自留，一部分转分保回原保险公司，剩余分保给政府。

4. 运营状况稳健

CEA、EQC 与 JER 自成立以来，运营状况长期保持稳健。JER 净承保保费收入逐年稳定上升，表明其风险承担能力和盈利能力都具有良好的基础。2011年3月发生的东日本大地震，JER 支付了 12 241 亿日元，政府再保险部分达到 5 545 亿日元。对 EQC 来说，其净保费收入基本稳定，稳步上升。面对 2010年9月和 2011年2月发生的坎特伯雷和克莱斯特彻奇大地震，EQC 分别支付了 15 亿和 114.5 亿新西兰元。CEA 目前已经统治了加州的地震保险市场，占据了最大的市场份额——35.1%。CEA 基金自 2002 年起一直被贝氏评级为 A 级别，目前偿付能力已经达到近 140 亿美元。

三、洪水类巨灾保险基金项目

洪水是自然灾害中极为严重的灾害之一，其发生频率高，造成损失大。世界上多个国家均建立了洪水风险管理体系，以应对洪水造成的巨灾损失。其中，美国国家洪水保险计划（national flood insurance program，NFIP）与英国洪水保险基金是具有代表性的洪水类巨灾保险基金项目。美国 NFIP 成立于 1968 年，而英国洪水保险制度成立于 20 世纪 60 年代初。两个洪水类巨灾保险基金项目自成立以来，运行良好，有效应对了洪水风险，减轻了灾害损失。表 12-3 对美国 NFIP 与英国的洪水保险制度进行了比较分析。

表 12-3　　　　　　　　　洪水类巨灾保险基金项目

名称	相同点	不同点				
		模式	组织结构	保障范围	资金来源	风险转移安排
美国国家洪水保险计划（NFIP）	①强制或半强制投保；②费率定价方式相同；③制定洪水风险地图	政府主导模式	以政府性质的机构为主	居民私人住宅建筑及财物，小型企业、地方公共设施、地方行政设施	保费、保单附加费用、财政部贷款及拨款	财政部的有息贷款和紧急拨款、私人再保险市场、资本市场
英国洪水保险制度		完全市场模式	政府性质机构与商业性质机构	居民家庭及小企业财产	保费、基金收益、再保险赔偿	再保险市场、Flood Re 项目

（一）相同点

1. 强制或半强制投保

美国 NFIP 与英国洪水保险制度在运行中要求居民强制或半强制投保，以保障巨灾保险覆盖率。美国 NFIP 设立之初实行自愿参与制度，但普及程度较低，难以实现良好的保障效果。随后，美国出台相关法律法规以加强洪水保险的强制力度，要求居民在获得联邦政府住房抵押贷款之前，必须购买洪水保险。英国并未出台法律法规强制居民购买洪水保险，但其洪水保险是一种捆绑式的"强制"保险，所有自然灾害风险集中在一个保单内，财产所有人在购买保险时必须购买所有自然险种。

2. 费率定价方式相同

美国 NFIP 与英国洪水保险制度均实行费率按风险定价的方式，按照保险标的的风险状况实行有差别的费率。美国 NFIP 虽然是政府主导模式，但在费率定价方面，NFIP 将自己视作一个以盈利为目的的商业保险机构开展决策，实行完全商业化的精算方法确定下的全额保费。英国洪水保险费率一方面由投保人提供的财产损失细节，另一方面由英国保险人协会规定的房屋标准重建的花费来决定。英国洪水保险基本上严格按照标的的实际风险水平收取完全的精算费率，财产所处地风险状况、财产类型等都会直接影响费率水平。

3. 制定洪水风险地图

美国 NFIP 与英国洪水保险制度除了提供保险服务，均进行了洪水灾害相关研究，制定了洪水风险地图。NFIP 在保险服务之外，还调查洪水风险数据，形成洪水保险研究（FIS）报告，绘制洪水地图，将全美按照地形和流域划分洪水风险等级。洪水风险地图用于厘定保险费率、向居民传达风险和洪泛区管理条例的信息。英国在洪水准则声明中要求政府采取措施增强洪水防御的软实力，随后在 Flood Re 项目中，进一步提高对政府的要求。英国政府推出地表水洪水地图与联合洪水风险地图，提高洪水风险管理与防御水平。

（二）不同点

1. 模式不同

美国 NFIP 为政府主导模式，而英国洪水保险制度则采取完全市场化模式。NFIP 运作中，美国政府提供直接保险，是洪水风险的直接承担主体。私营保险公司不承担风险，负责洪水保险的销售与理赔，从保单销售收入中提取部分佣金。而英国洪水保险制度中，商业保险公司提供直接保险，承担洪水风险，并且通过英国保险人协会（ABI）与政府共同成立的 Flood Re（flood reinsurance）项目提供再保险支持。英国政府则不承担风险，而是通过各种防灾措施参与洪水风险管理。

2. 组织结构不同

美国 NFIP 与英国洪水保险制度由于运行模式不同，其组织结构也存在差异。美国 NFIP 组织结构以政府机构为主。NFIP 由联邦政府牵头，FEMA 下属的 FIA 负责管理 NFIP；地方政府是洪水保险的参与单位和具体管理的主要实行者；私营保险公司在 NFIP 组织结构中负责销售与理赔工作。英国洪水保险制度的组织结构则可分为政府性质机构与商业性质机构两类。英国中央政府及其下属 Defra、地方政府属政府性质，是洪水制度的主要领导者；保险公司与再保险公司属于商业性质机构，以销售财产洪水保险为公司业务。

3. 保障范围不同

美国 NFIP 与英国洪水保险制度的保障范围并不完全相同。NFIP 作为一项以社区为参与单位的保险计划，不仅保障社区内私人住宅建筑本身及内部财物，还赔付小型企业的固定资产、地方公共设施、地方行政设施的洪灾损失。NFIP 标准保险包括住宅保险、一般房产保险和集合公寓保险，分别设赔付金额上限。而英国洪水保险制度以居民和小企业主为参与单位，保障范围包括居民住宅及财产损失，小企业建筑与财产损失，不涉及地方公共设施与地方行政设施的损失，且不设赔付上限。

4. 资金来源不同

在资金来源方面，美国 NFIP 与英国洪水保险制度的资金来源不完全相同。美国 NFIP 的资金来源主要包括保费、保单附加费用与财政部贷款。英国洪水保险制度的资金来源主要包括保费、投资收益与再保险公司赔偿。两者资金来源中，都包括投保居民上缴的保费收入。NFIP 的资金来源还包括对每份保单征收的附加费用，当资金池告急时美国财政部会发放最高 35 亿美元的贷款。英国洪水保险制度的资金来源还包括对基金管理产生的收益，并且在洪水灾害发生后英国洪水保险制度会获得再保险赔偿。

5. 风险转移安排不同

由于模式不同，两国洪水保险风险转移安排也存在较大差异。美国 NFIP 表现为单一的风险转移。在一般灾害年份，NFIP 资金池可以自负盈亏，在巨灾频发年份，需要寻求风险转移。基于其政府主导模式，NFIP 通常以公共财政承担风险，如财政部的有息贷款和紧急拨款。近年来，NFIP 也逐步向私人再保险与资本市场转移风险。英国洪水保险制度实行多样化的风险转移。英国洪水保险制度完全市场化运作，其风险转移安排不涉及公共财政，主要通过再保险市场和英国政府与私人保险业共同推出的非营利性项目 Flood Re 来转移风险。

（三）洪水类巨灾保险基金的主要特点

1. 法律法规支持

NFIP 与英国洪水保险制度的成立与运行均得到了法律法规的大力支持。美国出台了一系列法律法规为 NFIP 提供支持，并加以完善。1968 年《国家洪水保险法案》推动了 NFIP 的成立。随后，美国政府出台多部法案，加强洪水保险的强制力度，增强 NFIP 财务稳定性。英国保险行业协会制定多部准则为洪水保险基金提供政策支持。英国政府与保险行业协会签订的"君子协定"规定了政府和保险业在应对洪水灾害中承担的责任。2000 年出台的英国洪水准则声明成立了私人洪水风险系统的利益共同体。2012 年，非营利再保险项目 Flood Re 由保险人协会与政府协议成立，于 2016 年 4 月 4 日正式运行。

2. 市场积极参与

美国 NFIP 与英国保险制度运行中充分发挥了市场机制优势。1981 年，NFIP 提出"以你自己的名义"的计划（write your own program，WYO）。参加 WYO 计划的私营保险公司仅以自己的名义为 NFIP 出售洪水保险，不承担赔付风险，鼓励了商业保险公司参与洪水风险管理。英国洪水保险制度完全市场化运作，但商业保险公司提供洪水保险的前提是政府遵守承诺兴建防洪减损工程，并提供气象报告、洪水预警等公共品。英国政府积极履行其应承担的责任，从而保障英国的保险市场充分发挥其专业优势，完全市场化模式得以运行。

3. 附加工程性防灾减灾措施

NFIP 和英国洪水保险制度都配套工程性的防灾减灾措施，以提高风险防御能力。NFIP 在灾害多发区加大防灾基础设施建设力度，建立必要的防御工程，完善灾害预警体系。此外，NFIP 还在 1968 年设立了洪水防灾援助项目，拨款扶持能在长期中减少受灾风险的建设工程，积极鼓励个人和社区的减灾行为。在英国，只有投保人所在区域建立防御洪水工程，商业保险公司才会提供洪水保险。因此，英国中央政府负责制定一系列防洪工程建设计划，交由地方政府实施。英国政府还鼓励个人和企业进行事先的风险管理规划，采取防灾减损措施。

4. 洪水风险分散

NFIP 与英国洪水保险制度除提供洪水保险外，同样注重洪水风险的分散。NFIP 采取各种鼓励性和强制性的措施推动保险覆盖范围的扩大，以实现风险的有效分散。1995 年 FIA 发起了"覆盖美国"运动，以美国整体为覆盖对象，进一步促进了洪水风险在空间上的分散。英国的洪水保险是一种捆绑式的"强制"保险，即所有自然灾害风险集中在一个保单内，投保人在购买财产保险时必须购买包括自然灾害险在内的全部险种。捆绑式的"强制"保险使得洪水风险在所有财产投保人中进行分散，增加了投保人的数量，分散了洪水风险。

四、台风类巨灾保险基金项目

台风，也称飓风，是常见的自然灾害之一。针对台风风险，世界多国已经开展了有益的探索。美国佛罗里达州常遭受飓风侵袭，佛州政府于1993年设立了佛罗里达飓风巨灾基金（Florida Hurricane Catastrophe Fund，FHCF），为该州财险公司提供再保险支持。此外，加勒比地区飓风等灾害频发，加勒比共同体各成员方于2007年6月成立了加勒比巨灾风险保险基金（Caribbean Catastrophe Risk Insurance Facility，CCRIF），作为全球首个多方参与的区域性巨灾共同体，旨在为政府迅速提供灾后流动性支持。表12-4对FHCF与CCRIF进行了比较分析。

表12-4　　　　　　　　台风类巨灾保险基金项目

名称	相同点	不同点					
		模式	目的	性质	资金来源	运行机制	风险转移安排
佛罗里达飓风巨灾基金（FHCF）	①设定免赔机制；②保费优惠；③财务安全性较高	政府主导模式	提供再保险支持	政府性质的非营利再保险项目	再保险费、投资收益、债券收入	政府控制的再保险项目	巨灾债券
加勒比巨灾风险保险基金（CCRIF）		政府与市场合作模式	提供短期流动资金	多方参与的区域性巨灾保险公司	保险保费、捐助资金	参与方控制的保险功能的联合储备基金	多层次的风险转移安排

（一）相同点

1. 设定免赔机制

FHCF与CCRIF在赔付安排中均设定了免赔机制。FHCF为避免大量小额索赔的发生，设定行业总自留额（即免赔额），当前行业总自留额设定为70

亿美元。在飓风损失发生后，一旦某一原保险公司的赔付超过了其占行业总自留额的比重，FHCF 便会对其进行赔偿。CCRIF 免赔机制表现为参数指数启赔机制。CCRIF 启动理赔的标准不是根据保险公估人对灾害所造成实际损失的评估，而是通过保险合同的参数指数触发机制。根据合同事先约定的自然灾害事件本身的参数，如飓风风速和半径，地震的等级等决定是否启动理赔。

2. 保费优惠

FHCF 与 CCRIF 所收取的再保险与保险保费均享受较大优惠。FHCF 能够享受税收减免优惠，运营成本低；作为政府性质的强制参与项目，FHCF 不需要支付再保险中介费与市场营销费。因此，FHCF 所征收的再保险费率非常低廉，只相当于一般私营再保险价格的 1/4～1/3。对于 CCRIF 来说，其机构精简，人力成本较低；将参与方的个体风险集合所产生的规模经济效应使得统一再保险价格下降。CCRIF 启动还得到了日本政府、捐赠国与世界银行的协调。因此，CCRIF 保费非常低廉，只相当于公开市场上同类保险价格的一半左右。

3. 财务安全性较高

FHCF 与 CCRIF 在运行中财务状况均保持稳健，安全性较高。一方面，FHCF 强制佛州所有财产保险公司参与，收取保费，资金来源稳定；另一方面，FHCF 由州政府控制，财务运行有保障。到 2017 年，FHCF 自有资金能够应对 50 年一遇的飓风灾害，不需发行巨灾债券来提供赔付支持。CCRIF 的财务安全性也很强，破产概率低，主要原因在于 CCRIF 由风险损失模型支撑，能够满足各种不同条件下的赔付需求。CCRIF 能够承受住发生一次 1 500 年一遇的特大自然灾害的冲击，财务稳定性极其突出。

（二）不同点

1. 模式不同

FHCF 是政府主导模式下的巨灾保险基金项目，而 CCRIF 实行的是政府与市场合作模式。美国经济实力雄厚，其巨灾保险基金项目多由政府主导。FH-CF 是政府性质的再保险项目，由佛州政府立法成立，政府部门主管，为佛州保险公司提供再保险支持。加勒比地区多为岛屿国家，财政实力有限，难以实行政府主导模式。CCRIF 在世界银行的支持下成立，采用政府与市场合作模式。成员方政府缴纳保费，并利用国际再保险市场与资本市场进行风险转移与分散，该模式能够充分发挥政府与市场的比较优势。

2. 目的不同

同为台风类巨灾保险基金，FHCF 与 CCRIF 的成立目的存在差异。FHCF 是飓风再保险项目，在 1992 年安德鲁飓风灾害背景下成立。FHCF 成立的主要目的是为在该州经营住房保险的保险公司提供再保险支持，以补偿部分飓风巨灾损失，稳定佛州财产保险市场。CCRIF 成立的主要目的在于巨灾发生后，为政府提供短期流动资金来进行灾后救助，而不是覆盖受影响国家的全部损失。CCRIF 以有效的方式来进行短期资金融资，以满足政府进行灾后恢复工作的资金需求，从而弥补紧急援助和长期重建之间的空隙。

3. 性质不同

FHCF 为再保险项目，而 CCRIF 为多国参与的区域性巨灾保险公司。FHCF 不提供直接保险，而是为佛州住房财产保险保单提供再保险。FHCF 强制所有住宅财产保险公司参与，为其提供一层价格低廉的非商业再保险，承担部分飓风损失。CCRIF 是在开曼群岛注册的特殊目的的盈利性的保险公司，也是世界上首个多国参与的巨灾共保体。CCRIF 为参与成员方提供直接保险，在巨灾损失发生后提供短期流动资金。作为提供直接保险的机构，CCRIF 也购买部分再保险进行风险转移。

4. 资金来源不同

FHCF 与 CCRIF 的资金来源不完全相同。FHCF 的资金来源有三个渠道：佛州财险公司所缴纳的再保险保费；享受联邦与州政府免税待遇的投资收益，FHCF 主要投资于相对低风险、高流动性的固定期限证券；发行债券所募集的资金。CCRIF 的主要资金来源有两个渠道：CCRIF 成员方缴纳的巨灾保险保费，参与方根据自身的风险承受能力与支付能力自行选择保额，支付保费从 20 万~200 万美元不等；捐助方捐赠的资金，形成多方捐赠信托基金，由世界银行进行资金管理和信息披露，部分用于日常营运支出。

5. 运行机制不同

FHCF 与 CCRIF 的运行机制不相同。FHCF 是由州政府控制的强制再保险项目，为佛州境内所有原保险公司提供非商业的再保险保障。保费收入、投资收益与债券发行收入是主要资金来源。当巨灾损失超过原保险公司自留额，FHCF 提供赔付限额以内的再保险赔偿。CCRIF 的运作机制类似于一个被各参与国控制的、具有保险功能的联合储备基金，成员国自愿参与。CCRIF 资金主要来源于参与方保费收入与国际捐赠，实行分权管理。CCRIF 实行参数指数启赔机制，当参与方发生的自然灾害达到合同约定的参数，即可获得保险赔偿。

6. 风险转移安排不同

FHCF 风险转移安排较为单一，而 CCRIF 实行多层次的风险转移结构。FHCF 是政府主导模式下的再保险项目，除风险自留外，其风险转移主要通过发行巨灾债券来实现。FHCF 发行的"事后"债券的主要目的是支付索赔，发行"事前"债券则主要是为了筹集资金，并将风险转移至资本市场。CCRIF 为参与成员方提供直接保险，制定了多层次的风险转移结构，包括风险自留、再保险与互换合约。其多层次的风险转移安排使得 CCRIF 的赔付能力不断增强，能够应对更加罕见的灾害。

（三）台风类巨灾保险基金的主要特点

1. 建立储备金池

巨灾风险具有突发性，FHCF 与 CCRIF 建立储备金池在巨灾损失发生后提供及时的赔偿。FHCF 制定事前融资安排，在巨灾发生之前进行筹资，以提供流动资金进行赔偿，发挥了"储备金池"的作用。事前融资一部分是保费收入，另一部分是发行"事前"债券的收入。CCRIF 的储备金由四部分组成：参与方缴纳的参与费和年费；多方捐赠信托基金用于运营支出之外的部分；储备金的利息收入；储备金的资本利得。CCRIF 储备金主要用于向国际金融市场转移巨灾风险，在国际再保险市场购买再保险，与世界银行签订巨灾风险互换协约。

2. 风险预测与评估模型

FHCF 与 CCRIF 开发风险与评估模型，完善巨灾管理。佛罗里达州在 1995 年成立了佛罗里达飓风损失预测方法审查委员会，通过考察历年飓风的强度、飓风登陆的形式来预测飓风风险高低，制定飓风损失预测模型。飓风损失预测模型一方面用于对飓风灾害的防御，另一方面用于费率定价。CCRIF 的运行以各种复杂的风险损失模型支撑，制定风险转移方案，以适应多种条件下的赔付需求。CCRIF 的风险评估模型已经发展成为集确认、预测功能为一体的强大模型机制，也在客观上为 CCRIF 确定赔付政策提供了强有力的依据。

3. 风险分散效果显著

FHCF 与 CCRIF 风险分散效果显著。佛罗里达州飓风灾害频发，州政府牵头成立 FHCF，通过政府为原财险公司提供再保险支持的方式分散风险。此外，FHCF 通过发行巨灾债券的方式将部分风险分散至资本市场。CCRIF 通过将多个成员方集合的方式，实现了加勒比地区的风险分散。加勒比地区包含 30 多个岛屿国家，由于灾害在各岛屿之间发生并非完全相关，单个飓风或者地震灾害同时袭击所有岛屿的可能性极低。因此，CCRIF 的集合风险比单个国家所单独面临的风险稳定，且集合风险资本小于单个国家各自的风险资本总额。

4. 运行状况稳定

FHCF 与 CCRIF 总体运营状况稳定，成功应对了数次灾害赔付。FHCF 参与保险公司数量一直稳定，保费规模稳定增长。2004 年与 2005 年佛州遭受了多次飓风袭击，FHCF 能够在支付共计 93 亿美元的巨额赔款后，仍旧保持财务稳健。CCRIF 总体运行平稳，凭借低廉的价格、精确的参数机制设计、较快的赔付速度得到了成员国的认同。CCRIF 盈利能力出色，即使进行了 2016 年海地飓风灾害近两千万美元的赔付，仍保持正利润。CCRIF 资本结构健康，资产负债比约为 5∶1，保证了 CCRIF 持续平稳运行。只要千年一遇的巨型灾害不发生，CCRIF 几乎不会面临破产风险。

五、结　语

本章从比较分析的角度系统考察了国际上现行的巨灾保险基金项目。从为

第十二章 巨灾保险基金的比较研究

公共财政减压的角度出发,当前部分巨灾保险基金项目已经形成了较为完善的多种模式,为巨灾后的公共财政提供支持,缓解巨灾对政府的损失。从承保灾害类别的角度出发,可分为地震类、洪水类与台风类的巨灾保险基金。四种比较层面下的巨灾保险基金具有不同的运行模式、性质、运行机制和风险转移安排等。总体而言,通过对巨灾保险基金的比较分析,能够进一步深化对国际巨灾保险基金的研究,借鉴其先进经验。

第一,基于公共财政视角,可分为限制政府灾害责任、提供灾害应急救济与提供政府预算支持三种模式。三种模式都是在政府支持下,旨在减轻巨灾对公共财政的压力:(1)限制政府灾害责任模式典型案例为 TCIP,对灾民进行灾害赔付;(2)提供灾害应急救济模式典型案例是 FONDEN,对当地政府进行灾害赔付;(3)提供政府预算支持模式典型案例是 CCRIF,为政府提供预算支持。在风险转移方面,TCIP 将风险自留,再转移到国际再保险市场与资本市场等;FONDEN 将风险自留,再转移给再保险市场和资本市场,政府财政承担剩余风险;CCRIF 是参与方共保,风险转移包括风险自留、再保险和互换合约。

第二,对于地震风险管理,CEA、EQC 与 JER 是代表性的地震类巨灾保险基金项目。CEA 完全市场化运营,EQC 是政府主导模式,而 JER 是政府与市场合作模式。从性质与运行机制看,CEA 是政府特许经营地震保险的商业性组织,作为私营股份有限再保险公司运行;JER 是私人保险公司出资成立的地震再保险公司,以转分保模式提供再保险;EQC 为政府主导的提供自然灾害保险业务的机构,政府做最后担保。地震类巨灾保险基金项目的特点表现为政府提供大力支持,实行准备金制度,建立完善的风险转移机制,运营状况保持稳健。

第三,对于洪水风险管理,美国和英国分别建立起了 NFIP 与英国洪水保险制度。两者均以强制或半强制的投保制度保障保险覆盖率,采取以风险为基础的差别费率定价方式,并制定洪水风险地图对灾害进行研究。NFIP 是政府主导模式,而英国洪水保险制度以完全市场化模式运行。不同于 NFIP 主要以公共财政作为单一的风险转移安排,英国洪水保险制度通过再保险和 Flood Re 进行风险转移。洪水类巨灾保险基金在成立与运行中得到了法律法规支持,市场的积极参与,建立了附加工程性防灾减灾措施,并制定了完善的洪水分散计划。

第四,对于台风风险管理,FHCF 与 CCRIF 是典型的台风类巨灾保险基金。FHCF 由政府主导,而 CCRIF 是政府与市场合作模式。从目的与运作机制看,FHCF 是政府性质的强制再保险项目,提供再保险支持;而 CCRIF 是参与方控制的具有保险功能的联合储备基金，为政府提供短期流动资金进行灾后救助。与 FHCF 发行巨灾债券的单一风险转移安排相比，CCRIF 制定了多层次的风险转移结构，包括风险自留、再保险与互换合约。台风类巨灾保险基金的特征为建立储备金池，开发风险预测评估模型，风险分散效果显著，运行状况稳定。

至此，本书对国际上具有代表性的 11 个巨灾保险基金项目以及比较分析已全部结束。巨灾保险基金是巨灾风险管理的重要手段之一，其意义不言自明。世界上许多国家已经开展了有益的探索，纷纷建立巨灾保险基金应对巨灾风险，承保灾害类别涵盖地震、洪水与台风等多种灾害。在全球气候变暖、自然灾害频发以及人口与财富不断增长的背景下，世界各国所面临的巨灾损失正在不断增加。可以预见，未来将会有更多的国家建立巨灾保险制度，构建巨灾保险基金，加强对巨灾风险的管理。

我国是世界上自然灾害最严重的少数国家之一。目前，中国仍运用行政手段进行巨灾风险管理和救助，政府承担了较重的灾害补偿责任，缺乏市场化的应对机制。2014 年保险业"国十条"明确指出我国要建立巨灾保险制度，形成多层次的巨灾风险分散机制。巨灾保险基金是巨灾保险制度的核心环节，因此，我国应当借鉴国际巨灾保险基金项目的成功经验。一方面，发挥政府主导作用，做好顶层设计；另一方面，发挥市场机制优势，鼓励商业保险公司参与巨灾风险管理。为此，本书的最后一章将对中国的巨灾保险基金进行展望。

第十三章

构建适合我国的巨灾保险基金

我国每年都会发生多种自然灾害，造成严重的人员伤亡与经济损失。巨灾风险影响了我国社会的平稳运行，严重制约经济发展。当前我国应对巨灾风险及损失，主要依赖于政府财政救助、社会捐赠和较低水平的保险赔款，损失赔付额度严重不足。2008 年初我国南方严重低温雨雪冰冻灾害和 5·12 汶川地震的发生使政府高度重视巨灾风险管理体系的建设。2014 年保险"国十条"出台，表明我国在制度层面展开对于巨灾保险制度的探索。在四川、云南、宁波、深圳等地的巨灾保险试点也积累了一定实践经验，我国巨灾保险制度前景可观。

构建适合我国的巨灾保险基金是建立巨灾保险制度的核心。在我国，巨灾保险基金应坚持"政府主导、市场运作"的原则与政府与市场合作的运行模式。一方面，政府推动巨灾保险基金的建立；另一方面，市场充分发挥作用。巨灾保险基金要拓宽融资渠道，开发保险市场与资本市场等多种融资方式。巨灾保险基金管理委员会作为核心机构，将保险人、再保险人、政府、资本市场等参与主体纳入其中。因此，巨灾保险基金在多层次的损失分担机制安排基础上，驱动我国巨灾风险管理体系的不断完善。

本章分析了构建巨灾保险基金的必要性、融资模式、管理与运作模式、损失分担和我国巨灾保险基金试点状况。第一部分概述了基于我国自然灾害频发、巨灾保险发展落后的现实情况，构建适合我国的巨灾保险基金的必要性；第二部分基于巨灾风险的特殊融资要求，论述了我国巨灾保险基金的融资模式；第三部分描述了适合我国巨灾保险基金的管理与运作模式；第四部分分析了适合我国巨灾保险基金的损失分担方案；第五部分针对已开展的巨灾保险基金试点进行概述。

一、构建巨灾保险基金的必要性

（一）我国灾害与救助现状

我国是世界上发生自然灾害最严重的国家之一。自然灾害发生的特征主要表现为种类多，分布地域广，发生频率高，造成损失严重（米云飞、尹成远，2010）。我国地理气候条件复杂，自然灾害除现代火山活动外，主要有气象灾害、地震灾害、地质灾害、森林草原火灾等。我国自然灾害分布地域广，70%以上的城市和50%以上的人口位于气象、地震等灾害高发区。我国自然灾害发生频率高，受季风气候影响气象灾害多发，同时位于亚欧板块、印度洋板块、太平洋板块交汇地带，地震活动十分频繁。

随着我国经济发展和城市人口密度提高，巨灾造成的损失也不断增加。20世纪60年代，自然灾害每年造成的直接经济损失平均约300亿元，70年代约520亿元，80年代上升至620亿元，90年代已经超过1 000亿元（黄多文，2014）。表13-1描述了2000~2015年自然灾害造成的直接经济损失与财政救灾支出。在21世纪，巨灾造成的年均直接经济损失已超3 000亿元。尤其是2008年，南方严重低温雨雪冰冻灾害和5·12汶川地震两场罕见特大灾害造成了大量的人员伤亡与巨额的经济损失，令政府开始高度重视巨灾风险的管理。

表13-1　2000~2015年自然灾害直接经济损失与救助支出统计表　　单位：亿元

年份	直接经济损失	财政救灾支出	比例（%）
2000	2 045.3	28.73	1.40
2001	1 942.2	35.17	1.81
2002	1 637.2	32.93	2.01
2003	1 884.2	55.71	2.96
2004	1 602.3	48.99	3.06
2005	2 042.1	52.9	2.59
2006	2 528.1	49.4	1.95
2007	2 363	79.8	3.38
2008	11 752.4	303.8	2.59
2009	2 523.7	174.5	6.91

续表

年份	直接经济损失	财政救灾支出	比例（%）
2010	5 340	140.4	2.63
2011	3 096	86.4	2.79
2012	4 185.5	132.6	3.17
2013	5 808.4	102.7	1.77
2014	3 373.8	98.73	2.93
2015	2 704.1	94.72	3.50

资料来源：中华人民共和国民政部社会服务发展统计公报（2000~2015）。

面对巨灾风险，目前我国采取的是公共财政支持下的政府主导型巨灾风险管理模式（谢世清，2009）。自然灾害发生后，融资渠道有限，主要通过财政拨款、社会捐赠和较少的保险赔偿。财政预算有限，难以覆盖突发的巨额灾害损失。2000~2015 年，政府财政救灾支出呈上升趋势，占直接经济损失的比例也呈现增长势头。2000 年为 1.40%，2015 年增长至 3.5%。2009 年财政救灾支出占直接经济损失最高，达到 6.91%，但支出的绝对数值较低，需要拓展其他方式来弥补财政救济的不足。

（二）建立巨灾保险基金的意义

第一，巨灾风险的特殊性要求建立巨灾保险基金。巨灾风险通常认为是不可保的风险。地震、台风等自然灾害发生频率低，但造成的损失大，商业保险公司的资金在巨灾损失面前往往是杯水车薪。即使商业保险公司有意愿开展巨灾保险业务，但保险公司通过一般的费率厘定模型得到的巨灾精算费率较高，可负担性差。目前我国主要由财政预算进行灾后救助，当灾害发生，政府财政面临着较大的压力。因此，只有通过政府主导推动，建立多层次的巨灾风险分担结构，商业保险公司在风险可控的前提下参与巨灾风险管理，减轻政府财政负担。

第二，建立巨灾保险基金能够推动巨灾保险制度建设。随着我国居民生活水平的改善以及保险市场不断深化与改革，频繁发生的自然灾害使得我国对巨灾保险的需求进一步扩大。2014 年，《国务院关于加快发展现代保险服务业的若干意见》出台，该意见明确提出了要建立巨灾保险制度和巨灾保险基金。巨灾保险基金是巨灾保险制度的核心和基础，通过巨灾保险基金联系起各参与主体，构建多层次的风险分担体系。与巨灾保险制度相适应的巨灾保险基金是巨灾保险制度建设的重要驱动因素，促使巨灾保险制度形成与完善。

第三，建立巨灾保险基金是维护社会稳定，加强灾害防御的重要一环。我国每年发生的巨灾损失除了造成严重的经济与财产损失外，还造成大量的人身伤亡。近年来，我国积极倡导建立巨灾风险防御体系，寻求可持续的方式来应对巨灾风险，补偿经济损失，恢复生产与生活。巨灾保险是巨灾风险防御体系非工程性建设的主要内容，而巨灾保险基金的设立是巨灾保险的重要环节。因此，巨灾保险基金不仅能够进行损失赔偿，而且能够提高防灾减灾投入，带动全社会提高风险抵抗能力，实现全面的巨灾风险防御。

二、巨灾保险基金的融资模式

（一）巨灾风险的融资要求

巨灾风险具有如下特点：

1. 可保性

巨灾风险难以满足"风险单位在空间上和时间上独立"（Houston，1964）的可保性要求，单次巨灾的发生可能会波及同类风险中绝大部分风险单位（卓志、王琪，2008）。只有满足可保性要求，保险行业才能将风险集中，进行风险转移。巨灾风险是否可保是巨灾保险发展的前提条件，决定了巨灾风险能否通过保险市场进行风险聚集与转移。一方面，巨灾风险无法满足可保性要求的特点意味着保险人较难设计出相关保险产品来分散该风险；另一方面，巨灾风险影响的地区广泛，若保险人承保地域太过集中，将会面临破产威胁。

2. 外部性

巨灾风险具有非竞争性和非排他性，巨灾保险被认为是具有正外部性的准公共产品。首先，巨灾保险承保过程中采取的防灾措施将增强承保区域的整体风险防御能力，未投保巨灾保险的居民也能够从中受益。其次，居民投保巨灾保险不仅能够增强自身风险抵抗能力，而且能够减少巨灾损失对未受灾居民甚至社会的不良影响，有利于经济社会平稳运行。因此，巨灾保险作为具有正外部性的准公共品，单凭市场的力量将导致巨灾保险的供给不足，需要政府的大力支持。我国政府与市场应分工协作，以政府与市场合作模式进行巨灾风险管理。

3. 可负担性

相比于其他风险，巨灾风险可负担性较差。巨灾风险往往会造成巨额损失，且准确估计巨灾发生的频率和损失状况的难度较大，因此精算费率水平将高于其他的风险保险产品。对于商业保险公司来说，其精算模型厘定的巨灾保险产品费率较高，居民难以负担。此外，巨灾损失发生后，商业保险公司倾向于进一步大幅提高巨灾保险产品的价格，甚至退出保险市场。尤其在巨灾多发地区，巨灾保险价格很有可能超过消费者的承受能力，使得对巨灾保险有强烈需求的居民负担不起高额的保费，不利于防范应对巨灾风险。

基于巨灾风险的三个不同特点，政府或市场都无法作为巨灾保险基金的单一融资主体。一方面，在自由市场条件下，巨灾风险的特点将导致保险市场不愿提供巨灾保险产品，或者费率较高从而限制居民的购买能力，造成巨灾保险市场萎缩，无法融入足够的资金。在我国，保险市场发展尚未成熟，没有充足的偿付能力以应对巨灾损失。另一方面，对于政府而言，巨灾给公共财政带来巨大压力，救灾支出大幅增加，巨灾损失给财政税收造成负面影响。此外，传统财政救济能力有限，存在不确定性与效率低下等问题（谢世清，2009）。

我国巨灾保险基金融资选择要坚持政府与市场合作的模式，构建起整合市场与政府的融资机制。中国目前巨灾救助融资渠道单一，巨灾保险基金要拓宽其融资渠道，在政府与保险市场基础上，将资金实力雄厚的资本市场引入巨灾保险基金融资体系。政府作为巨灾保险基金推进者，以财政支出启动国内巨灾保险市场，并在融资体系中起指引性作用。随着保险市场和资本市场的不断成熟，调整融资规模与融资安排，逐步提高巨灾保险基金的市场化程度。巨灾保险基金旨在通过三位一体的融资机制扩大融资规模，提供融资效率。

（二）巨灾保险基金的融资渠道

1. 财政支出

财政支出是巨灾保险基金重要的资金来源之一，也是最稳固的融资渠道。一方面，由各级政府财政直接拨款，为巨灾保险基金提供资金支持。各地区依据自身的经济发展状况和巨灾风险状况确定融资水平，中央和地方财政预算按一定比例直接拨付，对于高风险和低收入地区，在财政拨款外予以保费补贴。每年财政救助资金的年度余额结转巨灾保险基金。巨灾保险基金的原始启动资金即来自所有的财政拨款支持。另一方面，争取税收优惠政策，政府对其所减免的税收也一并转入巨灾保险基金账户管理。

2. 保险市场

保险市场融资方式通过巨灾保险产品的销售保障稳定规模的保费收入，按一定比例计提巨灾保险基金。商业保险公司积极推出符合市场需求的、多样化的巨灾保险产品，建立以保险产品为载体的融资渠道。通过向企业、个人销售巨灾保险产品将资金汇集，用于巨灾损失所造成的财产损失与人身伤亡赔付。通过保险市场融资，要制定公平合理的费率，使得保费收入规模既能够抵御巨灾损失，又能够保证保单持有人的可负担性。我国可借鉴国际经验，采取强制投保的制度，通过立法保障巨灾保险基金的最低融资规模。

3. 资本市场

资本市场能够有效承担巨灾风险，增强巨灾保险基金的融资效率与融资能力。相比于保险市场，资本市场有着更加巨大的资金实力和风险容纳能力，可以通过巨灾保险连接证券实现风险分散。巨灾保险基金以资本市场作为融资途径之一，可以实现有效的风险转移，提高承保能力；发行巨灾债券，将可保巨灾风险转化成可交易的金融证券，通过交易将巨灾风险分散至资本市场。此外，我国保险市场与资本市场的发展和成熟能够促进融资方式的进一步丰富，有助于设计并推广更复杂的如巨灾债券等巨灾保险衍生产品。

4. 投资收益

巨灾保险基金通过委托具备相关条件和能力的专业机构对基金进行管理和运作，获得投资收益。由于巨灾保险基金的特殊性，投资中要坚持"安全第一"的原则，选择期限较短的低风险的投资组合，投资于银行存款、国债、央企债券等安全性较高的优质证券。一方面，投资收益不仅能够用于基金日常管理与运营支出，而且能够扩大积累基金规模，投资收益逐年滚存，用于大灾年份的超额损失赔付；另一方面，巨灾保险基金还可与相关防灾救灾等机构和部门合作，将投资收益的一部分用于防灾减灾支出，增强风险抵抗能力。

三、巨灾保险基金的管理与运作模式

(一) 巨灾保险基金的管理

基于我国国情与国际经验借鉴,我国巨灾保险基金应坚持"政府主导、市场运作"的基本原则,即政府与市场合作模式。政府和保险公司在风险意识、风险防范和风险转移三方面分工协作,共同承担责任的巨灾风险管理模式。政府进行主导推动,提供各项支持。市场集合原保险公司与再保险公司等多方主体参与巨灾风险管理体系。公共和私人部门发挥各自比较优势,取长补短。在双方驱动下,明确基金各参与方的职能与义务,建立相互制衡机制与完善的基金治理结构,确保巨灾保险基金正常运行。

1. 巨灾保险基金管理委员会

巨灾保险基金管理委员会是巨灾保险基金核心机构,负责基金的设计、指导管理和监督工作。我国可以成立"中国巨灾保险基金"(China Catastrophe Insurance Fund,CCIF,简称"巨保基金"),设巨灾保险基金管理委员会。中国巨灾保险基金性质为非营利的国家再保险项目,对超过国内外再保险公司承保能力以上部分由财政担保或者再保。其职责主要包括集中商业保险公司的保费和政府财政拨款支持,形成稳定的资金来源;对基金进行投资管理;制定损失分担计划;费率厘定;设计国际再保险分保策略和资本市场融资方案。

2. 原保险公司

巨灾保险基金管理委员会授权偿付能力充足、经营网点完善的商业保险公司担任合格原保险公司。合格原保险公司形成巨灾保险共同体,其主要职责在于巨灾保险产品的设计、销售、核保与理赔等,同时承担适度的损失赔付。巨灾保险要求较大的保障覆盖区域,商业保险公司网点众多,其广泛的客户群和稳定的保险业务来源是巨灾保险产品最便利的销售渠道。此外,商业保险公司在损失评估与理赔处理方面专业技术突出,将其纳入巨灾保险基金,有助于整合资源,提高基金运作效率。

3. 再保险公司

巨灾保险基金选择经营状况良好、承保能力较强的国内外再保险公司作为合格再保险公司。合格再保险公司主要职责在于接受原保险公司的再保险分散，承担超过原保险公司赔付额度以上的损失分担。国内再保险公司接受原保险公司的风险转移，收取再保险保费。国外再保险公司主要负责巨灾风险的超额损失再保险。我国再保险市场起步晚，一旦巨灾损失发生，单凭国内再保险公司难以保证充足的偿付能力。原保险公司可将部分巨灾风险分散给国外再保险公司，从而丰富风险转移手段。

4. 账户管理人

账户管理人由巨灾保险基金管理委员会发起设立。账户管理人对基金的管理坚持"单独立账、专户管理、长期积累、专款专用"的方式，主要负责涉及巨灾保险基金账户管理的服务工作：建立巨灾保险基金账户；记录基金财产变化状况；提供公众查询服务；定期向基金管理委员会出具管理报告等。账户管理人依制度行使其建账、管理、记录、查询等职责，履行向审计部门及基金委员会的职能部门提供账户管理报告等义务，保证基金运作的透明性。

5. 基金托管人

巨灾保险基金托管人由基金管理委员会指定一家资信良好的商业银行或信托投资公司来担任。基金托管制度能够保证巨灾保险基金稳健发展。在基金账户的日常运作中，坚持"管理与保管分开"，基金托管人的工作目标在于保护基金资产的合理运用，主要通过保管基金财产，监督与基金资产相关的操作来实现。巨灾保险基金托管人主要负责保管巨灾保险基金财产；监督基金的投资运作；听从于基金管理委员会的命令，及时办理基金资产的清算与交割。巨灾保险基金支付给托管人一定的基金托管费用。

（二）巨灾保险基金的运作流程

如图13-1所示，通过政府、保险市场、资本市场的参与和协作，巨灾保险基金实现了巨灾风险的充分分散。

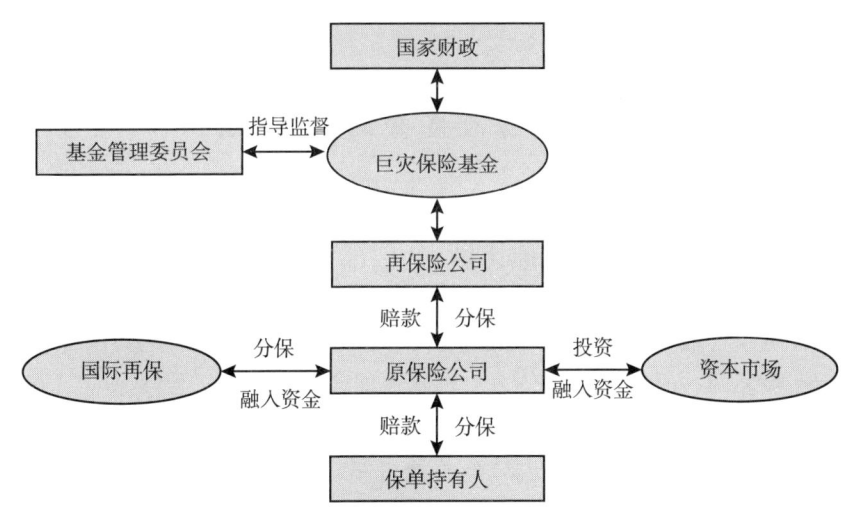

第十三章　构建适合我国的巨灾保险基金

图 13-1　巨灾保险基金的运作流程

资料来源：作者绘制。

首先，在政府主导下建立巨灾保险基金，设立巨灾保险基金管理委员会进行管理与监督，制定相应法令与规章制度，以保障基金顺利运行。在巨灾保险基金成立初期，由国家财政拨款作为启动资金，争取税收减免优惠政策，并接收社会捐赠，扩大基金累积规模。基金运营状况稳定后，以持续的保费收入与基金自身投资收益作为主要资金来源，国家财政拨款作为适当补充。视巨灾保险基金运行状况，国家财政可在合适的时刻退出巨灾保险基金，通过其他方式参与灾害损失救助工作。

其次，商业保险公司进行产品设计、销售与理赔，履行合格原保险公司的职责。原保险公司开发巨灾保险产品，制定公平费率，销售巨灾保险产品，获得保费收入。基于当前我国居民保险意识较低的实际状况，初期可由政府通过强制参与或者大额保费补贴的形式提高居民投保率，确保一定规模的保费收入。商业保险公司自留部分保费，承担的巨灾损失额度以自留保费为限，计提一定比例的保费收入转入巨灾保险基金。巨灾事件发生后，由原保险公司完成理赔，再保险公司与巨灾保险基金根据损失分担计划进行多层次的损失赔付。

最后，在原保险公司分散一定风险之上，寻求进一步的风险转移方式。一方面，向国内再保险公司缴纳再保险保费，再保险公司以分入保费限额承担损失。商业保险公司也可以自行寻求国际再保险分散，积极寻求国际合作伙伴。巨灾保险基金也可以根据巨灾风险评估状况与基金余额安排国际分保计划。另一方面，借助资本市场转移风险，巨灾保险基金可借助国际先进经验，发行巨灾债券等保险金融衍生工具。巨灾发生后，巨灾债券可以在资本市场上筹得资金,应对巨灾超额损失。

四、巨灾保险基金的损失分担

(一) 巨灾风险损失分担计划

巨灾风险管理体系的机制安排中,巨灾风险造成的损失主要由保单持有人、原保险公司、国内再保险公司、国际再保险公司、巨灾保险基金、资本市场、政府以及限额承保的保单持有人承担。巨灾风险的特殊性要求巨灾风险管理体系一定要建设多层次的巨灾风险分散机制,专栏13-1描述了典型的五层次巨灾损失分担机制。基于各参与方差异化的风险承担能力,安排各层次风险承担责任,增强巨灾风险管理体系的稳定性,提高风险应对能力。表13-2给出了各层次的损失分担计划。保险责任层次分七层,根据巨灾损失程度逐层赔付。

专栏13-1　巨灾损失分担机制

下图给出了一个典型的五层次巨灾损失分担机制:(1)最基础的层次是风险自留。投保人通过免赔额自留风险。(2)直接保险。在政府风险控制政策下,投保人直接向商业保险公司投保。(3)商业再保险。商业保险公司再将部分风险转移给国内外商业再保险公司。(4)政府巨灾保险基金。政府成立国家再保险公司或巨灾保险基金,承担商业再保险公司无法承担的超额风险。(5)政府的最终保障。特别情况下,政府通过特别紧急拨款对国家再保险公司也无法承担的风险提供最后保障。

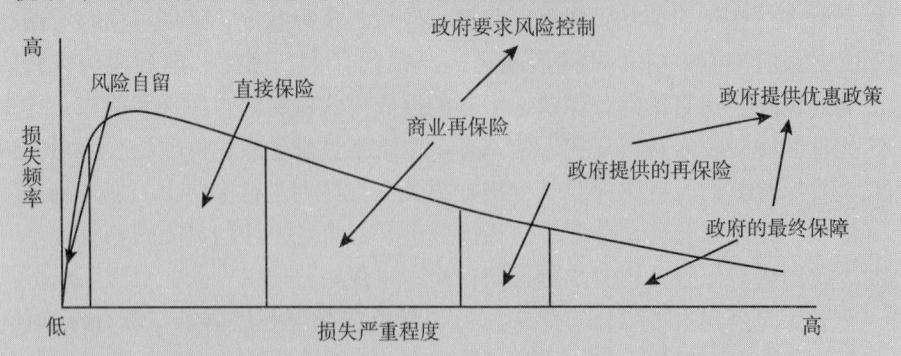

资料来源:姚庆海:《"沉重叩问:巨灾肆虐,我们将何为?"》,载于《风险管理》2006年第11期。

第十三章 构建适合我国的巨灾保险基金

表 13-2　　各参与方的损失分担计划

保险责任层次	损失分担主体	损失分担比例（%）
第一层	保单持有人	5
第二层	原保险公司	5
第三层	国内外再保险	20
第四层	巨灾保险基金	20
第五层	资本市场	15
第六层	政府	10
第七层	限额承保的保单持有人	25

资料来源：作者绘制。

第一层：保单持有人的免赔额（5%）。

巨灾保险保单设计要制定适度的免赔额。保单持有人在保险人赔付之前承担一定限额的巨灾损失。免赔额的数额设定要保持在适当的水平，原因如下：（1）适当的免赔额设定能够有效避免投保人的道德风险问题，鼓励投保人提前采取防灾措施，例如提高建筑物抗灾水平以减少损失；（2）投保人承担小额损失有助于降低保费，促进居民和企业购买巨灾保险；（3）适当的免赔额设定可以减少大量小额索赔，降低巨灾保险基金被耗尽的风险；（4）免赔额不能过高，较高的免赔额将会降低巨灾保险的保障程度，投保率难以得到保障。

第二层：原保险公司的损失（5%）。

免赔额之上由原保险公司承担适度损失。由于不同国家保险市场发展水平不同，原保险公司承担的损失程度也有所区别。在我国，原保险公司主要负责巨灾保险的销售与理赔等中介性服务，不能扮演主要损失承担者的角色。一方面，商业保险公司以盈利为目标，而巨灾风险赔付支出大且利润较低，商业保险公司不愿承担巨灾损失。此外，我国保险市场发展起步晚，保险行业承保能力有限，无法承担高额损失。另一方面，原保险公司应在能力允许范围内承担适度损失，不仅能够分担部分风险，而且能够适当减少其在销售和理赔的道德风险。

第三层：国内与国际再保险公司的损失（20%）。

在我国，以再保险市场作为损失分担的第三层级，向国内和国外再保险市场寻求再保险分散。投保人和原保险公司承担较低额度的底层巨灾损失，从而使得大量巨灾风险被分配至再保险公司。通常来说，再保险公司相较于原保险公司，专业技术水平和资金实力较强，能够承担较高层次的巨灾风险。但在我国,再保险公司与原保险公司同样起步较晚,发展尚不成熟。因此,一方面,再保险公司要根据自身承保能力确定合理的风险自留额;另一方面,向国外再保险公司分保要选择适当的额度,避免过高的再保险保费消耗巨灾保险基金。

第四层:巨灾保险基金的损失(20%)。

巨灾保险基金承担再保险之上的巨灾损失。作为免赔额、保险与再保险赔付额度之上的补充,当巨灾损失超过前三层保障程度,巨灾保险基金发挥作用。巨灾保险灾基金可作为应对重大自然灾害的准备金。在基金起步阶段,赔偿能力较弱,政府应提供适当的担保与支持。保费收入会不断充实巨灾基金的规模,通过时间积累和投资运作使基金的偿付能力增强,为将来积累充足的风险保障资金。当基金达到一定规模后,资金来源渠道不断丰富,这时政府所提供的担保责任则会大大降低甚至可以取消政府担保。

第五层:资本市场的损失(15%)。

资本市场承担超过巨灾保险基金保障范围的损失。资本市场相较于保险与再保险市场,资金实力和风险容纳能力更突出,能够以其较强的承保能力承担较高层级的损失份额。巨灾风险证券化即是通过衍生产品将巨灾风险转移至资本市场,是实现巨灾风险分散的有效途径。国际上一般通过在资本市场上发行巨灾债券,吸引资本市场投资者分散巨灾风险。若在债券到期前发生了巨灾,资本市场承担合同约定的损失偿付。对于我国来说,发行巨灾债券能够将风险分散至实力雄厚的国内乃至国际资本市场,能够极大地增强承保能力。

第六层:政府的损失(10%)。

当巨灾风险损失超过以上五层赔付限额时,政府进行损失赔付。巨灾保险具有特殊性,其"准公共品"的性质要求政府承担一定的责任。在我国,政府必须充分发挥其在顶层设计、立法推动与灾害救助等方面的作用。政府承担巨灾损失,不仅能够促进基金规模的快速扩张,而且能够发挥基金的"最后兜底人"的作用。政府实际上以"最后的再保险人"的身份参与损失分担,为巨灾保险基金提供财政资金支持。政府实际的损失分担水平一方面取决于已完成的损失安排状况;另一方面取决于巨灾所造成的总损失大小。

第七层:限额承保的保单持有人(25%)。

极端巨灾发生,以上六个层级难以覆盖全部巨灾损失时,保单持有人作为最终损失的承担者。国际范围内,巨灾损失的最终承担者一般为政府或保单持有人。结合理论与国情,我国保单持有人应承担最终风险,原因在于:(1)保单持有人承担最终损失,能够实现巨灾风险管理体系中资源的可持续性。(2)巨灾常常会造成极端的巨额损失。一方面,商业性保险公司显然不

第十三章 构建适合我国的巨灾保险基金

愿充当最终损失的承担者;另一方面,我国作为发展中国家,政府在毁灭性的损失面前也能力有限。(3) 设定最高限额能够避免巨灾保险基金被耗尽,提高运行效率。

(二) 事前融资与事后融资

如表 13-3 所示,根据巨灾损失发生的时间,巨灾保险基金的融资来源表现为事前融资与事后融资两种基本融资方式。事前融资指在巨灾损失发生前资金融入巨灾保险基金,灾害发生后进行赔付。三种代表性的资金来源包括:(1) 财政支出,由财政部门按照预算计划,将国家集中的财政资金向巨灾保险基金进行支付;(2) 保费收入,是原保险公司根据保险合同安排向投保人收取的费用,将保费收入的一部分计提纳入巨灾保险基金;(3) 投资收益,是巨灾保险基金进行投资活动获取的股利、债券利息和其他利润扣除投资损失后的净收益。

表 13-3　　　　　　　　事前融资和事后融资与损失补偿

融资方式	资金来源	资金提供者	资金形式	资金运作过程	基金收支状况
事前融资	财政支出	政府	财政拨款或保费补贴	事前累积进入基金,巨灾发生后进行赔付	理想状况,保费收入等于未来损失。三种资金来源和对应的损失补偿保证巨灾保险基金收支相抵
	保费收入	原保险公司	计提保单持有人缴纳的保费	事前累积进入基金(分保后),巨灾发生后进行赔付	
	投资收益	巨灾保险基金	持有资金进行投资获得收益	基金运作过程中累积进入,巨灾发生后进行赔付	
事后融资	条件融资	国际机构	利润或带有援助性质的贷款	损失达到一定额度,资金进入,用于赔款,未来基金收入偿还贷款	巨灾损失耗尽事前融资方式筹集资金,事后融资方式作为最后资金来源履行基金赔付义务,日后偿还
	巨灾债券	资本市场投资者	发行事后巨灾债券	发行巨灾债券获得资本市场投资,资金进入,用于赔款,向投资者支付利息	
	财政拨款	政府	约定的财政支出	损失达到一定额度,资金进入,用于赔款,无需偿还	
	紧急注资	政府	或有的财政支出	极端情形发生,资金进入,用于赔款,无需偿还	为避免基金破产,政府提供额外补贴

资料来源:卓志、王琪:《中国巨灾保险基金的构建与模式探索——基于巨灾风险融资体系的视角》,巨灾风险管理与保险国际研讨会,2008 年 9 月。

事后融资指在巨灾风险发生后资金融入巨灾保险基金,用于赔款支出。事后融资作为赔付的最终资金来源,保障基金完成其承担的损失分担赔偿。四种代表性的资金来源包括:(1)条件融资,巨灾保险基金与国际机构签订贷款合同。当巨灾损失达到一定额度,国际机构给予贷款支持,未来基金收入偿还贷款。(2)巨灾债券,通过发行收益与约定的巨灾风险相连接的债券,使得债券投资者承担部分巨灾风险转移。(3)财政拨款,政府无偿拨付给巨灾保险基金用于赔款支出。(4)紧急注资,极端情形发生,政府为避免基金破产,给予资金支持。

五、我国巨灾保险基金试点

(一) 地震巨灾保险

1. 四川省城乡居民住房地震保险试点

四川位于喜马拉雅-地中海地震带上,青藏高原地震区,大地震灾害频繁发生。2008 年 5 月 12 日,四川省汶川县发生里氏 8.0 级大地震,共造成 69 227 人死亡,374 643 人受伤,17 923 人失踪,直接经济损失约 8 451 亿元人民币。频繁发生的地震灾害令中央与地方政府开始高度重视巨灾保险制度的建设。2013 年 6 月 20 日,四川省农村住房地震保险在成都市进行试点。2015 年 11 月 23 日,四川省城乡居民住房地震保险试点工作正式启动。2017 年,四川省城乡居民住房地震保险制度正式与国家的住宅地震巨灾保险制度并轨。

(1) 资金来源。

①政府进行保费补贴。四川省城乡居民住房地震保险由三家保险公司和一家再保险公司进行承办、销售与理赔。政府对试点进行保费补贴,鼓励城乡居民参保。在保费分担方面,试点地区的投保居民承担 40%,各级财政补贴 60%。省财政和市(州)、县(市、区)三级财政分别负担保费支出的 30%。此外,政府财政全额承担农村散居五保户、城乡低保对象、贫困残疾人参与的最低档自付保费,省财政承担 50%,试点地区市(州)、县(市、区)级财政负担余下的 50%。各级政府还通过争取税收减免政策来降低保费。

②地震保险基金。四川省地震保险基金资金来自政府拨款、保费计提和社会捐助等。首先,地震保险基金的启动资金来自 2015 年财政拨付的 2 000 万

元。其中,省财政负担50%,试点地区市(州)、县(市、区)财政负担50%。此后每年根据实际状况进行财政拨款。其次,基于相关财税制度,四川省城乡居民住房地震保险的承办公司每年将收取的保费计提20%纳入地震保险基金,进行资金累积。地震保险基金设独立账户,单独管理。当巨灾损失赔款超过原保险和再保险公司的限额时,地震保险基金开始进行偿付。

③地震风险专项准备金。承办公司除计提保费进入地震保险基金外,还单独核算地震保险的收入与支出,设立地震风险专项准备金。承办公司每年均计算收取的地震保险保费扣除再保险费用支出、损失偿付支出、运营费用等成本和预定利润后的资金余额。如有结余,承办公司将结余资金全额计提,转入地震风险专项准备金,以应对未来重大灾害发生的赔款支出。地震风险专项准备金专账管理,长期滚存,以丰补歉。当极端巨灾发生,地震风险专项准备金可提供再一层的补偿赔付,提高承保能力。

(2)损失分担。

四川省城乡居民地震保险制度建立了多层次的风险分担机制,主要包括"直接保险、再保险、地震保险基金、政府紧急预案"。该风险分担机制的设计是在考虑到各参与方不同的风险承担能力的基础上,配置与其风险承担能力相适应的风险分担责任。表13-4描述了各层具体分担责任。一般地震损失由保险公司承担。重大灾害损失由地震保险基金承担。当上述各层资金均被耗尽,启动保额回调机制。当试点形成一定规模,运行状况稳定后,将视情况对各层损失分担责任进行调整。表13-5给出了四川省城乡居民住房地震保险方案的主要内容。

表13-4　　　　　　四川省城乡居民住房地震保险损失分担

年度赔款	责任分担		
≤3亿元或当年实收保费5倍(以高者为准)	直保公司和再保险公司	限额封顶	≤1.8亿元的部分由直保公司承担,1.8亿元<全省年度赔款≤3亿元的部分由再保险公司承担
		保费倍数封顶	年度赔付率≤300%以下由直保公司承担,300%<年度赔付率≤500%由再保险公司承担
>3亿元或当年实收保费5倍(以高者为准)	保险公司按分担机制履行赔付责任后,启动地震保险基金赔偿		
超过保险公司赔偿限额与地震保险基金总和	保额回调,按地震巨灾保险风险分担机制总偿付能力与总保险损失的比例,进行比例赔偿		
政府紧急预案,政府按《自然灾害救助条例》实施救助			

资料来源:作者绘制。

表 13-5　　　　　　　四川省城乡居民住房地震保险方案

内容	城市	农村
保险标的	居民自有，用于生活且长期居住的永久性房屋，不包含室内外附属设施和室内财产	
保险期限	1 年，到期自愿续保	
保险责任	因震级 M5 级及以上的地震及由此在 72 小时内引起的泥石流、滑坡、地陷、地裂、埋没、火灾、火山爆发及爆炸造成的，在烈度为Ⅵ度及以上区域内、破坏等级在Ⅲ级（即中等破坏）及Ⅲ级以上的保险标的的直接损失	
保险金额	20 000 元/户、40 000 元/户和 60 000 元/户	50 000 元/户、100 000 元/户和 150 000 元/户
保险费率	以市（州）为单位分别设计城市、农村各四档保险费率	
赔偿标准	对V级（即毁坏）住房和Ⅳ级（即严重破坏）住房按保额的 100% 核定损失，对Ⅲ级（即中等破坏）住房按保额的 50% 核定损失，根据保险赔偿机制和风险分担机制支付赔偿金	

资料来源：作者绘制。

2. 云南省大理州政策性农房地震保险试点

云南位于印度洋板块与欧亚板块交界处，是我国地震发生最频繁、造成损失最重的省份之一。1992~2014 年，云南省 5 级以上的破坏性地震共发生 77 次，累计造成 1 200 人死亡，8 188 人重伤，36 859 人轻伤，112 人失踪，直接经济损失约 635 亿元。频发的地震严重影响了云南省社会经济的稳定发展和居民的生活状况。2015 年 8 月 20 日，云南省大理州正式启动政策性农房地震保险试点，构建起了三位一体的巨灾风险管理体系，以政府灾害救助体系为基础，政策性保险为基本保障，商业保险为有益补充。

（1）运行机制。

大理州政策性农房地震保险试点运行原则为"统保统赔、统筹安排、专款专用、公开公正公平"，地震保险的参保与理赔均以州为单位进行。省级财政负担年度保费的 60%，州县级财政负担 40%，2015 年保费为 3 215 万元。地震保险采用参数启赔机制，当地震达到里氏 5.0 级以上，保险公司进行赔付，赔款为 2 800 万元到 42 000 万元，用于民房恢复重建。其中，统规统建点及统规自建点基础设施建设不高于 30%，兑付民房恢复重建户不低于 70%。此外，因地震造成大理州居民死亡或失踪的，每人赔偿最高 10 万元人民币，累计保险死亡赔偿限额为 8 000 万元/年。

（2）损失分担。

大理州政策性农房地震保险试点实行多层次的风险分担机制：第一层损失由商业性保险公司承担。保险公司组成地震保险共同体，提供保险服务，进行保险产品的销售与理赔，强化抗风险能力和保险服务能力；第二层损失由再保险市场承担。在保险公司基础上，将再保险纳入损失分担机制，进一步分散巨灾风险；第三层损失由地震风险准备金承担。在保险与再保险基础之上，计提保险公司收取的年度保费收入和超额利润的部分转入地震风险准备金，逐步积累应对地震灾害风险的能力。

（3）运行优势。

大理州政策性农房地震保险制度旨在保障和改善民生，具体特点如下：①全国首创的三位一体巨灾风险管理体系，以政府灾害救助为体系基础、政策性保险为基本保障、商业保险为有益补充；②杠杆倍数高，通过保险与再保险将财政资金的承保能力成倍放大，最高达到了15.6倍的杠杆放大倍数；③保障范围广，覆盖了大理州的12个县（市）的356.92万城乡居民和82.43万农户；④优势融合互补，有效整合现有社会抗震减灾体系资源；⑤操作性强，制度要求在最短时间内发挥巨灾保险的经济补偿作用。

（4）运行效果。

自试点以来云南省大理州共发生了三次损失赔付，政策性地震保险的作用得以充分体现。2015年10月30日，云南省保山市昌宁县发生5.1级地震，承保区域中的永平县受到影响；同年11月18日，保险公司支付753.76万元的赔款。重建户的重建资金增加了1.4万元，修复户的修复资金增加了2 000元。2016年5月18日，大理州云龙县、剑川县、洱源县发生地震；同年5月23日，2 800万元保险理赔金实现兑付。2017年3月27日，大理州漾濞县漾江镇先后发生了4.7级、5.1级、4.3级地震；同年3月28日支付赔款2 800万元。

3. 全国城乡居民住宅地震巨灾保险制度

中国位于世界两大地震带——环太平洋地震带与欧亚地震带之间，频繁发生的地震灾害造成了巨额的经济损失与严重的人员伤亡。1990年以来发生在中国大陆的地震灾害共造成10 785.81亿元的经济损失。在四川云南两省住房地震巨灾保险试点的基础上，2016年5月16日，《城乡居民住宅地震巨灾保险制度》出台，标志着我国巨灾保险制度取得了重大突破，地震巨灾保险制度建设开始启动。城乡居民住宅地震巨灾保险制度以"整合承保能力、准备金逐年滚存、损失合理分层"的模式运行。

（1）损失分担。

地震损失按照"风险共担、分级负担"的原则分担。如图13-2所示，损失分担计划参与主体包括投保人、保险公司、再保险公司、地震巨灾保险专项准

巨灾保险基金研究

备金、财政支持等，并制定总体赔偿限额。第一层投保人以自留的方式承担小额度损失；第二层损失由经营地震保险的原保险公司承担，损失分担大小对应于其自留的巨灾保险保费；第三层损失由再保险公司承担，损失承担水平对应于其分入的地震巨灾保险保费；地震巨灾保险专项准备金，以专项准备金余额为限，承担第四层损失；第五层损失由财政拨款或巨灾债券等紧急资金安排承担。

```
第五层   财政支持    →    紧急资金安排

第四层   地震巨灾保险专项准备金    →    专项准备金余额
          ↑
第三层   再保险公司    →    地震巨灾保险分入保费
          ↑
第二层   保险公司    →    地震巨灾保险自留保费
          ↑
第一层   投保人    →    自留小额度损失
```

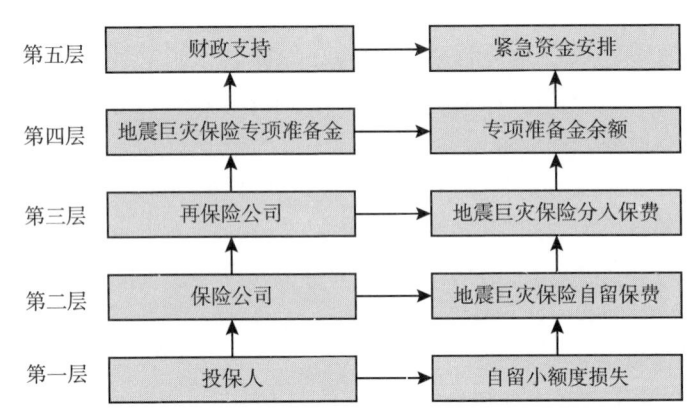

图 13-2　城乡居民住宅地震巨灾保险制度损失分担计划

资料来源：作者绘制。

当损失超过前五层额度，第五层财政支持和其他紧急资金安排无法全部覆盖的情况下，启动赔付比例回调机制，基于已落实的前四层分担额度和已到位的财政拨款等紧急资金总和，比例赔付地震损失。这体现了"总额控制、限额管理"的主要思路。一方面，能够控制单次地震所造成的损失，各损失分担主体可以逐层承担；另一方面，在地震风险较高的地区，进行保险销售限额控制，避免重大地震灾害保险赔款耗尽以上各层的赔付能力。表 13-6 给出了城乡居民住宅地震巨灾保险制度的具体保障方案。

表 13-6　城乡居民住宅地震巨灾保险制度保障方案

内容	城镇	农村
保障对象	居民住宅	
主要保险责任	达到国家建筑质量要求的建筑物本身及室内附属设施为主，以破坏性地震振动及其引起的海啸、火灾、爆炸、地陷、泥石流及滑坡等次生灾害	
保险金额	每户 5 万元（最高不超过 100 万元）	每户 2 万元（最高不超过 100 万元）
条款费率	可单独作为主险或作为普通家财险的附加险，差异化的保险费率	
赔偿处理	破坏等级在Ⅰ~Ⅱ级时，标的基本完好，不予赔偿； 破坏等级为Ⅲ级（中等破坏）时，按保险金额的 50% 确定损失； 破坏等级为Ⅳ级（严重破坏）及Ⅴ级（毁坏）时，按保险金额的 100% 确定损失	

资料来源：作者绘制。

（2）运行保障。

成立住宅地震共同体与地震巨灾保险专项准备金提供了运行保障。地震巨灾保险经营主体由偿付能力充足的保险公司组成，主要负责地震保险的销售、承保和理赔等工作。2015年4月，45家财险公司组建起住宅地震共同体，自愿参与，风险共担，整合承保能力。住宅地震共同体负责销售地震巨灾保险产品，集中保费，制定地震灾害损失分担计划。保险公司将收取保费的一部分计提转入地震巨灾保险专项准备金，作为应对严重地震灾害的资金储备，行使跨期分散风险等职能。

（二）台风巨灾保险

1. 宁波市巨灾保险试点

宁波市地处东南沿海，长三角南翼经济中心，经济实力强劲。但其地理位置决定了宁波市台风、龙卷风、强热带风暴、暴雨、洪水和雷击自然灾害频繁发生。在宁波市居民人身抚恤及家庭财产救助领域，自然灾害风险较为集中，市场需求迫切，是巨灾保险制度建立的突破口。2014年11月11日，《宁波市巨灾保险试点工作方案》正式出台，如图13-3所示，建立起了主要包括公共巨灾保险、巨灾保险基金、商业巨灾保险三部分的多层次的"三位一体"巨灾保险保障体系。

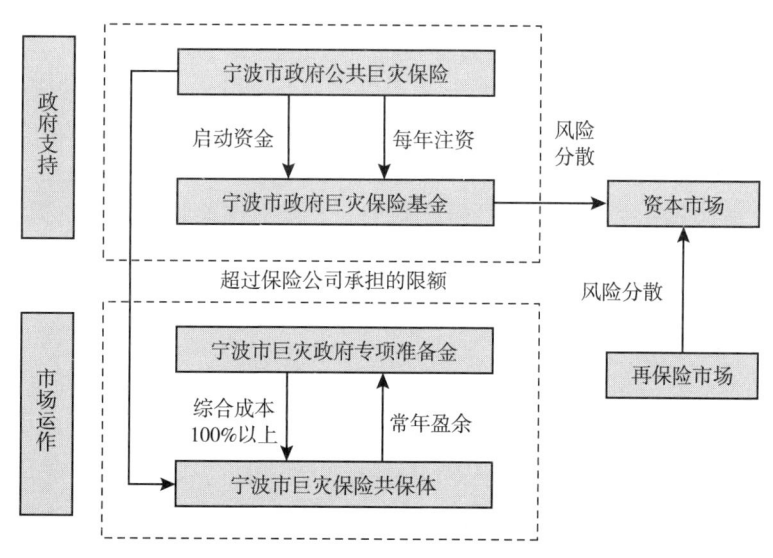

图13-3 宁波市"三位一体"巨灾保险体系

资料来源：中国人保财险。

(1) 公共巨灾保险。

宁波市公共巨灾保险由市政府购买，保费支出由财政统筹安排。2015年保费3 800万元，2016年增至5 700万元，总保额由6亿元增至7亿元。保障范围包括台风、强热带风暴、龙卷风、暴雨、洪水和雷击自然灾害及其引起的突发性滑坡、泥石流、水库溃坝、漏电和化工装置爆炸、泄漏等次生灾害造成的居民人身伤亡抚恤及家庭财产损失救助。保障对象为灾害发生时处于宁波市行政区域范围内所有人员的人身伤亡抚恤，以及常住居民的家庭财产损失救助，相应赔付标准见表13-7。

表13-7　　　　　　　宁波市公共巨灾保险赔付标准

项目	类别	保险金额/限额	
		每人每次灾害事故/每户家庭每次灾害事故保险金额	每次/累计赔偿限额
主险	居民人身伤亡抚恤费用	10万元/人	3亿元
	居民家庭财产损失救助费用	(1) 20cm＜水位线＜50cm，500元/户； (2) 50cm＜水位线≤100cm，1 000元/户； (3) 水位线＞100CM，2 000元/户	3亿元
附加险	见义勇为增补抚恤费用	10万元/人	含在主险人身伤亡抚恤限额内

资料来源：中国人保财险。

(2) 巨灾保险基金。

宁波市巨灾保险基金的资金来源主要包括财政注资与社会捐助，商业保险公司转入的保费和投资收益。2015年由政府拨付500万元设立，2016年新注入100万元。巨灾保险基金主要用于偿付保险公司累计赔偿限额以上的居民人员伤亡抚恤和家庭财产损失救助。具体赔偿上限不超过基金累积额度，且人身伤亡抚恤的超额补偿优先于家庭财产救助。在巨灾保险基金管理与运作方面，成立由民政部门牵头的巨灾保险基金理事会，负责制定其办法及基金筹集、使用与运作等事项的决策。

(3) 商业性巨灾保险。

商业性保险公司成立了巨灾保险共同体与巨灾风险专项准备金。商业保险公司成立巨灾保险共同体，推出多样化的商业巨灾保险产品，满足投保人高层次、多样化的保障要求，提高灾害保障水平。商业保险公司成立巨灾风险专项准备金，将收取的巨灾保险保费扣除再保险费用支出、赔款支出、运营费用等成本后的结余部分全部计提转入巨灾风险专项准备金。专项准备金进行专户管理，长期滚存，以应对巨灾年份的灾害损失补偿。

（4）赔付状况。

宁波市自2014年11月11日试点公共巨灾保险以来，先后发生了"灿鸿""杜鹃"等台风灾害。宁波市公共巨灾保险经受了巨灾考验，发挥了减少经济损失、提高居民福利的作用。2015年，"灿鸿"和"杜鹃"台风登陆宁波市，带来暴雨灾害，全市大面积受淹。宁波迅速启动巨灾保险应急机制，及时进行损失勘查与理赔，短时间内顺利完成了巨灾保险损失评估与理赔工作。保险公司向13.6万户（次）居民支付赔款7 790万元，在很大程度上保障了市民的权益，发挥了巨灾保险体系的作用。

2. 深圳市巨灾保险试点

深圳市地处广东南部，珠江三角洲东岸，是国家区域中心城市，国务院定位的全国性经济中心和国际化城市，粤港澳大湾区城市之一。深圳市位于南部沿海地区，常遭受台风、暴雨、崖崩、雷击、洪水、龙卷风等自然灾害，需要巨灾保险制度提供有力的保障。深圳市作为创新活力较强的城市，在全国率先开展巨灾保险试点工作，于2013年末拟订巨灾保险方案。深圳市建立起"三位一体、有机结合"的巨灾保险制度框架，将巨灾救助保险、巨灾保险基金与商业性个人巨灾保险纳入多层次的巨灾保障体系。

（1）巨灾救助保险。

深圳市巨灾救助保险由深圳市政府购买，保费价格为3 600万元。巨灾救助保险保障对象为当灾害发生时处于深圳市行政区域范围内的所有自然人，包括户籍人口、常住人口，以及临时来深圳出差、旅游、务工等人员。保障灾种涵盖暴风、暴雨、崖崩、雷击、洪水、龙卷风、飑线、台风、海啸、泥石流、滑坡、地陷、冰雹、内涝、主震震级4.5级及以上的地震及地震次生灾害。保障责任包括灾害发生时对受灾居民的人身伤亡救助和核应急救助。

（2）巨灾保险基金。

深圳市巨灾保险基金由政府拨付3 000万元设立，还可吸收社会捐赠资金。深圳市巨灾保险基金承担超过巨灾救助保险保障范围的损失。当损失超过巨灾救助保险限额，巨灾救助保险保障不足时，巨灾保险基金提供超额保障。巨灾保险基金为政府所有，由政府有关部门或委托专业机构运作。巨灾保险基金是应对未来突发的巨大自然灾害的准备金，准备金逐年滚存，并对外投资实现规模扩张，累积风险资金。巨灾保险基金的建立能够进一步加深对巨灾风险管理体系的研究与实践。

(3) 商业性巨灾保险。

商业性巨灾保险主要为适应投保人高层次、多样化的保险要求。商业性巨灾保险主要保障家庭财产，商业保险公司基于市场导向和消费需求自行设计产品与销售，居民自愿购买。除将地震责任附加于家庭财产保险的传统方式外，深圳将率先研发储金型巨灾保险产品。在巨灾产品设计与销售以外，保险公司将纳入深圳市自然灾害应急管理体系，研究建立深圳灾害数据平台，形成深圳巨灾数据库，提供灾害数据的统一管理和共享服务。商业性巨灾保险市场渗透率的提高有助于巨灾保险市场的形成与发展，补充巨灾保障体系。

（三）洪水巨灾保险

1. 中国洪水巨灾保险的必要性

洪水灾害是我国发生频率最高、损失最为严重的自然灾害之一，对于洪水巨灾保险需求十分迫切。我国洪涝灾害频繁且损失严重，建立洪水巨灾保险体系能够实现风险转移，减少损失。我国洪水巨灾保险进展缓慢，主要原因在于我国洪灾保险依附于主险，费率依火灾险之标准，未考虑洪灾风险因素，易发生逆向选择。近年来我国在巨灾保险制度建设上取得了较大突破。2014 年水利部颁布《关于深化水利改革的指导意见》，明确提出建立洪涝干旱灾害保险制度，有望分散洪水风险，减少受灾地区的灾区救济和灾后重建的巨额财政负担。

2. 中国洪水巨灾保险制度设计

(1) 运行原则。

结合理论与实践，中国洪水巨灾保险制度应坚持"政府推动、市场运作、保障民生"的原则。首先，政府推动要求充分发挥政府的作用，为洪水巨灾保险制度的建立和发展创造有利的制度环境；其次，市场运作要求积极发挥市场"看不见的手"的作用，优化资源配置，鼓励商业保险公司参与洪水巨灾保险制度，提高全社会洪涝灾害风险管理水平，利用国内外再保险市场和资本市场，有效分散风险；最后，保障民生要求满足人民群众洪水灾害风险保障需求，为受灾地区提供经济补偿，加快恢复重建，扩大保障覆盖人群，有效降低保障成本。

(2) 运行机制。

中国洪水巨灾保险运行应集合政府、保险公司、再保险公司等参与主体。首先，选择优质保险公司作为洪水巨灾保险经营主体，提供销售与理赔等服务。其次，政府通过保费补贴鼓励居民购买洪水巨灾保险，初期可采取强制参与或全额保费补贴等形式提高投保率。再次，保险公司向国内外再保险市场与资本市场寻求再保险分散。最后，政府推动成立洪水巨灾保险基金，以财政拨款作为启动资金，后期以投资收益作为稳定的资金来源。保险公司收取保费扣除必要支出后，计提洪水巨灾保险专项准备金，作为应对严重洪水灾害的资金储备。

(3) 损失分担。

建立多层次的洪水巨灾风险分担体系，包括投保人、保险公司、再保险公司、洪水巨灾保险基金、洪水巨灾保险专项准备金与财政支持分担主体。设免赔额，投保人承担小额度的第一层损失。保险公司在销售保险产品基础上，自留保费承担第二层损失。第三层由国内外再保险公司承担分入保费对应的损失。第四层损失由洪水巨灾保险基金承担。第五层由洪水巨灾保险专项准备金承担，以专项准备金余额为限。第六层损失由财政提供支持或通过巨灾债券等方式承担。当极端巨灾耗尽以上六层赔付额度时，启动赔付比例回调机制。

3. 政策建议

第一，建立并健全洪水保险法律法规。洪水保险有其自身的特殊性，其建立与推动需要良好的政策环境与有力的立法支持。以美国 NFIP 为例，美国先后推出《全国洪水保险法》《国家洪水保险计划》《洪水灾害防御法》与多部修正案。我国目前有《防洪法》《防震减灾法》等有关洪水管理的法律，但是对洪水保险相关的法律却是空白。建议我国在已出台《防洪法》的基础上，进一步推动《洪水保险法》与《巨灾保险条例》的出台，以完善的法律体系为洪水保险提供司法支持。

第二，充分发挥政府的作用。美国 NFIP 中，政府扮演了直接保险人、管理者与推动者的角色。基于目前中国巨灾保险制度发展状况，政府要在建立中国洪水保险制度方面发挥主导作用。首先，政府要积极推动洪水巨灾保险的开展，启动洪水巨灾保险试点；其次，政府要承担部分巨灾损失，以财政支持、保费补贴的方式参与洪水巨灾风险分散；最后，政府通过出台相关政策优惠措施推广商业巨灾保险，提高居民对商业巨灾保险的参保率，在公共巨灾保险之上进一步增强灾害损失保障程度。

第三，提高商业保险参与度。美国 NFIP 中，私营保险公司不承担洪灾赔付风险，负责销售、评估与理赔等工作，也可在保险的限额之外提供商业性的洪水保险。在我国，要充分发挥保险机构专业优势。一方面，积极研发推出符合市场需求、多样化的商业巨灾保险产品，满足居民个性化的巨灾保险需要，补充巨灾保险体系。另一方面，保险机构通过风险隐患排查、灾害防范宣导等方式为全社会提供防灾减损、应急管理、灾害救助等方面的专业服务。同时，不断累积洪水巨灾风险数据，探索建立全国巨灾风险管理数据库。

六、结　语

我国是世界上自然灾害最为严重的国家之一，巨灾造成的经济损失与人员伤亡严重影响了我国经济发展与社会稳定。目前，我国对巨灾的救助仍以政府财政支持为主，效率低下，救助额度不足。随着经济发展与巨灾频繁发生，我国对于巨灾保险的需求日益迫切。巨灾保险基金作为巨灾风险管理体系中的关键一环，构建适合我国的巨灾保险基金能够减少经济损失，减轻政府财政负担；推动我国巨灾保险制度的开展，发挥其保障功能；进一步完善灾害防御体系，维护社会稳定。

在融资模式方面，我国巨灾保险基金实行政府、保险市场与资本市场的三位一体融资机制。巨灾风险具有可保性较低、外部性较强与可负担性较差的三个特点。巨灾风险的独特性对巨灾保险基金提出了特殊的融资要求，依靠政府或市场的单一力量无法实现有效融资。政府、保险市场与资本市场要协同配合，发挥整合效应。政府财政支出作为最稳固的资金来源，保险市场通过计提保费参与融资，资本市场通过巨灾风险证券化方式提供融资支持。此外，巨灾保险基金自身通过投资获得收益。

在基金管理与运作方面，我国巨灾保险基金坚持"政府主导、市场运作"原则与政府与市场合作模式。其参与主体包括巨灾保险基金管理委员会、原保险公司、再保险公司、账户管理人和托管人。政府发挥主导作用，推动建立巨灾保险基金。原保险公司通过再保险公司在国内外再保险市场上进行风险分散，并运用巨灾风险证券化等方式将巨灾风险转移至资本市场。巨灾保险基金作为核心机构，将政府、保险市场、资本市场等共同纳入巨灾风险管理体系中，各参与主体各司其职、协同合作。

在损失分担方面，巨灾保险基金建立多层次的巨灾风险分担机制，得以实现逐层承保、损失共担的偿付模式。保单持有人以免赔额的方式承担小额度的第一层损失。原保险公司以自留保费为限承担适度的第二层损失。国内与国际再保险市场承担分入保费对应的第三层损失。第四层损失由巨灾保险基金承担。第五层损失由资本市场承担。第六层损失由政府承担。第七层即最终损失由限额承保的保单持有人承担。此外，巨灾保险基金通过事前融资与事后融资两种方式将资金来源与具体损失赔偿相对应，保障基金能够实现及时且充分的损失赔付。

我国目前在多地均启动了巨灾保险的试点工作，标志我国巨灾保险制度的建设取得重大突破。针对地震灾害，在四川省开展城乡居民住房地震保险试点，在云南省大理州开展政策性农房地震保险试点。基于两地地震巨灾保险试点经验，《城乡居民住宅地震巨灾保险制度》出台，我国巨灾保险以地震为突破口，取得了可喜进展。针对台风灾害，在宁波市与深圳市两地开展巨灾保险试点，均建立起"三位一体"的巨灾保险体系。然而，目前针对洪水灾害的巨灾保险进展缓慢，应加快推动相关制度建设，防御洪水风险。

附录一

中国台湾住宅地震保险基金（TREIF）

中国台湾地区属于环太平洋地震带，地震灾害频发，年平均发生地震万余次，对人民的正常生活构成巨大威胁。1999年的"九二一"大地震损害严重，不仅使数千人丧生，还造成了千亿元新台币的财产损失。由于缺乏相应的巨灾保险机制，地震重建工作给台湾当局和民众造成了巨大的负担。因此，中国台湾当局（以下简称"台湾当局"）开始筹备建立住宅地震保险机制，建立了台湾住宅地震保险基金（Taiwan Residential Earthquake Insurance Fund，TREIF），以便更好地应对地震灾害给社会带来的损失。

自2002年建立以来，TREIF运行良好，投保率、资金总量、准备金额度、赔款限额和赔付能力都不断上升，且保险费率和响应时间持续下降。TREIF采取了有效的风险分散方式，降低了自身准备金耗尽的风险。此外，TREIF还有效应对了2016年高雄美浓大地震造成的巨额损失，避免了偿付危机的发生，为受灾居民及时办理理赔，成功地承担了灾后重建的责任。从十五年的情况来看，TREIF保障了居民权益，降低了地震保险费率，同时可为成立适合于我国大陆地区的巨灾保险基金提供有益的借鉴。

本章分析了TREIF的成立缘起、组织架构、主要优势、运行机制、巨灾债券的发行和运行状况。第一部分为文献综述，介绍了国内外对TREIF已有的三类文献；第二部分阐述了TREIF的成立背景、组织结构和主要优势；第三部分论述了TREIF的资金来源、保险政策、承担限额、风险分散结构、非传统风险转移和理赔机制；第四部分介绍了TREIF在发行巨灾保险债券过程中的经验；第五部分分析了TREIF近年来的运行状况，并在专栏中记述了TREIF在2016年高雄大地震中发挥的作用。

一、文献综述

现在对TREIF的研究，国内外文献回顾主要可分为三类：

第一类文献从 TREIF 总体发展的角度，介绍了其结构设置和成立背景，分析了其机制设计和运行效果，并记述了成立以来的制度变化和发展沿革。董钢（2013）着重分析了以 TREIF 为核心的地震保险模式和风险分散机制，以及 TREIF 内部组织结构和外部监管体系，并对 TREIF 从启动以来至 2012 年的投保率、保费收入和责任额等运行效果进行了分析和评价。冯占军（2008）主要叙述了 TREIF 的成立背景、筹备过程和历史发展，介绍了成立以来组织结构和制度规定的变化。

第二类从模型设计的角度评价 TREIF 的保费设置、风险分散的合理性，通过空间计量方法得出中国台湾地震保险需求的影响因素的关系。Hsu et al.（2006）通过建立基于事件的地震灾害评估和金融分析模型，使用蒙特卡洛模拟，分析了地震风险概率，并对保险和再保险设置的合理性进行了评估。Lai and Hsieh（2007）通过对 TREIF 在 2002～2004 年保费收入的数据进行空间计量，使用空间自相关和面板回归模型，分析了可支配收入、公共补助和地域对地震保险投保需求的影响。

第三类文献研究了中国台湾巨灾风险证券化发行问题。陈威荣（2011）运用成本收益分析方法，将发行债券与传统再保险成本进行比对。他探讨了台湾地区巨灾风险管理所存在的问题，进而分析中国台湾推行的巨灾风险证券化症结，从前期准备、发行过程和发行效果三个方面，评价了中国台湾发行巨灾债券的具体情况。他分析了中国台湾发行巨灾期权、巨灾互换、气候期货和气候期权等巨灾衍生品的可行性，试图说明"再保为主，债券为辅，衍生品为补充"的台湾地区巨灾风险管理体系的优势。

二、TREIF 概述

（一）成立背景

中国台湾处于地震高发区域，长期以来受地震的侵扰，同时遭受地裂、山崩、断层等地质变化。真正直接促使 TREIF 成立的是"九二一"大地震。"九二一"大地震发生在 1999 年 9 月 21 日上午 1 时 47 分，震中位于台湾中部山区的南投县集集镇。地震震级达到里氏 7.3 级，震源深度为 8.0 千米。这次地震造成 2 415 人死亡，29 人失踪，11 305 人受伤，51 711 间房屋完全倒塌，53 768 间房屋接近倒塌。"九二一"大地震的死伤数量自有记录以来仅次于

1935 年新竹、台中大地震。这次地震对台湾地区造成的经济损失约为 3 647 亿新台币。

由于"九二一"地震前，台湾地区 760 万住户中只有 350 万户投保了火灾保险，被投保住宅数占总住宅数量的 46%。其中，加购地震保险的仅有一万户左右，地震保险投保率仅为 2%，多数灾民未购买保险，保险理赔额仅为 3 940 万元。台湾地区当局承担了灾后重建的全部责任，与民间团体建立了 5 854 个临时安置组合屋，并向遇难者家属发放 100 万新台币抚慰金，向重伤者发放 20 万新台币抚慰金，向房屋全倒和半倒的灾民分别发放安置金 20 万新台币和 10 万新台币。大地震后，当局财政支出过大，支付的总救济补助金额高达 157 亿新台币。

"九二一"大地震突显出了台湾地区缺少地震保险制度的脆弱。然而，大地震前，台湾地区并不是完全没有地震保险。在 1995 年 1 月 17 日日本阪神大地震后，台湾的地震保险投保率甚至略有增加。"中央再保险公司"也于该年成立专案小组，开始研究台湾地区住宅保险共保机制。1996 年 9 月 23 日，"中央再保险财产再保险策进委员会"下属的"住宅地震保险研究小组"成立。该小组研究台湾地区住宅地震保险的可行性。但在筹备工作展开之际，"九二一"地震发生。大地震也加速了住宅地震保险机制的建设。

台湾当局于 1999 年底提出"保险法部分条文修正草案"，增订"保险法"第 138 条第一款，并与 2001 年中于台湾法规制定部门通过。这一条款规定财产保险也有承担住宅地震风险的义务，且主管机关应建立风险分散机制，成立"财团法人住宅地震保险基金"分散风险。同时，修正案规定了"国库"应为保险基金提供担保。同年 11 月，依据"保险法"修订内容，保险主管机关财政部主管部门颁布了住宅地震保险基金的"管理办法""捐助章程"和"风险分散机制实施办法"等，从法律层面为 TREIF 提供了保障。

在参考美国、日本、新西兰和土耳其的经验后，台湾地区决定采取政府与民间共同承担的模式，以及商业保险公司与"中央再保险公司"共同办理的机制。由于 TREIF 在成立时受"中央再保险"的管理，"中央再保险公司"因而是住宅地震保险制度的枢纽，接受各财险机构的报销，分散地震的风险。2001 年 12 月 18 日，TREIF 召开了第一次董事会。根据"捐助章程"的规定，TREIF 的主管机关是行政院主管部门的"金融监督管理委员会"（"金管会"），接受"保险业务发展基金管理委员会"的启动资金两千万新台币。

TREIF 的成立基于五大原则：（1）普及性原则。TREIF 的目标是做到全民投保地震保险，使全体民众都能在地震保险中受益。（2）简化性原则。TREIF 试图简化投保流程，缩短理赔时间，提高投保群众的效用。（3）保障性原则。

TREIF 的理赔范围不仅包括地震事故造成的损失，还包括地震引发的次生灾害造成的损失。(4) 负担性原则。TREIF 作为地震灾害的基本保障承担方，承担有限额的基本损失。(5) 政策性原则。TREIF 为台湾当局政策主导与支持的机构，台湾当局也有承担部分风险的责任。

（二）组织结构

目前，TREIF 在法律上是非营利性公益财团法人，有完整独立的组织结构：(1) 最高决策机构董事会。董事会由"金管会"代表三人、财政主管部门"国库署"代表一人、"金管会"指定专家学者三人、住宅地震保险共保组织代表三人和 TREIF 总经理一人组成，董事会推举出一人做董事长。(2) 总经理一人。由董事长推选，经董事会通过后任命。可根据业务需要设置副总经理一至二人。(3) 内部稽核部门。负责确保财务数据无误，评估内部绩效。(4) 监察人。由"金融监督管理委员会"派出，负责监督 TREIF 的财务状况（见附图1）。

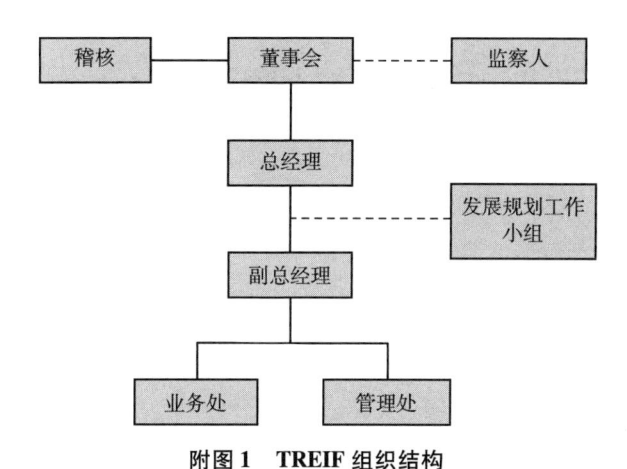

附图 1　TREIF 组织结构

资料来源：财团法人住宅地震保险基金，2015 年 TREIF 年报。

TREIF 的董事会职责如下：(1) 负责 TREIF 资金的收入、支出、管理和运用；(2) 制定内部组织和管理规定；(3) 审核推行业务计划；(4) 审定年度收支的预算和决算；(5) 审议"财源筹措计划"；(6) 负责重要人士任免；(7) 制定与调整重要规章制度；(8) 核定其他重要事项。监察人的职责如下：(1) 监督 TREIF 财务及业务；(2) 核查簿册文件；(3) 其他法律赋予的职权。董事和监察人的任期为 3 年。可以连任，但每届期满连任的董事不得超过全体董事人数的 2/3。

TREIF 下设业务处，主要负责以下内容：(1) 研究和执行住宅地震保险的风险承担事宜，妥善处理地震保险的风险分散，维护 TREIF 的稳定安全；(2) 制定和执行住宅地震保险制度，负责 TREIF 的日常运营，规划未来发展；(3) 负责地震保险业务的宣传，推广地震保险，并进行相关的教育训练；(4) 负责组织合格住宅地震保险评估人员的培训工作，并在灾害发生后动员合格评估人员；(5) 建立住宅地震保险信息和相关业务的数据库，并负责资料和数据的日常维护。

TREIF 还下设管理处，主要负责以下内容：(1) 管理与财务相关的事项。负责保险准备金投资事宜，并制定和修正当 TREIF 发生理赔危机时的"财源筹措计划"，确保保费的保值增值和顺利赔付；(2) 编写年度预算表和年度决算表，处理财务会计相关的工作，确保 TREIF 的财务管理正常进行；(3) 负责内部人力资源的雇佣、考核和管理工作；(4) 负责内部其他财务、后勤等事宜，如出纳、文书、采购和财务管理；(5) 对住宅地震保险相关法律法规提出制定和修正的意见。

TREIF 还于 2008 年 3 月成立了"发展规划工作小组"，由总经理担任总召，聘请业界、政界、学界的专家作为委员。"工作小组"下面分设"危险分散与费率""承保理赔与法制""资讯统计与教育推广"三个工作分组。"工作小组"的职责是：(1) 总结当前保险业务的问题和不足；(2) 对强化住宅保险制度的枢纽作用和改善提出建议；(3) 为长期发展和未来规划贡献方案。十多年来，"工作小组"为 TREIF 的发展做出了组织体制的优化，实现了运行效率的提升。

根据"住宅地震保险共保组织作业规范"，TREIF 是共保组织的经营管理人。办理住宅火灾保险业务的财险机构可以向 TREIF 申请成为共保组织的会员。会员公司签署"转分共保合约"。这份合约规定了共保组织有承担地震风险分散机制的第一层的承担限额的责任。除个别会员公司之外，各保险公司承担相同的共保责任，不负连带责任。TREIF 会在签单公司的数据传输后向各个共保组织会员公司发送业务账单。各个共保组织成员根据账单，向 TREIF 收付款项。

TREIF 成立初期依托于"中央再保险公司"。"中央再保险"为 TREIF 设立地震再保险处，办理共保组织和基金业务，TREIF 的秘书等许多职位也是由"中央再保险"的员工兼任。"中央再保险"是住宅地震保险机制的经理人，是实质性的枢纽。2002 年，"中央再保险"完成民营化。由于住宅地震保险是政策性保险，应该由公立的非营利性组织负责，"金管会"于 2005 年 12 月 1

日修正"风险分散机制实施办法",删除地震保险要向"中央再保险"公司办理再保险的规定,并将 TREIF 确立为住宅地震保险机制的枢纽,推动 TREIF 作为公益性机构的独立运作。

2006 年 6 月,有关 TREIF 独立运作的各项法律法规修订工作已经结束。新的组织架构、内部规定和风险评估报告也已上报至"金管会"并获得批复。2006 年 7 月 1 日,TREIF 正式开始独立运作。TREIF 从"中央再保险"下属的负责风险承担与分散的基金,变为住宅地震保险机制的枢纽组织。TREIF 聘用了部分原来在"中央再保险"负责地震保险的工作人员,负责承保住宅地震保险,建立理赔制度,处理共保业务,安排再保险,宣传业务和培训合格评估人员与专业技师。

(三) 主要优势

TREIF 的主要优势有:(1) 住宅地震保险是非强制性的保险,给予住宅所有人充分的选择权;(2) 由于办理房屋抵押贷款时要求房屋购买了火险,法律规定火险和地震险同时销售,地震保险覆盖率得到有效保证;(3) TREIF 的风险高度分散,利用了再保险市场和其他海外资本市场转移风险;(4) 有独立的运营地位,保证了地震保险的专业化和高效率;(5) 当 TREIF 资金不足时,可向"国库"申请担保,资金来源充足;(6) 采用单一费率定价,保险政策简单易懂,有利于保险推广。

三、TREIF 的运作结构

(一) 资金来源

在 2002 年,TREIF 成立的初期有启动资金 2 000 万新台币,由"保险业务发展基金"捐助。在成立初期,地震保险机制的枢纽是"中央再保险",TREIF 是"中央再保险"的一部分,只负责风险的承担和分散。在"中央再保险"民营化后,TREIF 开始逐步独立运作。修订后的"保险法"赋予 TREIF 经营再保险的资格。TREIF 成为住宅地震保险新的枢纽。2006 年 7 月 1 日,TREIF 完全独立运营。资金来源从以前的接管"中央再保险"保费收入,变为现在的直接对各个财险机构进行再保险。

TREIF 资金来源主要有：(1) 再保险保费收入；(2) 再保险手续费收入；(3) 资金储蓄投资的收益；(4) 再保险赔款收入。在上述的资金来源中，再保险收入占比最高。再保险收入是对岛内财险机构的地震保险提供的全额再保险。保费采用单一费率形式，每一建筑物的收费费率均相同。在建立之时，每年每户的最高保险费用为 1 459 新台币，最高赔付额度为 120 万新台币。后来随着 TREIF 资金规模的增大和风险防御能力的增强。TREIF 在 2009 年下调保险费用，每户每年最高保费下调至 1 350 新台币，最高赔付额度上调为 150 万元。

（二）保险政策

根据"住宅火灾及地震基本保险条款"的规定，住宅地震基本保险附加于"住宅火灾保险"和"住宅第三人责任基本保险"之上销售，属于"政策性保险"，而非强制性保险。但是由于承保方式是将住宅火灾保险扩大至住宅地震基本保险，民众若想投保住宅火灾保险，就必须投保住宅地震保险。且居民在办理住房抵押贷款时，银行往往要求为房屋购买火灾保险，住宅地震保险的投保率得到了保证。住宅地震保险除了可以通过保险公司、保险代理人或保险经纪人等传统途径之外，也可以在银行办理贷款时一并办理。

住宅地震保险的保单均为一年期保单。保险金额以房屋的重置成本为基础。重置成本按照投保时的"产物保险商业同业公会"公布的"台湾地区住宅类建筑造价参考表"计算。重置成本超过 150 万新台币的房屋，重置金额一律设定为 150 万新台币。保险采用台湾地区统一费率模式，对于重置成本超过 150 万新台币的房屋，每年保费为 1 350 新台币。对于保额低于 150 万新台币的房屋，按照比例缩减保费，其等效费率为 0.09%。对于最高保险金额外的损失和保障范围外的损失（装修、家具等），可以向商业财险机构分别加保"超额地震保险"和"扩大地震保险"。

住宅地震基本保险的保险标的物为住宅建筑物本身，不包括动产或者装修。承保范围是地震震动和地震引起的火灾、爆炸、山崩、地层下陷、滑动、开裂、决口、海啸、海潮高涨和洪水等次生灾害。每一个门牌号可以推定一"建筑物"，每一"建筑物"可以投保一张保单。对于同一次地震，如果总理赔金额超过风险分散机制的承担总上限时，则赔付金额为赔付总金额所对应的比例。且连续 168 小时内发生的地震视为同一次地震。如果房屋在赔偿时处于偿贷期间，理赔金额的 60% 优先偿还给银行。

(三) 风险承担限额

如附图 2 所示，TREIF 的风险承担机制主要分为两层。

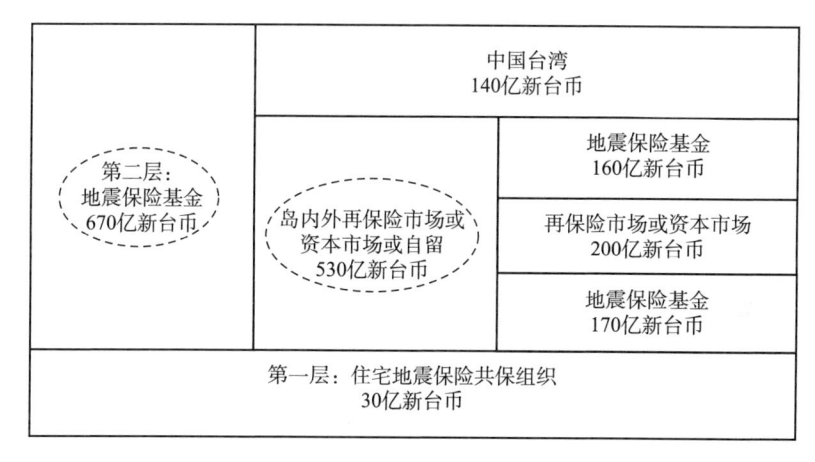

第二层： 地震保险基金 670亿新台币	中国台湾 140亿新台币	
	岛内外再保险市场或 资本市场或自留 530亿新台币	地震保险基金 160亿新台币
		再保险市场或资本市场 200亿新台币
		地震保险基金 170亿新台币
第一层：住宅地震保险共保组织 30亿新台币		

附图 2　风险分散和承担限额

资料来源：财团法人住宅地震保险基金，2015 年 TREIF 年报。

第一层，30 亿新台币及以下部分的风险，由地震共保组织直接赔付。共同保险组织由岛内二十家大型财险机构组成。一旦地震发生，共同保险组织可以迅速筹集大量理赔资金。共保组织成员同时经营其他类型保险，这也做到了风险的分散。由于 TREIF 人员精简，无法派出足够人手应付震后的理赔评估工作。共保组织还负责派遣各个成员机构的工作人员前往一线，承担损失评定和理赔工作。TREIF 的风险分散层次经过了精心的设计，不仅考虑了风险转移的成本，还考虑了偿付的速度、各方的责任。

第二层，高于 30 亿新台币低于 700 亿新台币的，总计 670 亿新台币的部分，由 TREIF 根据市场状况、成本及风险承担或分散：(1) 底层风险的 170 亿新台币由 TREIF 自行承担。TREIF 在创立初期亟须累计大量资金，而"九二一"后短时间再次发生大地震的概率较小，自行承担底层风险可以降低成本，有利于规模迅速扩大。(2) 自留风险之上的 200 亿元部分由再保险机构或资本市场承担。将部分风险转移至资本市场，是为避免台湾当局承担负担过重。(3) 高层风险的 160 亿新台币仍然由 TREIF 自行承担。(4) 最后，140 亿新台币由台湾地区承担。

TREIF 根据收入支出、投保率、风险分散情况、累积特别准备金大小等数据,估算未来基金规模,并进一步制定在资金不足以支付赔款情况下的资金筹集方案。根据现有的资金筹集方案,一旦地震发生,TREIF将启动"早期损失评估系统"(TELES)估算赔款数额。若存在资金缺口,且缺口较小,TREIF将向银行申请贷款筹集。若存在资金缺口,且缺口较大,TREIF将依照"保险法"报请"金管会",在财政主管部门向行政主管部门申请并核准后,由"国库"出资担保。

TREIF的风险承担限额随着总投保量的上升和TREIF准备金的积累而上升。如附表1所示,TREIF对责任限额做过三次调整:(1)第一次调整发生在2007年1月1日,在TREIF独立运营之后。共保组织和台湾当局的承担限额按照比例上升了20%,剩余的缺口由TREIF自行承担;(2)2009年进行了第二次调整,承担限额提高了100亿元,再保险额度仍然维持不变;(3)2012年,承担限额进行了第三次调整。总额保持不变,但是共保组织承担的限额变大,由28亿元上升至30亿元。

附表1　　　　　　　　　风险承担限额调整过程

时间	2002年4月1日	2007年1月1日	2009年1月1日	2012年1月1日
第二层: 住宅TREIF承担或分散	480亿新台币	576亿新台币	672亿新台币	670亿新台币
第一层: 共保组织承担	20亿新台币	24亿新台币	28亿新台币	30亿新台币
总额	500亿新台币	600亿新台币	700亿新台币	700亿新台币

资料来源:财团法人住宅地震保险基金,2015年TREIF年报。

(四) 风险分散与评估

TREIF的风险承担层次结构在成立时经过了科学的设计,无论地震保险机制如何改变,风险层次结构都几乎没有变化。在地震保险机制的设计阶段,风险评估公司EQECAT受委托进行评估并设计风险分散结构。设计者考虑到TREIF需要兼顾资金规模快速增长和风险安全控制两个要求,参考了美国加利福尼亚、新西兰和日本的地震保险制度,设计出这种"两大层、多小层"的风险结构。但在TREIF运行后,实际的保单分布与假设的数据不同。因此,在发行巨灾债券时,改用RMS(Risk Management Solutions)模型进行风险评估。

随着准备金规模的增大,TREIF的风险承担上限也在上升。2007年,TREIF总偿付上限上升至600亿新台币。2009年,TREIF总偿付上限上升至

附录一　中国台湾住宅地震保险基金（TREIF）

700亿新台币。其中，共保组织承担30亿新台币，TREIF底层承担170亿新台币，再保险承担200亿新台币，TREIF上层承担160亿新台币，台湾当局承担140亿新台币。2009年，TREIF委托"工程地震研究中心"研发自己的风险评估模型。相较于其他机构开发的风险模型，这一自主开发的评估模型更适于台湾地区的地理情况，有助于后续承担限额、保险费率等的制定。

在确定风险分散结构前，要先对风险进行评估。通常来说，地震风险的评估因素包括危害度、风险暴露量、区域性和易损性。风险评估模型包括四大模型：（1）推测地震事件模型，建立台湾历次地震的规模大小、发生位置、震源形式和发生频率等数据的资料库，并整理各地区地震活动特性参数；（2）危害度分析模型，用于推测标的物所在地的地标震动强度的概率分布；（3）损害分析模型，用于计算评估标的建筑物在地震作用下可能造成的建筑物本体、内部财务等平均损失；（4）财务分析模型，根据风险评估结果进行财务分析。

在有了地震风险模型之后，可以进一步确定总责任限额。由于地震风险具有损失低、损失幅度高等特性，地震总风险限额的确定要综合考虑单次最大损失、回归期、风险暴露量、保费收入和台湾岛内外保险市场的承保能力与成本。住宅地震保险机制在建立初期的财力有限，为迅速扩大规模，降低成本，住宅地震保险向再保险人分散的风险比例较小，且总偿付上限也较小。EQECAT估算的单次最大损失在500亿~600亿新台币之间，采用400年的回归期。因此，风险总承担限额被确定为500亿新台币。

地震风险的特点是发生频率低但是损失大。因此保费收入是否足够关系着是否能够迅速的理赔。地震保险的总承担限额要与保费收入匹配，否则会影响偿付能力。此外，地震保险的总偿付上限与再保险市场承包的能力有关。如果向岛内外再保险市场或其他资本市场分散风险足够，则可以适当提高总偿付限额。但由于住宅地震保险机制在建立初期的财力有限，为迅速扩大规模，降低成本，住宅地震保险向再保险人分散的风险数额较小，因此总偿付上限也较小。

除了确立总偿付限额，各层级的偿付限额也需要厘清。在成立之初，在风险分担结构中处于最底层的住宅地震共保组织承担20亿新台币风险。各共保组织会员承担的部分包括基本部分和分配部分。在TREIF成立之初，自有资金规模并不大。如果将风险大量转移至再保险公司，TREIF的准备金积累速度将会十分缓慢。因此，TREIF的再保险层级承担额仅为200亿新台币，且位置在200亿新台币以上。台湾当局的承担限额为100亿新台币，承担400亿新台币以上的部分。剩余部分由TREIF自行承担。

（五）非传统风险转移

TREIF 通过多层级的分担制度，降低了自身保险偿付的压力。"九二一"大地震发生之后，中国台湾地区又相继发生了多起地震。加上 2001 年 "9·11" 恐怖袭击的影响，大型再保险公司受到重创，再保能力大幅减弱，纷纷上调再保费率，TREIF 的运营成本大幅上升，对其造成了空前的挑战。因此，台湾当局积极尝试非传统风险转移途径，于 2003 年 8 月发行巨灾债券，意在打通再保险市场外的途径分散风险，降低 TREIF 的运营压力。第四部分将对巨灾债券的发行展开详细介绍。

（六）理赔机制

发生地震后，受灾民众应向签单公司申请理赔，经过全损理赔认定流程后，若符合理赔要求，向被保险人支付赔款。同时地震保险基金汇总各保险公司的理赔情况，并向各保险公司支付赔款和再保险摊回。TREIF 有一套完整高效的理赔机制。TREIF 与其主管机构依据"保险法"制定了一系列的 TREIF 内部管理规定："住宅地震保险承保理赔作业处理要点""住宅地震保险全损评定及鉴定基准""住宅地震保险合格评估人员管理要点""住宅地震保险理赔案件处理费用申请及摊回规范"，从规章制度上保证了 TREIF 理赔的规范性。

"承保理赔作业处理要点"规定了商业保险公司在承保和理赔的过程中应尽到的义务。保险事故发生后，被保险人可以通过电话或者见面的方式与签单保险公司、TREIF 或者灾区联合理赔服务点联系，提出理赔申请。在成立理赔案件后，签单保险公司应勘查现场 TREIF 会在地震灾害发生后初步估算台湾赔付的保险损失总额，并通知各个签单保险公司是否超过风险分散机制的承担总上限。签单公司应按照 TREIF 的通知，对被保险人和抵押债权人进行一定比例的先行赔付。

如附图 3 所示，TREIF 的理赔机制由三部分组成：（1）复评审查委员会；（2）理赔中枢小组；（3）理赔处理小组。复评审查委员会负责对理赔申请评定。理赔中枢小组仅在大规模地震后才会成立。小组由 TREIF 代表、财产保险公会代表、灾区联合理赔中心代表和八大签单公司代表组成。小组包括灾区联合理赔服务中心、合格评估人员和专业技师、建筑师。如果地震规模较小，则由签单公司自行处理或者成立理赔处理小组。理赔处理小组由 TREIF 代表、财产保险公会代表以及理赔签单公司代表组成。

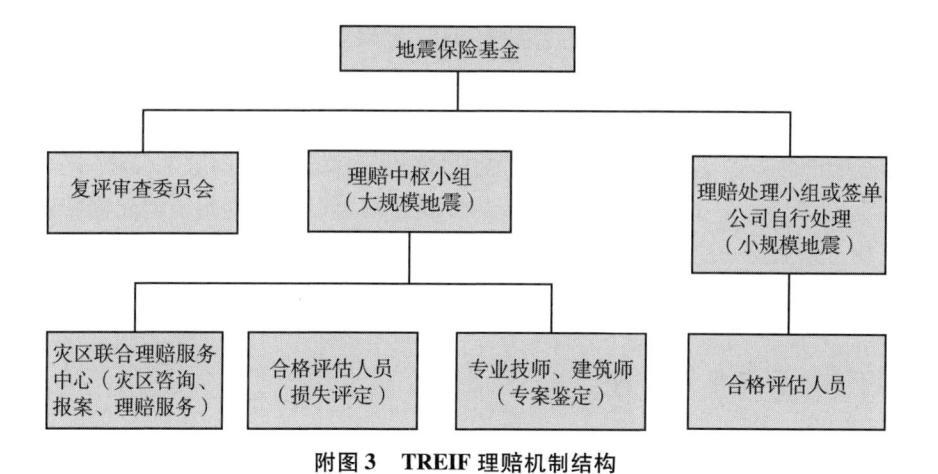

附录一 中国台湾住宅地震保险基金（TREIF）

附图 3　TREIF 理赔机制结构

资料来源：财团法人住宅地震保险基金，十周年特刊，2012 年。

TREIF 设计了一套完整严密的理赔相关作业程序供相关签单公司与人员参考。依照"住宅地震保险理赔作业处理程序"，在发生地震后，TREIF 应尽快汇集资料进行判断，召开内部会议，决定是成立灾区联合理赔服务中心还是交由签单公司自行处理。如果需要成立理赔服务中心，则应该决定设置数目、地点和调遣的合格评估人员名单。随后进入全损认定及理赔处理流程。待理赔申请处理完毕后，TREIF 汇总签单公司的损失进行再保险摊回，将资金返还给各签单公司。

四、巨灾债券的发行

（一）发行背景

在 TREIF 成立之初，200 亿～400 亿新台币之间的风险由"中央再保险"公司向保险市场或资本市场分散。当时，"中央再保险"公司估计 200 亿新台币的限度很容易达到，因而在 2002 年 7 月 1 日签订了 100 亿新台币的再保险合约。在 2003 年，"中央再保险"公司预计最大损失可能达到 300 亿新台币，因此于 2003 年 4 月 1 日签订了剩余 100 亿新台币的再保险合约。由于"9·11"事件对再保险业造成了巨大的打击，再保险公司的再保能力大幅下降。因此，"中央再保险"公司与保险事业发展中心研究发展非传统风险转移途径。

中国台湾发行巨灾债券的目的是抑制再保险费的持续上涨，减少对受"9·11"重创的再保险公司的依赖，消除未来一段时间再保费波动的不确定性，避免风险集中和风险循环。根据台湾地区相关法规，巨灾债券被财政部门认定为"其他有价证券"。若特殊目的机构的设立经过了台湾地区"财政部保险司"（现"金管会保险局"）的批准，台湾地区的保险公司可以作为创始机构建立特殊目的机构。根据这一法规，"中央再保险"公司设立了特殊目的机构 Formosa Re，以合约的形式与之保持关系，向其支付风险利差和利率互换的费用。

（二）巨灾债券结构

2003 年 8 月，巨灾债券正式发行。债券期限为 3 年，发行金额为 1 亿美元。根据美国《1993 证券法》第四章第二款规定，这种在国外成立特殊目的机构，由承销商转售给投资人的私募形式，可以免于在证券交易所登记和披露信息，降低发行成本。资本市场对这次的巨灾债券反响强烈，甚至出现了认购额超过发行额百分之五十五的现象。根据瑞士再保险的统计，购买者有 53% 是专业巨灾债券基金（Dedicated CAT Bond Fund）、31% 是对冲基金、11% 是理财经理、5% 是再保险人。

如附图 4 所示，这次发行的巨灾债券类型如下：（1）利率类型为浮动利率制度。利率比伦敦银行同业拆借利率高 3.3 个百分点，由 Formosa Re 向债券持有者定期支付。（2）启赔类型是损失填补型（indemnity trigger）。地震发生后，以"中央再保险"实际损失的金额作为赔付数额的依据，当保险损失超过 200 亿元时，由投资人承担。（3）本金保障类型为没收本金型（principal at risk）。地震的损失会直接从本金中扣除，直至债券本金全部用于赔付。若到期时仍有剩余，会返还至债券所有人。

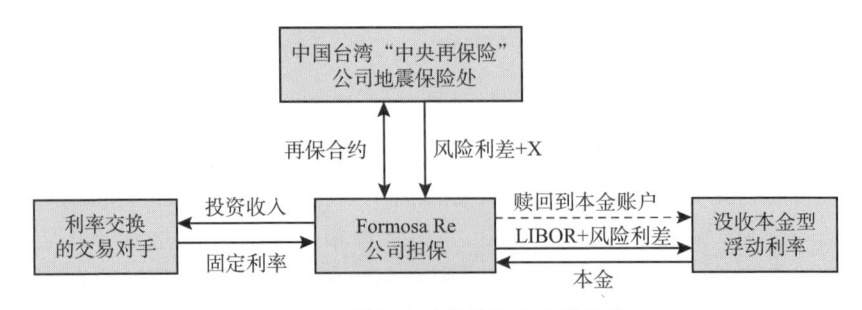

附图 4　中国台湾地震的巨灾债券结构

资料来源：陈威荣：《台湾巨灾风险管理证券化问题研究》，载于中南大学博士论文，2011 年 9 月。

"中央再保险"是发起人,承担新台币升值的汇差风险。Formosa Re 作为特殊目的机构,负责向资本市场发行巨灾债券、收取债券本金存入信托保管账户,同时定期对投资者支付浮动利息。Formosa Re 可以利用这笔资金投资购买评级优秀、资质良好的政府债券。为降低风险,Formosa Re 还会与交易对手进行利率互换,向其支付投资收益,换取浮动利率支付投资者。但由于货币互换的成本比较大,且台湾地区短期发生损失超过 200 亿新台币的地震概率很小,Formosa Re 没有进行货币互换。

巨灾债券的发行为风险转移提供新的途径,有效地分散了风险。由于本金要存入信托账户,防止了传统再保公司承担过多损失而出现的无法偿付问题。巨灾债券的发行还为台湾地区在传统再保险的费率谈判增添了筹码,抑制了国际再保费的不断上涨。巨灾债券的初期发行成本为 6 700 万新台币。加上定期支付的利息,其总成本大约为 6%。TREIF 的相邻风险层级的再保险成本仅为 2%。相比之下,巨灾债券的风险分散成本较高。从此之后,台湾地区也没有再次发行巨灾债券。

五、TREIF 的运行状况

(一) 收入规模

TREIF 的收入持续稳定增长,其主要收入来源是再保费收入。如附表 2 所示,以 2015 年为例,全年收入总额达到 38.8 亿新台币,与 2014 年相比增加 2.96 个百分点。其中,再保费收入为 35.3 亿新台币,占该年总收入的 91%;利息等财务收入为 3.4 亿新台币,占该年总收入的 8.88%;再保手续费收入为 513.6 万元。TREIF 总收入的增长速度在成立初期最快,比如 2004 年的收入增长率达到了百分之九十。近几年的保单覆盖率已经较大,收入的增长程度逐渐放缓,说明 TREIF 已经进入了健康稳定发展的常态。

附表 2　　　　2003~2015 年地震基金各年度收入　　　　单位:亿新台币

年份	收入总额	再保费收入	财务收入	其他收入
2003	4.91	4.50	0.06	0.34
2004	9.35	8.79	0.11	0.45
2005	11.65	10.78	0.31	0.55

续表

年份	收入总额	再保费收入	财务收入	其他收入
2006	16.79	15.42	0.64	0.72
2007	21.49	18.83	1.06	1.60
2008	28.35	24.76	1.63	1.95
2009	28.36	0.29	1.48	26.58
2010	29.66	25.86	1.64	2.15
2011	31.02	0.30	2.02	28.69
2012	31.65	27.19	2.42	2.03
2013	32.71	28.25	2.72	1.74
2014	37.68	34.42	3.20	0.05
2015	38.80	35.31	3.44	0.04

资料来源：财团法人住宅地震保险基金，2015 年 TREIF 年报。

从 TREIF 的收入结构角度来看，TREIF 在 2015 年总收入为 3.88 亿新台币。其中，91.00% 的收入来源于净再保费收入，8.88% 的收入来源于投资、储蓄等财务收入，剩余 0.11% 的收入来源于其收取的再保险手续费。从收入结构来看，TREIF 的主要收入来源还是再保险的保费收入。这一现象与 TREIF 的定位和发展时间有关系。TREIF 的成立不过十余年，准备金规模不大，单纯依靠投资收入不能够满足 TREIF 的需求，且地震风险有较强的不确定性，因此，投资的回报率也受到了限制。

（二）准备金积累

TRIEF 积累充足准备金以应对地震风险，保证顺利偿付。TREIF 提存未满期保费准备金、赔款准备金与特别准备金。如附表 3 所示，以 2015 年为例，TREIF 在该年的特别准备金为 197.2 亿新台币，占累计准备金总额的 90.63%；未满期保费准备金为 12.8 亿新台币，占准备金总额的 5.87%；预留调整准备金为 5.1 亿新台币，占准备金总额的 2.32%；信用风险准备金为 2.6 亿新台币，占准备金总额的 1.18%。截至 2015 年底，TREIF 的累积准备金总额已经达到 217.5 亿新台币，大于风险分散结构中第二层最低的 170 亿新台币。

附表3　　　　　　2003~2015年TREIF累计准备金分项表　　　　单位：亿新台币

年份	特别准备金	未满期保费准备	预留调整准备	信用风险准备	总和
2003	8.40	–	–	–	8.40
2004	17.73	–	–	–	17.73
2005	29.34	–	–	–	29.34
2006	43.81	–	–	–	43.81
2007	60.73	–	0.54	–	61.28
2008	78.38	–	1.13	0.29	79.82
2009	95.75	–	1.73	0.59	98.09
2010	113.93	–	2.35	0.90	117.19
2011	133.05	–	3.00	1.22	137.28
2012	139.06	11.24	3.48	1.55	155.34
2013	157.21	11.76	3.99	1.88	174.86
2014	176.29	12.26	4.51	2.23	195.31
2015	197.15	12.77	5.05	2.55	217.53

资料来源：财团法人住宅地震保险基金，2015年TREIF年报。

（三）资金运用

TREIF资金运用范围仅限于：（1）岛内银行存款；（2）购买公债、可转让定期存单、汇票等票据；（3）购买公司债；（4）债券型基金；（5）其他"金管会"批准项目。可以说，TREIF的资金运用较为稳健。截至2015年底，TREIF资产投资组合总额已达208.86亿新台币，其中银行存款59.3亿新台币，占25.3%；政府债券43.7亿新台币，占18.7%；金融债券88.2亿，占37.7%；公司债券29.89亿，占18.3%。2015年各类投资组合合计利息为3.38亿元，不包括银行存款的投资年收益率约为2.35%。

如附图5所示，对TREIF历年来的投资收益率进行比较。2009年，TREIF的投资收益率达到了7.02%的高水平。但是受到金融危机和全球经济放缓的影响，在2009年之后，TREIF的资金投资收益率明显下降，2011年的投资收益率接近零点。在2011年之后，TRIEF的投资收益率趋于稳定，维持在2%~3%之间。这里的投资收益率指的是利息收入占投资性资产的比例。其中，投资性资产不包括银行的短期或长期存款。

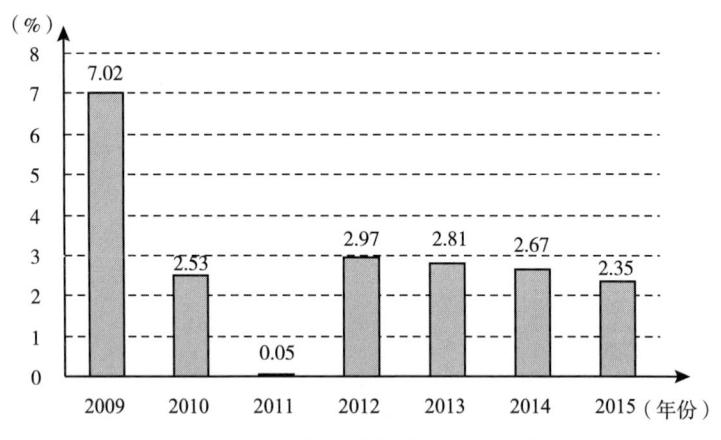

附图 5　TREIF 投资收益率示意图

资料来源：财团法人住宅地震保险基金，2015 年 TREIF 年报。

（四）投保率

附图 6 描述了 2002~2015 年台湾地区住宅地震保险总投保率的变化情况。2002 年，住宅地震保险投保率仅为 6%。随后几年内，地震保险总投保率呈现持续上升趋势。2015 年，地震保险投保率已经达到了 32.2%。地震保险总投保率不断提高主要源于以下两个方面：一方面，TREIF 成立后，注重地震保险的推广工作，扩大地震保险的覆盖范围，提高民众对地震保险的认知；另一方面，地震保险总投保率的持续提高也反映了 TREIF 的保单设计科学，运作机制合理，得到了居民的广泛认可。

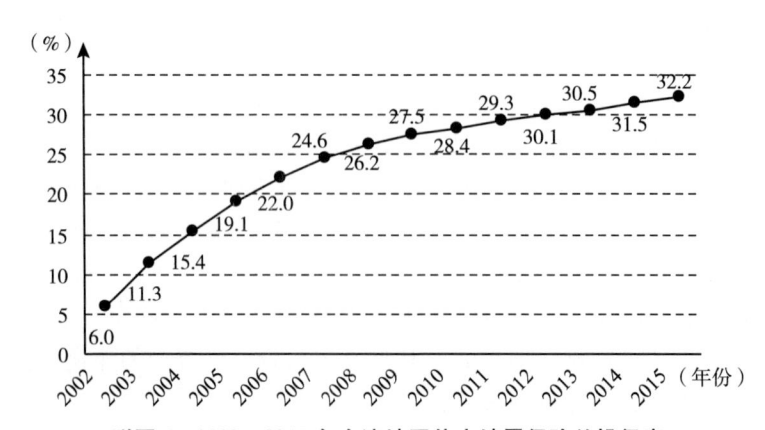

附图 6　2002~2015 年台湾地区住宅地震保险总投保率

资料来源：财团法人住宅地震保险基金，2015 年 TREIF 年报。

（五）偿付状况

TREIF 自成立以来，偿付能力不断上升。首先，TREIF 的准备金逐年上升，2015 年的准备金总和已达到大约 218 亿新台币；其次，TREIF 的资产总额不断扩大。截至 2015 年底，TREIF 的资产总额约为 242 亿新台币。其中，流动资产约有 62 亿新台币，投资总额约为 177 亿新台币，再保险准备资产约为 2.53 亿新台币。用于投资的资产中，73.4% 可以随时出售以应对赔付。此外，TREIF 偿付能力的上升还体现在总偿付上限的提高。2002 年成立之初的总偿付上限是 500 亿新台币，五年内上调至 600 亿新台币，七年内提升至 700 亿新台币。

TREIF 自开办以来，住宅地震保险覆盖率稳步上升。截至 2014 年，台湾地区发生的地震规模不大，破坏力较小，没有造成大面积的房屋毁坏，没有造成对 TREIF 偿付能力的考验。2002 年至 2014 年期间，TREIF 受理的房屋理赔件数总计为 7 件，总计赔付金额为 623 万新台币，平均赔付金额占保费收入不到万分之二。然而，如专栏附录所示，2016 年年初，高雄发生了里氏震级 6.7 级的大地震，造成了较大的人员伤亡和房屋损失。大地震对 TREIF 的偿付能力和应急理赔能力都构成了考验，TREIF 的应灾能力也令人满意。

附录 1　2016 年高雄大地震

2016 年 2 月 6 日凌晨 3 时 57 分，高雄市美浓区发生里氏 6.7 级的大地震，震源深度约 15 千米。截至 12 日 23 时灾情统计，台湾地区南部强震已造成 99 人死亡（其中台南维冠金龙大楼 97 人）、559 人受伤，还有 21 人失联。

中国台湾是多地震的地方。台湾地区每年都要发生 3 次 6 级以上地震，平均每 3 年要发生 1 次 7 级以上大地震。台湾岛具有特殊地体构造，便形成台湾不同地区有不同发震构造背景，地震的频度和强度也大不一样。

此次高雄大地震震中在高雄，灾情最惨重却是在台南，原因有三点：(1) 本次地震震级并不算很高，但震源深度仅 15 千米，属浅源地震，破坏力大；(2) 和当地松软的地质环境条件有关；(3) 和损毁的建筑物不规范的质量和结构有关。

资料来源：叶清：《台湾高雄 2·6 地震为什么台南灾害重》，载于《厦门科技》2016 年 2 月。

六、结　语

中国台湾属于地震灾害高发的区域。1999年的"九二一"大地震给台湾地区造成了沉重的打击。地震后，灾民生活困苦，台湾当局也背负着沉重的财政负担，财险理赔却不足亿元。"九二一"大地震凸显了台湾地区缺少地震保险制度的脆弱，也加快了TREIF成立的进程。从"中央再保险"独立后，TRIEF属于由当局建立的办理政策性保险业务的独立法人，对商业保险机构的住宅地震保险业务办理全额再保险。TREIF在运营上保持相对独立，有着完善的运行机制；另外，TREIF要受到当局的监督，其部分董事也需要由主管机构人员担任。

TREIF的资金来源主要是各个财险机构地震险的再保险收入。为方便保险的推广，无论地理位置和房屋结构，TREIF实行全台统一的费率0.09%的政策，也设立了最高重置成本150万新台币。在风险分散方面上，TREIF经过模型分析，采取了多级分散的策略，按照"共保组织、TREIF、再保险、TREIF、政府"的顺序进行赔付，利用了国际再保险市场和发行巨灾债券分散风险。TREIF的运作形式和风险结构经过周密的考虑和严格的设计，可以在保证在资金充足的情况下最大限度地分散风险，确保地震发生后能够顺利偿付。

在"9·11"恐怖袭击发生后，国际再保险市场面临危机，纷纷上调再保险费率。为了拓展风险分散渠道，提高再保险费率议价能力，避免风险集中和风险循环，TREIF决定发行台湾地区地震巨灾债券。2003年，巨灾债券正式发行。债券发行金额为1亿美元，期限为3年。资本市场对这次巨灾债券反响强烈，甚至出现了认购额超过发行额55%的现象。巨灾债券的总发行成本大约为6%。TREIF的相邻风险层级的再保险成本仅为2%。相比之下，巨灾债券的风险分散成本较高。该次巨灾债券发行是在特定宏观背景下而进行的替代性风险转移方式。从此之后，台湾地区也没有继续发行巨灾债券。

TREIF成立的十余年，运行状况良好，各项机制趋于稳定，风险结构也逐渐科学化，起到了稳定社会造福大众的作用。TREIF积极向全台推广地震保险，扩大保单覆盖率，提高民众对地震保险的认知，投保率显著上升。TREIF的收入逐年稳定增加，其总资金和准备金积累总量也不断攀升。TREIF资金运用风险保持在较低水平，偿付能力充足。自TREIF成立以来，台湾地区发生了17起六级以上的地震。TREIF在这些地震中积极组织财险机构进行赔付，保障了灾民生活的质量，符合了TREIF成立的初衷。

附录二

外国人名翻译对照表

Abousleiman　阿布雷曼
Alexander　亚历山大
Amendola　阿门多拉
Anderson　安德森
Arnell　阿内尔
Basbug　巴斯巴格
Bin　宾
Brody　布罗迪
Brooks　布鲁克斯
Bruggeman　布鲁克曼
Brukoff　布鲁科夫
Crossi　克罗斯
Cummins　卡明斯
Durukal　杜鲁卡尔
Eldridge　埃尔德里奇
Fair　费尔
GAO　高
Gollier　戈利尔
Gollie　戈利
Gurenko　古仁科
Highfield　海菲尔德
Hofliger　霍夫里格
Hofman　霍夫曼
Holladay　霍拉迪

Jaffee　扎菲

Johnston　詹斯顿

King　金

Kousky　库斯基

Kunreuther　昆瑞瑟

Landry　兰德里

Leichenko　莱琴科

Lewis　刘易斯

Linnerooth – Bayer　林纳罗斯 – 巴耶尔

Mahul　马胡尔

Malley　马尔里

McAneney　麦卡内尼

Marlett　马莱特

Michel – Karjan　米歇尔 – 卡扬

Michell　米歇尔

Miller　米勒

Murdock　默多克

Musgrave　马斯格雷夫

Musulin　穆苏林

Nguyen　阮

Noonon　努农

Ozdemir　奥兹德米尔

Pacini　帕奇尼

Paudel　波德尔

Petrolia　彼得里亚

Priest　普里斯特

Roth　罗斯

Russel　罗素

Sadiq　萨迪克

Sarmiento　萨米亚托

Schnawliler　斯诺瓦勒

Schwartz　施瓦茨

Stigler　斯蒂格勒

Surninski　苏林茨基

附录二 外国人名翻译对照表

Thomas   托马斯
Walther   瓦尔特
Wriggins 维金斯
Yucemen   尤克曼

参 考 文 献

一、中文部分

［1］曹海菁：《法国与新西兰巨灾保险制度及其借鉴意义》，载于《保险研究》2007年第6期。

［2］陈克平：《灾难模型化及其国外主要开发商》，载于《自然灾害学报》2004年第13期。

［3］陈威荣：《台湾巨灾风险管理证券化问题研究》，中南大学博士学位论文，2011年。

［4］程晓陶：《美国洪水保险体制的沿革与启示》，载于《经济科学》1998年第5期。

［5］董钢：《我国台湾地区住宅地震保险制度研究》，载于《兰州学刊》2013年第6期。

［6］冯占军：《台湾地震保险制度发展评析》，载于《台湾研究》2008年第4期。

［7］付湘、刘宁、纪昌明：《我国蓄滞洪区洪水保险模式研究》，载于《人民长江》2005年第8期。

［8］高海霞、王学冉：《国际巨灾保险基金运作模式的选择与比较》，载于《财经科学》2012年第11期。

［9］高航：《土耳其巨灾保险机制带来新思维》，载于《中国保险报》2011年11月28日第6版。

［10］郭瑾：《我国巨灾保险制度构建中的政府职能研究》，山西财经大学硕士学位论文，2015年。

［11］黄小敏：《论巨灾保险制度建设中政府的职能作用》，载于《生产力研究》2013年第12期。

［12］黄兴伟：《新西兰的地震保险制度》，载于《金融博览》2008年第6期。

［13］贾清显、朱铭来：《国际视角下中国地震保险基金制度构建探析》，载于《四川大学学报》2009年第3期。

[14] 贾清显：《新西兰巨灾风险管理制度评析及中国借鉴》，载于《中国保险》2011年第9期。

[15] 姜付仁、王建平、廖四辉：《美国洪水保险制度运行效果及启示》，载于《中国防汛抗旱》2014年第24卷第4期。

[16] 李晰越、林晶：《加勒比巨灾保险赔付机制对我国财政应急机制的启示》，载于《财政监督》2011年第13期。

[17] 李小静、李俊奇：《美国洪水保险计划分析与启示》，载于《中国给水排水》2012年第15期。

[18] 廖圣芳、陈哲思：《结合新西兰地震保险制度浅析我国地震保险制度建设》，载于《现代商业》2008年第17期。

[19] 林弋：《日本地震保险制度对我国地震保险的启示》，载于《西南金融》2011年第6期。

[20] 刘春华：《巨灾保险制度国际比较及对我国的启示》，厦门大学硕士学位论文，2009年。

[21] 刘冬姣：《政府应是巨灾风险管理中的重要角色》，载于《中国保险报》2008年第9期。

[22] 刘鑫杰：《慕尼黑再保险公司巨灾风险管理经验的调研分析》，对外经济贸易大学硕士学位论文，2014年。

[23] 娄湘恒、张铁伟：《日本地震保险制度风险管理体系分析》，载于《现代日本经济》2011年第4期。

[24] 孟卧杰：《新西兰政府与社会合作的地震巨灾保险体系及其启示》，载于《云南行政学院学报》2008年第10期。

[25] 米云飞、尹成远：《论我国建立巨灾保险基金的模式选择》，载于《河北金融》2010年第4期。

[26] 牟德胜：《对我国发展巨灾保险基金的政策建议》，巨灾风险管理与保险国际研讨会，2008年。

[27] 曲鹏飞：《国外巨灾保险体制对中国的启示》，载于《沈阳工业大学学报》（社会科学版）2014年第5期。

[28] 任自力：《美国洪水保险法律制度研究——兼论其变革对中国的启示》，载于《清华法学》2012年第6卷第1期。

[29] 邵建军：《国际再保险业战略发展模式及其对我国的借鉴》，载于《保险研究》2009年第10期。

[30] 施锦芳：《日本地震保险制度最新变化研究》，载于《财经问题研究》2013年第10期。

[31] 史本叶、孙黎:《日本地震保险制度及其借鉴》,载于《商业研究》2011 年第 9 期。

[32] 孙祁祥、锁凌燕:《英美洪水保险体制比较》,载于《中国保险报》2004 年 7 月 9 日。

[33] 滕五晓、加藤孝明:《日本地震灾害保险体制的形成及其问题》,载于《自然灾害学报》2003 年第 4 期。

[34] 田玲、彭菁翌、王正文:《承保能力最大化条件下我国巨灾保险基金规模测算》,载于《保险研究》2013 年第 11 期。

[35] 田玲、吴亚玲、沈祥成:《基于 CVaR 的地震巨灾保险基金规模测算》,载于《经济评论》2016 年第 4 期。

[36] 田玲、姚鹏:《我国巨灾保险基金规模研究——以地震风险为例》,载于《保险研究》2013 年第 4 期。

[37] 万怡婷:《德国保险市场研究》,载于《商》2015 年第 21 期。

[38] 王琪:《我国政府在巨灾保险制度建设中的作用》,载于《合作经济与科技》2012 年第 9 期。

[39] 吴洪、华金秋:《美国洪水保险计划的运营启示》,载于《保险研究》2012 年第 5 期。

[40] 吴铭奇、王润、姜彤:《联邦德国自然灾害保险述评》,载于《自然灾害学报》1992 年第 2 期。

[41] 伍国春:《巨灾保险机制研究——新西兰,土耳其,美国加州,中国台湾,日本案例分析》,载于《国际地震动态》2015 年第 3 期。

[42] 夏益国:《美国加州地震保险局的运作及启示》,载于《上海保险》2007 年第 7 期。

[43] 谢世清:《伙伴协作:巨灾保险制度中我国政府的理性模式选择》,载于《现代财经-天津财经大学学报》2009 年第 6 期。

[44] 谢世清:《佛罗里达飓风巨灾基金的运作与启示》,载于《中央财经大学学报》2010 年第 12 期。

[45] 谢世清:《加勒比巨灾风险保险基金的运作及其借鉴》,载于《财经科学》2010 年第 1 期。

[46] 谢世清:《美国加州地震局的运作及其对我国的启示》,载于《金融与经济》2011 年第 1 期。

[47] 许飞琼:《巨灾、巨灾保险与中国模式》,载于《统计研究》2012 年第 6 期。

[48] 许均:《国外巨灾保险制度及其对我国的启示》,载于《海南金融》

2009 年第 1 期。

[49] 杨宝华：《政府在巨灾保险体系中的角色定位与作用机制》，载于《上海保险》2008 年第 2 期。

[50] 曾立新：《对建立中国一体化巨灾风险保险体系的再思考》，载于《中国保险报》2008 年第 9 期。

[51] 曾文革、包李梅：《东盟"10 + 3"巨灾保险基金的构想及我国的应对》，载于《河南商业高等专科学校学报》2014 年第 4 期。

[52] 张承惠、田辉：《土耳其和法国的巨灾保险制度》，载于《亚非纵横》2010 年第 2 期。

[53] 张庆洪、葛良骥、凌春海：《巨灾保险市场失灵原因及巨灾的公共管理模式分析》，载于《保险研究》2008 年第 5 期。

[54] 张庆洪、葛良骥：《巨灾风险转移机制的经济学分析——保险、资本市场创新和私人市场失灵》，载于《同济大学学报》（社会科学版）2008 年第 2 期。

[55] 张旭升、刘冬姣：《美国国家洪水保险模式有效性实证研究》，载于《现代管理科学》（CSSCI 扩展版）2012 年第 1 期。

[56] 赵苑达：《日本地震保险：制度设计 & 评析与借鉴》，载于《东北财经大学学报》2003 年第 2 期。

[57] 郑伟：《地震保险：国际经验与中国思路》，载于《保险研究》2008 年第 6 期。

[58] 周俊华：《巨灾保险的主要模式及对我国巨灾保险的意见和建议》，载于《资本市场》2008 年第 7 期。

[59] 周学峰：《巨灾保险制度比较研究及其对中国的启示》，载于《北京航空航天大学学报》2012 年第 25 期。

[60] 周志刚：《新西兰、美国加利福尼亚州、土耳其、（中国）台湾住宅地震保险比较》，载于《世界经济情况》2005 年第 12 期。

[61] 朱浩然：《土耳其地震保险制度及其启示》，载于《中国保险》2011 年第 7 期。

[62] 朱文杰：《巨灾模型在保险公司巨灾风险管理中的应用》，载于《经济论坛》2006 年第 19 期。

[63] 朱张婷：《中国巨灾基金的规模测算及资金筹集研究》，中国保险与风险管理国际年会论文集，2016 年。

[64] 卓志、段胜：《巨灾保险市场机制与政府干预：一个综述》，载于《经济学家》2010 年第 12 期。

［65］卓志、段胜：《中国巨灾保险制度：政府抑或市场主导？——基于动态博弈的路径演化分析》，载于《金融研究》2016 年第 8 期。

［66］卓志、王化楠：《巨灾风险管理供给及其主体——基于公共物品角度的分析》，载于《保险研究》2012 年第 5 期。

［67］卓志、王琪：《中国巨灾风险基金的构建与模式探索——基于巨灾风险融资体系的视角》，巨灾风险管理与保险国际研讨会，2008 年。

二、英文部分

［1］Alexander, D., 2000, *Confronting Catastrophe: New Perspectives on Natural Disasters*, Terra Publishing, London.

［2］Anderson, Dan R., 1974, The National Flood Insurance Program: Problems and Potentials, *Journal of Risk and Insurance*, 16（4）: pp. 579 – 599.

［3］Bank, W., 2013, FONDEN——Mexico's National Disaster Fund, *World Bank Other Operational Studies*, 7（4）: pp. 315 – 316.

［4］Bin, O., J. A. Bishop and C. Kousky, 2011, Redistributional Effects of the National Flood Insurance Program, *Resources for the Future*.

［5］Brody, S. D., S. Zahran, W. E. Highfield, S. P. Bernhardt and A. Vedlitz, 2009, Policy Learning for Flood Mitigation: A Longitudinal Assessment of Community Rating System in Florida, *Risk Analysis*, 29: pp. 912 – 929.

［6］Brooks, L., 2011, The Caribbean Catastrophe Risk Insurance Facility: Parametric Insurance Payouts, Without Proper Parameters. *Arizona Journal of Environmental Law & Policy*, 2: P. 135.

［7］Brown, J. T., 2016, Introduction to FEMA's National Flood Insurance Program（NFIP）, *Congressional Research Office Report*.

［8］Bruggeman, V., M. G. Faure and T. Heldt, 2012, Insurance against Catastrophe: Government Stimulation of Insurance Markets for Catastrophe Events, *Journal of Biological Chemistry*, 23（1）: pp. 185 – 241.

［9］Cummins, J. D., 2006, Should the Government Provide Insurance for Catastrophes, *Federal Reserve Bank of St. Louis Review*, 88（4）: pp. 337 – 379.

［10］Durukal, E., M. Erdik and K. Sesetyan, 2006, *Expected Earthquake Losses to Buildings in Istanbul and Implications for the Performance of the Turkish Catastrophe Insurance Pool*, 2006 ECI Conference on Geohazards, Lillehammer, Norway.

［11］Erkan, B. B., and O. Ozdemir, 2013, Success and Failures of Compulsory Risk Mitigation: Re-evaluating the Turkish Catastrophe Insurance Pool, *Disasters*, 39 (4): pp. 782 – 794.

[12] Fair, R. C., and D. M. Jaffee, 1972, Methods of Estimation for Markets in Disequilibrium, *Econometrica: Journal of the Econometric Society*, 40 (3): pp. 497 – 514.

[13] FEMA, 2016, *The Annual Report Summary*.

[14] FEMA, 2017, *National Flood Insurance Program: Flood Insurance Manual*.

[15] FEMA, 2017, *Reauthorization of the National Flood Insurance Program*, Part I. Senate Committee on Banking, Housing, and Urban Affairs Hearing.

[16] GFDRR, Mexico G O, Switzerland G O, et al., 2013, *FONDEN: Mexico's Natural Disaster Fund – A Review*.

[17] Gollier, C., 2002, Time Horizon and the Discount Rate, *Journal of Economic Theory*, 107 (2): pp. 463 – 473.

[18] Gollier, C., 2005, Some Aspects of the Economics of Catastrophe Risk Insurance, *CESifo Working Paper No. 1409*.

[19] Government Accountability Office, 2010, *National Flood Insurance Program: Continued Actions Needed to Address Financial and Operational Issues*.

[20] Government Accountability Office, 2014, *Overview of GAO's Past Work on the National Flood Insurance Program*.

[21] Government Accountability Office, 2016, *National Flood Insurance Program: Options for Providing Affordability Assistance*.

[22] Government Accountability Office, 2017, *High – Risk Series: Progress on Many High – Risk Areas, While Substantial Efforts Needed on Others*.

[23] Grossi, P. and H. Kunreuther, 2005, *Catastrophe Modling: A New Approach to Management Risk*, Springer US.

[24] Gurenko, E., 2000, *The Role of World Bank in Supporting Turkish Catastrophe Insurance Pool*, Innovations in Managing Catastrophic Risks World Bank Conference, Washington D. C.

[25] Gurenko, E., R. Lester, O. Mahul and S. O. Gonulal, 2006, *Earthquake Insurance in Turkey: History of the Turkish Catastrophe Insurance Pool*, The World Bank, Washington D. C.

[26] Highfield, W. E., and S. D. Brody, 2013, Evaluating the Effectiveness of Local Mitigation Activities in Reducing Flood Losses, *Natural Hazards*, 14:

pp. 229 – 236.

[27] Hofman, D. , and P. Brukoff, 2006, *Insuring Public Finances against Natural Disasters – A Survey of Options and Recent Initiatives*, International Monetary Fund.

[28] Holladay, J. S. and J. A. Schwartz, 2010, *Flooding the Market: The Distributional Consequences of the NFIP.* Institute for Policy Integrity, New York University School of Law.

[29] Hsu, W. , D. Hung, W. Chiang, et al. , 2006, Catastrophe Risk Modeling and Application-risk Assessment for Taiwan Residential Earthquake Insurance pool, *The 17th IASTED International Conference on Modelling and Simulation*, pp. 338 – 342.

[30] Hudson, P. , W. J. W. Botzen, J. Czajkowski and H. Kreibich, 2017, Moral Hazard in Natural Disaster Insurance Markets: Empirical Evidence from Germany and the United States, *Land Economics*, 93.

[31] International Federation of Red Cross and Red Crescent Societies and United Nations Development Programme, 2014, *Mexico: Country Case Study Report. How Law and Regulation Support Disaster Risk Reduction*, IFRC – UNDP Series on Legal Frameworks to Support Disaster Risk Reduction.

[32] Jaffee, D. M. , and T. Russell, 2000, Behavioral Models of Insurance: The Case of the California Earthquake Authority, *University of California – Berkeley Working Paper*.

[33] Japan Earthquake Reinsurance Co. , 2011 ~ 2016, *Annual Report 2011 ~ 2016*.

[34] Johnston, D. , J. Becker and D. Paton, 2012, Multi-agency Community Engagement During Disaster Recovery: Lessons from Two New Zealand Earthquake Events, *Disaster Prevention and Management: An International Journal*, 21 (2): pp. 252 – 268.

[35] King, A. , D. Middleton, C. Brown, 2014, Insurance: Its Role in Recovery from the 2010 ~ 2011 Canterbury Earthquake Sequence, *Earthquake Spectra*, 30 (1): pp. 475 – 491.

[36] King, R. O. , 2009, *National Flood Insurance Program: Background, Challenges, and Financial Status*, Congressional Research Service, Library of Congress.

[37] Kousky, C. and H. Kunreuther, 2014, Addressing Affordability in the

National Flood Insurance Program. *Journal of Extreme Events*, 1 (1), 1450001.

[38] Krieger, K. and D. Demeritt, 2015, *Limits of Insurance as Risk Governance: Market Failures and Disaster Politics in German and British Private Flood Insurance*, SASE Conference.

[39] Kunreuther, H., 2006, Disaster Mitigation and Insurance: Learning from Katrina, *The Annals of the American Academy of Political and Social Science*, 604 (1): pp. 208 – 227.

[40] Lai, L. and H. Hsieh, 2007, Assessing the Demand Factors for Residential Earthquake Insurance in Taiwan, *Contemporary Management Research*, 3 (4).

[41] Landry, C. E., and M. R. Jahan – Parvar, 2011, Flood Insurance Coverage in the Coastal Zone, *The Journal of Risk and Insurance*, 78, 361 – 388.

[42] Lewis, C., and K. C. Murdock, 1999, Alternative Means of Redistributing Catastrophic Risk in a National Risk Management System, *The Financing of Catastrophe Risk*: pp. 51 – 92.

[43] Linnerooth – Bayer, J., and A. Amendola, 2000, Global Change, Natural Disasters and Loss-sharing: Issues of Efficiency and Equity, *The Geneva Papers on Risk and Insurance – Issues and Practice*, 25 (2): pp. 203 – 219.

[44] McAneney, J., D. McAneney and R. Musulin, 2016, Government-sponsored Natural Disaster Insurance Pools: A View from Down-under. *International Journal of Disaster Risk Reduction*, 15: pp. 1 – 9.

[45] Michel – Kerjan, E. O., 2010, Catastrophe Economics: The National Flood Insurance Program, *The Journal of Economic Perspectives*, 24 (4): pp. 165 – 186.

[46] Michel – Kerjan, E., I. Zelenko, V. Cardenas, and D. Turgel, 2011, Catastrophe Financing for Governments: Learning from the 2009 ~ 2012 Multicat Program in Mexico, *OECD Working Papers Insurance and Private Pensions*, 9.

[47] Michel – Kerjan, E., S. L. Forges and H. Kunreuther, 2012, Policy Tenure Under the U. S. National Flood Insurance Program (NFIP), *Risk Analysis*, 32 (4): pp. 644 – 658.

[48] Musgrave, R. A., 1959, *The Theory of Public Finance*. McGraw – Hill Book Company, Inc.

[49] NFIP Evaluation Final Report Working Group, 2006, *The Evaluation of the National Flood Insurance Program Final Report*, American Institute of Research.

［50］Nguyen, T. , 2013, Insurability of Catastrophe Risks and Government Participation in Insurance Solutions, Geneva, Switzerland: UNISDR.

［51］Nonlife Insurance Rating Organization of Japan, 2009, Earthquake Insurance System in Japan, *Earthquake Insurance in Japan*, 4: pp. 39 – 43.

［52］O'malley, P. , 2003, Governable Catastrophes: A Comment on Bougen, *Economy and Society*, 32（2）: pp. 275 – 279.

［53］Paudel, Y. , 2012, A Comparative Study of Public – Private Catastrophe Insurance Systems: Lessons from Current Practices, *The Geneva Papers on Risk and Insurance Issues and Practice*, 37（2）: pp. 257 – 285.

［54］Petrolia, D. and E. Frimpong, 2016, Community-level Flood Mitigation Effects on Household Flood Insurance and Damage Claims, Southern Agricultural Economics Association's 2016 Annual Meeting.

［55］Priest, G. L. , 1996, The Government, the Market, and the Problem of Catastrophic Loss, *Journal of Risk and Uncertainty*, 12（2）: pp. 219 – 237.

［56］Raff, D. A. , T. Pruitt, and L. D. Brekke, 2009, A Framework for Assessing Flood Frequency based on Climate Projection Information, *Hydrology and Earth System Sciences*, 13: pp. 2119 – 2136.

［57］Roth Jr, R. , 1998, *Earthquake Insurance Protection in California*, Washington, DC, Joseph Henry Press, pp: 67 – 95

［58］Sadiq, A. and D. S. Noonan, 2015, Flood Disaster Management Policy: An Analysis of the United States Community Rating System, *Journal of Natural Resources Policy Research*, 7: pp. 5 – 22.

［59］Sarmiento, C. and T. R. Miller, 2006, *Costs and Consequences of Flooding and the Impact of the National Flood Insurance Program*, Pacific Institute for Research and Evaluation.

［60］Stigler, G. J. , 1971, The Theory of Economic Regulation, *The Bell Journal of Economics and Management Science*, 2（1）: pp. 3 – 21.

［61］TCIP, 2006 ~ 2012, The Annual Report.

［62］The Turkish Catastrophe Insurance Pool（TCIP）, from http: //www. dask. gov. tr/, 2017.

［63］Thomas, A. , and R. Leichenko, 2011, Adaptation through Insurance Lessons from NFIP, *International Journal of Climate Change Strategies and Management*, 3: pp. 250 – 263.

［64］Tsubokawa, H. , 2004, Japan's Earthquake Insurance System, *Journal* of Japan Association for Earthquake Engineering, 4: pp. 154 – 160.

[65] Wakuri, M. and Y. Yasuhara, 1977, Earthquake Insurance in Japan, *Astin Bulletin*, 9 (3): pp. 329 – 364.

[66] World Bank and United Nations, 2012, *Improving the Assessment of Disaster Risks to Strengthen Financial Resilience: A Special Joint G20 Publication by the Government of Mexico and the World Bank.*

[67] Wriggins, J. B., 2015, In Deep: Dilemmas of Federal Flood Insurance Reform, *UC Irvine Law Review*, 5: pp. 1443 – 1462.

[68] Yucemen, M. S., 2007, *Turkish Catastrophe Insurance Pool (TCIP): Past Experience and Recommendations*, VIIIth Conference on Insurance Regulation and Supervision in Latin Americar, Rio de Janeiro, Brazil.